Franz Schweyer

Politische Geheimverbände
Blicke in die Vergangenheit und Gegenwart des Geheimbundwesens

SE**V**ERUS Verlag

Schweyer, Franz: Politische Geheimverbände – Blicke in die Vergangenheit und Gegenwart des Geheimbundwesens
Hamburg, SEVERUS Verlag 2011.
Nachdruck der Originalausgabe von 1925.

ISBN: 978-3-86347-182-8
Druck: SEVERUS Verlag, Hamburg 2011

Umschlagmotive: © A. Dudy - Fotolia.com
© Derek R. Audette - Fotolia.com

Der SEVERUS Verlag ist ein Imprint der Diplomica Verlag GmbH.

Bibliografische Information der Deutschen Nationalbibliothek:
Die Deutsche Nationalbibliothek verzeichnet diese Publikation in der Deutschen Nationalbibliografie; detaillierte bibliografische Daten sind im Internet über http://dnb.d-nb.de abrufbar.

VORWORT

Die Schrift verdankt ihre Entstehung einem rein äußern Umstande. Ich wurde von Dr. Hermann Sacher, dem Herausgeber des Staatslexikons der Görres-Gesellschaft, gebeten, den Artikel über die geheimen Gesellschaften zu bearbeiten. Es zeigte sich alsbald, daß der über diesen Gegenstand vorhandene reichliche Stoff in einem Sammelwerke nur schwer untergebracht werden kann. Dr. Sacher machte mir daher den Vorschlag, den gesammelten Stoff in einer besondern Schrift zur ausführlicheren Darstellung zu bringen und eine gedrängte Zusammenfassung des Inhalts dieser ausführlicheren Bearbeitung als Beitrag für das Sammelwerk in Aussicht zu nehmen. Diesem Vorschlage glaubte ich mich nicht verschließen zu sollen. Es kann in der gegenwärtigen Zeit, in der das Geheimbundwesen wieder üppig ins Kraut geschossen ist, vielleicht ein gewisses Interesse weiterer Kreise an dem Gegenstande auch nach seiner geschichtlichen Seite vermutet werden. Ich übergebe die Schrift hiermit der Öffentlichkeit mit der ausdrücklichen Feststellung, daß die Arbeit keineswegs den Anspruch erhebt, eine erschöpfende Darstellung des weitverzweigten politischen Geheimbundwesens zu bieten. Sie will lediglich an einigen wichtigen Beispielen die große Bedeutung und den weitreichenden, zumeist verhängnisvollen Einfluß politischer Geheimverbände dartun und im Anschlusse daran einige Folgerungen für die Gegenwart ziehen.

München, 1. Februar 1925

Dr. SCHWEYER

INHALT

EINLEITUNG

Begriff und Arten der Geheimverbände.

Unter Geheimverbänden, Geheimbünden, sind Vereinigungen (Vereine, Orden, Parteien, Verbände, Gemeinschaften sonstiger Art) zu verstehen, die ihr Dasein, ihre Ziele, ihre Verfassung, ihre Tätigkeit, ihre Mitglieder, ihre Gebräuche oder sonstige für ihre Beurteilung wichtige Umstände, Einrichtungen oder Merkmale ihres Wesens aus irgend einem Grunde geheimhalten. Es ist nicht notwendig, daß die Geheimhaltung im einzelnen Falle auf die Gesamtheit der in Betracht kommenden Gesichtspunkte sich erstreckt; ein Geheimbund, Geheimverband ist schon dann gegeben, wenn eine Gemeinschaft irgend eine für ihre Beurteilung entscheidend ins Gewicht fallende Einrichtung oder Eigenschaft der zuständigen Staatsbehörde oder der Öffentlichkeit tatsächlich planmäßig vorenthält. Die rechtliche Form der Gemeinschaft ist von nebensächlicher Bedeutung. Eine lose, auf die Verwirklichung einer bestimmten Idee abzielende Zusammenfassung einer unbestimmten Zahl von Menschen, z. B. eine durch eine soziale oder politische Idee zusammengehaltene Bewegung, kann ebenso als Geheimbund anzusprechen sein wie ein nur wenige Vertraute umfassender Verein mit strengster Verpflichtung der Mitglieder zur gewissenhaften Beobachtung der bis ins einzelne ausgearbeiteten Vereinssatzungen. Die Geheimhaltung kann durch eine besondere Verpflichtung der Mitglieder zur Wahrung des Geheimnisses sichergestellt werden; sie kann aber auch dadurch erreicht werden, daß nur ein beschränkter Kreis in bestimmte Geheimnisse eingeweiht wird, während die übrigen Mitglieder der Gemeinschaft über den Inhalt des Geheimnisses im unklaren gelassen werden. Die in das Geheimnis Eingeweihten sind in einem solchen Falle regelmäßig durch eine besonders strenge Schweigepflicht zur Geheimhaltung verbunden.

Geheimverbände haben zu allen Zeiten und bei allen Völkern bestanden. Ihre Bedeutung ist aber zu verschiedenen Zeiten eine sehr verschiedene gewesen. Sie haben bald ein stilles, von der Allgemeinheit nicht weiter beachtetes Dasein geführt, bald aber wiederum weiteste Kreise des Volkes in ihren Bann gezogen und nicht selten sogar die Entwicklung und das Schicksal ganzer Völker maßgebend beeinflußt. Aus dem Altertum sind vor allem die Geheimbünde der ägyptischen und der indischen Priester, der hellenischen und der römischen Mysterien, der keltischen Druiden u. a. bekannt geworden. Aus dem Mittelalter sind die Geheimbünde des Islam, die Bauhütten, der Orden der Tempelritter, die Femgerichte zu nennen. In der neueren und

neuesten Zeit sind die Freimaurer in ihren verschiedenen Organisations-
formen: die Rosenkreuzer, die Illuminaten, die Odd-Fellows, die Studentenorden, die Deutsche Union, der Tugendbund, die Carbonaria, die
Camorra, die Mafia, Jungitalien, die Comuneros, der Guttemplerorden,
der Ku-Klux-Klan, die Faschisten, die Kommunisten, Nihilisten, Anarchisten u. a., in stärkerer Weise hervorgetreten. Neben diesen Gemeinschaften haben Hunderte, vielleicht Tausende anderer Geheimorganisationen bestanden. Ein großer Teil dieser Gemeinschaften ist
im Laufe der Zeit wieder von der Bildfläche verschwunden; viele, und
gerade die wichtigsten, haben sich bis auf den heutigen Tag erhalten.
Auch in der allerletzten Zeit sind namentlich auch in Deutschland gewisse Gemeinschaften entstanden, die nach ihrer Verfassung und nach der
Art ihrer Betätigung als Geheimverbände angesprochen werden müssen.

Nach dem Gegenstande des Geheimnisses oder nach der ganzen
Verfassung und den Zielen der Vereinigungen werden religiöse, politische, bürgerliche, gesellschaftliche, gerichtliche, militärische Geheimbünde unterschieden. Die Geheimhaltung besteht zunächst in der Unterdrückung wirklicher Verhältnisse; sie kann aber auch
mit einer Vorspiegelung nicht bestehender Verhältnisse verbunden sein.
In diesem Falle werden die wirklichen Verhältnisse durch behauptete,
aber nicht bestehende, also vorgeschobene Verhältnisse verschleiert, verdunkelt. Es ist klar, daß eine solche Geheimnistuerei, eine solche Verschleierung der Verhältnisse Mißtrauen und Unsicherheit hervorrufen muß.
Verbände solcher Art werden schon wegen ihrer geheimnisvollen Zurückhaltung, ohne Rücksicht auf die angestrebten Ziele, zu einem Gegenstande des Interesses der Staatsaufsichtsbehörden und gewinnen schon
aus diesem Grunde einen gewissen politischen Anstrich. Unter diesem
Gesichtspunkte könnte man alle Geheimverbände im weiteren Sinne
als politische Verbände ansehen. Im engeren Sinne sind darunter aber
nur solche Verbände zu verstehen, die sich tatsächlich mit politischen
Fragen befassen oder wenigstens unmittelbar oder mittelbar eine Wirkung auf politische Anschauungen und Bestrebungen ihrer Zeit ausüben. Es liegt auf der Hand, daß die politischen Geheimverbände in
diesem engeren Sinne in besonderem Maße die Aufmerksamkeit der-
jenigen Stellen erwecken müssen, die für die äußere Ordnung und den
innern Frieden eines Landes verantwortlich sind. Mit einer Anzahl
solcher Verbände will sich diese Schrift befassen.

Unter den gegenwärtigen Zeitverhältnissen darf auch für einige im
großen und ganzen bereits der Geschichte angehörigen Verbände dieser
Art ein gewisses Interesse weiterer Kreise vermutet werden. Auch hier
kann die Geschichte bis zu einem gewissen Grade als Lehrmeisterin an-
gerufen werden; auch auf diesem Gebiete kann das Verständnis für
die Gegenwart durch die Beleuchtung der Vergangenheit nur gewinnen.

Das Schrifttum über die Geheimverbände.

Die Geheimverbände sind wiederholt Gegenstand der weltlichen und kirchlichen Gesetzgebung gewesen. Hierüber soll an späterer Stelle das Erforderliche gesagt werden. Aber auch das Schrifttum hat sich eingehend mit dem Gegenstande befaßt. Man ist geradezu erstaunt über die fast unübersehbare Fülle von Büchern, Schriften und Aufsätzen, die sich der geschichtlichen Betrachtung des Ursprungs und der Tätigkeit einzelner Gesellschaften widmen. Da es sich vielfach um die ernstesten Fragen der Weltanschauung und der Politik handelt, begegnen wir dabei nicht selten den schärfsten Gegensätzen, der entschiedensten Verteidigung wie der leidenschaftlichsten Bekämpfung. Eine unübersehbare Menge von Streitschriften verdankt dieser Tatsache ihre Entstehung. So reich und gewaltig das Schrifttum im ganzen ist, das sich mit den geheimen Gesellschaften beschäftigt, so ist doch die Zahl der das Stoffgebiet im Zusammenhange behandelnden Werke nicht allzu groß. Man ist überhaupt erst in neuerer Zeit darangegangen, einen Überblick über die Gesamtheit der im Laufe der Jahrhunderte geborenen, oft recht merkwürdigen Gebilde herzustellen und die Ergebnisse dieser mühevollen Arbeit in größeren Sammelwerken zusammenzufassen. Es kommen namentlich in Betracht: Henne am Rhyn: Das Buch der Mysterien. Leben und Treiben der geheimen Gesellschaften aller Zeiten und Völker (St. Gallen 1869, 3. Aufl., Leipzig 1891); Charles William Heckethorn: The secret Societies of all ages and countries (London 1875), autorisierte deutsche Ausgabe von L. Katscher (Leipzig 1900); Gg. Schuster: Die geheimen Gesellschaften, Verbindungen und Orden, 2. Bd. (Leipzig 1906). Bei diesen drei Werken handelt es sich um wertvolle schriftstellerische Arbeiten, die aber bei der maurerischen Einstellung der Verfasser den christlichen, zumal katholischen Belangen nicht immer gerecht werden und deshalb mit einer gewissen Vorsicht benützt werden müssen. Das Werk von Gg. Schuster, das Ergebnis einer nahezu zwanzigjährigen Arbeit, übertrifft die beiden andern Werke durch Gründlichkeit und Reichtum seines Inhalts. Auch tritt bei diesem Werke die weltanschauliche Einstellung des Verfassers weniger scharf hervor als bei den beiden andern Werken. Aus der allerneuesten Zeit sind noch zu nennen: P. Ch. Martens, Geheime Gesellschaften in alter und neuer Zeit (Schmiedeberg u. Leipzig 1923), und A. Preuß, Secret and other Societies (St. Louis u. London 1924). Die wichtigste Literatur über die einzelnen Verbände ist bei den einzelnen Abschnitten verzeichnet.

ERSTER TEIL

ZIELE, VERFASSUNG UND GESCHICHTE DER WICHTIGSTEN POLITISCHEN GEHEIMVERBÄNDE

I. Der Freimaurerbund.

1. Allgemeines.

Der Freimaurerbund ist nach seiner Organisation und Verbreitung, nach seiner Lehre und seinen Zielen sowie nach der ganzen Art und Vielseitigkeit seiner Tätigkeit wohl der bedeutungsvollste aller Geheimverbände, die jemals im Laufe der Zeiten hervorgetreten sind. Es ist zwar von maurerischer Seite wiederholt der Versuch gemacht worden, den Geheimcharakter des Bundes in Abrede zu stellen und den Bund als eine harmlose „geschlossene Gesellschaft" hinzustellen. Diese Versuche sind jedoch gescheitert. Der Freimaurerbund ist zweifellos ein Geheimbund; er ist sogar d e r Bund, an den man in erster Linie denkt, wenn man von Geheimverbänden spricht; denn er bildet geradezu den Mittelpunkt des Geheimbundwesens. Wenn auch nicht in allen Logen Politik getrieben wird, so steht doch fest, daß die den Freimaurerbund beherrschende Weltanschauung in ihrer Auswirkung zwangsläufig zu bestimmten politischen Auffassungen führt und daß in einer großen Zahl von Logenverbänden sogar die Politik im Vordergrunde der maurerischen Tätigkeit steht. Der Freimaurerbund ist daher nicht nur als Geheimbund, sondern auch als politischer Geheimbund anzusprechen. In der folgenden Darstellung wird diese Auffassung noch näher zu begründen sein.

Zur Zeit wird die Gesamtzahl aller Freimaurer der Welt von freimaurerischer Seite mit rund 3 000 000 Brüdern angegeben, die sich auf ungefähr 25 000 Logen verteilen. Von nicht maurerischer Seite wird die Zahl noch höher geschätzt. Dabei ist zu bedenken, daß es sich bei den Mitgliedern des Freimaurerbundes in der Hauptsache um selbständige Männer handelt, die im öffentlichen Leben, in der Wirtschaft, in der Gesellschaft etwas bedeuten und vielfach, zumal in außerdeutschen Ländern, einen geradezu maßgebenden Einfluß auf die öffentliche Meinung, auf die Presse, auf das Parlament, ja auf die geistige und sittliche Entwicklung ihres Volkes überhaupt ausgeübt haben und heute noch ausüben. Eine große Zahl fürstlicher Persönlichkeiten, Kaiser und Könige, sind Mitglieder des Bundes geworden. Kaiser Franz I., der Gemahl der Kaiserin Maria Theresia, ist schon im Jahre 1731 als Herzog Franz Stephan von Lothringen dem Bunde beigetreten. König Friedrich II. von Preußen, Kaiser Wilhelm I., Kaiser Friedrich III., König Georg V. von Hannover, Kaiser Napoleon I., König Eduard VII. von England, König Oskar II. von Schweden und noch eine große Zahl anderer Fürsten sind Mitglieder des Bundes gewesen. Auch andere Vertreter des Adels, dann Staatsmänner, Politiker, Feldherren, Gelehrte, Philosophen, Künstler, Dichter sind in großer Zahl auch als Freimaurer bekannt geworden. Es mögen nur folgende Namen hervorgehoben werden: Stein, Hardenberg, Scharnhorst, Blücher, Bluntschli, K. Liebknecht, Chamisso, Fichte, Goethe, Haydn, Herder, Kleist, Wieland, Lessing, Mozart, Rückert, Voß; ferner Lord Kitchener, Cecil Rhodes, Lord Roberts, Edward Grey, Asquith, General French, Walter Scott, George Washington, Benjamin Franklin, Lincoln, MacKinley, Roosevelt, Taft, Wilson, Lansing, Oberst House, General Pershing, Samuel Gompers; Montesquieu, Diderot, d'Alembert, Helvetius, Condorcet, Danton, Lafayette, Voltaire, Proudhon, Jules Ferry, Carnot, Felix Faure, Ribot, Delcassé, Briand, R. Poincaré, Millerand, Clemenceau, Viviani, Zola, Hervé; Mazzini, Garibaldi, Cavour, Crispi, Ernesto Nathan, Salandra, Sonnino, Carranza, Enrico Ferri, Jul. Andrassy, Fr. Adler, Kossuth, Kramarsch, Masaryk, Iswolski, Kerenski, Miljukow, Venizelos, Bratianu, Take Jonescu, Pasitsch, Branting, Vandervelde. Die am Morde von Serajewo beteiligten Attentäter Tankosič, Ciganovič, Cabrinovič und Kazimirovič, ferner die Revolutionäre Radek, Bela Kun, Lenin, Trotzki, Levien, Axbrod, Eisner werden gleichfalls als Mitglieder des Freimaurerbundes genannt. Die angeführten Namen haben gewiß nicht alle den gleichen Klang; sie sind nicht alle gleichwertig, aber alle interessant. Diese Liste, die noch sehr erheblich vermehrt werden könnte (vgl. Smitt, Katechismus der Freimaurerei, Leipzig 1891, S. 92 ff.; Fr. Wichtl, Weltfreimaurerei, Weltrevolution, Weltrepublik, 9. Aufl., München 1922), wirkt wie ein Scheinwerfer und ist jedenfalls geeignet, zum Nachdenken zu veranlassen. Auch Geistliche, und zwar sowohl katholische wie protestantische, sind im Laufe der Zeit in namhafter Zahl dem Bunde beigetreten. In den Vereinigten Staaten von Nordamerika sollen 30 000 Geistliche Mitglieder des Bundes sein. Bei der konfessionellen Gliederung des amerikanischen Volkes werden diese Geistlichen wohl fast ausnahmslos einem andern als dem katholischen Bekenntnisse angehören. In Deutschland sollen unter 629 Stuhlmeistern und Vorstehern von Freimaurervereinen neben 105 Schulmännern auch 16 Theologen gezählt worden sein. Welchem Bekenntnisse diese Theologen angehören, wird

nicht mitgeteilt. R. Taute (Die katholische Geistlichkeit und die Freimaurerei, Leipzig 1895) teilt ein namentliches Verzeichnis von mehr
als 400 katholischen Geistlichen mit, die um die Wende des 18. und
19. Jahrhunderts angeblich Mitglieder des Freimaurerbundes gewesen sind.
Unter andern werden in dieser Liste auch zwei Päpste (Benedikt XIV.
und Pius IX.) aufgeführt. Diese Eintragung berührt insofern merkwürdig, als gleichzeitig in der gleichen Schrift selbst zugegeben werden
muß, daß irgend ein Nachweis für die behauptete Bundeszugehörigkeit
nicht erbracht werden kann. Zu den katholischen Geistlichen wird in
dem Verzeichnis auch der bekannte Reformator des deutschen Logenwesens, Ign. Aur. Feßler, gezählt, der aus dem Kloster ausgetreten und
zum Protestantismus übergegangen ist.

Es ist aus naheliegenden Gründen verständlich, daß die Freimaurer
großen Wert auf die Tatsache legen, daß auch angesehene geistliche
Würdenträger in größerer Zahl in ihren Reihen zu finden sind. Es
ist aber auch klar, daß das von Taute eingeschlagene Verfahren wenig
geeignet ist, das Vertrauen in die Glaubwürdigkeit seiner Mitteilungen
zu stärken. Es kann und soll aber gleichwohl nicht bestritten werden,
daß im Laufe der Zeit nicht bloß protestantische, sondern auch katholische Geistliche in namhafter Zahl dem Bunde angehört haben. Auch
diese Tatsache muß Anlaß zum Nachdenken geben. Der freimaurerische
Gedanke hat zeitweise zweifellos eine große Anziehungskraft auf weite
Kreise des Volkes ausgeübt und dadurch eine große Verwirrung der
Geister hervorgerufen. Von dem Geiste der Zeit ist auch der geistliche Stand nicht ganz unberührt geblieben. Die Unklarheiten sind
bis heute nicht völlig beseitigt. Selbst in freimaurerischen Kreisen
bestehen bis heute noch widerspruchsvolle Anschauungen über das
Wesen und den Zweck der Freimaurerei. Ist es da zu verwundern, wenn
auch in andern Kreisen falsche Anschauungen und Vorstellungen über
die Freimaurerei aufgekommen sind?

Die Anhänger des freimaurerischen Gedankens hören nicht auf, ihren
Bund als den größten Wohltäter der Menschheit, als den Hort der
Humanität und der Toleranz ins beste Licht zu stellen und ihn als
eine Einrichtung zu preisen, die den Frieden und das Glück der Völker
mit unfehlbarer Sicherheit zu gewährleisten vermag. Solche Lobsprüche
sind zweifellos nicht begründet. Aber auch auf der gegnerischen Seite
begegnet man da und dort Urteilen, die weit über das Ziel hinausgehen und mit den Tatsachen nicht immer in Einklang zu bringen
sind. Wenn die Freimaurerei zuweilen vorbehaltlos als der Ausbund
und die Quelle aller bewußten Schlechtigkeit hingestellt worden ist
und sogar darzutun versucht wurde, daß die Freimaurerei mit dem
Satan im engsten Bunde stehe und einen förmlichen Satanskult treibe,
so handelt es sich dabei doch wohl nur um Erzeugnisse einer zügel-

losen Phantasie, die mit der Wirklichkeit nichts mehr zu tun haben. Wenn indes da und dort abenteuerliche Anschauungen über das geheimnisvolle Treiben der Freimaurer entstanden sind, so müssen die Freimaurer hierfür bis zu einem gewissen Grade selbst verantwortlich gemacht werden, da die in der Freimaurerei immer noch übliche Geheimniskrämerei den besten Nährboden für eine ausschweifende Phantasie bildet und dem auf die Gedankenlosigkeit des Publikums berechneten Sensationsbedürfnis Tür und Tor öffnet. So ist auch der sog. Leo-Taxil-Schwindel möglich geworden, der Anfang der neunziger Jahre des vorigen Jahrhunderts großes Aufsehen erregte und schließlich im Jahre 1897 mit einer großen Blamage der auf den Schwindel hereingefallenen Personen endete. Leo Taxil, alias Gabriel Jogand-Pagès, geb. 1854 in Marseille, ein gewissenloser freimaurerischer Hochstapler, gab sich den Anschein, als ob er reumütig in den Schoß der katholischen Kirche zurückgekehrt sei, und legte in Gemeinschaft mit einem gewissen Domenico Margiotta das leichtgläubige Publikum mit unglaublichen Enthüllungen über den angeblichen Satanskult bei den Freimaurern nach allen Regeln der Kunst herein. In einer öffentlichen Versammlung in Paris klärte der Schwindler schließlich den wirklichen Sachverhalt mit zynischer Offenheit auf und gab die betrogenen Kreise öffentlich der Lächerlichkeit preis (vgl. Hildebrand Gerber [H. Gruber], Leo Taxils Palladismus-Roman, 3 Teile, Berlin 1897; ferner vom gleichen Verfasser: Betrug als Ende eines Betrugs, Berlin 1897; Joh. Gg. Findel, Katholischer Schwindel, Leipzig 1896). Die Gedankenlosigkeit und Leichtgläubigkeit des Publikums, namentlich in den romanischen Ländern, ist in diesem Falle schwer mißbraucht worden. Der ganze Vorgang war aber auch deshalb tief beklagenswert, weil er große Verwirrung in weiten Kreisen der gläubigen Bevölkerung anrichtete und das Ansehen der Kirche nicht unerheblich schädigte. Indes nicht nur katholische Kreise, sondern auch weite Kreise des freimaurerischen Publikums selbst sind im Laufe der Zeit wiederholt den unglaublichsten Irreführungen durch Schwärmer, Schwindler und Abenteurer zum Opfer gefallen. Dies ist so weit gegangen, daß selbst freimaurerische Schriftsteller eine bestimmte Periode ihrer Geschichte als das Zeitalter der Verirrungen im Freimaurerbunde bezeichnen (vgl. Allgemeines Handbuch der Freimaurerei, herausgegeben vom Verein deutscher Freimaurer, 3. Aufl., Leipzig 1900/01; O. Beuren [J. M. Raich], Die innere Unwahrheit der Freimaurerei, Mainz 1884; H. Gerber [Gruber], Schwindler und Beschwindelte oder Bilder aus der innern Geschichte der Freimaurerei, 4. Aufl., Berlin 1892; Henne am Rhyn, Das Buch der Mysterien, 3. Aufl., Leipzig 1890; J. G. Findel, Das Zeitalter der Verirrungen im Maurerbunde, Leipzig 1892; Fr. Ewald, Ein Blick hinter die Freimaurerkulissen, Stuttgart 1898).

Über die Geschichte, Verfassung, die Lehren, die Symbolik und das Gebrauchtum der Freimaurerei besteht eine ungemein reiche Literatur, die ihrerseits für die große Bedeutung des Bundes Zeugnis ablegt. Die Bibliographie der freimaurerischen Literatur von A. Wolfstieg (2 Bde. und 1 Reg.-Band, Selbstverlag des Vereins deutscher Freimaurer, 1911—1913) verzeichnet nicht weniger als rund 44000 Schriften und Aufsätze, die sich mit Freimaurerei oder damit zusammenhängenden Fragen befassen. Angesichts einer solchen Fülle literarischen Stoffes ist es schlechterdings unmöglich, bis in den letzten Winkel des Wissensschatzes vorzudringen. Man muß sich mit dem Studium einer größeren Zahl von Werken und Schriften begnügen, die ihrerseits auf zuverlässigen Forschungen beruhen und deren Verfasser vermöge ihres wissenschaftlichen Ansehens ein hohes Maß von Vertrauen verdienen. Es fehlt weder auf der Seite der Freimaurer noch aufseiten der Gegner an solchen Schriftstellern. Ich nenne auf maurerischer Seite statt vieler nur die Namen Kloß, Gould, W. Keller, Henne am Rhyn, Schuster, Findel, Wolfstieg, Ludw. Keller, W. Ohr; auf der gegnerischen Seite die Jesuiten Pachtler und Gruber, ferner v. Ketteler, Raich, Brauweiler, Heise, Wichtl. Es ist nicht leicht, über die Freimaurerei und den Freimaurerbund, der bis heute seine letzten Ziele mit einem Schleier des Geheimnisses umgibt, ein absolut sicheres Urteil zu fällen. Im Folgenden will ich versuchen, durch gleichzeitige Verwertung bester freimaurerischer Quellen und ernster wissenschaftlicher Gegenschriften einen festen Boden zu gewinnen und zu möglichst sichern Ergebnissen vorzudringen.

2. Geschichtliche Entwicklung der Freimaurerei.

Über der Entstehung und Entwicklung der Freimaurerei schwebte lange Zeit ein sagenhaftes Dunkel. Das Bestreben der Freimaurer, die Entstehung ihres Bundes möglichst in altersgraue Vorzeit zu verlegen und dadurch die Ehrwürdigkeit und das Ansehen des Bundes zu erhöhen, hat zu den abenteuerlichsten Versuchen und zu größter geschichtlicher Verwirrung geführt. Das Freimaurertum wurde bald von den ägyptischen und griechischen Mysterien, bald von dem pythagoreischen Bunde hergeleitet, bald wurde es mit den Gnostikern und Manichäern, bald mit den Tempelherren oder andern geheimnisvollen ritterlichen Orden in einen geschichtlichen Zusammenhang gebracht. Noch Lessing (Ernst und Falk, Gespräche für Freimaurer, Wolfenbüttel 1778/80) behauptet, daß die Freimaurerei „Nichts Willkürliches", „Nichts Entbehrliches", sondern „Etwas Notwendiges", im Wesen des Menschen und der bürgerlichen Gesellschaft Begründetes sei. „Sie war immer und ist ihrem Wesen nach so alt als die bürger-

liche Gesellschaft. Beide konnten nicht anders als miteinander entstehen, wenn nicht gar die bürgerliche Gesellschaft nur ein Sprößling
der Freimaurerei ist." Die im Konstitutionenbuch von 1723 voran-
gestellte Geschichte der Freimaurerei beginnt buchstäblich mit Adam,
den der allmächtige Baumeister und Großmeister der ganzen Welt nach
seinem Ebenbilde gemacht hat. Manche Schriftsteller gehen soweit,
Adam schlankweg als den ersten Freimaurer zu bezeichnen (vgl. E. Spratt,
Constitutions for the use of the grand lodges in Ireland, Dublin 1751),
und ein amerikanischer Schriftsteller trägt kein Bedenken, zu erklären,
daß das Schurzfell der Maurer seinen Ursprung von der Feigenblatt-
schürze Adams und Evas herleite. Dies alles sind künstliche Übertreibungen ohne jeden geschichtlichen Hintergrund. Es mag sein, daß
manche Geheimsysteme der älteren und ältesten Zeit gewisse Anklänge
an die Gedanken des späteren Freimaurertums erkennen lassen. Damit ist aber noch keineswegs der Beweis erbracht, daß zwischen dem
Freimaurerbund und diesen älteren Geheimsystemen ein wirklicher geschichtlicher Zusammenhang besteht. Ein solcher Zusammenhang wird
von ernsten Schriftstellern der neueren Zeit auch gar nicht mehr
behauptet.

Von anderer Seite wird die Entstehung des Freimaurerbundes mit
den Akademien der Naturphilosophen des 17. Jahrhunderts in Verbindung gebracht. Diese Annahme kann schon mit besseren Gründen
belegt werden. Zweifellos besteht zwischen der Freimaurerei und der
im 17. Jahrhundert mehr und mehr zur Geltung gelangenden natur-
philosophischen Betrachtung der Dinge ein gewisser geistiger Zusammenhang. Der vor allem in England verbreitete freidenkerische Deismus,
der zwar noch einen matten, in unendlicher Ferne thronenden, um die
Erhaltung und Regierung der Welt aber wenig bekümmerten Gott
anerkennt, jedoch die Offenbarung leugnet, als ausschließliche Quelle
der menschlichen Erkenntnis die äußere Erfahrung, und als letzte
Quelle aller Autorität den Menschen selbst betrachtet und schließlich
die Religion durch eine seichte, menschliche Moral ersetzt, bildet wohl
die geistige und sittliche Grundlage, auf der das Gedankengebäude
des Freimaurertums im wesentlichen ruht. In der Tat stellt das System,
das man in der Geschichte der Philosophie mit dem Namen „Deismus"
bezeichnet, heute noch die Quintessenz der maurerischen Philosophie,
Theosophie und Ethik dar. Trotzdem kann geschichtlich der englische
Deismus nur etwa als geistiger Vorläufer, nicht aber als organischer Bestandteil des geschichtlich gewordenen Freimaurertums angesehen werden.

Die wirkliche Gründung des Freimaurerbundes wird heute allgemein
auch von freimaurerischen Schriftstellern in das erste Viertel des
18. Jahrhunderts verlegt. Die ersten wirklichen Ansätze einer maurerischen Organisation sind in England, und zwar in den dortigen

älteren Bauhütten der Steinmetze (Werkmaurer) zu suchen. Auf den
Zusammenhang der Freimaurerei mit der Werkmaurerei und ihrer zunft-
mäßigen Handwerksorganisation hat zuerst ein Nichtmaurer, der Abbé
Grandidier in Straßburg, hingewiesen. Innerhalb der Gewerkschaften
der Bauleute und Steinmetzen („companies of masons") waren im Laufe
der Zeit besondere Gemeinschaften, Sozietäten („societies of masons")
entstanden, in die auch nicht zu den berufsmäßigen Bauleuten gehörige
Personen aufgenommen werden konnten. Die gewöhnlichen Werkmaurer hießen „rough masons", die höher vorgebildeten Steinmetzen
nannten sich „free-stone masons" oder kurz „free-masons", Freimaurer.
Beiden standen die Mitglieder der Vereinigung gegenüber, die überhaupt nicht zu den berufsmäßigen Bauleuten zählten; diese wurden
„accepted masons", angenommene Maurer, genannt. Die Blütezeit der
Bauhütten fällt mit der Blüte des Dombaues zusammen. Als diese
Baubewegung mehr und mehr zurückging, als namentlich das durch
den großen Brand von 1666 zum großen Teil zerstörte London wieder-
aufgebaut war, gerieten die Bauhütten mehr und mehr in Verfall und
konnten schließlich nur noch durch den Beitritt berufsfremder Elemente („accepted masons") vor der gänzlichen Auflösung gerettet werden.
Am 24. Juni 1717 (Johannistag) traten nun vier Werkmaurerlogen in
London zu einem engeren Verbande, einer Großloge, zusammen und
wählten einen Großmeister. Die Mitglieder des Bundes gaben die
Werkmaurerei, die infolge der immer stärkeren Zunahme der das Bau-
handwerk nichtausübenden Brüder immer mehr zurückgetreten war,
vollständig auf und gingen nunmehr allgemein von der bisherigen hand-
werksmäßigen Arbeit zu einer idealen Betätigung über. Sie behielten
zwar ihre überlieferten Zeichen, Sinnbilder und Gebräuche bei, faßten
aber ihre Tätigkeit in einem übertragenen Sinn als Arbeit an dem
unsichtbaren geistigen Tempelbau der Veredlung und Vervollkommnung der Menschheit auf. Damit war der Übergang von der
Werkmaurerei zur Geistesmaurerei, von der operativen
zur spekulativen oder symbolischen Maurerei vollzogen.
Die neue Großloge nahm für sich das Recht in Anspruch, den rechtmäßigen Bestand neuer Logen von ihrer schriftlichen Zustimmung abhängig zu machen. Im Jahre 1721 erhielt James Anderson den Auftrag, aus den älteren Urkunden, Hüttenbüchern und den anerkannten
mündlichen Überlieferungen ein Konstitutionenbuch zu bearbeiten, das
den veränderten Verhältnissen Rechnung tragen sollte. Dieses Buch
erschien im Jahre 1723 unter dem Titel „The Constitutions of the Freemasons containing the History, Charges, Regulations etc. of that most
ancient and right worshipful Fraternity for the use of the lodges".
London in the year of Masonry 5723 (1723); vgl. auch Neues Konstitutionenbuch der alten ehrwürdigeu Brüderschaft der Freimaurer von

J. Anderson, aus dem Englischen übersetzt; 2., verm. Aufl., Frankfurt a. M. 1743. Die Konstitution von 1723, namentlich der Abschnitt über die „Alten Pflichten", gilt seitdem als die Haupturkunde und die gesetzliche Grundlage des Freimaurerbundes. Die sämtlichen englischen und außerenglischen Logen leiten ihre Konstitution unmittelbar oder mittelbar von der Londoner Großloge her.

Die Freimaurerei breitete sich nun rasch über England, Schottland und Irland sowie auf dem Festlande und in Nordamerika aus. In England zeigte sich bald ein auffällig starker Zugang von Angehörigen der höchsten Gesellschaftskreise. Schon unter den Mitgliedern der ersten Zeit findet sich auch der Name eines deutschen Fürsten, des aus religiösen Gründen nach England geflüchteten Erbgrafen Albrecht Wolfgang von Schaumburg-Lippe. Im Jahre 1738 erschien zu Dublin die sog. Apologie, eine halbamtliche Verteidigungsschrift, die dem Grundgesetze von 1723 als Anhang beigegeben wurde. Um die Mitte des 18. Jahrhunderts rissen in der englischen Maurerei erhebliche Mißstände ein. Es wurde über die Veräußerlichung des Logenlebens geklagt, die auch in prunkvollen Festlichkeiten und schwelgerischen gastlichen Gelagen ihren unerfreulichen Ausdruck fand. Neben der alten Londoner Großloge war inzwischen eine von irischen Maurern in London gegründete weitere Großloge, die „Großloge der Alten Maurer" („ancient masons") entstanden, die seit der Mitte des 18. Jahrhunderts zu immer größerer Blüte gelangte und die alte Londoner Großloge allmählich zu verdrängen drohte. Die durch diese Neugründung in die englische Freimaurerei hineingetragene Spaltung konnte erst im Jahre 1813 durch Vereinigung der beiden Großlogen in der „Vereinigten großen Loge der alten englischen Maurer" überwunden werden. Bei der Vereinigung wurde vereinbart, daß nur drei Grade, der Lehrlingsgrad, der Gesellengrad und der Meistergrad, als Grade der reinen Maurerei anerkannt werden sollen.

In Frankreich entstand die erste Loge nach englischem Muster im Jahre 1725. Engländer, die sich in Paris aufhielten, übertrugen damit die englische Einrichtung nach dem Festlande. Die Neugierde und die Mode sollen bei der Einführung und Weiterverbreitung in Frankreich eine nicht unerhebliche Rolle gespielt haben. Im Jahre 1736 finden wir eine Großloge in Paris. Auch die französischen Logen gerieten bald durch das Eindringen von Mißständen in eine schwierige Lage. Sie begegneten dem Mißtrauen der Regierung und der Bevölkerung. Die von den Logen ausgeschlossenen Frauen steigerten das Mißtrauen und hielten die Männer von den Logen fern. Dieses Hemmnis suchte man durch Gründung von Frauengemeinschaften mit maurerischen Gebräuchen (Frauenlogen, Adoptionslogen) zu beseitigen. Da auch diese Logen bald entarteten, wurden die Verhältnisse immer

schlimmer statt besser. Das Logenwesen geriet auf eine immer ver-
hängnisvollere Bahn. Um das Jahr 1740 versuchte eine Anzahl Maurer,
die sich „Akazienmeister" oder „Schottische Meister" nannten, eine Reform durchzusetzen. Diese Bezeichnung hat mit dem schottischen Logen-
tum nichts zu tun. Man nimmt an, daß der Name mit dem von den
Reformern geführten Abzeichen der Akazie im Zusammenhange steht und
daß im Sprachgebrauche aus dem „maitre acassais" allmählich ein
„maitre écossais", „schottischer Meister", geworden ist. Die Reform
scheiterte. Reste dieser schottischen Maurerei blieben aber bestehen
und fanden in einem besondern „Schottengrad", dessen Verleihung auch
von der Großloge von Frankreich anerkannt wurde, ihren sichtbaren
Ausdruck. Damit war das in England entstandene Ritual durch-
brochen und eine Neuerung in die Freimaurerei eingeführt, die zu den
verhängnisvollsten Folgen führen sollte. Von der schottischen Maurerei
nahm der später zu hoher Blüte gebrachte Hochgradschwindel
seinen Ausgang, der auch in Deutschland der folgenden Zeitperiode
den Stempel der Entartung aufdrückte. Neue Systeme und Hochgrade schossen wie Pilze aus dem Boden. Die Freimaurerei wurde
mit allen möglichen alten und neuen Mysterien, mit bedeutenden geschichtlichen Persönlichkeiten, mit Vorgängen des Alten und Neuen
Testaments oder mit den christlichen Ritterorden in Verbindung gebracht. Man erfand vor allem die Templerlegende, derzufolge die Freimaurer die Nachfolger der Tempelherren und Erben ihrer Geheimnisse
sein wollten. Jakob v. Molay, der letzte Großmeister der Tempelherren
(† 1314), soll im Gefängnisse sein Testament gemacht und darin die
templerischen Geheimnisse niedergelegt haben. Die Freimaurer sollen
in diesem Testamente den Auftrag erhalten haben, den Templerorden
fortzusetzen und das Geheimnis des Ordens zu hüten. Diese Legende
wurde nach Bedarf mit allen möglichen Zutaten ausgeschmückt. In
Wirklichkeit ist die ganze Erzählung nichts anderes als eine Erfindung
maurerischer Sagendichter, die damit ihrem Bunde einen geheimnisvollen Glanz verschaffen und aus dieser Spekulation Nutzen ziehen
wollten. Damit wurde aber der Ordensgedanke in den Freimaurerbund hineingeschmuggelt, obwohl die Idee des Rittertums mit dem
Gedanken des Bruderbundes, wie er die Freimaurerei von Anfang an
beherrschte, gar nichts zu tun hatte. Der Hochgradschwindel nahm
auch in Frankreich nachgerade einen solchen Umfang an, daß die
Großloge von Frankreich sich im Jahre 1777 zu einem Verbote der
Hochgrade entschließen mußte. Der Erfolg war aber gering; die Aus-
wüchse blieben im wesentlichen fortbestehen.

Die Zeit der französischen Revolution versetzte auch dem Freimaurertum einen kräftigen Stoß. Die Logen wurden geschlossen und
konnten sich nur im Geheimen forterhalten und in eine ruhigere Zeit

hinüberretten. Die französische Revolution wird von freimaurerischen Schriftstellern in der Regel sehr knapp behandelt, nicht
selten mit wenigen Sätzen erledigt. Dies ist um so auffälliger, als
gegen die Freimaurerei die schwere Anklage erhoben wird, daß sie
eine wesentliche Mitschuld an dem Ausbruche dieser Revolution trage
und daß die eigentlichen Träger der Revolution in der Hauptsache Freimaurer gewesen seien. Diese Anklage kann man nicht mit dem bloßen
Hinweise darauf abtun, daß die Freimaurer schließlich selbst durch
die Revolution unter die Räder geraten sind und von den Jakobinern
als Feinde der Volksfreiheit erklärt wurden (vgl. Ludwig Keller, Die
Freimaurerei, 2. Aufl., bearbeitet von Schuster, Leipzig u. Berlin
1918, S. 66). Und wenn gar J. G. Findel in seiner Geschichte der
Freimaurerei (7. Aufl., Leipzig 1900, S. 278) meint, dieser Vorwurf
könne füglich übergangen werden, „weil die Ursachen jenes welt-
geschichtlichen Ereignisses und dessen Entstehung aus den vorhergehenden staatlichen und sozialen Zuständen längst erkannt und dargelegt sind“, so muß demgegenüber doch festgestellt werden, daß eine
solche Beweisführung die Frage nicht löst, sondern der Lösung anscheinend geflissentlich aus dem Wege geht. Die Frage ist meines Erachtens für die Allgemeinheit wie für die Freimaurerei selbst doch von
so großer Bedeutung, daß sie einer etwas gründlicheren Untersuchung
bedarf.

Im Rahmen dieser Schrift kann nur Folgendes hervorgehoben werden:
Es ist richtig, und für jeden ruhig Denkenden ohne weiteres klar, daß
ein weltgeschichtliches Ereignis wie die französische Revolution von
1789 auf eine ganze Anzahl tiefgehender Ursachen zurückzuführen ist.
Es ist aber ebenso unstreitig richtig, daß die Freimaurerei in der der
Revolution vorhergehenden Epoche mit zu den Faktoren gehörte, welche
die geistigen, seelischen und sittlichen Grundlagen und Voraussetzungen
in erster Linie mitgeschaffen haben. Die Aufklärungsphilosophen der
vorrevolutionären Zeit sind zum großen Teile in den Reihen der Freimaurer gestanden und der Deismus ist nach Erdmann (Geschichte des
englischen Deismus) schließlich gerade dadurch in immer weitere Kreise
gedrungen, daß er die eigentliche Religion der Freimaurerlogen wurde.
Die in der Loge vertretenen freiheitlichen Grundsätze mußten, in breitere
Schichten des Volkes getragen, früher oder später mit zwingender Notwendigkeit zu einer politischen, sozialen und wirtschaftlichen Umwälzung führen. Das mußte den führenden Männern der Loge klar
sein, und sie waren sich darüber auch nicht im unklaren; denn sie
arbeiteten planmäßig auf eine geistige und gesellschaftliche Umwälzung
hin. Ihr Wahlspruch war: Freiheit, Gleichheit, Brüderlichkeit. Die
Revolution hat diesen Wahlspruch aufgenommen und in ihrer Art ver-
wirklicht. Die Erklärung der Menschenrechte ist auf Veranlassung

des Freimaurers Lafayette an die Spitze der französischen Verfassung gestellt worden.

Es mag sein, daß die geistigen Väter der Revolution die Umwälzung der Verhältnisse sich etwas weniger drastisch vorgestellt haben und daß sie schließlich die Geister, die sie riefen, nicht mehr bannen konnten und mit Grauen und Entsetzen vor den Trümmern standen, welche die Revolution verursachte. Es mag auch sein, daß die Pöbelherrschaft, wie sie im Jahre 1791 einriß, und die Mord- und Zerstörungswut der Jakobiner nicht nach ihrem Geschmacke war. All dies ändert aber nichts an der Tatsache, daß die Revolution nichts anderes war als die Frucht der Saat, welche die Freimaurer im Verein mit andern Aufklärungsgeistern ausgestreut haben. Den gemäßigten Elementen sind schließlich die Zügel entglitten und die Radikalen haben die letzten Konsequenzen aus den freiheitlichen Grundsätzen gezogen, welche die Gemäßigten gepredigt haben. Das ist eben der Fluch der bösen Tat, daß sie fortzeugend immer Böses muß gebären. So sind schließlich viele Freimaurer selbst durch die folgerichtige Verwirklichung ihrer eigenen Ideen durch andere ins Verderben gestürzt worden; sie wurden gleichsam an den von ihnen selbst gedrehten Stricken aufgehängt. Bei diesem Lichte betrachtet, wird man die Freimaurerei keineswegs von jeder Schuld an der französischen Revolution freisprechen können.

In Wirklichkeit wird die Mitschuld an der Revolution auch in weiten Kreisen der Freimaurerei gar nicht bestritten. In Dutzenden von Fällen haben vielmehr angesehene, führende Maurer sogar bei offiziellen Gelegenheiten mit Stolz die französische Revolution als ein Werk der Freimaurer gefeiert. Felix Portal weist selbst darauf hin, daß die Maurerei die französische Revolution vorbereitet und hervorgerufen habe, indem er schreibt: „In den Logen wurden die Mittel studiert, um dem Verfall, an dem die Gesellschaft des ancien Régime litt, wieder aufzuhelfen. In den Logen wurde die Enzyklopädie vorbereitet, jenes Wunderwerk, von dem der revolutionäre Geist des 18. Jahrhunderts ausging. Von der Arbeit der Loge nahm die französische Revolution ihren Ausgang" (vgl. W. Ohr, Der französische Geist und die Freimaurerei, Leipzig 1916, S. 34). Bernardin nennt die französische Revolution „die Fleischwerdung des Wortes der Freimaurerei" (zitiert bei Ohr a. a. O. S. 34). Im Jahre 1889 wurde von der französischen Maurerwelt die Erinnerung an die französische Revolution mit einer glänzenden Zentenarfeier (Kongreß) festlich begangen. In dem amtlichen Einladungsschreiben vom 2. April 1889, das nicht nur an die französischen, sondern auch an die auswärtigen Mächte (Großlogen, Höchste Räte) erging, heißt es u. a.: „Unsere Geschichte, unsere Lehre, unsere Tendenzen werden dort (beim Kongreß) von den berufensten Rednern dargelegt werden. . . . Die Freimaurerei, welche die Revo-

lution von 1789 vorbereitete, ist verpflichtet, ihr Werk fortzusetzen"
(vgl. Gruber in den Stimmen aus Maria-Laach 1889, Bd. 37, S. 318).
Bei dem Kongresse selbst wurde von zwei offiziellen Rednern (Amiable
und Colfavru) auch auf die Geschichte des französischen Großorients
hingewiesen. Über den Anteil der französischen Maurerei an der französischen Revolution von 1789 machte Amiable bemerkenswerte Ausführungen. Unter anderem sagte er: „Ihr Einfluß in den primären und
sekundären Versammlungen des dritten Standes, bei der Redaktion der
Eingaben und den Wahlen war ein alles beherrschender"; „die französischen Freimaurer des 18. Jahrhunderts haben die Revolution gemacht" (Gruber a. a. O. S. 320/21). In einer amtlichen Erklärung des
Ordensrates (abgedruckt bei Ohr a. a. O. S. 196 ff.) heißt es: „Die
Freimaurerei war es, die unsere Revolution vorbereitet hat, die größte
von allen Volksheldengesängen, welche die Weltgeschichte in ihren
Jahrbüchern verzeichnet hat, und der Freimaurerei kommt die erhabene
Ehre zu, diesem unvergeßlichen Ereignis die Formel geliefert zu haben,
in der ihre Grundsätze Fleisch geworden sind." Die „Chaîne d'Union"
(Jahrgang 1883, S. 220) bemerkt: „Die Revolution ist die Tochter der
Freimaurerei." Sicard de Planzoles erklärte 1913 als Vertreter des
Großorients: „Wenn es wahr ist, daß die französische Freimaurerei
die Mutter der Revolution ist, dann ist es Aufgabe der Freimaurer,
das Werk der Revolution zu retten, die bewußt weltliche, demokratische und soziale Republik, die durch die kühnen Unternehmungen
der offenen und verkappten Reaktion bedroht ist" (vgl. Ohr a. a. O. S. 128).
Bruder Ohr weist selbst auf die merkwürdige Tatsache hin, daß eine
einzige französische Loge, die Loge „Les Amis réunis" in Paris, die
Namen der hauptsächlichsten Vorbereiter und Führer der großen Revolution aufweist (a. a. O. S. 34), und äußert sich selbst (a. a. O. S. 37)
folgendermaßen: „Das Jakobinertum war, wie man auch sonst die
französische Revolution auffassen möge, gegen die Träger der Bewegung von 1789 und damit gegen die Freimaurerei. Aber das Jakobinertum hat die Revolution nicht gemacht, ist vielmehr selbst eine
Frucht — Auswuchs oder notwendige Folge sei hier dahingestellt —
der Revolution. Diese aber ist — darin muß den französischen Schriftstellern recht gegeben werden — von jener geistigen Strömung vorbereitet worden, die wir oben schilderten und die in den Freimaurern
hervorragende Vertreter fand."

Diese Zeugnisse aus freimaurerischem Munde mögen genügen. Sie
könnten noch erheblich vermehrt werden. Angesichts dieser klaren
und unzweideutigen Erklärungen angesehener freimaurerischer Vertreter kann es dem Leser überlassen werden, was er von Urteilen
anderer Freimaurer halten will, welche jegliche Schuld der französischen Maurerei an der französischen Revolution in Abrede stellen und

die gegenteilige Behauptung kühn als „Unwissenheit oder absichtliche Verleumdung" zu brandmarken versuchen (vgl. u. a. Henne am Rhyn, Die Freimaurer, Leipzig 1886, S. 46). Zweifellos haben die freimaurerischen Ideen ganz wesentlich die Revolution von 1789 gefördert. Zum mindesten ist eine erhebliche Mitschuld der französischen Freimaurerei an dem welterschütternden Ereignisse unwiderleglich nachgewiesen.

Nach der französischen Revolution konnten die französischen Logen ihre Tätigkeit alsbald wieder aufnehmen. Sie gerieten im Laufe der Zeit sowohl in Fragen der Weltanschauung wie der Politik immer mehr in ein radikales Fahrwasser. Bezeichnend für die politische Einstellung der französischen Maurerei ist das Vorgehen französischer Freimaurer gegen Kaiser Wilhelm I., Bismarck und Moltke während des Deutsch-französischen Krieges 1870/71. Im Herbste 1870 verlangten zehn Pariser Logen die Einsetzung eines Sondergerichtshofes, vor welchem sich Wilhelm I. und sein Sohn Kronprinz Friedrich, beide selbst Freimaurer, wegen Meineids und Verrats verantworten sollten. Im November 1870 erließ die Loge Henri IV in Paris ein Rundschreiben, in dem sie auf 15. März 1871 einen Kongreß nach Lausanne zur maurerischen Aburteilung der beiden fürstlichen Hohenzollern einberief (vgl. Schuster a. a. O. Bd. II, S. 31). Das Unerhörteste aber stellt ein Erkenntnis dar, welches die französischen Logen nach einer Mitteilung des „Courier de Lyon" am 26. November 1870 in Lyon verkündigt haben. Es lautet:

„1. Wilhelm und seine beiden Genossen Bismarck und Moltke, Geißeln der Menschheit und durch ihren unersättlichen Ehrgeiz Ursache so vieler Mordtaten, Brandstiftungen und Plünderungen, stehen außerhalb des Gesetzes wie drei tolle Hunde. 2. Allen unsern Brüdern in Deutschland und der Welt ist die Vollstreckung gegenwärtigen Urteils aufgetragen. 3. Für jedes der drei verurteilten reißenden Tiere (Kaiser Wilhelm, Bismarck, Moltke) ist eine Million Franken bewilligt, zahlbar an die Vollstrecker oder ihre Erben durch die sieben Zentrallogen" (mitgeteilt von K. Heise, Die Entente-Freimaurerei und der Weltkrieg, Basel 1919, S. 23). Dieser Vorgang erinnert lebhaft an die Forderung der Auslieferung des Kaisers Wilhelm II. und der übrigen sog. „Kriegsverbrecher", wie sie im Friedensvertrag von Versailles tatsächlich erhoben wurde. Der Wahnwitz eines solchen Vorgehens kann wirklich nicht mehr überboten werden.

Auch auf weltanschaulichem Gebiete schritt die Freimaurerei in Frankreich mit ihren radikalen Anschauungen und Forderungen allen andern Logen weit voraus. Im Jahre 1877 beschloß der Großorient bezeichnenderweise, daß das Dasein Gottes und die Unsterblichkeit der Seele als Grundlage der religiösen Anschauung der französischen Maurerei nicht mehr festgehalten werden können und deshalb aus dem

Bundesstatut zu streichen. Dieser Schritt wurde als letzte Konsequenz des Toleranzprinzips für notwendig erachtet. Er hatte zur Folge, daß eine ganze Anzahl ausländischer Großlogen die Beziehungen zum französischen Großorient abbrach. Der Radikalismus hat in der französischen Freimaurerei bis zum heutigen Tage die Oberhand behalten. Die radikale französische Gesetzgebung über die Trennung von Staat und Kirche vom Jahre 1905 ist durchaus vom Geiste der französischen Freimaurerei beseelt (vgl. Gruber, Die Trennung von Staat und Kirche in Frankreich, in den Stimmen von Maria-Laach Jahrg. 1906, S. 426 ff.).

In Deutschland wurde die erste Loge nach englischem Muster in Hamburg eröffnet. Dort wurde im Jahre 1737 eine Loge mit dem französischen Namen „Société des acceptés maçons libres de la ville de Hambourg" gegründet, die bald darauf den Namen „Absalom" annahm. In der Nacht vom 14. auf den 15. August 1738 wurde Kronprinz Friedrich von Preußen — der spätere König Friedrich II. d. Gr. —, der bei einem gesellschaftlichen Zusammentreffen mit dem Fürsten von Schaumburg für die freimaurerische Sache gewonnen war, hinter dem Rücken seines Vaters in die Hamburgische Loge aufgenommen. Dieses Ereignis wurde für die Entwicklung der Freimaurerei in Deutschland von der größten Bedeutung. Friedrich verließ die Bahn seiner Väter und wählte als König seine Berater in der Hauptsache aus dem Kreise der Freimaurer aus. Es beginnt das Zeitalter der Förderung des Freimaurerwesens durch die Hohenzollern. Nachderhand ist noch eine ganze Anzahl von Hohenzollern dem Bunde beigetreten. Im Jahre 1744 entstand in Berlin die Loge „Aux trois globes", später „Große nationale Mutterloge zu den drei Weltkugeln". Friedrich übernahm selbst das Amt des Großmeisters. Im Jahre 1760 wurde in Berlin die Loge „Royal York zur Freundschaft" gegründet, die im Jahre 1798 zur Großloge erhoben wurde. In den sechziger Jahren des 18. Jahrhunderts stiftete Zinnendorf in Berlin und Umgebung eine Anzahl Logen nach dem schwedischen System, die er im Jahre 1770 zur „Großen Landesloge der Freimaurer von Deutschland" mit dem Sitze in Berlin vereinigte. Auch in andern Städten entstanden zahlreiche Logen, Großlogen unter andern auch in Frankfurt a. M. und Bayreuth. In der ersten Zeit ist in den deutschen Logen der damaligen Sitte entsprechend die französische Sprache im Gebrauch gewesen. Seit dem Jahre 1738 kommt zunächst vereinzelt, dann mehr und mehr allgemein an Stelle der französischen Bezeichnung Franc-Maçon oder Maçon die deutsche Bezeichnung „Freimaurer" im Sprachgebrauch zur Geltung.

Kaum war das Logenwesen in Deutschland endgültig eingeführt, so zeigten sich auch hier schwere Mißstände und Entartungen. Es begann die Zeit, die auch von ehrlichen freimaurerischen Schriftstellern nicht anders als das Zeitalter der Verirrungen bezeichnet und durch einseitige Betonung des Formelwesens und durch die geradezu unsinnige Ausgestaltung des Hochgradwesens gekennzeichnet wird. Man steht hier förmlich vor einem psychologischen Rätsel. Man kann sich kaum eine richtige Vorstellung machen von dem Tiefstande, auf den das innere Logenleben mit seinem Formenkram herabsank. Die Freimaurer haben wirklich keinen Grund, über den gewiß sehr bedauerlichen Leo-Taxil-Schwindel sich allzusehr aufzuregen, wenn sie in ihrer eigenen Bundesgeschichte nachblättern und dort aufgelegten Schwindlern wie Johnson, Rosa, Gugomos, St-Germain, Cagliostro u. a. begegnen. Das Streben nach höherer Weisheit, die durch höhere Grade vermittelt werden sollte, führte zu einer geradezu skandalösen Züchtung des Hochgradwesens, das bei dem dem Mystischen stark zugewandten Zeitgeist dem Betrug und dem Schwindel Tür und Tor öffnete. Auch hier spielt die Templerlegende eine verhängnisvolle Rolle. Eine ganze Anzahl von Systemen von recht zweifelhafter Güte ist damals entstanden. In Deutschland sind namentlich das sog. Clermontsche Kapitel, die strikte Observanz, das Klerikat und das schwedische System zu größerer Bedeutung gekommen.

Das Kapitel von Clermont, von einem Ritter von Bonneville im Jahre 1754 gegründet und 1760 nach Deutschland verpflanzt, soll ursprünglich im Jesuitenkolleg Clermont in Paris seinen Sitz gehabt haben. Es hat außer den drei Johannisgraden und dem Schottengrade noch drei weitere Hochgrade, also im ganzen sieben Grade vorgesehen. Das System wurde in Deutschland hauptsächlich von dem Bruder v. Printzen gefördert, der sich zur weiteren Verbreitung des maurerischen Lichtes des Bruders Philipp Samuel Rosa bediente. Rosa, der wegen anstößigen Lebenswandels seines Amtes — er war Konsistorialrat — verlustig erklärt worden war, wurde vom Bruder v. Printzen zum „ständigen Generallegaten des Großkapitels von Jerusalem" ernannt und zur Gründung von neuen Logen in Deutschland ermächtigt. Rosa machte von dieser Ermächtigung einen ausgiebigen Gebrauch und verwertete die Erteilung der Hochgrade nach eigenem Geständnis zu einem gewinnbringenden „Nahrungsbetrieb". Die Verwandlung von Metallen und das Geheimnis der Herstellung von Gold, das die Geister der damaligen Zeit lebhaft beschäftigte, spielte dabei auch eine Rolle. Außerdem versprach er den Logen, sie mit den sieben göttlichen Wissenschaften ausstatten zu wollen.

Der Hochstapler Rosa wurde durch einen noch größeren Gauner mit dem falschen Namen Johnson (wirklicher Name: Samuel Leuchte) abgelöst. Dieser Name ist mit dem System der strikten Observanz verknüpft, das zur größten Bedeutung kam. Dieses System wurde durch einen reichen, schwärmerischen und ehrgeizigen Edelmann, Baron Hund, in Deutschland eingeführt und namentlich in Norddeutschland stark verbreitet. Hund hatte sich in Paris in gutem Glauben die Heermeisterwürde der siebten Provinz des Tempelherrenordens (Deutschland) übertragen lassen und ging nach der Rückkehr in seine Heimat mit allem Eifer an die Neuorganisation des Ordens heran. Den drei niedern Graden wurde der „schottische Meister" als vierter Grad hinzugefügt. Diesen vier Graden folgte erst der eigentliche „innere Orden", der aus den Graden des Novizen und des Tempelherrn bestand, welch letzterer wieder in drei Grade zerfiel. Später wurde als letzter und höchster Grad noch der „eques professus" eingeführt. Nach der Obödienzakte mußten die Ordensmitglieder den „strengsten Gehorsam" und „unumschränkte Folgeleistung" versprechen, und geloben, „über alles, was sie sehen, hören oder erfahren, strengstes Stillschweigen zu bewahren". Mit Rücksicht hierauf bezeichneten sich die Mitglieder als Anhänger der strikten Observanz im Gegensatz zu den gewöhnlichen Freimaurern, die sie als Anhänger der laten Observanz ansprachen.

Die strikte Observanz fand die größte Verbreitung. Die Berliner Großloge „zu den drei Weltkugeln" und eine große Anzahl anderer Logen traten zur strikten Observanz über. Diese tat sich durch Wohltätigkeit, aber auch durch großen Prunk hervor, da ihr eine große Zahl fürstlicher Personen angehörte. In sittlicher Beziehung wurden an die Mitglieder keine allzu hohen Anforderungen gestellt. Die Frage, ob einer, der eine Mätresse halte, der Ehre des Freimaurers unwürdig sein solle, wurde bezeichnenderweise mit der Begründung verneint, daß „sonst viele hohe Ordensbrüder dieser Ehre unwürdig sein müßten". Im Jahre 1763 begann der Schwindler Johnson seine Werbetätigkeit für den Orden. Er gab sich als „Großprior" aus und behauptete, von dem höchsten, wahren und verborgenen Großordenskapitel der ganzen Welt in Schottland ermächtigt zu sein, die Logen nach dem Brauche der Templer neu zu organisieren. Er trat mit größtem Selbstbewußtsein und größter Anmaßung auf und verlangte vor allem von Samuel Rosa in aller Form den Rücktritt. Lange Zeit führte er die Angehörigen der besten Gesellschaftskreise an der Nase herum. Auch Baron Hund schenkte dem Schwindler sein Vertrauen. Schließlich wurde er aber doch entlarvt und auf der Wartburg gefangen gesetzt, wo er 1775 starb. Sein Auftreten machte weiter Schule. Kurz darauf begann der Kammerjunker v. Gugomos in ähnlicher Weise aus der Dummheit der Menschen erfolgreich Riemen zu schneiden. Er nannte sich „Dux", „Hoherpriester des heiligen Stuhles von Cypern" usw., versprach einen ganz neuen Templerorden zu verleihen und wollte seine Jünger angeblich in die geheimsten Wissenschaften einführen. Selbst die Goldmacherei spielte bei seinen Künsten eine Rolle. Er verlangte strengste Beobachtung der Ordensgesetze und blinden

Gehorsam. Trotz wiederholter Warnungen hatte er längere Zeit Erfolg. Als der Betrug aber doch ruchbar wurde, machte er sich aus dem Staube und erklärte später, „daß das von ihm Vorgebrachte Eingebungen des Satans gewesen und er von bösen Menschen mißbraucht worden sei".

Rosa, Johnson und Gugomos sind als die typischen Vertreter des im 18. Jahrhundert innerhalb der deutschen Logen sich breitmachenden Betrügertums anzusehen. Um die geradezu beschämenden Vorgänge abzuschwächen, hat man sogar den lächerlichen Versuch unternommen, die geschilderten Erscheinungen einer angeblichen Minierarbeit der Jesuiten zuzuschreiben. Dieser Versuch ist aber kläglich gescheitert.

Übertroffen wird das Betrügertum der Schwindler Rosa, Johnson und Gugomos vielleicht noch von Joseph Balsamo, geb. 1743 in Palermo, der unter verschiedenen hochtrabenden Namen, vor allem als Graf Cagliostro, fast ganz Europa unsicher machte und aus der Verbreitung der ägyptischen Maurerei der Kopten reichen Gewinn zog. Cagliostro trat als Zauberer, Geisterbeschwörer, Prophet, Goldmacher auf und brandschatzte die Leichtgläubigen namentlich auch durch Verkauf von Wundermitteln. Die größten Erfolge erzielte er in Frankreich. Dort fand bald darauf auch der ägyptische Orden Misraïm mit seinen 90 Graden und der orientalische Freimaurerorden des Ritus von Memphis Aufnahme und Verbreitung. Der Orden von Memphis hatte es bis auf 95 Grade gebracht, die später auf 30 Grade herabgesetzt wurden. Die ägyptische Maurerei stellt den Gipfelpunkt des freimaurerischen Akrobatentums dar (vgl. O. Beuren a. a. O. S. 139 ff.).

Um das Jahr 1760 begann sich innerhalb des Templerordens ein neues System Geltung zu verschaffen, das vor allem mit dem Namen des Darmstädter Oberhofpredigers J. A. Frhr. v. Starck (1741—1816) verknüpft ist, nämlich das sog. Klerikat. Starck widmete sich mit großem Eifer der templerischen Maurerei, die strikte Observanz war seinem weitschweifenden Geiste nicht genügend. Er baute auf den drei niederen Graden vier höhere Grade auf, nämlich den Jungschotten, den schottischen Altmeister (Andreasritter), den Provinzialkapitular vom roten Kreuz und den Ritter der Klarheit und des Lichts (Magus). Diese letzte Stufe umfaßte fünf Abteilungen und schloß mit dem Leviten und dem Priester ab. Starck sah in der strikten Observanz nur die weltliche Seite des Templerordens; er wollte die Ordensverfassung durch Eingliederung geistlicher Grade und Ordensobern, die selbstverständlich im Besitze der höchsten Ordensgeheimnisse sein mußten, ergänzen und vervollkommnen. Starck ist in seinen späteren Jahren zur Einsicht gekommen und hat alsdann sogar ein scharf ablehnendes Urteil über die geheimen Gesellschaften gefällt. In einem Briefe vom 7. November 1809 schrieb er: „Ohne geheime Gesellschaften hätte man keine ‚comités sécréts politiques' und keine Jakobiner gehabt und

die Revolution wäre nie vollendet worden" (vgl. Beuren a. a. O. S. 98).
In dem von ihm herrührenden, anonym erschienenen Buche „Der Triumph
der Philosophie des 18. Jahrhunderts" bezeichnete Starck die Freimaurerei sogar als die Quelle aller Revolution und Zerrüttung.

Im Jahre 1782 befaßte sich der Konvent von Wilhelmsbad bei
Hanau mit den schwebenden Ordensfragen und versetzte dem System
der strikten Observanz den Todesstoß. Im Jahre 1783 erklärte die
Großloge „zu den drei Weltkugeln", „daß sie der strikten Observanz
formell und feierlich entsage und sich wieder frei und unabhängig be-
trachte". Die Großloge „Royal York zur Freundschaft" hatte sich auf
die strikte Observanz überhaupt nicht eingelassen. Aber auch in dieser
Großloge und in deren Unterlogen scheinen wenig befriedigende Verhältnisse bestanden zu haben. Denn auch sie wird als ein „Sammel-
platz guter und ehrlicher, aber ganz gewöhnlicher, kenntnisloser Ge-
nußmenschen" geschildert (vgl. Schuster a. a. O. S. 61).

Die verwirrende Vielgestaltigkeit der Maurerei wurde noch durch
eine weitere Neugründung vermehrt. Joh. Wilhelm Ellenberger, genannt Zinnendorf, gründete in Berlin im Jahre 1770 die „Große Landesloge der Freimaurer" nach dem s o g. s c h w e d i s c h e n S y s t e m.
Diese Loge behauptet allein die „wahre geheime Lehre uralten Her-
kommens" zu besitzen, und nahm sogar, wenn auch ohne Erfolg, eine
gewisse Oberhoheit über die andern Logen für sich in Anspruch. In
der Verfassung dieses Systems sind neun Grade vorgesehen, die sich
auf drei Abteilungen verteilen. Die erste Abteilung umfaßt die drei
Johannisgrade, die zweite Abteilung die Schotten- oder Andreasloge
mit zwei Graden (dem Grade des Andreas-Lehrling-Gesellen und dem
Grade des Andreas-Meisters); die dritte Abteilung wird von der Ste-
wardsloge oder dem Kapitel mit vier Graden gebildet. Der Ehrengrad
der Brüder mit dem roten Kreuze bildet den Abschluß. Die Johannisgrade sind nur Vorstufen für die höheren Grade.

Der Tiefstand des Logenwesens, wie er sich im Laufe des 18. Jahrhunderts allmählich gezeigt hatte, erweckte immer stärker das Bedürfnis nach einer R e f o r m. Der erste Schritt hierzu ging von Frankfurt a. M. aus. Die Mutterloge „zu den drei Weltkugeln" in Berlin nahm
1797 eine Reform vor und beschränkte sich auf die drei Johannisgrade.
Als Erkenntnisstufen traten noch die altschottische Loge und drei weitere
Grade hinzu. Die Erkenntnisstufen haben aber auf die Gesetzgebung
und Verwaltung der Logen keinen Einfluß; sie dienen nur der Vermittlung einer höheren Kenntnis der verschiedenen Systeme. Die Loge „Royal
York zur Freundschaft" wurde unter der Leitung des früheren Kapu-
zinermönches Feßler einer gründlichen Umgestaltung unterzogen. Alles,
was mit dem Ritterwesen zusammenhing, wurde beseitigt. Statt der
seitherigen vier Grade wurden sechs Erkenntnisstufen geschaffen. Die

Hamburger Großloge wurde durch Fr. Ludwig Schröder reformiert. Schröder beseitigte alle höheren Grade und behielt nur fünf Grade bei, wobei er auf den „Alten Pflichten" aufbaute. Innerhalb der Loge schuf er noch einen Engbund („Vertraute Brüder"), der keinen eigentlichen Grad, sondern einen engeren Kreis von Brüdern zur Vermittlung höherer wissenschaftlicher Erkenntnis darstellt. Die Große Landesloge in Berlin behielt ihre Verfassung unverändert bei.

Im Jahre 1798 wurden in Preußen unter der Nachwirkung der französischen Revolution alle geheimen Gesellschaften verboten. Die drei Berliner Großlogen blieben jedoch unbeanstandet. Zu Anfang und um die Mitte des 19. Jahrhunderts erfolgte die Neugründung weiterer Großlogen in Deutschland (Landesloge von Sachsen, Großloge „zur Sonne" in Bayreuth und „zur Eintracht" in Darmstadt). An der allgemeinen deutschen Erhebung waren Freimaurer vielfach an führender Stelle tätig. Die allgemeinen politischen Verhältnisse wirkten aber für die Folge auch auf die Logen zurück. Die überall bestehende Angst vor geheimen Verschwörungen und die Furcht vor geheimen, politischen Umtrieben wirkte hemmend auf das ganze Vereins- und Gesellschaftswesen (Burschenschaft, Turnerschaft). Die älteren Verbote wurden wieder erneuert. Staat und Kirche schritten gegen den Freimaurerbund ein. Es galt vor allem unter Metternichs Führung der „Hydra der Revolution" den Kopf zu zertreten und die Folgen der Revolution zu überwinden. Im Jahre 1822 trat der Kongreß von Verona zusammen, der sich mit internationalen Maßnahmen gegen die Geheimbünde, vor allem gegen das Freimaurertum, befaßte. Österreich, Rußland und alle von ihnen abhängigen Staaten beschlossen, die Großlogen und Logen in ihrem Machtbereich aufzuheben. Nach den schlimmen Erfahrungen und Auswirkungen der französischen Revolution nahm man Stellung gegen den Geist der Aufklärung und forderte auch auf dem Gebiete der Staatspolitik die Rückkehr zu christlichen Grundsätzen. Der Kampf der Weltanschauungen auf politischem Gebiete wurde wieder aufgenommen. Dieser Kampf wurde immer schärfer, je mehr der Geist der französischen Revolution auch in die breitesten Schichten des deutschen Volkes drang und die Freigeisterei später auch die um ihre wirtschaftliche Existenz ringenden Arbeiterkreise mit voller Wucht zu erfassen begann.

Im Jahre 1840 trat der preußische Kronprinz und spätere Kaiser Wilhelm I. dem Freimaurerbunde bei, und im Jahre 1853 wurde sein Sohn, der spätere Kaiser Friedrich, in den Bund aufgenommen. Fürst Bismarck ist zum großen Schmerze der Freimaurer ihrem Bunde fern geblieben. Die letzten Jahrzehnte haben dem Freimaurerbunde schwere innere und äußere Kämpfe gebracht. In einer großen Zahl gediegener Streitschriften wurde das Freimaurertum sachlich widerlegt und als eine mit den Grundsätzen des Christentums, namentlich auch mit der christlichen Staats-, Glaubens- und Sittenlehre im Widerspruche stehende Einrichtung dargetan (Hengstenberg, Eckert, später Pachtler, Gruber u. a.). Das innere Leben der Logen wurde durch eine ganze Anzahl von Streitigkeiten und Kämpfen schwer erschüttert, so daß Beuren sogar unter Zustimmung freimaurerischer Schriftsteller schreiben konnte: Hader und Streit ziehe sich wie ein roter Faden durch die ganze freimaurerische Bundesgeschichte (vgl. Beuren a. a. O. S. 49). Die Streitigkeiten zwischen G. Findel und Schiffmann, ferner G. Findel und Cramer nahmen teilweise geradezu peinliche Formen und persönlichen Charakter an, und veranlaßten schließlich den preußischen Kronprinzen, das Ordensmeisteramt im Jahre 1874 niederzulegen. Sachlich nahm G. Findel, der Mitbegründer der Wochenschrift „Die Bauhütte“, ein sehr fruchtbarer freimaurerischer Schriftsteller, als „Hecht im maurerischen Karpfenteich“ in schärfster Weise gegen das in den Berliner Großlogen angeblich herrschende „christliche Prinzip“ Stellung (vgl. G. Findel, Die Schule der Hierarchie und des Absolutismus. Leipzig 1870). Er bekämpfte aber auch das Hochgradwesen und stellte eine Anzahl maurerischer Mißstände (Logenpapsttum, Unfehlbarkeitsdünkel) schonungslos an den Pranger (vgl. Gerber, Der giftige Kern, I. Teil, Berlin 1899, S. 243).

Trotz der innern Kämpfe und Wirren traten in Deutschland auch Anzeichen einer äußern organisatorischen Erstarkung des Bundes hervor. Im Jahre 1861 wurde der Verein deutscher Freimaurer als ein neuer geistiger Mittelpunkt der deutschen Freimaurerei gegründet. Im Jahre 1872 entstand aus dem deutschen Großmeistertag der deutsche Großlogenbund, der einen wesentlichen Schritt zur Vereinigung der deutschen Logen darstellt. Dieser Gründung folgte im Jahre 1892 die Stiftung der Comenius-Gesellschaft zur Pflege der Wissenschaft und Volkserziehung, die den Humanitätsgedanken im Sinne der Freimaurerlehre zur Grundlage ihrer Bestrebungen machte. Ein geistiges Band unter den führenden deutschen Maurern wurde auch mit der Herausgabe des Allgemeinen Handbuches der Freimaurerei in vier Bänden (1. Aufl. 1863/67, 3. Aufl. 1900 ff.) geschaffen.

Die italienische Freimaurerei folgte im wesentlichen den Spuren des französischen Maurertums. Die Freimaurerei hatte in Italien um das Jahr 1730 Eingang gefunden. Im Jahre 1873 vereinigten sich die bis dahin entstandenen Großlogen zu einer einzigen Großloge mit dem Namen „Großorient von Italien“. Die italienische Loge ist wesentlich politisch und kirchenfeindlich eingestellt. Sie hat aber aus Vorsicht im Gegensatz zur französischen Maurerei die Weltenbaumeisterformel einstweilen noch beibehalten. Politisch hat sie sich vor allem unter Führung von Mazzini und Garibaldi skrupellos für die Einigung

Italiens eingesetzt. Darauf sind die italienischen Freimaurer nicht
wenig stolz. Die freimaurerische Geheimzeitschrift „Rivista della Mas-
soneria Italiana", das offizielle Organ der italienischen Freimaurerei,
schreibt: „Es ist wahr, wenn nicht der Freimaurerei als Körperschaft,
so verdankt man doch sicher dem von ihr ausgegangenen freimaurerischen Geiste alles, was von 1859 bis heute in Italien geschehen ist,
um das politische Joch der Fremden und das Moralische des Papsttums abzuschütteln" (Jahrg. 1886, S. 113). Seit der von den Freimaurern eifrigst betriebenen Einnahme Roms im Jahre 1870 wird die
italienische Freimaurerei ganz wesentlich von den Ideen Mazzinis und
Garibaldis beherrscht. Der Hauptkampf der italienischen Freimaurerei
galt von jeher und gilt heute noch dem Papsttum und der katholischen
Kirche. Die italienische Freimaurerei betrachtet sich mit Rücksicht
darauf, daß der Papst in Italien seinen Sitz hat, in besonderem Maße
als die Vorkämpferin für die allgemeine, von geistlicher und weltlicher „Despotie" befreite, auf rein menschlicher Grundlage zu er-
richtende Weltrepublik (vgl. Gruber im Staatslexikon der Görres-
Gesellschaft, 2. Aufl., Bd. II, S. 875). Die kirchenfeindliche Haltung der
italienischen Freimaurerei kann bei jeder Gelegenheit beobachtet werden.
„Rivista" schreibt: „Alle diese Logen werden von einer großen, leitenden,
moralischen Idee zusammengeschlossen, die sich in der kurzen Formel
ausdrücken läßt: Kampf gegen den Klerikalismus. In dieser Idee,
welche durch den zauberkräftigen Namen R o m noch machtvoller gemacht wird, liegt der Angelpunkt unserer Disziplin und Arbeit" (Jahrg.
1885, S. 322). An einer andern Stelle heißt es: „Und wo immer ein
Priester sich erhebt, steht ihm schon ein Maurer gegenüber; wo immer
es gilt, einen Priester zu vertreiben, ist auch ein Maurer zur Stelle,
der ihn verjagt" (Rivista Jahrg. 1891, S. 134). Im Jahre 1898 (Jahrg.
1898, S. 243) schreibt die gleiche Zeitschrift: „Wir müssen allen Gelüsten
einer verräterischen Nachgiebigkeit von Leuten, welche in der Sakristei
die Stütze für alte Privilegien, in Gott den besten der Gendarmen zum
Schutze ihrer erbärmlichen persönlichen Interessen suchen, einen Damm
entgegensetzen. . . . Italien hat noch den großen Feind, das
Papsttum zu besiegen. Es ist dies der vornehmste Kampf,
für welchen wir alle Kräfte sammeln müssen." Und in der
gleichen Zeitschrift ist zu lesen: „Die Traditionen des Ordens laufen
sämtlich auf den einen Punkt zusammen: Den Kampf gegen den Vatikan"
(Jahrg. 1889, S. 178). „Das also ist der Feind: das Papsttum" (Jahrg. 1892,
S. 220). Die italienische Freimaurerei war von jeher eifrig bemüht, eine
Aussöhnung zwischen dem Papste und der italienischen Krone zu hinter-
treiben, den Staat zum Kampfe gegen die Kirche anzuspornen und die
Aufhebung des Garantiegesetzes herbeizuführen. Alle diese Bestrebungen
fanden ihren unverhohlenen Ausdruck bei der von der italienischen

Freimaurerei im Jahre 1889 veranstalteten Giordano-Bruno-Feier. Damals schrieb der besonders verwegene Großmeister Lemmi an den französischen Großorient, man möchte dafür sorgen, daß das Mißtrauen zwischen Frankreich und Italien schwinde, „damit beide Völker nach Austilgung jeder Spur des politischen und religiösen Despotismus auf den Trümmern der alten Welt die ersehnte Ära der Brüderlichkeit, der Gleichheit, der Wissenschaft, der Freiheit und des Friedens vorbereiten und beschleunigen mögen“ (Rivista Jahrg. 1889, S. 82; vgl. auch H. Gruber: Mazzini, Freimaurerei und Weltrevolution. Regensburg 1901). Auch im Weltkriege hat sich die italienische Freimaurerei politisch sehr weit vorgewagt. Näheres hierüber ist an späterer Stelle ausgeführt. Ihre kirchenfeindliche Politik und namentlich ihre feindselige Haltung gegen den päpstlichen Stuhl besteht fort. Der Großmeister Dr. Frosini hat sich nach dem „Corriere d'Italia“ im Jahre 1915 zu einer Persönlichkeit, die er irrtümlicherweise für einen Freimaurer hielt, folgendermaßen geäußert: „Vor allem müssen wir mit allen Kräften danach streben, daß das ... Garantiegesetz aufgehoben wird. Der Vatikan repräsentiert für uns keine göttliche Religion, sondern nur eine beständige Verschwörung gegen Italien und die Zivilisation, eine gegen alle Fortschritte gerichtete Falle; deshalb muß seine Liquidation erfolgen und jetzt ist der Augenblick zum Handeln gekommen, jetzt oder nie. Ich kann auf Grund einer Verständigung unter der Freimaurerei der ganzen Welt unter Ausschluß der deutschen, dem Militarismus verfallenen Freimaurerei, welche wir daher ausscheiden, die Versicherung abgeben, daß alle aktiven Logen unsere Bestrebungen unterstützen werden. ... Wir müssen den Papst, damit er dem Vaterlande keinen Schaden zufügen kann, nach einer ... italienischen Insel schaffen. Die Logen der ganzen Welt werden uns dabei unterstützen, indem sie einen entsprechenden Druck auf ihre Regierungen ausüben“ (vgl. H. Brauweiler, Die .˙. Brüder im Weltkrieg. Köln 1916, S. 64).

Auch in den nordischen Ländern Dänemark, Schweden und Norwegen hat die Freimaurerei frühzeitig Eingang gefunden. In Schweden wurde 1735, in Dänemark 1743, in Norwegen 1749 die erste Loge gegründet. Sie hat dort ihre besondere Ausprägung im sog. schwedischen System erfahren, das auch in Deutschland in der Großen Landesloge in Berlin vertreten ist. Die Anhänger dieses Systems betrachten sich als christliche Maurer. Der Ursprung wird von ihnen in die apostolische Zeit verlegt. Auch diese Geschichte ist eine Fabel. Das System umfaßt neun Grade, die in drei Klassen mit je drei Graden eingeteilt sind. Nichtchristen sind von der Aufnahme ausgeschlossen, sie dürfen aber als Mitglieder fremder Logen besuchsweise an den Arbeiten teilnehmen. Sie halten am Gottesglauben fest, betonen aber ebenso nachdrücklich wie die übrigen Logen, daß sie jeden Dogmenglauben ablehnen. Der Geheimniskram hat in diesem System seine höchste Blüte erreicht. Es nimmt für sich nicht mehr und nicht weniger in Anspruch, als die wahre, reine, von Christus selbst im Kreise der Apostel vertretene christliche Religion zu besitzen, und bekämpft das Papsttum und die katholische Lehre, denen es Aberglaube, Unwissenheit und Tyrannei zum Vorwurfe macht. Die Freimaurerei erfreut sich nirgends einer so weitgehenden öffentlichen Begünstigung und Förderung wie in Schweden. Die höchste Würde nimmt der „Weiseste Vikar Salomons" ein, der als eine Art „Freimaurerpapst" regiert. Diese Würde wird vom Könige des Landes oder einem seiner Prinzen bekleidet. König Karl XIII. hat im Jahre 1811 einen Orden gestiftet, der öffentlich getragen wird und nur von Freimaurern erworben werden kann (vgl. Beuren a. a. O. S. 119). Die nordischen Fürsten haben die Freimaurerei aber nicht nur begünstigt, sondern sie auch zur rechten Zeit ihren politischen Zwecken dienstbar gemacht. Man sagt ihnen sogar nach, daß ihre wohlwollende Haltung vor allem von dem Bestreben bestimmt sei, die an sich dem dynastischen Gedanken abträglichen freimaurerischen Grundsätze innerhalb des Bundes selbst in gewissen Schranken zu halten.

In den übrigen Ländern des europäischen Festlandes ist die Freimaurerei vorerst zu keiner besondern selbständigen Bedeutung gelangt.

In Belgien, Spanien, Portugal, auch in Holland und in der Schweiz ist die Freimaurerei im wesentlichen vom französischen Geiste beseelt. In Belgien ist der kirchenfeindliche Geist der Loge besonders stark ausgeprägt. Die Loge „Der Freidenker" in Verviers faßte bezeichnenderweise den einstimmigen Beschluß, daß ihre Mitglieder sich schriftlich verpflichten müssen, im Falle der Eingehung einer Ehe den Dienst der Kirche nicht in Anspruch zu nehmen und im Todesfalle die Zustimmung zu einem religiösen Begräbnis zu verweigern. Diese Verpflichtung muß durch ein maurerisches Testament sichergestellt werden (vgl. Beuren a. a. O. S. 47). Auch die spanische und portugiesische Freimaurerei macht aus ihrer kirchenfeindlichen Gesinnung kein Hehl. Ihr revolutionärer Geist ist wiederholt offen in die Erscheinung getreten. Die spanische Freimaurerei steht in dem dringenden Verdachte, den Aufstand auf den Philippinen und auf Kuba angezettelt zu haben. Im Jahre 1911 konnte der belgische Großredner Bruder Furnémont im Hinblick auf die portugiesische Revolution unter lebhaftem Beifall der Zuhörer erklären: „Erinnern Sie sich der tiefen Empfindung des Stolzes, die wir alle hatten, als wir kürzlich die Nachricht von der Revolution in Portugal erhielten? In wenigen Stunden war der Thron gestürzt, das Volk triumphierte, die Republik war erklärt. Es war wie ein Blitzstrahl für die nicht unterrichtete Öffentlichkeit. Aber wir wußten es. Wir kannten ... das

Geheimnis dieses glorreichen Ereignisses. An dem Tage, an welchem unser armes Land von seiner drückenden Tyrannei befreit werden wird, werden wir ebenso die Genugtuung haben, uns zu sagen, daß die belgische Freimaurerei der erste Kämpfer für die nationale Befreiung war" (vgl. Brauweiler a. a. O. S. 15).

In Rußland und Österreich sind die geheimen Gesellschaften, zu denen namentlich auch die Freimaurerlogen zählen, verboten; es bestehen aber trotzdem in den beiden Ländern im Geheimen freimaurerische Vereinigungen. In Österreich bestehen die Logen als Wohltätigkeitsvereine, die an die ungarischen Logen angeschlossen sind.

Die Freimaurerei der südamerikanischen, auch der mittelamerikanischen Länder segelt vollständig im Fahrwasser der romanischen Loge. An dieser Tatsache ändert auch der Umstand nichts, daß sich die Angehörigen dieser Logen bei gegebener Gelegenheit einmal auch kirchenfreundlich zeigen und sogar einen gewissen Wert auf die Aufrechthaltung der äußern Verbindung mit der Kirche und ihren Einrichtungen legen.

Die Einflußsphäre der romanischen und hier wieder der französischen Freimaurerei ist hiernach ungemein weitreichend. Diese Tatsache hat nicht nur eine äußere, sondern auch eine innere Bedeutung. Sie beruht darin, daß zwischen den romanischen und den von dem französischen Maurergeiste beherrschten übrigen Ländern eine gewisse Solidarität besteht, die auf eine tatsächliche Maurergemeinschaft unter der geistigen Führung des französischen Großorients hinausläuft. Der Geist dieser Gemeinschaft zielt politisch auf die Durchführung der Demokratie und die Errichtung der Weltrepublik, kulturpolitisch auf die Herrschaft des Humanitätsgedankens unter vollständiger Ausschaltung des religiösen und kirchlichen Einflusses ab.

Eine besondere Ausprägung hat die Freimaurerei in Nordamerika erfahren. Nordamerika ist das Land der stärksten Verbreitung des Logenwesens geworden. Die erste Loge wurde 1731 in Philadelphia, der „Stadt der Bruderliebe", gegründet. Benjamin Franklin war der erste Großmeister der 1735 errichteten Großloge. Für die Neger sind besondere Negerlogen entstanden. Die amerikanische Loge trägt einen konservativen Charakter und legt Wert auf die Anerkennung gewisser christlicher Grundsätze. Sie betrachtet in nicht ganz freimaurerischer Weise den Glauben an das Dasein Gottes und die Unsterblichkeit der Seele als streng verbindliches Gesetz. Sogar der Gedanke der christlichen Schule ist in der nordamerikanischen Freimaurerei auch heute noch lebendig. Anderseits hat aber auch in der angloamerikanischen Maurerei ein mit dem Grundsatze der Toleranz begründeter Indifferentismus in religiösen Dingen Platz gegriffen, der auch Nichtchristen aller Richtungen den Zutritt zu den Logen gestattet und sich mit den oberflächlichsten Anschauungen über grundlegende Fragen des Christentums abfindet. Ihrer ganzen Einstellung entsprechend legt die angloamerikanische Freimaurerei großen Wert auf die hergebrachten äußern Formen; sie zeigt Vorliebe für theatralische Äußerlichkeiten, für prunkvolle Veranstaltungen, für das Titel- und Hochgradwesen. Da in Nordamerika die führenden Kreise ohnedies fast durchweg der Loge angehören, hat sie wenig Anlaß, sich politisch besonders zu betätigen. Wohl aber bekundet sie zur rechten Zeit ihre Sympathie auch für die politischen, selbst für revolutionäre Bestrebungen der Freimaurerei in andern Ländern.

Nach diesen Darlegungen lassen sich drei Hauptrichtungen innerhalb der Weltfreimaurerei unterscheiden:

1. Die englisch-amerikanische Freimaurerei, die am Gottesglauben festhält, sonst aber religiös indifferent ist, sich von den Streitigkeiten des politischen Lebens im wesentlichen fernhält und großen Wert auf äußere Formen und Veranstaltungen legt.

2. Die deutsch-nordische Maurerei, die am Gottesglauben festhält, den positiven Bekenntnissen gegenüber indifferent ist, von der Politik sich im allgemeinen fernhält und den Hauptwert nicht auf die äußern Formen, sondern auf das innere Logenleben und die Behandlung geistiger und sittlicher Probleme in freidenkerischem Sinne legt.

3. Die französisch-romanische Freimaurerei, die den Gottesglauben preisgegeben hat, ausgesprochen freidenkerisch, bekenntnisfeindlich wirkt und unmittelbar in das staatliche und politische Leben im Sinne einer volksherrschaftlichen Staatsauffassung eingreift.

Allen drei Richtungen ist ein ausgesprochen weltbürgerlicher Zug eigen (vgl. Kekule in „Geisteskultur": Monatshefte der Comenius-Gesellschaft für Geisteskultur und Volksbildung, 33. Jahrg. 1924, S. 52 ff.).

3. Verfassung und Verbreitung der Freimaurerei.

Die grundlegende Körperschaft des Freimaurerbundes ist die Loge. Die sprachliche Ableitung des Wortes ist nicht ganz sicher. Nach dem „Allgem. Handbuch der Freimaurerei" ist Loge (englisch: lodge = Hütte, Loge; altkölnisch lotocke = Zelt; althochdeutsch loubja = Laube, woraus mittelalterlich laupia, logia, französisch loge entstanden ist) der Raum, in welchem die Maurer sich versammeln und arbeiten. Loge bezeichnet sowohl den Versammlungsraum als die Versammlung selbst. An der Spitze der Loge steht der Logenmeister oder Venerable, „Meister vom Stuhl", mit zwei Vorstehern, die den Logenvorstand bilden. Außer ihnen gibt es noch andere Funktionäre, die teils zur Unterstützung des Logenvorstandes, teils zur Wahrnehmung des Gebrauchtums bestimmt sind. Von besonderer Wichtigkeit ist der Logenredner („Logen-

kaplan"), der naturgemäß einen starken Einfluß auf die ganze Einstellung der Loge hat. Die Loge muß „gesetzmäßig", „gerecht" und
„vollkommen" sein, um als vollberechtigt anerkannt zu werden. Sie
ist gesetzmäßig, wenn sie nach dem geltenden maurerischen Rechte
errichtet ist und verwaltet wird; gerecht, wenn sie auf den Haupt-
symbolen des Bundes ruht und die wesentlichen freimaurerischen Grundsätze befolgt; vollkommen, wenn sie aus mindestens sieben Mitgliedern
besteht, von denen wenigstens drei den Meistergrad besitzen, und wenn
sie überdies die notwendige Logeneinrichtung und Logenverwaltung
aufweist. Praktisch entscheidend für die Erfüllung dieser Voraussetzungen ist die Anerkennung der Loge durch einen anerkannten
Logenverband. Logen, denen diese Anerkennung fehlt, gelten als
Winkellogen. Diese werden von den anerkannten Logen ignoriert
oder auch bekämpft. Es gibt Logen, die nur die drei unteren Grade
als symbolische Stufen aufweisen, und Logen, die noch weitere höhere
Grade umfassen. Erstere heißen Johannislogen oder auch blaue
Logen, letztere Andreaslogen oder auch schottische oder rote
Logen. Die Johannislogen führen ihren Namen nach dem hl. Johannes
dem Täufer, dem Schutzheiligen der Steinmetzen; die Andreaslogen
nach dem hl. Andreas, dem Schutzpatron von Schottland. Die Bezeichnung „blaue" und „rote" Logen hängt mit der Farbe bestimmter
Abzeichen zusammen. Manchmal spricht man auch noch von „weißen"
Logen, um die freimaurerischen Frauenvereinigungen zu bezeichnen.
Die Johannislogen nehmen nach Zahl und Mitgliederstärke unbestritten
den ersten Platz ein. Für die Aufnahme spielt die Bekenntniszugehörig-
keit bei der ganzen weltanschaulichen Einstellung des Freimaurertums keine Rolle. An sich dürfte bei der weltbürgerlichen Tendenz
des Bundes auch die Rassenzugehörigkeit nicht ins Gewicht fallen.
Trotzdem sind die Neger allgemein von den Logen der Weißen ausgeschlossen und auf besondere Logen verwiesen. Auch hinsichtlich
der Behandlung der Juden besteht keine einheitliche konsequente Auffassung. Die Anschauungen über die Aufnahme von Juden hat zeitweise zu großen Meinungsverschiedenheiten innerhalb der Freimaurerei
geführt. Es gibt heute noch Logen, die keine Juden aufnehmen. Es
bestehen aber auch besondere Judenlogen. Frauen sind von der Aufnahme in Freimaurerlogen grundsätzlich ausgeschlossen. Die Logen
sind regelmäßig in regionalen Verbänden zu Großlogen vereinigt.
Logen, die keinem Verbande angehören, heißen isolierte oder unabhängige Logen. An der Spitze der Großloge steht der Großmeister.
Die Verbände der Logen des schottischen Ritus führen die Bezeichnung „Supreme Councils" („Suprêmes Conseils"), höchste Räte. Orient
ist nach maurerischem Sprachgebrauch der Ort, an dem die Loge
sich befindet. In den romanischen Ländern führen die Großlogen die

Bezeichnung „Großorient", namentlich dann, wenn das Logensystem der
niederen und höheren Grade in der Spitze zusammengefaßt ist.   In
den „Suprêmes Conseils" liegt alle Macht bei den obersten Räten, die
aus den Mitgliedern der höchsten Grade bestehen. Vielfach wird über
ein gewisses Cliquenwesen geklagt (vgl. Trentowski, Die Freimaurerei,
1873, S. 288 ff.).   Nach der Arbeitsweise unterscheidet man in Deutschland das schwedische System (Große Landesloge in Berlin), das Feßlersche
System („Royal York zur Freundschaft" in Berlin, „zur Sonne" in Bayreuth) und das Schrödersche System (Großloge in Hamburg).   Die
große Nationale Mutterloge „zu den drei Weltkugeln" arbeitet nach
einem von Zöllner verbesserten schottischen System.   In Deutschland
bestehen acht Großlogen und fünf unabhängige Logen. Die deutschen
Großlogen haben sich 1872 zu einem Großlogenbunde zusammengeschlossen. Im übrigen sind die Großlogen voneinander unabhängig.
Ein alle Großlogen zusammenfassender Weltbund der Freimaurerei
mit einheitlicher Gesamtleitung besteht bis jetzt nicht. Bestrebungen
nach stärkerer Zusammenfassung machen sich seit längerem geltend.
Ein Hindernis für den engeren Zusammenschluß besteht in der nationalen Verschiedenheit der einzelnen Landesverbände und in der Verschiedenheit nicht so fast der Anschauungen in grundlegenden Weltanschauungsfragen, als vielmehr über die praktische Anwendung der
bestehenden gemeinsamen Grundsätze.   Der Radikalismus der französischen Maurerei hat zu einem vorübergehenden Abbruch der Beziehungen vor allem mit den englischen und amerikanischen Logen
geführt. Trotzdem fehlt es nicht an einer starken Geistes- und Sinnesgemeinschaft aller Logen der verschiedenen Länder, so daß man ohne
Übertreibung von einer weitgehenden internationalen Solidarität des
gesamten Freimaurertums sprechen darf.   Vor etwa zwanzig Jahren
wurde in Neuschâtel in der Schweiz eine Weltgeschäftsstelle
der Freimaurerei gegründet. Diese Stelle verfolgt angeblich rein ge-
schäftliche und vor allem statistische Zwecke. Dies dürfte aber nicht
ganz richtig sein.   Im Jahre 1902 hat Desmons, einer der Würdenträger des Großorients von Frankreich, bei der allgemeinen Freimaurer-
zusammenkunft in Genf im Hinblick auf die Errichtung der Geschäfts-
stelle erklärt: „Ich sehe den Traum meines Lebens erfüllt. Seit mehr
als vierzig Jahren habe ich den Wunsch gehegt, die Errichtung einer
Zentralstelle zu erleben, welche durch gemeinsame brüderliche Arbeit
nicht nur der Freimaurerei, sondern den Demokratien im allgemeinen
ermöglicht würde, sich zu vereinen, sich zu verstehen, um eines Tages
die Weltrepublik ins Leben zu rufen" (vgl. Bulletin Nr. 55 vom Oktober 1921, S. 174). Man kann sich nicht recht vorstellen, daß jemand
von der Errichtung einer bloßen Auskunfts- und Rechnungsstelle so
begeistert und fortgerissen werden könnte wie der freimaurerische

französische Würdenträger Desmons, der von der Erfüllung eines Lebenstraumes spricht. In der Tat hat Desmons, wie er ja selbst zugibt, nicht von Zahlen, sondern von der Weltrepublik geträumt. Die Solidarität der Freimaurer aller Richtungen kommt vor allem dadurch zum Ausdruck, daß jedes Mitglied einer Loge in allen Logen der Erde das Recht des Zutritts hat, und daß die einzelnen Logenverbände untereinander in einem ausgedehnten Schriftverkehr über Bundesangelegenheiten stehen. Besonders bezeichnend und eigenartig ist in dieser Beziehung die Einrichtung der sog. Freundschaftsbürgen, die eine Art diplomatischer Vertreter der einzelnen Großlogen bei andern Großlogen darstellen. So besteht zwar kein zentralistisch regiertes Freimaurerreich, wohl aber eine auf föderativer Grundlage ruhende, von gleichem Geiste der Freiheit, Gleichheit und Brüderlichkeit beseelte tatsächliche Gemeinschaft der Freimaurer der Erde, die auch eine gewisse Gesamtverantwortung der Gesamtfreimaurerei für die Stellungnahme einzelner Logenverbände zu Fragen von allgemeiner grundsätzlicher Bedeutung mit sich bringt. Durch den Weltkrieg sind die internationalen Beziehungen allerdings gelockert, zum Teil ganz unterbrochen worden. Daß der Radikalismus der französischen Maurerei einige Logenverbände zum Abbruch ihrer Beziehungen veranlaßt hat, ist bereits hervorgehoben worden. Alle diese Umstände haben die Geistes- und Sinnesgemeinschaft der Weltfreimaurerei indessen nicht aufgehoben, sondern nur da und dort vorübergehend abgeschwächt. In den grundlegenden großen Fragen sind alle Logen der Welt einig. Man braucht nur zu beobachten, wie voll und einmütig der ganze Weltchor der Freimaurer mit und ohne Schurz zusammenklingt, wenn es in diesem oder jenem Teile der Erde gilt, gegen die Verwirklichung christlicher, zumal katholischer Grundsätze im öffentlichen Leben Sturm zu laufen, oder wenn es in diesem oder jenem Lande gilt, auf gesetzmäßigem oder auch nicht gesetzmäßigem Wege durch Beseitigung überlieferter Verfassungszustände der Idee der Weltrepublik die Wege zu bahnen.

Das Freimaurertum ist zur Zeit auf dem ganzen Erdkreise verbreitet. Es ist aber nicht in allen Ländern von gleicher Bedeutung. Hierüber ist schon im geschichtlichen Teile das Notwendige gesagt worden. Genaue ziffernmäßige Angaben sind zur Zeit schwer zu erbringen, da durch den Weltkrieg immerhin gewisse vorübergehende Störungen und Lücken entstanden sind. Soviel ist jedoch sicher, daß die Freimaurervereinigungen während der letzten Zeit, und zwar auch im Weltkriege, nicht zurückgegangen sind, sondern zugenommen haben. Um das Jahr 1900 hat der eigentliche Freimaurerbund auf dem Erdkreise etwa 170 Logenverbände (Großlogen, Suprêmes Conseils, Großoriente) mit rund 20000 Logen und 1 100 000 Mitgliedern gezählt (vgl. C. van Dalens

Kalender für 1900, ferner The cosmopolitan Massonic Calendar and Pocket Book for 1900, London). Wesentlich darüber hinausgehende Zahlen, wie sie auch von freimaurerischer Seite zuweilen angeführt werden, sind übertrieben und beruhen darauf, daß auch verwandte, aber dem Freimaurerbunde nicht angehörige geheime Gesellschaften und ihre Mitglieder in größerem Umfange eingerechnet sind. Nach den Berechnungen des van Dalenschen Kalenders für Freimaurer, Jahrgang 1913, läßt sich folgende Gesamtübersicht feststellen:

Europa:	6100	Logen mit	384000	Mitgliedern
Afrika:	28	„ „	750	„
Nordamerika:	15000	„ „	1500000	„
Mittelamerika:	213	„ „	10500	„
Südamerika:	719	„ „	63000	„
Australien:	830	„ „	50000	„
Verschiedene Länder:	100	„ „	10000	„

(vgl. auch Kalender der Weltfreimaurerei 1913, Bern 1913[1]).

Hier fällt vor allem die große Zahl der Logen in Nordamerika auf. Dort gehört tatsächlich fast jeder Mann, der freiheitlich gerichtet ist und Namen, Rang und Ansehen besitzt, zur Loge. Neuerdings wird die Gesamtzahl der Logen auf 24788 mit 2358140 Brüdern angegeben (vgl. die Gedenkschrift der freimaurerischen Weltgeschäftsstelle „Zwei Jahrhunderte Freimaurerei", Wiener Fr. M.-Zeitung, Heft 1/3, S. 37). Im einzelnen sollen noch folgende Zahlen hervorgehoben werden: Die vereinigte Großloge von England umfaßt derzeit 3155 Logen (darunter mehr als 700 allein in London) mit rund 400000 Mitgliedern. Die Zunahme während des Krieges wird auf 150000 Mitglieder geschätzt. Die schottische Großloge in Edinburg umfaßt 830 Logen mit 50000 Maurern, die irische Großloge in Dublin 510 Logen mit 18000 Brüdern. Frankreich besitzt 2 Großlogen mit 600 Logen und 40000 Brüdern. Der Großorient von Italien zählt 500 Logen. Ungarn, das in freimaurerischer Beziehung auch Österreich mitumfaßt, besitzt 1 Großloge mit 95 Tochterlogen und 7000 Mitgliedern. Es zählen ferner:

die Niederlande	105	Logen mit	4600	Brüdern
„ Schweiz	34	„ „	4200	„
„ Spanien	120	„ „	5200	„
„ Portugal	130	„ „	4250	„
„ Griechenland	18	„ „	1000	„
„ Belgien	24	„ „	?	„
„ Norwegen	15	„ „	4200	„
„ Dänemark	12	„ „	4500	„

[1] Der oben angeführte Dalensche Kalender für die letzten Jahre war mir nicht mehr zugänglich.

Schweden	30	Logen mit	14000	Brüdern
Rumänien	12	„ „	300	„
Türkei	23	„ „	500	„
Serbien	1	„ „	100	„
Luxemburg	1	. „	100	„

In Deutschland arbeiten zur Zeit 8 Großlogen mit 550 Töchterlogen und 5 unabhängige Logen. Die 8 Großlogen sind: die Große Nationale Mutterloge „zu den drei Weltkugeln" in Berlin, gestiftet 1740, Großloge seit 1744; die Große Landesloge der Freimaurer von Deutschland in Berlin, gestiftet 1760, Großloge seit 1774; die Großloge von Preußen, gen. „Royal York zur Freundschaft" in Berlin, gestiftet 1760, Großloge seit 1798; die Großloge von Hamburg, gegründet 1740, Großloge seit 1811; die Großloge von Sachsen in Dresden, gegründet 1811; die Großloge „zur Sonne" in Bayreuth, gegründet 1741, Großloge seit 1811; die Große Mutterloge des eklektischen Freimaurerbundes in Frankfurt a. M., gestiftet 1783, Großloge seit 1823, und die Großloge „zur Eintracht" in Darmstadt, gegründet 1846. Die im Jahre 1892 in Berlin gegründete sezessionistische Großloge „Kaiser Friedrich zur Bundestreue" ist nach wenigen Jahren wieder eingegangen. Die Mitglieder traten zur Hamburger Großloge über.

4. Wesen, Zweck und Wirksamkeit der Freimaurerei.

Die geschichtlichen Ausführungen haben bereits mehrfach Gelegenheit geboten, auch bestimmte Einblicke in das Wesen und in die Grundsätze der Freimaurerei zu gewähren. Es gilt nunmehr, ein Gesamtbild über das Wesen und den Inhalt der Freimaurerei zu gewinnen. Es ist nicht ganz leicht, ein zuverlässiges Bild hiervon zu entwerfen; denn die Anschauungen über das Wesen und den Zweck des Freimaurertums sind auch innerhalb des Freimaurerbundes keineswegs einheitlich. Die Freimaurerei kennt für ihre Lehre keinen Dogmatismus, keinen Glaubenszwang, kein aus sich selbst verbindlich wirkendes Gesetz; es fehlt an einer durch eine äußere Autorität festgelegten Grundlage für eine geschlossene Lebensauffassung und Weltanschauung. Ihre Grundsätze sind im Grunde genommen ablehnend, verneinend; wo sie einen Anlauf zum Positiven nehmen, wo sie schaffen und aufbauen wollen, begnügen sie sich mit bloßer Empfehlung, einem Rate und geben eine bloße Meinung, statt eines klaren, sichern, verbindlichen Gesetzes. Trotzdem läßt sich aus der Verschiedenheit der Anschauungen eine gewisse gemeinsame Grundanschauung ableiten, die den Freimaurerbund in allen seinen Teilen beseelt und ihm seine Eigenart gegenüber andern großen Gemeinschaften verleiht. Das Wesen der Freimaurerei beruht auf ihrem besondern Weltanschauungsprinzip.

Aus diesem Weltanschauungsprinzip ergeben sich mit einer gewissen logischen Notwendigkeit bestimmte Lebens- und Staatsauffassungen, die in den verschiedenen Ländern nur deshalb sich verschieden auswirken, weil nicht nur die Menschen der verschiedenen Länder nach Anlage, Neigung, Temperament und Erziehung sich unterscheiden, sondern weil auch die äußern Verhältnisse, die natürlichen und die geschichtlich gewordenen Verhältnisse, in den einzelnen Ländern eine gewisse Mannigfaltigkeit aufweisen, die nicht ohne weiteres außer acht gelassen werden kann und will.   Entscheidend ist, daß die gemeinsame Weltauffassung bestimmte, schärfere Auswirkungen der Grundsätze in einzelnen Ländern zuläßt, und daß diese schärfere Ausprägung in einzelnen Ländern von den Logen anderer Länder vielleicht einmal für unzweckmäßig, keinesfalls aber als mit den maurerischen Grundsätzen unvereinbar betrachtet wird.   In dieser Tatsache vor allem beruht die Weltverbundenheit des Freimaurertums, die nach einem wirklichen Weltbunde hinstrebt.

Bruder A. W. Wolfstieg hat neuerdings (vgl. Zeitschrift für Geisteskultur und Volksbildung, 29. Jahrg., 1920, S. 172 ff.) das Wesen der Freimaurerei zu umschreiben versucht.   Nach seiner Feststellung sind alle Freimaurer darin einig, „daß der Begriff der Freimaurerei auf eine Lebenskunst hinausläuft, die es den arbeitenden Männern durch eigenartige Mittel und Methoden ermöglicht, sich und die Welt vollkommen zu machen und die Menschheit auf möglichst kürzestem Wege zu ihrem Endziel zu führen, das Philosophen ‚Humanität‘, Christus ‚das Reich Gottes auf Erden‘, dogmatische Theologen ‚die Gemeinde der Wiedergeborenen‘ zu nennen pflegen. Dabei hüten sich die Freimaurer, den Philosophen und den Theologen in die Quere zu kommen; sie behaupten, daß sie mit dem Wissen und Forschen der Philosophen an sich gar nichts zu tun hätten, sondern allein mit der Weisheit, daß sie auch nichts mit der Religion, am wenigsten mit der Theologie und ihren Dogmen, zu schaffen hätten, sondern allein mit der Stärke des Willens, mit der Kraft des Gott-Suchens oder des Sich-Gott-Näherns, die gleichweit von bloßer Ethik und bloßer Religion entfernt und die ihr Reservoir in nichts anderem hat als im menschlichen Gewissen oder besser in der sittlichen Freiheit, welche die Freimaurerei mit aller Gewalt zu erzeugen und zu stärken sucht.“   Aus dieser Begriffsbestimmung ist kein klares Bild zu gewinnen; sie zeigt, wie unsicher und verschwommen die Freimaurer selbst über das Wesen ihres Systems heute noch urteilen.   Eine solche Erklärung bringt eher Verwirrung als Klarheit in die Sache.   Wenn dies nicht der Zweck dieser Begriffsbestimmung sein soll, dann muß sie jedenfalls als unzureichend angesehen werden. Ebenso vag und ungenügend ist die Lessingsche Erklärung, wonach die Freimaurerei „nichts Willkürliches“, „nichts Entbehrliches“, sondern „etwas

Notwendiges" in dem Wesen des Menschen und der bürgerlichen Gesellschaft Begründetes sei. Ludwig Keller (Die Freimaurerei, 2. Aufl.,
1918, S. 7) beantwortet die Frage nach dem Wesen der Freimaurerei
in der üblichen Weise mit der Erklärung: die Freimaurerei sei eine
Kunst, und zwar die höchste Kunst, die man auch als die „königliche
Kunst" bezeichne. Sie sei nicht eine Lehre, nicht ein Wissen, nicht
ein Bekenntnis und nicht eine Religion. Ihre Organisation sei weder
eine Glaubensgemeinschaft noch eine Sekte noch eine Kirche. Sie
sei ein „Können und ein Weg zu diesem Können". „Sie ist der Weg,
der die Menschen und die Menschheit zur freien Entfaltung ihrer
Seelenkräfte oder zur Vervollkommnung ihres Wesens führt, d. h. der
Weg und die Kunst der Humanität." Auch dieser Rede Sinn ist geheimnisvoll und dunkel. Solche und ähnliche Erklärungen gehen einer
unzweideutigen Antwort aus dem Wege. Wenn die Freimaurerei Gott
suchen, sich Gott nähern will, so kann hierin wenigstens mittelbar die
Anerkennung des Daseins Gottes abgeleitet werden. Unverständlich
ist dann aber die Behauptung, daß die Freimaurerei mit dem Wissen
und Forschen der Philosophen nichts zu tun hätte. Gott suchen heißt
doch nach Gotteserkenntnis streben, Einsicht in das Wesen Gottes zu
gewinnen suchen; Weisheit ist doch Einsicht in den Zusammenhang
der Dinge, Erkenntnis, Wissenschaft. Religion wird gemeinhin als das
Verhältnis des Menschen zu Gott erläutert. Wer sich zur Aufgabe
setzt, Gott zu suchen und sich Gott zu nähern, will doch in ein gewisses Verhältnis zu Gott kommen, er muß also Religion haben oder
wenigstens anstreben und kann doch unmöglich erklären, daß seine
Sache mit der Religion nichts zu tun habe. Hier liegen nicht nur Unklarheiten, sondern sogar erhebliche Widersprüche vor. Um zu einem
richtigen Verständnis des Wesens der Freimaurerei zu kommen, ist es
notwendig, aus der ewigen Ablehnung und Verneinung oder wenigstens
Umgehung bestimmter Begriffe, bestehender Glaubenssysteme und Welt-
anschauungsprobleme herauszukommen und zu einer positiven Beantwortung der Frage nach der Stellung der Freimaurerei zu den letzten
Lebens- und Weltanschauungsfragen vorzuschreiten. Aus der ganzen
Entwicklung der Freimaurerei, ihrem Ausgangspunkt, ihrer Tradition,
den Lebensauffassungen ihrer vornehmsten Bekenner, den zahlreichen
Schriften, Reden und Erklärungen ihrer offiziellen Vertreter und endlich
aus der praktischen Tätigkeit der Freimaurer im privaten und öffentlichen Leben läßt sich auch in der Tat der Kern, die Quintessenz des
freimaurerischen Lebens- und Weltanschauungsideals feststellen. Und
dieser Kern ist, mögen die Freimaurer noch so sehr sich sträuben, darauf
tiefer einzugehen, ein dem idealen Streben und der sittlichen Lebens-
gestaltung der Freimaurer, bewußt oder unbewußt, zu Grunde liegen-
des Weltanschauungsprinzip, das sie selbst gern als Humanität

bezeichnen, wobei jedoch Humanität nicht so fast die geistige und sittliche Bildung als die Pflege des rein Menschlichen (humanitas = humanum) bedeutet. Die Freimaurerei ist ein Kind der im 16. Jahrhundert namentlich in England weitverbreiteten deistischen Aufklärungsphilosophie, die man auch als Freidenkertum anspricht. Nach dieser Lehre wird zwar das Dasein Gottes im allgemeinen nicht bestritten; Gott ist aber lediglich der in unendlichen Fernen wohnende Weltbaumeister, der zwar die Welt erschaffen hat, sich aber um seine Schöpfung und seine Geschöpfe nicht weiter kümmert. Der Weltbaumeister ist ein „schläfriger“, ein „matter“ Gott, der es dem Menschengeschlecht vollständig freigegeben hat, die Ordnung seiner Verhältnisse ganz nach seinen vernunftgemäßen Bedürfnissen einzurichten. Die Freimaurerei lehnt die Offenbarung ab und erkennt keinen verbindlichen Glaubenssatz, kein Dogma an. Denn die Aufstellung bestimmter Glaubenssätze würde mit der sittlichen Freiheit, mit der Gewissensfreiheit nicht im Einklange stehen, sie würde Gewissenszwang bedeuten, der nach freimaurerischer Auffassung grundsätzlich zu verwerfen ist. Die Freimaurerei zieht sich damit praktisch von der metaphysischen Weltbetrachtung, von der Jenseitskultur vollkommen zurück und stellt sich ausschließlich auf das rein Menschliche, auf eine Diesseitskultur und Diesseitsmoral ein. Dieser Gedanke kommt schon in den ältesten freimaurerischen Dokumenten zum Ausdruck. In § 1 der sog. Alten Pflichten heißt es: „Ein Maurer ist durch seine Berufspflicht gehalten, dem Sittengesetz zu gehorchen; und wenn er seine Kunst recht versteht, wird er nie ein stumpfsinniger Gottesleugner oder ein ungläubiger Freigeist sein. Obwohl in alten Zeiten die Maurer verpflichtet wurden, in jedem Lande der Religion des betreffenden Landes oder der betreffenden Nation anzuhangen, welches immer dieselbe sein mochte, wird es jetzt für zweckdienlicher erachtet, sie bloß auf die Religion zu verpflichten, in der alle Menschen übereinstimmen, wobei es einem jeden überlassen bleibt, seine besondern Meinungen zu haben, d. h. daß sie gute und wahrhaftige Männer oder Männer von Ehre und Rechtschaffenheit seien, durch welche Benennungen oder Überzeugungen sie sich immer unterscheiden mögen. Dadurch wird die Freimaurerei zum vereinigenden Mittelpunkt und zum Mittel, wahre Freundschaft zwischen Personen zu stiften, die sonst in immerwährender Entfernung hätten bleiben müssen (vgl. The constitutions of the Freemasons 1723, S. 50). In der Ausgabe des Konstitutionenbuchs von 1738 wird die freimaurerische „allgemeine“ Religion, „in der alle übereinkommen“, ausdrücklich der christlichen Religion gegenübergestellt. Die deistische Weltauffassung tritt in diesen Sätzen unverkennbar hervor. Nach Erdmann ist in der Tat der rationalistische Deismus die Religion der Freimaurer geworden. Ihre Religion fällt mit dem Sittengesetze zusammen; denn Ehre und

Rechtschaffenheit machen die Religion des Maurers aus. Das sittlich
Gute ist aber das rein Menschliche (vgl. Freimaurerzeitung 1873,   77).
Die Pflege des reinen, edlen Menschentums, der Men   en-
würde, der Menschenliebe und der Menschenrech   der
Menschenverbrüderung, des Weltbürgertums ist das   ent-
liche Wesen und Ziel des Freimaurerbundes. Die   Ziel
soll erreicht werden durch Überwindung der „Vorurteile der ange___nen
Religion", aber auch durch Bekämpfung und Beseitigung aller auf
Standes-, Rassen-, Nationalitäts- und Geburtsunterschieden beruhenden
sonstigen Vorurteile. Denn nur auf diesem Wege ist es angeblich möglich,
die bestehenden „Trennungen zusammenzuziehen" und eine möglichst
vollkommene Vereinigung aller Menschen auf gemeinsamer, rein menschlicher Grundlage herbeizuführen. Alle Menschen sind frei, alle gleich,
alle Brüder. Freiheit, Gleichheit, Brüderlichkeit haben als die wichtigsten Gesichtspunkte für das Zusammenleben der Menschen zu gelten.
Diese Forderungen machen im wesentlichen den Inhalt des freimaurerischen Humanitäts- und Toleranzprinzips aus. Dieses Prinzip klingt
in mancher Hinsicht recht schön; bei näherer Betrachtung zeigt es sich
aber sofort, daß es mehr negativ als positiv gerichtet ist, und daß es
mehr zerstörend und niederreißend als aufbauend wirkt. Das freimaurerische Humanitätsprinzip erhebt das „rein Menschliche" zum
obersten Grundgesetze und erklärt damit den Menschen auf religiösem,
sittlichem und rechtlichem Gebiete für autonom, für frei und unabhängig von jedem außer ihm bestehenden und nicht von ihm selbst
gegebenen Gesetze. Damit richtet sich die Freimaurerei nicht nur
gegen alle auf übernatürlicher Grundlage ruhenden Religionssysteme,
sondern auch gegen die bestehende, von einem überweltlichen Prinzip
getragene, sittliche, gesellschaftliche, rechtliche und staatliche Ordnung. Der Mensch ist von Geburt aus gut; er genügt sich selbst, er ist
sein eigener Herr, sein eigener Diener, sein eigener Lehrer, sein eigener
Priester, sein eigener Richter, sein eigener König, sein eigenes Ziel und
Ende, sein eigener Gott. Die Moral ist vollständig losgelöst von der
Religion; der sittliche Mensch tut das Gute um seiner selbst willen. Was
gut ist, bestimmt aber lediglich die eigene Einsicht und das eigene Gewissen nach den Grundsätzen der sittlichen Freiheit. Die unabhängige
Moral lehnt jeden fremden Gesetzgeber ab. Die rein menschliche Moral
kennt nur Pflichten des Menschen gegen sich selbst, gegen andere Menschen
und die Menschheit; sie kennt aber keine Pflichten gegen Gott. „Die
Freimaurerei lehrt die Kunst, gut zu werden, ohne die Triebfedern von
Hoffnung und Furcht, unabhängig von Himmel und Hölle. Der Maurer
erwartet seinen Lohn nicht erst in einer künftigen Zeit, sondern er
hat ihn empfangen und ist zufrieden" (vgl. die amtliche Verteidigungsschrift der sächsischen Großloge von 1852, zitiert bei Pachtler, Der

Götze der Humanität S. 299). Was in diesen Darlegungen zusammenfassend ausgesprochen ist, läßt sich durch eine fast unübersehbare Fülle von Aussprüchen und Thesen führender Freimaurer belegen. Einige wenige mögen statt vieler angeführt werden.

Nach Ludwig Keller kennzeichnet das Wort Humanität für den, der seinen tieferen Sinn recht verstand, „die Tatsache, daß die Brüderschaft der freien Männer die Menschenliebe höher stellte als den Glauben, die menschenfreundliche Tat höher als die Lehre, und daß damit eine feste Grenzlinie nach verschiedenen Seiten hin gezogen war" (L. Keller, Die geistigen Grundlagen der Freimaurerei S. 30). Derselbe Schriftsteller erklärt: „Die Organisation der Freimaurerei war nicht im Sinne der Kirchen eine Bekenntnisgemeinschaft mit einer höchsten Lehrautorität, wie sie die römisch-katholische Kirche in der Autorität des Papstes und die protestantische in der Bibel besaßen, sondern eine Gesinnungsgemeinschaft, deren oberstes Gebot die Liebe und nicht der Glaube war. Und daher galt diesen Männern ganz im Unterschiede von den bestehenden Religionsgemeinschaften der Name eines weisen Mannes höher als der eines gläubigen Mannes; denn die wahre Weisheit umfaßte das, was die Religionsgemeinschaften mit zwei in der Überlieferung der königlichen Kunst nicht üblichen Worten kennzeichneten, nämlich die Religiosität wie die Sittlichkeit oder die Ethik, und zwar die Ethik im höchsten und allgemeinsten Sinne des Wortes" (vgl. Keller a. a. O. S. 39; O. Caspari a. a. O. S. 13). „Stellt die Religion den Gottheits- und Jenseitsbegriff voran, so stellen wir Maurer eben den Moralbegriff voran und lassen den Gottheitsbegriff erst folgen in der begründeten Meinung und Hoffnung, daß das fortschreitende Denken allmählich philosophisch auch hierüber zu jener Einigkeit des Denkbaren gelangen wird, um alsdann den durch die Moral vollzogenen Bund zu krönen" (Caspari: Was ist Freimaurertum? Leipzig 1889, S. 156). „Die Freimaurerei ist die Religion der Religionen; sie faßt alle zusammen" (Caspari a. a. O. S. 79). „Für die Kirchenlehre steht an erster Stelle der Glaube; die Liebe tritt in dessen Dienst. Für die Humanität steht an erster Stelle die Liebe und ihre Anhänger sind Diener der Liebe. Während vor den Pforten der Kirche die Worte stehen: Glaube, Liebe, Hoffnung, setzt die Weisheit vor die Türen des Tempels, an dem ihre Bauleute arbeiten, als Wahrzeichen den Spruch: Licht, Liebe, Leben. Denn der Glaube hört auf im Schauen, und die Hoffnung in der Erfüllung; aber die Liebe, die aus dem Licht erwächst, verbürgt das Leben, und indem sie ewig bleibt, ist sie, wie Christus sagt, des Gesetzes Erfüllung" (Keller a. a. O. S. 77). Bruder O. Neumann (Das Freidenkertum, Berlin 1909, S. 122) umschreibt das Wesen und die Aufgabe der Freimaurerei also: „Die Freimaurerei fördert eine ideale Gesinnung, sie rechnet Religion und Sittlichkeit zu ihren Grundsätzen, sie übt Wohltätigkeit aus, sie beteiligt sich an der Lösung edler, sozialer Aufgaben der Volkswirtschaftspflege. Dem Freimaurertum ist die Religion eine lebendige Kraft. Aber nicht in der dogmatischen Fessel, sondern in der Freiheit des Gedankens liegt ihre Kulturaufgabe." Nach der freimaurerischen Zeitung „Monde maçonnique" (Jahrg. 1866, S. 439) ist die Freimaurerei „eine Verbindung, welche sich von jeglichem Joche der Kirche und des Priestertums freigemacht hat und welche alle Launen der Offenbarungen und alle Lehrsätze der Mystiker verwirft". Religion ist der Freimaurerei gleichbedeutend mit Aberglaube. „Der Rost verzehrt das Eisen, der Aberglaube die Völker. Jede geoffenbarte Religion ist Aberglaube; somit ist die geoffenbarte Religion Gift für die Völker" (Rivista Jahrg. 1890, S. 159). Der Aberglaube ist nach freimaurerischer Auffassung die „Mutter des Gehorsams" (ebd. Jahrg. 1885, S. 105). Die deutsche Freimaurerzeitung vom 15. Dezember 1866 fordert: „Wir müssen uns nicht bloß über die verschiedenen Religionen, sondern über allen Glauben an einen Gott stellen." Das Logenblatt „Le Progres" geht noch einen Schritt weiter, wenn es in seiner Nummer vom 6. Juli 1874 schreibt: „Die philosophische und theologische Auffassung der Gottesidee zufolge der christlichen Lehre aller Sekten ist unsittlich." Nach O. Caspari (a. a. O. S. 45) ist die Freimaurerei „die geschworene Gegnerin der Intoleranz, vor allem der religiösen und der kirchlichen, und aller Ansprüche von Kirchen und Religionen, sich als die allein seligmachenden oder allein berechtigten zur Geltung zu bringen oder Glaubenspflicht aufzuerlegen. Hier liegt", sagt er, „der schroffe Gegensatz zur Kirche." Die deutsche Logenzeitung „Bauhütte" (Jahrg. 1875, Nr. 13) schreibt: „Wissen und Glauben sind unversöhnliche Gegensätze. Denn wer da weiß — und dahin streben wir —, dem ist der Glaube unnütz; wer aber glaubt, dem ist Wissen abgestorben. Also hinaus mit dem Glauben nicht bloß aus unsern Hallen, sondern auch aus den Köpfen der Menschheit." Der Großmeister Colfavru faßte das maurerische Programm in die Worte zusammen: „Ich fordere Sie auf, daß wir uns alle vereinigen und gemeinsam den Kampf gegen den Klerikalismus des Vatikans aufnehmen. Das ist unser Feind. Wir haben keinen andern" (vgl. Bulletin du Grand Orient de France, Jahrg. 1885, S. 739). Die „Bauhütte" (Jahrg. 1874, S. 72) schreibt: „Nach dem christlichen Weltalter . . . wird anbrechen das Weltalter des reinen Menschentums, wo Mohammed und Buddha, der dogmatische Christus und der unfehlbare Papst überwundene Autoritäten sind, und wo nur ein Gedanke seine reinste Verklärung sucht, der menschliche." „Homo sum! spricht der Freimaurer, ich bin ein Mensch, und hat damit sein maurerisches Bekenntnis erschöpft, seiner sozialen Verpflichtung im weitesten Ausmaße sich unterzogen" (Bricht a. a. O. S. 13). „Die Frei-

maurerei hat ihren Vatikan in Paris, wo alle großen Ideen zusammen-
strömen und wie in einem Feuerofen geläutert werden" (vgl. Monde
maçonnique, Juli 1869, S. 171).   „Der Mensch, als ein freies Wesen,
bindet sich selbst durch seine Vernunft an unbedingte Gesetze.   Daher
bedarf eine Moral, sofern sie auf dem Begriffe des Menschen als eines
freien Wesens begründet ist, weder der Idee eines Wesens über ihm,
um seine Pflicht zu erkennen, noch einer andern Triebfeder als des
Gesetzes selbst, um sie zu beobachten.   Sie bedarf also zum Behufe
ihrer selbst — sowohl objektiv, was wir wollen, als subjektiv, was
wir können — keineswegs der Religion, sondern vermöge der reinen
praktischen Vernunft ist sie sich selbst genug" (Caspari a. a. O. S. 177).
Bruder C r a m e r (Deutsche Nationalloge, Leipzig 1871) sagt: „Jeder
Freimaurer muß ein entschiedener Rationalist sein, er muß die Freiheit des Denkens, des Gewissens und der Meinungsäußerung über alles
hochhalten, und er soll in der Organisation der Brüderschaft ein kräf-
tiges Hilfsmittel zu seiner Ausbildung finden."   Bruder C o n r a d schreibt
in der „Bauhütte" (Jahrg. 1874): „Wollen wir als ehrliche Freimaurer
vorwärts kommen, so müssen wir mit Strauß resolut bekennen: Wir
sind keine Christen mehr, wir sind Freimaurer, nichts mehr, nichts
weniger — Punktum! Wir müssen unsere Kraft konzentrieren auf
das Eine, was der Menschheit nottut, auf den Menschheitsbund."
„Unser Maurertum ist in erster Linie eine Sittenlehre, die mit einem
Vernunftglauben harmonieren will, während die sog. Orthodoxie aller
Kirchen ein Glaube ist, der sich um eines Dogmas willen über alle
Vernunft hinaussetzt und hier an diesem grundwichtigen Punkte die
Unvernunft gelten läßt" (Caspari a. a. O. S. 198).   Bruder J o c h m u s-
M ü l l e r (Kirchenreform Bd. 3, S. 228) erklärt: „Ein freies, wahres
Heidentum steht uns näher als ein engherziges Christentum."   Die
freimaurerische Zeitschrift „L a t o m i a" (4. Bd.) bringt folgende Sätze:
„Der Protestantismus ist in religiöser Beziehung nur halb, was die
Freimaurerei ganz ist.   Er betrachtet den Inhalt der Religion als ein
der Menschheit von Gott unmittelbar Mitgeteiltes und gestattet nur
einen Formalgebrauch der Vernunft, um den unvernünftigen Stoff zu
gestalten.   In der Maurerei hingegen soll die Vernunft nicht allein
die Gestalt, sondern auch den Inhalt der Religion schaffen.   Der Protestantismus muß nun entweder zum Katholizismus zurückkehren oder
willkürlich auf halbem Wege stehen bleiben oder vorwärts schreitend
in das Gebiet der Maurerei gelangen."   Ferner: „Die letzten Versuche,
das kirchliche Christentum zu schützen, veranlaßten seine gänzliche
Verbannung aus dem Gebiete der Vernunft; denn die Vernunft wurde
durch diese Tat sich des Mißlingens auch dieser Friedensunterhand-
lungen bewußt.   Sie erkannte die untilgbare Feindschaft zwischen der
eigenen und der Lehre der Kirche."

Auch bei gebildeten Maurern finden sich unwillkürliche Ausbrüche der Abneigung und des Hasses gegen das positive Christentum, vor allem gegen den Katholizismus und gegen die katholische Kirche. Der angesehene deutsche Rechtslehrer und Großmeister der Großloge „zur Sonne" in Bayreuth, J. E. Bluntschli, hat sich im Jahre 1872 in der Berliner „Gegenwart" in geradezu blasphemischer Weise über den angeblich kulturfeindlichen Aberglauben des Christentums ausgelassen, indem er schrieb: „Die Einheit Gottes wird von dem Bewußtsein der heutigen Menschen energischer festgehalten als in den früheren Jahrhunderten, welche den einen Gott in drei Personen zerlegten, ihm auch wohl eine Göttin als Gattin und Mutter antrauten und den Teufel als einen Gegengott der Finsternis ansetzten. Der heutige Mensch verehrt Gott nicht als einen Geist, der außerhalb der Natur wirkt, und betrachtet die Natur nicht wie eine schuldbefleckte Kreatur außer Gott, sondern erkennt den göttlichen Geist in dem sichtbaren Leibe der allgemeinen Natur." Bruder Edgar Quinet erklärt offen: „Man muß die katholische Religion im Kote ersticken" (vgl. Pachtler, Der stille Krieg S. 36). Und der Freimaurer Proudhon ist soweit gegangen, daß er Gott als „das Übel" bezeichnete, dem man nur Krieg schuldig sei (vgl. Dupanloup a. a. O. S. 30). In besonderem Maße ergießt sich der Haß und der Zorn des Freimaurertums gegen das äußere Bollwerk des katholischen Christentums, gegen das Papsttum. In einem aus dem Jahre 1818 stammenden Geheimdokument der italienischen Freimaurerei, abgedruckt bei Pachtler a. a. O. S. 84 ff., heißt es unter anderem: „Mit dem Arme, mit dem Worte, mit der Feder und dem Herzen seiner unzählbaren Bischöfe, Religiosen, Mönche und Gläubigen in allen Breitegraden findet das Papsttum überall Leute, die zum Opfer, zum Martyrtum, zur begeisterten Anhänglichkeit bereit sind. An jedem beliebigen Orte hat es Freunde, die sich für dasselbe dem Tode weihen, und andere, die aus Liebe zu ihm ihr Vermögen hinopfern. Das ist eine ungeheure Armee, deren volle Kraft nur von einigen Päpsten verstanden worden ist; und auch sie haben sich derselben nur mit Maß bedient. Heutzutage nun handelt es sich nicht darum, diese augenblicklich geschwächte Macht zu unserem Dienste wieder aufzurichten; unser Ziel ist vielmehr schließlich das Voltaires und der französischen Revolution, d. h. die vollkommene Vernichtung des Katholizismus und selbst der christlichen Idee. Denn bliebe letztere noch aufrecht auf den Ruinen Roms, so entsproßte aus ihr später die Auferstehung und ewige Dauer des Katholizismus." Die Herrschaft des Papsttums wird nach freimaurerischer Anschauung hauptsächlich durch den Jesuitenorden verteidigt und gestützt. Wenn sich die Freimaurerei gegen das Papsttum besonders scharf wenden will, liebt sie es, an die Stelle des Papsttums die Jesuiten zu setzen; denn gegen die Jesuiten kann man noch freier und hemmungsloser sich äußern als gegen den Papst, gegen den man doch noch einen gewissen Takt wahren möchte. Der Verfasser der aus Anlaß der Enzyklika Leos XIII. über die Freimaurer erschienenen anonymen Denkschrift die „Papstkirche" macht seinem Zorn über das päpstliche Vorgehen in folgenden Gegenüberstellungen Luft: „Die Jesuiten bauen ihre Herrschaft auf das Schlechteste in der Menschennatur, die Dummheit, den Haß, und darum sind sie mächtig; die Freimaurer gründen ihr Reich auf die Einsicht und den guten Willen des Menschen, und darum wächst ihr Reich nur langsam. Die Jesuiten bilden die organisierte und in eines Menschen Hand gelegte Herrschsucht in der Welt; das Freimaurertum repräsentiert die organisierte Bildung unter den Völkern aller Zonen und Sprachen. Der beste Mensch muß durch das System der Jesuiten verdorben werden; durch die Idee des Freimaurertums kann auch der Schlechteste noch eine Besserung an sich erfahren. Die Heiligen der Jesuiten sind meist blutbefleckte Fanatiker gewesen; die genialsten und besten Männer der letzten Jahrhunderte waren Freimaurer. Ein vollkommen konsequenter Jesuit wäre ein fertiges Scheusal; ein vollkommener Freimaurer wäre ein vollkommener Mensch, die Verwirklichung des christlichen Ideals" (a. a. O. S. 19). Sehr bescheiden klingt das nicht, zumal wenn man beachtet, daß sich die eigentliche Intelligenz von der Freimaurerei mehr und mehr fernhält. „Jeder papsttreue Katholik als Geisteigener der Jesuitenmoral ist notwendig ein Feind der Vernunft und der Wissenschaft wie des deutschen Vaterlands, ein Gegner der Geistesfreiheit und Duldung, ein Aufrührer gegen Kaiser und Reich, ein Hemmschuh des nationalen Fortschritts und des Völkerfriedens" (Papstkirche S. 27). Dies hindert die Freimaurer aber nicht, auf der andern Seite die Kirche und vor allem das Papsttum wieder als Stütze der weltlichen Throne zu erklären und als solche aufs heftigste zu bekämpfen. Das Pariser Logenblatt „Siècle" ließ sich über die Einnahme Roms im Jahre 1870 folgendermaßen aus: „Weil in einer nahen oder ferneren Zukunft alle Throne stürzen müssen, so muß in der providentiellen Ordnung, wie unsere Gegner sagen würden, zuerst die Stütze für die übrigen Throne verschwinden." „Dieser Thron (nämlich des Papstes) muß also unwiderruflich fallen, damit um die Reihe alle andern fallen können, damit das System der Vereinigten Staaten Europas unter republikanischer Fahne dem alten und abgelebten Systeme folgen könne" (vgl. Courier de Bruxelles, zitiert bei Pachtler a. a. O. S. 232). „Zwischen Papst und Kaiser pflanzt die Freimaurerei das ewige Gesetz der Vernunft auf" (Rivista Jahrg. 1892, S. 98). Und an einer andern Stelle der gleichen Zeitschrift (Bd. 20, S. 157; vgl. auch Frz. Ewald, Freimaurerei und Kirche, München 1896, S. 12) heißt es: „Am Busen Italiens ruht eine

Schlange und nennt sich Papst. Das ist unser mächtigster Feind; er ist im Vatikan, und wir müssen ihn bekämpfen bis zu unserer letzten Bombe, wir müssen den Priestern ihre Altäre verbrennen, wir müssen alles umstürzen, was sich auf sie stützt."

So zielt das Streben der Loge bewußt oder unbewußt darauf ab, an die Stelle des positiven Christentums den Götzen der Humanität zu setzen. Alle Mittel und Wege, die zu diesem Ziele führen, sind der Loge recht. Vor allem sucht die Freimaurerei Einfluß auf die Erziehung des Volkes, auf die Schule, aber auch auf die Presse und die politischen Körperschaften zu gewinnen. Die konfessionslose, und noch mehr die religionslose Schule ist ihr Ideal. Obwohl die Loge für sich die größtmögliche Freiheit in Anspruch nimmt, die Freiheit der Meinungsäußerung fordert, die Gewissensfreiheit predigt, so ist sie doch jederzeit bei der Hand, wenn es gilt, die Freiheit des Christentums, die freie Betätigung der Kirche in kulturkämpferischer Weise einzuschränken und lahm zu legen. Je rascher und gründlicher die Entchristlichung des Volkes vor sich geht, desto rascher hofft die Loge am Ziele ihrer Wünsche zu stehen. In der französischen Freimaurerei wurde in aller Form gefordert, die Freimaurerei müsse sich eine solche allbeherrschende Macht auf dem Gebiete der Schule und Volkserziehung, in der Presse und in den politischen Körperschaften sichern, daß „niemand mehr sich rühren könne, als soweit es der Freimaurerei genehm ist" (Bulletin du Grand Orient de France 1889/90, S. 500 ff.). Am 11. Juni 1879 verlangte der Hauptkonvent aller Logen in Neapel unter anderem: „Entchristlichung mit allen Mitteln, vorzüglich durch Vernichtung des Katholizismus, nach und nach jedes Jahr durch neue Gesetze gegen den Klerus — endlich Schließung der Kirchen. In acht Jahren werde man durch konfessionslose Schulen eine Generation ohne Glauben haben" (vgl. A. J. Fava, Le secret de la Franc-Maçonnerie, 1883). In der gegen die Enzyklika Leos XIII. vom Jahre 1884 gerichteten anonymen Freimaurerschrift heißt es: „Jeder Freimaurer wird unschwer herausfinden, worauf unsere Arbeit gerichtet sein muß, nämlich auf die Zertrümmerung des (kirchlichen) Autoritätsprinzips, wie es sich in der Erziehung und Schulung des Volkes zur Stunde noch geltend macht." „Die Kirche muß von der Schule getrennt werden; der Riß wird immer klaffender, solange der Kirche irgend ein bestimmender Einfluß auf die Jugendbildung zukommt. In erster Linie — und das erstreben auch die Freimaurer und nicht diejenigen Frankreichs allein, ist der vulgäre Religionsunterricht abzuschaffen" (a. a. O. S. 27 f.). Bruder Quinet schreibt in seinem Werke über den „Volksunterricht" (vgl. Frz. Ewald, Freimaurerei und Kirche S. 7) unter anderem Folgendes: „Es handelt sich nicht um Widerlegung, sondern um Ausrottung der päpstlichen Kirche; nicht um Ausrottung allein, sondern um ihre Entehrung; nicht um ihre Entehrung, sondern, wie ein altdeutsches Gesetz gegen den Ehebruch bestimmte, den Papismus im Schmutze zu ersäufen." Der italienische Großmeister Lemmi erklärte im Jahre 1892 in Mailand bei einer offiziellen Gelegenheit: „Wir können nur dann unsere Prinzipien anwenden, wenn wir die öffentlichen Stellen besetzen und besonders im Parlamente gut vertreten sind. Die ganze Kraft des Parlamentes muß in die Hände unserer Brüder kommen" (vgl. Ewald a. a. O. S. 43). Und der deutsche Freimaurer O. Caspari (a. a. O. S. 253) schreibt: „Aber neben diesem Kampfe gegen die Überhebungen einer finstern Orthodoxie . . . haben wir die positive allgemeine Aufgabe, unsere Ideen nicht nur in einer richtigen Weise zu verbreiten, sondern vor allem handelnd vorzugehen, sobald wir erkennen, daß sie in der Öffentlichkeit Boden gefaßt und Wurzel geschlagen haben." Der oben erwähnte Großmeister Lemmi äußerte sich folgendermaßen: „Die Freimaurerei . . . muß die Macht haben, und sie hat sie, die öffentliche Meinung zu erzeugen und zu lenken" (vgl. Rivista Jahrg. 1890, S. 2). Ferner: „Entweder sind wir die Erzeuger und Lenker der öffentlichen Meinung oder wir haben überhaupt keine ernsthafte Existenzberechtigung" (vgl. ebd. Jahrg. 1889, S. 19).

Es ist klar, daß ein Weltanschauungssystem, das die letzte Entscheidung in allen Dingen in die Brust des freien, autonomen Menschen verlegt, das alle Menschen für gleich erklärt und keine andere als die vom Menschen selbst gesetzte Autorität anerkennt, auch auf sozialem, rechtlichem und staatspolitischem Gebiete zu besondern Folgerungen und Forderungen kommen muß. Dies ist auch tatsächlich der Fall. Jede gesellschaftliche Ungleichheit, die sich nicht im Sinne des freimaurerischen Humanitätsprinzips auf einen höheren Grad menschlicher Vollkommenheit, sondern auf äußere Gründe (Geburt, Besitz) stützt, wird als soziale Ungerechtigkeit verworfen. Hieraus ergibt sich auch die Stellung der Freimaurerei zur Staatsform. Das freimaurerische Humanitätsprinzip führt folgerichtig zur Demokratie, zur Anerkennung der Volkssouveränität, und die diesem Prinzip entsprechende Staatsform ist die Republik. Die Fortführung dieses Gedankens findet ihre höchste Verwirklichung in der Verbrüderung der von allen nicht „rein menschlichen" Gewalten befreiten Völker in der auf einem rein menschlichen Sittengesetze und einer rein menschlichen Rechtsordnung aufgerichteten Weltrepublik (vgl. H. Gruber: Mazzini, Freimaurerei und Weltrevolution, 1901).

Im Weltkriege und in dem diesem Kriege folgenden sog. Frieden sind zweifellos auch freimaurerische Ideen und Bestrebungen zur Geltung gekommen. Und die Revolutionäre von 1918 haben, wie ihre Lehrmeister von 1789, 1830 und 1848, ihr geistiges Rüstzeug aus der Waffensammlung der Freimaurerei geholt, die mit ihrem Grundsatze der Freiheit, Gleichheit und Brüderlichkeit die willkommene Begründung für jede soziale, politische, wirtschaftliche und geistige Umwälzung lieferte.

Bruder Bluntschli hat im Jahre 1873 ein Rundschreiben verfaßt, in dem er seinen Mitbrüdern in einigen „Sätzen zur Überlegung" die Aufgaben der Logen kurz zusammenfassend vor Augen geführt hat. Darin wird die Arbeit an der Veredlung und sittlichen Vervollkommnung der Mitglieder als die Hauptsache bezeichnet. Die Logen sind danach nicht berufen, als Logen an den kirchlichen und politischen Kämpfen sich handelnd zu beteiligen. Sie sollen neutrale Friedenstempel sein und die verschiedenen Parteien und Bekenntnissen angehörigen Brüder menschlich einigen, wenn diese die maurerischen Ideen und Grundsätze anerkennen. Sie kümmern sich nicht um Verfassungsstreitigkeiten. Wenn aber die Gesetze der Menschlichkeit verletzt werden, wenn die Ehe, das Eigentum, die Arbeit, die Bildung, die menschliche Ehre und Freiheit bedroht werden, wenn die Barbarei ihre Brandfackel in die zivilisierte Welt schleudert, dann sind nach Bluntschli die Maurer verpflichtet, zur Verteidigung dieser Güter zusammenzuwirken. Sie nehmen keinen Anteil an den dogmatischen Kämpfen der kirchlichen Parteien (?). Wenn aber eine kirchliche Partei die Toleranz verflucht, die Glaubensfreiheit unterdrückt, die freie Forschung verhindert, die Gewissen knechtet und den Aberglauben zur geistlichen Herrschaft ausbreitet, dann sind die Maurer deren offene Gegner. Diesem Kampfe kann sich die Maurerei nicht entziehen, ohne sich selbst und ihre Prinzipien preiszugeben. In diesen vom deutschen Großlogentage gebilligten Sätzen, in denen die Freimaurerei wie so häufig als die Verteidigerin hoher und höchster Güter sich aufspielt, die gewissermaßen nur einen ihr aufgedrungenen Kampf wider Willen aufnimmt, tritt die ganze Kampfesart und Taktik der Freimaurerei plastisch in die Erscheinung. Das rein Negative der Freimaurerei, die vollkommene Verwerfung des göttlichen Gesetzes, der Offenbarung, die Ablehnung einer auf einem überweltlichen Prinzipe ruhenden sittlichen Weltordnung wird dabei anscheinend absichtlich unterdrückt. Wer für die dargelegten freimaurerischen Auffassungen und Grundsätze Verständnis zeigt, gilt im Freimaurertum als „aufgeklärt", als „geistesfrei". Wer an überlieferten Anschauungen festhält, wer das geschichtlich Gewordene achtet, ist unfrei und im „Aberglauben" und in „Vorurteilen" befangen. Wer die von der Freimaurerei verworfenen Autoritäten anerkennt, beweist knechtischen, sklavischen Sinn. Die freie Forschung, die voraussetzungslose Wissenschaft wird gepriesen, solange sie auf rein menschlicher Grundlage aufbaut. Denn sie ist in den Augen der Freimaurer vor allem das Mittel, den Dogmenglauben als Aberglauben zu verketzern.

Dies sind die wahren Grundsätze und Bestrebungen, die in den einzelnen Logen und Logenverbänden bald stärker, bald weniger stark, bald nur vorsichtig zur Geltung gebracht werden. Ein großer Teil der Logenbrüder ist freilich weit davon entfernt, den ganzen innern Zusammenhang und Aufbau dieses Gedankensystems zu erkennen und alle Folgerungen aus dem freimaurerischen Grundprinzip zu ziehen. Die logisch aus dem grundlegenden Humanitätsprinzip sich ergebenden Sätze und Forderungen werden auch innerhalb der Logen vielfach mißverstanden, nicht selten sogar verleugnet. Dies ändert aber nichts an der Tatsache, daß die Grundsätze tatsächlich bestehen und im Freimaurertum bald bewußt bald mehr unbewußt zur Auswirkung kommen. Die deutsche Freimaurerei, die mehr innerlich eingestellt ist, tritt ja weniger schroff mit der Verwirklichung der dargelegten Grundsätze hervor. Die Loge vermeidet es auch grundsätzlich, als solche in die Erscheinung zu treten; sie überläßt es den einzelnen Mitgliedern, die aufgenommenen Lehren im privaten und öffentlichen Leben in die Tat umzusetzen. In den romanischen Ländern aber scheut sich die Loge, wie wir bereits gesehen haben, nicht, auf kulturpolitischem wie auf rein politischem Gebiete oft in der krassesten und frivolsten Form ihre Grundsätze öffentlich zu verkünden und deren Verwirklichung selbst mit Mitteln der Gewalt zu verlangen. Von jedem mit einem öffentlichen Amte betrauten Freimaurer wird ausdrücklich erwartet, daß er auch bei seiner Amtsführung stets eingedenk bleibe, daß er Freimaurer ist und Pflichten gegen die Loge habe. Wenn die Loge in andern Ländern sich einer gewissen Zurückhaltung befleißigt, wenn sie sich in mancher Beziehung sogar einen gewissen christlichen Anstrich gibt, so darf man sich auch hierdurch nicht täuschen lassen. Auch in diesen Ländern gelten die dargelegten Grundanschauungen, mögen sie auch der großen Masse der Maurer, die sich mit einer oberflächlichen Toleranz, oder besser gesagt einem nichtssagenden Indifferentismus in den wichtigsten Lebens- und Kulturfragen begnügen, weniger zum Bewußtsein kommen und von der Führung der Logen mit Rücksicht auf diese seelische Einstellung des Großteils der Mitglieder weniger scharf und klar betont werden. Die Unterschiede der in den verschiedenen Ländern herrschenden Logengrundsätze sind aber keinesfalls so wesentlicher, grundsätzlicher Art, daß man berechtigt wäre, an der Solidarität, an der Weltverbundenheit der Freimaurer der Erde irgendwie zu zweifeln.

Wenn somit das Freimaurertum aus religiösen, sittlichen und nicht zuletzt staatspolitischen Erwägungen als eine schwere Gefahr für die menschliche Gesellschaft und das ganze öffentliche Leben abgelehnt werden muß, so muß dabei ausdrücklich festgestellt werden, daß dieses Urteil dem freimaurerischen System als solchem gilt, daß damit aber

in keiner Weise ein Werturteil über die einzelnen Freimaurer selbst
abgegeben werden soll. Zweifellos befinden sich in den Logen viele
ehrenwerte, achtbare und auf hoher, sittlicher Stufe stehende Männer,
die es mit der Veredlung der Menschheit ernstnehmen, und die auch
wahre Toleranz und vor allem wahre Werke der Menschenliebe zu
üben verstehen. Immer aber wird es sich um Persönlichkeiten handeln, die entweder schon von Jugend auf fern von den wirklichen,
nicht entstellten Glaubenslehren des Christentums in den blendenden
Ideen der Humanität und der Toleranz erzogen worden sind oder aber
aus irgend einem innern oder auch äußern Grunde, oft auch durch
eigenes Verschulden zunächst längere Zeit den aus ihrer Bekenntnis-
zugehörigkeit folgenden Mindestverpflichtungen gleichgültig gegenüberstanden, diese Verpflichtungen für die Folge mehr und mehr als eine
Last empfanden und schließlich ihre Verbundenheit mit einem bestimmten Bekenntnisse innerlich oder auch äußerlich vollständig lösten.
Auf diese Weise kommen viele, die ihr Bekenntnis aufgegeben haben,
die aber trotzdem das Bedürfnis nach einer gewissen religiösen Betätigung empfinden, bei der gemeinsamen Religion aller Religionen,
bei dem Freimaurertum an. Sie suchen nach einem Ersatze und bringen
damit unwillkürlich einen neuen Beweis dafür, daß der Mensch im
allgemeinen nicht ohne Religion sein kann und will. Nach allem, was
wir gesehen haben, kann aber das Freimaurertum nur ein notdürftiges
Surrogat, keinen vollgültigen Ersatz für die erhabene Lehre des leben-
digen Christentums bilden.

5. Krieg, Revolution und Freimaurertum.

Kriege und Revolutionen bedürfen nicht nur einer militärischen
und wirtschaftlichen, sondern auch einer geistigen und seelischen Vorbereitung und Unterstützung. Die Freimaurerei ist zweifellos geeignet,
in letzterer Hinsicht wirksame Waffen zu liefern. Wir haben auch
bereits gesehen, daß die freimaurerischen Ideen der Revolution von
1789 wirksam die Wege gebahnt und daß Freimaurer eine führende
Rolle in der französischen Revolution gespielt haben. Die Mitwirkung
der italienischen Freimaurerei an den revolutionären Bewegungen, die im
19. Jahrhundert über Italien kamen, ist eine nicht bestrittene, geschichtliche Tatsache (Mazzini, Garibaldi, Cavour); auch in Spanien und Portugal
und in andern Ländern waren die Freimaurer wiederholt an revolutionären
Umwälzungen in stärkerem Maße, zum Teil in führender Weise beteiligt (Enrico Ferrer, Magalhães Lima). Dies kann bei der ganzen
weltanschaulichen und staatsbürgerlichen Einstellung des Freimaurertums auch gar nicht wundernehmen. Die geistige und sittliche Autonomie des Menschen, wie sie vom Freimaurertum vertreten wird, schließt

folgerichtig die bürgerliche, soziale, politische und staatliche Autonomie ohne weiteres in sich. Keine Hoheit, keine Gewalt, keine Macht
und keine Würde ist hiernach innerlich begründet, die nicht in dem
übereinstimmenden Willen der Beteiligten selbst ihre Begründung und
Stütze findet. In dem jetzt strenge geheimgehaltenen amtlichen Organ
des belgischen Großorients wird nicht mehr und nicht weniger gefordert, als daß die Freimaurerei „als Lenkerin der Volkssouveränität,
als Zar der Zaren, mittels der von ihr gelenkten öffentlichen Meinung
den Weltlauf im Sinne der freimaurerischen Zukunfts- und Kulturideale
bestimme" (vgl. Bulletin du Grand Orient de Belgique 1910/11, S. 87). Das
Sittengesetz hat nach freimaurerischer Auffassung seine Begründung
nicht in der von Gott gesetzten sittlichen Weltordnung, sondern ausschließlich in der menschlichen Vernunft. Die Freimaurer folgen in
dieser Beziehung den Auffassungen Lessings und vor allem Kants.
Deshalb schreibt auch der deutsche Freimaurer Caspari (a. a. O.
S. 30): „Das wahre Sittlichkeitsprinzip und mit ihm die höchste Autorität stammt aus der Autonomie der innern Vernunft und der mit ihr
geeinigten Gewissen." An anderer Stelle (a. a. O. S. 31 u. 177) sagt
der gleiche Schriftsteller: „Die innerlich gebietende Macht des Gewissens soll allein uns eine wahre Autorität sein." „Auf Grund der
urwüchsigen Selbständigkeit der Moral allein gelingt es, die freimaurerische Religion der Humanität als das einigende Band zu gewinnen."
Hieraus werden dann die entsprechenden Folgerungen gezogen. Diese
lauten: „So stürzen wir die absolute Autorität als innere und äußere
Gewalt zu Gunsten der wahren Autorität der dienenden Liebe." Ferner:
„Die wahre Autorität schwingt, um es im Gleichnis zu sagen, weder
Schwert, noch Zepter, noch Krummstab, sondern nur die Fahne."
Das Bestreben der Freimaurer geht also darauf hinaus, dem Freimaurertum als der über die staatliche und kirchliche Autorität er-
hobenen königlichen Kunst die höchste Autorität im Leben der Völker
zu sichern (vgl. Caspari a. a. O. S. 32 33). „Die göttliche Autorität
und die daran angelehnte Papst- und Priesterautorität, die Herrscher-
autorität absolut regierender Fürsten und als Umgestaltung hieraus
die Volkssouveränität, alle diese Autoritäten haben mit Rücksicht auf
die Früchte, die sie zeitigten, abgewirtschaftet" (vgl. Caspari a. a. O.
S. 27). Die Grundsätze der Freiheit, Gleichheit und Brüderlichkeit sind
offene Gegner aller nicht demokratischen staatlichen und sozialen Einrichtungen, mögen sie auch durch jahrhundertelangen Bestand geheiligt
und befestigt sein. Das monarchische Prinzip steht zum Wesen der
Freimaurerei in einem unvereinbaren innern Gegensatz.

Darin ändert auch die Tatsache nichts, daß viele Freimaurer in
monarchisch regierten Staaten sich als durchaus loyale und vaterländisch gesinnte Staatsbürger zeigen, wie auch die Tatsache von nicht

entscheidender Bedeutung ist, daß eine große Zahl fürstlicher Persönlichkeiten selbst dem Freimaurerbunde angehört haben und zum Teile noch angehören. Zweifellos sind viele Freimaurer durchaus loyale Staatsbürger und ebenso loyale Untertanen ihres rechtmäßigen monarchischen Staatsoberhauptes. Ebenso sicher aber ist, daß ein angesehener deutscher Freimaurer-Schriftsteller folgende wuchtige Sätze niedergeschrieben hat: „Wir Freimaurer beugen uns mit Johannes, Sokrates und Christus vor keiner äußern Autorität, weder einer kirchlichen noch einer staatlichen, uns sinkt auch im Lichte der Weisheit der Volksgötze — die Autorität der Mehrheit", und: „So lassen wir Freimaurer uns daher auch weder durch einen absoluten Herrscher, noch Papst, endlich auch nicht durch eine irgendwie einseitig entstandene Mehrheit des Volkes regieren, sondern wir sehen uns eine solche Mehrheit, ebenso wie jeden Fürsten, allemal erst prüfend an und schauen zu, ob sie dem Ganzen (dem Staat) auch wirklich brüderlich dienen und nicht bloß mit Irrtümern über die Minoritäten herrschen und sie ausbeuten wollen. So trachten wir als Freimaurer überall nur nach der Autorität der dienenden Weisheit als höchsten Abglanz Gottes" (vgl. O. Caspari a. a. O. S. 7 13). Dieser Widerspruch erklärt sich aus der einfachen Tatsache, daß eben sehr viele Freimaurer besser sind als die Freimaurerei. Und was die Zugehörigkeit fürstlicher Persönlichkeiten zum Freimaurerbund anlangt, so ist es eine bekannte Tatsache, daß solche Brüder nur sehr oberflächlich in den Geist und in die Geheimnisse des Bundes eingeweiht werden. Den fürstlichen Maurern enthüllt man nicht das wahre Wesen des Bundes. Der angesehene Bruder Louis Blanc sagt hierüber in seiner „Histoire de la Révolution française": „Es gefiel den Souveränen, z. B. dem Großen Friedrich, die Kelle in die Hand zu nehmen und sich das Schurzfell vorzubinden. Warum auch nicht? Da ihnen die Existenz der höheren Grade sorgfältig vorenthalten war, so kannten sie vom Freimaurerorden nur soviel, als man ihnen ohne Gefahr anvertrauen durfte" (vgl. Ewald, Handbuch S. 11). Die Freimaurer-Zeitschrift „Le Monde maçonnique" (Jahrg. 1863, S. 441) schrieb: „Die Freimaurerei muß ihre Kraft aus sich selbst schöpfen, und wenn sie das Unglück hat, gekrönte Schirmherren zu besitzen, so darf sie ihnen keinen größeren Einfluß einräumen, als eben die profane Stellung derselben erheischt." Die angesehene deutsche Zeitschrift „Latomia" (Juli 1865, S. 62) vertritt den gleichen Standpunkt, wenn sie schreibt: „Wenn man den Fürsten die Leitung der Logenangelegenheiten in die Hand gibt, so geschieht dies nur zum Schein, und die Deputierten decken ihre eigenen Maßregeln mit dem fürstlichen Namen" (vgl. Ewald a. a. O. S. 12).

Die dargelegten freiheitlichen Ideen sind im Freimaurerbund lebendig und wirken; sie drängen langsam, aber stetig ganz zwangsläufig auf das logische Endziel der Entwicklung hin. Und wenn es darauf ankommt, in einem bestimmten Zeitpunkte der historischen Entwicklung zu wählen zwischen einem noch so legitimen, geschichtlich gewordenen Zustande und einer Änderung im Sinne einer freiheitlichen demokratischen Gestaltung der Dinge, die auf der Linie der freimaurerischen Grundanschauungen liegt, dann wird der freimaurerische Staatsbürger sein freimaurerisches Herz unter allen Umständen entdecken und seine Loyalität gegen die seitherigen Gesetze und Einrichtungen zu Gunsten der neuen Entwicklung opfern. Selbst die Empörung ist für den Freimaurer nicht unter allen Umständen ein verwerfliches Vergehen. Schon die „Alten Pflichten" lassen sich hierüber recht merkwürdig aus. Sie sagen zwar: „Ein Maurer ist ein friedfertiger Untertan gegenüber den bürgerlichen Gewalten", der „nie an Komplotten und Verschwörungen gegen den Frieden und die Wohlfahrt der Nation" teilnehmen soll; sie sagen aber auch: „Wenn ein Bruder ein Aufrührer gegen den Staat sein sollte, so darf er nicht in seiner Auflehnung unterstützt werden, so sehr man ihn als einen Unglücklichen bedauern mag; und wenn er keines andern Verbrechens überführt ist, obwohl die staatstreue Bürgerschaft seine Auflehnung verleugnen müßte und sollte, um der jeweiligen Regierung keinen Verdacht oder Grund zu politischem Mißtrauen zu bieten, so kann man ihn nicht aus der Loge stoßen und seine Verbindung mit ihr bleibt unauflöslich." Das ist zum mindesten keine bestimmte und unzweideutige Ablehnung gegen den Bestand eines Staates gerichteter Umtriebe. Nimmt man die Auslegung hinzu, die diese Vorschrift in der Praxis und in der Theorie, in Wort und Schrift gefunden hat, so kann man nicht mehr zweifeln, daß der Loge auch die Revolution nicht immer als ein verwerflicher Weg zur Verwirklichung der freimaurerischen Grundsätze erscheint (vgl. H. Gruber, Freimaurerei, Weltkrieg und Weltfriede, 2. Aufl., Wien und Leipzig 1917, S. 7). Die englische Freimaurerzeitung „The Freemasons Chronicle" (Jahrg. 1875 I, S. 81) schrieb: „Wenn wir behaupten wollten, daß Freimaurer unter keinen Umständen sich geweigert hätten, gegen eine schlechte Regierung zu den Waffen zu greifen, so würden wir damit nur erklären, daß sie in kritischen Augenblicken, in welchen die Pflicht gegen den Staat im freimaurerischen Sinne Antagonismus gegen die Regierung bedeutet, ihre höchste und heiligste Pflicht verletzt hätten. Empörung ist in manchen Fällen eine heilige Pflicht, und nur ein Pharisäer oder ein Narr wird die Ansicht vertreten können, daß unsere Landsleute im Unrecht waren, als sie gegen Jakob II. zu den Waffen griffen. Die Loyalität gegen die Freiheit geht in einem derartigen Falle allen andern Rücksichten vor." In der gleichen Zeitschrift (Jahrg. 1889 I, S. 178) findet sich folgender Satz: „Ein von hohen Idealen beseelter Freimaurer kann, ohne ein Unrecht zu begehen, einen Schlag gegen die Tyrannen führen und sich mit andern verbünden, um auf Wegen, die sonst nicht gerechtfertigt sein könnten, die nötige Abhilfe zu schaffen." Eine „schlechte Regierung", eine „Tyrannei" ist selbstverständlich immer dann gegeben, wenn die Regierung den freimaurerischen Grundsätzen nicht entspricht. Der englische Freimaurer und Außenminister Bruder Lord Russel hat sich im englischen Parlament am 27. Oktober 1860 zu folgender Behauptung verstiegen: „Jedes Volk, welches das Verlangen und die Macht hat, sich zu erheben, eine bestehende Regierung zu stürzen und eine ihm besser zusagende zu errichten, hat auch das Recht dazu. Das ist ein unschätzbares, geheiligtes Recht, welches noch einst die ganze Welt befreien wird" (vgl. J. Sigl a. a. O. S. 19.) Der bayrische Gesandte v. Olry in Bern, der längere Zeit Mitglied einer Berner Loge war, bemerkt in seiner Selbstbiographie: „Die Logen bilden einen geheimen Staat im Staate, bestimmt, die Regierungen entweder zu beherrschen oder zu untergraben und durch Logenmitglieder zu ersetzen" (vgl. Ewald, Handbuch usw. S. 14). Der französische Minister Bruder Lamartine sagte am 10. März 1848 zu einer Deputation: „Ich kenne die Geschichte der Freimaurerei hinlänglich, um überzeugt zu sein, daß aus dem Schoße ihrer Logen zuerst im Schatten, dann im Halbdunkel, zuletzt im vollen Lichte jene Gefühle ausströmen, welchen wir schließlich die göttliche Explosion, deren Zeugen wir sind, zu verdanken haben" (vgl. J. Sigl a. a. O. S. 15). Unter der „göttlichen Explosion" ist nichts anderes als die Revolution zu verstehen. Dem bekannten Reorganisator des italienischen Freimaurerwesens, Großmeister Adriano Lemmi, verdanken wir die folgenden sehr bezeichnenden Aussprüche: „Was liegt daran, wenn die alte Welt in Trümmer sinkt? Je mehr sie in die Brüche geht, desto glanzvoller erhebt sich unsere junge lebenskräftige, siegreiche Welt" (vgl. Rivista 1894, S. 215). „Es ist notwendig, daß die an der Regierung der Staaten befindlichen Männer entweder unsere Brüder seien oder die Macht verlieren" (Rivista 1886, S. 234). Als nach der Schlacht von Sedan im Jahre 1870 die italienische Regierung immer noch zögerte, gegen den Papst vorzugehen, überreichte eine freimaurerische Deputation dem Minister Lanza folgendes Ansinnen: „Wenn die Regierung nicht unverzüglich gegen Rom marschieren läßt, so bricht in allen italienischen Städten eine Revolution aus" (vgl. Ewald a. a. O. S. 43). „Auch die deutschen Freimaurer können nicht leugnen, daß die Freimaurerei in allen Ländern Revolutionen, Umsturz von Herrscherthronen herbeigeführt hat" (vgl. J. Bode, Die deutsche Freimaurerei und der vaterländische Gedanke im Sonderheft der Zeitschrift „Der unsichtbare Tempel" über die deutsche Freimaurerei im Weltkrieg, München 1917). In der deutschen Freimaurerzeitung vom 24. Dezember 1864 heißt es: „Die französische Revolution von 1789 ist nur ein Werk der Freimaurer gewesen; denn alle hervorragenden Männer jener Zeit waren Freimaurer. Nachher hat der Freimaurerbund daselbst gleichfalls die Revolution der Jahre 1830 und 1848 geleitet. Alle italienischen Umwälzungen vom Jahre 1822 bis zu den letzten glorrreichen Ereignissen, wem sollen sie anders zugeschrieben werden als dem Bunde? Sind nicht die Carbonari seine Söhne? Wenn in vielen maurerischen Konstitutionen steht, daß die Maurer friedlich und den Staatsgesetzen ergeben sein müssen, so geschieht es nur, um den Argwohn der Tyrannen einzuschläfern." Der amerikanische Freimaurer A. G. Mackey stellt in seinem Handbuch des freimaurerischen Rechts sogar den Satz auf, daß „Felonie und Empörung keine maurerischen Vergehen" seien (A. G. Mackey: Masonic Jurisprudence, New York 1867, S. 510). Der französische Geschichtsschreiber Henri Martin bezeichnet in seinem berühmten Werke: Histoire de France (Teil XVI, S. 595) die Freimaurerei als „die Werkstätte der Revolution", und ein anderer Franzose, Felix Pyat, sieht in ihr sogar „die Kirche der Revolution" (vgl. Dupanloup a. a. O. S. 96). Der französische Ordensrat nannte sogar selbst einmal die Revolution die „Fleischwerdung des Wortes der Freimaurerei" (vgl. Jünger a. a. O. S. 25). Der freimaurerische Humanitätsgedanke ist in seinem innersten Wesen tatsächlich ein revolutionärer Gedanke. Mit Recht sagte daher der französische Bischof Dupanloup, Mitglied der Nationalversammlung in Versailles: „Die furchtbare Seite der Freimaurerei ist nämlich die, daß sie unaufhörlich eine gewaltige Tätigkeit auf dem politischen und sozialen Gebiete entfaltet, und zwar vorzugsweise eine revolutionäre Tätigkeit" (a. a. O. S. 95). Der gleiche Schriftsteller faßt das Gesamturteil über die Freimaurerei in folgendem Satze zusammen: „Die Studien, welche ich über den Freimaurerorden gemacht, haben mir die sicherste Gewißheit gegeben, daß zwischen der Freimaurerei und der Revolution zum wenigsten die innigste Zusammengehörigkeit und die schwerste Verantwortung besteht" (a. a. O. S. 2).

Im sog. Kadosch-Grad der schottischen Hochgradfreimaurerei hat der Kandidat bei der Aufnahme mit einem Dolche gegen eine Königskrone und gegen eine Tiara (päpstliche Krone) Stöße zu führen. Der Sinn dieser Zeremonie ist vielsagend und bedarf keiner weiteren Erläuterung. Jedenfalls ist klar, daß überall da, wo eine Unterdrückung der geistigen, sittlichen oder politischen Freiheit behauptet wird, wo es gilt, eine angebliche Tyrannis oder eine behauptete Despotie geistlicher oder weltlicher Art zu beseitigen, die freimaurerischen Grundsätze und Lehren einen willkommenen Vorwand und eine wünschenswerte Begründung für jede Art von Umwälzung abgeben können. Und welcher Krieg, welche Revolution hat nicht von angeblicher Unterdrückung, Klassenherrschaft, Tyrannei, Despotie und wie die Gegner der Freiheit, Gleichheit und Brüderlichkeit alle heißen, den Ausgang genommen?

Auch im Weltkrieg hatte die Freimaurerei offensichtlich die Hand im Spiele. König Eduard VII., der von der englischen Maurerei als der größte Freimaurer der modernen Zeiten gefeiert wird, hat seine Einkreisungspolitik mit wesentlicher Unterstützung der Freimaurer betrieben (vgl. auch The Freemason 1915/16, S. 89). An dem Morde von Serajewo waren mehrere Freimaurer handelnd beteiligt (vgl. Pharos: Der Prozeß gegen die Attentäter von Serajewo; aktenmäßig dargestellt. Berlin 1918). Zwischen der Freimaurerei und der gegen die Mittelmächte kämpfenden Mächtekoalition hat eine auffällige Übereinstimmung der Grundsätze und Methoden bestanden, an deren Herbeiführung die Freimaurerei nicht unbeteiligt war. Herstellung und Sicherung des Weltfriedens hat die Entente und hat die Freimaurerei als ihr Endziel aufgestellt. „Und als Mittel zur Erreichung des Zieles erscheint beiden der Sieg des demokratisch-nationalistischen Prinzips über das theokratisch-autokratische, monarchisch-feudale, militaristisch-imperialistische" (H. Gruber a. a. O. S. 41). Die russischen Staatsmänner, zum Teil selbst Freimaurer, sind in ständiger Fühlung mit der französischen Loge gestanden; die russischen und die französischen Maurer haben einander in die Hände gearbeitet. Die französische und belgische Freimaurerei hat sich an der Kriegspropaganda besonders stark beteiligt. Die Großloge von Frankreich beschloß schon im Jahre 1914 an alle Freimaurer-Großlogen der Welt eine Sammlung der von den Deutschen angeblich verübten Greueltaten zu versenden und diese Sammlung von den belgischen Freimaurern als richtig bescheinigen zu lassen. Der Eintritt Italiens in den Weltkrieg wird von Freimaurern selbst als das ausschließliche Werk der italienischen Freimaurerei bezeichnet und dargetan (vgl. L. Müffelmann, Die italienische Freimaurerei und ihr Wirken für die Teilnahme Italiens am Weltkriege. Handschrift nur für Freimaurer. Berlin 1915). Die italienische Freimaurerei bildet tatsächlich einen Staat im Staate. Sie hat vor allem den Grundsatz des „Sacro Egoismo" verkündet und verbreitet, und mit unverhüllter Offenheit selbst eine bewaffnete Neutralität abgelehnt und zur Teilnahme am Kriege auf der Seite der Entente getrieben. Schon im März 1915 hat der Professor und Freimaurer Nunzio Vaccaluzzo in einer im offiziellen Organ der italienischen Freimaurerei veröffentlichten Rede zum Kriege gegen die Deutschen gehetzt. Die Deutschen könne man wohl bewundern, aber lieben könne man sie nicht. Wörtlich heißt es dann: „Gesegnet sei die Disziplinlosigkeit, wenn sie Euch Unabhängigkeit des Geistes gibt; — gesegnet sei die Revolution, wenn sie Euch Gedankenfreiheit bringt." „Wir lieben Frankreich mit seinen Gebrechen und seinen Vorzügen, das Frankreich Victor Hugos und Jaurès, das

Frankreich, das die Unverletzlichkeit der Menschenrechte verkündigt gegenüber Deutschland, dem Vertreter des Rechtes des Stärkeren, des Rechtes des Eroberers, der die Verträge verletzt und Belgien verwüstet." Und: „Darum sind wir nicht neutral und können wir auch nicht neutral sein! Neutral sein bedeutet mitschuldig sein zum Schaden der Unterdrückten" (vgl. Müffelmann a. a. O. S. 24 25 27). So spricht der freimaurerische Vertreter eines Landes, das im gleichen Augenblicke noch in einem Bundesverhältnis mit Deutschland steht. So wird Deutschland, das systematisch eingekreiste und mit Übermacht angegriffene Deutschland, als vertragsbrüchig hingestellt von einem fanatischen Vertreter des Freimaurertums, der im gleichen Augenblicke zum Verrate auffordert und zum Kriege hetzt im Namen der Unabhängigkeit des Geistes und der Veredlung und Vervollkommnung der Menschheit. Unterm 15. April 1915 hat der Großorient von Italien in einem offiziellen Schreiben an die sämtlichen Töchterlogen die Mobilisation der gesamten italienischen Freimaurerei für den Eintritt Italiens in den Krieg, unter Berufung auf den unbedingten Gehorsam der Brüderschaft anbefohlen (vgl. Müffelmann a. a. O. S. 34 38). In dem Rundschreiben werden die Logen außerdem aufgefordert „in regelmäßigen Zwischenräumen auf Papier ohne Vordruck und in profaner Form einen Bericht einzuliefern, der in bestimmten, genauen Angaben die Ereignisse von gewisser Wichtigkeit aufführt, die sich an den einzelnen Orienten zutragen" (Müffelmann a. a. O. S. 36). Wenn man bedenkt, daß dem Großorient von Italien eine große Anzahl von Logen im Auslande angehören, in Tunis, in Nord- und Südamerika, in Ägypten, in Rumänien und in der Türkei, so gewinnt dieser Befehl des Großorients von Italien nach der Ansicht Müffelmanns erst die richtige Bedeutung. Es ist nichts anderes als politische Spionage, die er von den Logen verlangt (Müffelmann a. a. O. S. 38). Es ist auch bekannt, daß vor allem die freimaurerische Tagespresse („Secolo-Mailand", „Messaggero", „Giornale d'Italia") im letzten Stadium der Kriegshetze den König, die Regierung und die Volksvertretung durch den immer wiederholten Ruf: „Krieg oder Revolution" förmlich terrorisierten, und so den Kriegsausbruch beschleunigten. Die führenden Staatsmänner Englands, Frankreichs, Italiens und der Vereinigten Staaten zu Beginn und während des Weltkriegs waren fast durch die Bank Freimaurer. Unter den Mitgliedern des Repräsentantenhauses der Vereinigten Staaten befanden sich während des Krieges 213, unter den Mitgliedern des Senates 48 Freimaurer. Es ist klar, daß eine solche Beteiligung des Freimaurertums in den parlamentarischen Körperschaften nicht ohne Einfluß auf die von den Vereinigten Staaten im Weltkriege verfolgte Politik bleiben konnte. Der ehrliche und durchaus sachliche deutsche Freimaurer W. Ohr gibt selbst zu, daß die Freimaurerei wie das

Christentum einen weltumspannenden und zusammenfassenden Grundgedanken habe (W. Ohr, Der französische Geist und die Freimaurerei, Leipzig 1916, S. 185). Bruder Ohr, der den Krieg an der Westfront mitmachte und dort für das Vaterland fiel, erhebt in seinem Buche eine gewaltige Anklage gegen Frankreich und vor allem gegen die französische Freimaurerei, deren Studium er auch im Felde seine besondere Aufmerksamkeit widmete. Er schreibt: „Das ganze französische Volk ist schuld an der Katastrophe Europas, weil es das deutsche Volk nicht kennenlernen wollte, weil es, in höchst gefährlichen Vorurteilen befangen, mit der elsässischen Frage gespielt hat wie ein Kind mit dem Feuerzeug, und sich über Sinn und Geist des deutschen Wesens verhängnisvollen Täuschungen hingab. Die Freimaurerei als eine der großen, leitenden Mächte trägt diese Schuld in erster Linie. Denn von ihr hätten wahrlich die nötigen Korrekturen der schiefen Volksauffassungen ausgehen können. Sie war nach Geschichte und Wesen des Freimaurerbundes dazu berufen, ihr Volk von Vorurteilen zu lösen und zu einer schlicht sittlichen Auffassung der Völkerschicksale anzuleiten. Dazu war sie allerdings nicht fähig in ihrer Abhängigkeit vom französischen Geist mit seinen gedankenlosen Überlieferungen; denn gerade das, was ihr höchstes Idol war — die Gedankenfamilie von 1789 —, gerade das hätte der Großorient überwinden müssen. Und dazu war der Großorient berufen, nicht zum Hüter, sondern zum Überwinder der Wortmystik aus der Revolutionszeit. Diesen geschichtlichen Beruf hat er verkannt. Die höchste Aufgabe ließ er liegen, um sich in den trüben Gewässern der innern Parteipolitik herumzutummeln. . . . Kein Nichtfreimaurer kann verstehen, wie tief der Vorwurf ist, den wir auf Grund unserer erworbenen Einsichten — die ganz gewiß ‚sine ira et studio‘ gewonnen wurden — dem Großorient gegenüber erheben" (Ohr a. a. O. S. 182; vgl. auch Jünger a. a. O. S. 33). Angesichts dieser Tatsachen und Zeugnisse kann man die Frage der Mitschuld der Freimaurerei an der großen Weltkatastrophe nicht mit dem Hinweise darauf abtun, daß die Freimaurerei grundsätzlich pazifistisch eingestellt sei, die Weltverbrüderung der Nationen anstrebe, und daß schon um deswillen von ihrer Mitwirkung am Ausbruche und der Fortführung des Krieges, die mit ihren Grundanschauungen im Widerspruche stehen würde, keine Rede sein könne. Eine solche Schlußfolgerung würde Eindruck machen, wenn man von der felsenfesten Standhaftigkeit der freimaurerischen Grundsätze zu allen Zeiten und unter allen Umständen überzeugt sein könnte. Die Tatsachen reden aber eine andere Sprache. Der Widerspruch ist übrigens nur ein scheinbarer. Die Freimaurerei strebt allen Ernstes einen Zustand des Friedens aller Nationen an, einen Zustand allerdings, unter dem ausschließlich die freimaurerischen Ideen zu herrschen hätten und alle andern Auffassungen und Überzeugungen mit Füßen getreten würden. Um zu diesem Endzustande zu gelangen, scheut die Freimaurerei auch vor den größten Umwälzungen nicht zurück; sie stellt also auch Krieg und Revolution wenigstens vorübergehend in ihre Rechnung, in den Dienst dieser abschließenden Idee.

Was vom Weltkriege gilt, gilt auch von der Weltrevolution. Der Weltkrieg war eine Weltrevolution. Der weltrevolutionäre Gedanke war aber mit dem Weltkriege noch keineswegs ausgetragen. Die Revolution von 1789 war ein Geisteskind der französischen Freimaurerei. Im Namen der Freiheit, Gleichheit und Brüderlichkeit sind seitdem alle Revolutionen durchgeführt worden. Die vollständige Umwälzung der gesellschaftlichen, staatlichen und politischen Verhältnisse auf volksherrschaftlicher Grundlage, unter Aufrichtung des Götzen der Humanität und Austilgung jeder Erinnerung an überkommene transzendentale Begriffe bildet zweifellos den Traum der führenden Geister in der Freimaurerei aller Nationen. Der Weltkrieg hat diesen Traum um einen bedeutenden Schritt der Erfüllung näher gebracht. Was auf diesem Wege nicht erreicht wurde, soll auf dem Wege friedlicher, revolutionärer Durchdringung oder durch Unterstützung bürgerlicher, unblutiger Revolutionen angestrebt und gefördert werden.

In diesem Bestreben wie überhaupt in den Grundanschauungen findet sich die Freimaurerei mit dem Sozialismus vollständig auf einer Linie zusammen. Eine nicht geringe Zahl sozialistischer Größen gehört tatsächlich gleichzeitig dem Freimaurerbunde an. Freimaurerei und Sozialismus sind auf dem gleichen Boden gewachsen, und beide streben nach dem gleichen Ziele der Emanzipation des Menschen von jedem außermenschlichen Gesetze, von jeder geschichtlichen, in der göttlichen Weltordnung begründeten Autorität, nach dem gleichen Ziele des sozialistischen Volksstaates und der demokratischen Weltrepublik. Beide sind von den Grundsätzen der Freiheit, Gleichheit und Brüderlichkeit beherrscht; die folgerichtige Durchführung der freimaurerischen Idee führt mit logischer Notwendigkeit zum Sozialismus. Die Freiheit im Sinne der Loge ist nur möglich, wenn die Verschiedenheit der Stände und vor allem die Grundlage dieser Verschiedenheit, der Besitz, der Reichtum des einzelnen aufgehoben wird. In der Tat hat sich der Kampf der Revolution von 1789 auch vor allem gegen die Stände, gegen den Klerus, gegen den Adel und gegen die Zünfte gerichtet. Die Priester und der Adel sind heute noch in besonderem Maße Gegenstand des Hasses des Freimaurers wie des Sozialisten. Das Gleichheitsprinzip der Loge, in rein naturalistischem Sinne gefaßt, verlangt nicht nur Gleichheit der Rechte und Pflichten, sondern auch Gleichheit des Lebensgenusses; auch das Prinzip der Brüderlichkeit führt zu gleichen Forderungen. Selbst der Gedanke der Arbeit, der im Sozialismus als

Wertschöpfer und Wertverteiler eine so hervorragende Stelle einnimmt, findet im Zeremoniell der Loge und in den symbolischen Arbeitswerkzeugen des Maurers seinen entsprechenden Ausdruck. Auch in kulturpolitischen Forderungen gehen Loge und Sozialismus regelmäßig Arm in Arm. Die freimaurerische Zeitschrift „Latomia" (Bd. 12, S. 237) stellt sich ausdrücklich auf diesen Standpunkt, wenn sie schreibt: „Die Kommunisten weisen uns auf zwei Grundsätze hin, die allerdings, wenn sie richtig aufgefaßt und mit Mäßigung verfolgt werden, als unumstößliche Wahrheiten angesehen werden müssen, auf welche die ganze Theorie des Kommunismus basiert ist. Es ist dies vor allem das Prinzip der Gleichheit aller Menschen vor der ewigen Weltordnung, und das Prinzip, wonach sich jede Persönlichkeit der Allgemeinheit, alles Sonderinteresse dem allgemeinen Wohle unterzuordnen hat. Wir können nicht umhin, den Sozialismus als einen vortrefflichen Bundesgenossen der Freimaurerei in Veredlung der Menschheit, in dem Streben, Menschenwohl zu fördern, zu begrüßen. Freilich haben die Sozialisten bei Verfolgung der gemeinsamen Grundsätze nicht immer die Mäßigung beobachtet, die der Loge zuweilen erwünscht gewesen wäre." Bei den Kämpfen der Kommune in Paris (Frühjahr 1871) haben die französischen Logen in einer gewaltigen Kundgebung offen ihre Solidarität mit den Kommunisten zum Ausdrucke gebracht. Der Sozialismus ist übrigens schon lange, namentlich in den französischen Logen, eingebürgert und ist überhaupt ein legitimes Kind der Freimaurerei, zu dem sie sich auch wiederholt bekannt hat. Am 26. April 1871 erklärte das Mitglied der Kommune Lefrançais: „Ich war von dem Augenblicke an ganz mit der Freimaurerei einverstanden, als ich in die Loge Nr. 133, welche eine der am meisten republikanisch gesinnten ist, aufgenommen war, und ich die Gewißheit hatte, daß das Ziel der Freimaurerei und jenes der Kommune ganz das nämliche ist" (vgl. Dupanloup a. a. O. S. 121). Die Freimaurerei bekennt sich mit dem Sozialismus zur Allmacht des Staates. Der Staat ohne Gott ist beiden die höchste Verwirklichung des reinen Menschentums.

Wer nach dem Grundsatz der Gleichheit und Brüderlichkeit, keinen Unterschied der Geburt, des Standes und des Glaubens kennt, und in jedem Menschen nur den Menschen sieht, muß die Aufhebung aller Unterschiede auch über die Landesgrenzen, über die Gemeinsamkeit des Blutes und der Sprache hinaus ausdehnen und damit zu einer kosmopolitischen Einstellung, zum Internationalismus und Pazifismus, zum Gedanken des Weltbürgertums kommen. Dies ist beim Freimaurertum auch tatsächlich der Fall. Die „nächtliche" Internationale will nach ihren eigenen Erklärungen wieder „verbinden, was Staaten, Kirchen und gesellschaftliche Übereinanderstellung trennen". Die Freimaurerei bezweckt mit ihrer gegenseitigen Anerkennung der Großlogen der verschiedenen Länder in der Tat nichts anderes als die Idee der universalen Einheit der ganzen Menschheit zum Ausdrucke zu bringen (vgl. die Monatschrift „Der unsichtbare Tempel" Jahrg. 1916, S. 327). So geht das Streben der Loge aufs Ganze, auf die geistige und sittliche Umwandlung der menschlichen Gesellschaft. Das Ideal der Freimaurerei ist die Stiftung eines allgemeinen freimauerischen Weltreiches, das der sozialistischen Weltrepublik wie ein Ei dem andern gleich sieht. Es liegt auf der Hand, daß es gewaltiger Umwälzungen und Erschütterungen der ganzen menschlichen Gesellschaft bedürfen würde, um dieses Endziel zu erreichen. Wer das Endziel ernstlich im Auge hat und den Erfolg will, der wird auch vor den Mitteln und Wegen nicht zurückscheuen, die allein zum Erfolge führen. Die Freimaurerei und der Sozialismus, die gleicherweise auf dieses Endziel zusteuern, sind entschlossen, den vorgezeichneten Weg zu beschreiten, mag dabei auch die Welt in Trümmer gehen. Die französische Revolution von 1789, die Revolutionen des 19. und 20. Jahrhunderts, vor allem die katastrophale Umwälzung in Rußland geben uns einen gewissen Vorgeschmack von dem, was die Welt von der Verwirklichung freimaurerischer Grundsätze und sozialistischer Träume noch alles erwarten kann. Die deutschen Revolutions-Verfassungen, die das Prinzip der Volkssouveränität und manch andere Idee des Systems der Humanität zu verwirklichen suchen, das Friedensprogramm des Freimaurers Wilson, die Schandverträge von Versailles und St-Germain, bei deren Schaffung eine erkleckliche Zahl von Freimaurern Pate gestanden ist, die Einrichtung des Völkerbundes, sie alle lassen deutlich die Spuren freimaurerisch-sozialistischer Mitarbeit erkennen. Sie zeigen aber auch, welch abgrundtiefer Unterschied zwischen Theorie und Praxis hier besteht, und in welcher Weise freimaurerisch und sozialistisch orientierte Kreise die Grundsätze von Freiheit, Gleichheit und Brüderlichkeit in die Tat umzusetzen entschlossen sind, wenn sie die äußere Macht dazu besitzen.

6. Freimaurertum und Kirche.

Die Freimaurerei hat sich mit ihrem Humanitäts- und Toleranzprinzip, mit ihrem Weltanschauungssystem und ihrer Ethik auf ein Gebiet begeben, das von den religiösen Bekenntnissen aller Art, von den Kirchen und Religionssystemen, als ihr ausschließliches Feld der Tätigkeit in Anspruch genommen wird. Es ergibt sich daher auch die Frage, wie das Freimaurertum von unsern Kirchen beurteilt wird. Hier handelt es sich weniger um die politische, als um die weltanschauliche, um die ethische Seite des Freimaurertums. Ursprünglich schien die Gesellschaft der Freimaurer eine harmlose Gemeinschaft werden zu wollen. An ihrer Wiege sind auch englische Geistliche gestanden.

Ihre Fortentwicklung, namentlich in den außerenglischen Ländern, brachte sie aber bald mit den kirchlichen Instanzen in Konflikt. Eine längere Zeit hindurch bestand in weiten Kreisen eine gewisse Unklarheit über das eigentliche Wesen der Freimaurerei und ihr Verhältnis zu christlichen Glaubensauffassungen. So erklärt es sich, daß im ganzen 18. Jahrhundert bis Anfang des 19. Jahrhunderts katholische wie protestantische Geistliche in größerer Zahl Mitglieder des Freimaurerbundes geworden sind. Die katholischen Geistlichen sind, seitdem volle Klarheit über das Wesen und die Ziele des Bundes besteht, aus der Gemeinschaft wohl restlos verschwunden. Geistliche der protestantischen Kirchen, die in ihren Grundauffassungen von freimaurerischen Ideen weniger weit entfernt sind, gehören noch heute, zumal in Ländern, in denen die Freimaurerei ein gewisses christliches Gepräge zeigt, in größerer Zahl dem Bunde an. Die Ablehnung der protestantischen Theologie ist häufig keine sehr scharfe (vgl. Realenzyklopädie für protestantische Theologie und Kirche Bd. 6, Leipzig 1899, S. 259 ff.). Die liberale Richtung im Protestantismus nimmt dem Freimaurertum gegenüber zum mindesten eine wohlwollende, neutrale Haltung ein; der orthodoxe Protestantismus, der eine gewisse dogmatische Bindung verlangt, lehnt es aber bestimmt und entschieden ab. Da und dort haben protestantische Stellen und orthodoxe kirchliche Kreise sich auch in eine entschiedene Kampfstellung zur Freimaurerei begeben (Hengstenberg). Die katholische Kirche hat sich den Geheimgesellschaften und vor allem dem Freimaurerbunde gegenüber von jeher scharf ablehnend verhalten. Schon Papst Klemens XII. hat in seiner Enzyklika „In eminenti apostolatus" vom 28. April 1738 die Freimaurerei scharf verurteilt. Diese Verurteilung ist von späteren Päpsten oft und feierlich wiederholt worden (von Benedikt XIV. am 18. Mai 1751, von Pius VII. am 13. September 1821, von Leo XII. am 13. März 1826, von Gregor XVI. am 15. August 1832, von Pius IX. am 9. November 1846 und noch öfter). Um den Folgen einer päpstlichen Verurteilung zu entgehen, sind viele Katholiken aus den Logen ausgetreten und haben unter andern Namen Geheimgesellschaften, z. B. die Mopsgesellschaft, gegründet, die den Freimaurerlogen ähnlich, aber nur den Katholiken zugänglich waren. Diese Geschaften stellten aber nur eine unwirksame Umgehung der kirchlichen Vorschriften dar. Sie haben auch keine größere Bedeutung gewonnen.

Besonders ausführlich hat sich Leo XIII. in seiner Enzyklika „Humanum genus" vom 20. April 1884 mit dem Freimaurerbunde beschäftigt. Er führte aus, daß die Sekte der Maurer einen unrechtmäßigen Bestand habe und nicht minder dem Christentum als dem Staate verderblich sei. Sich verstellen, immer lichtscheu die Verborgenheit suchen, Menschen nach Sklavenart durch ein unauflösliches Band an sich fesseln, ohne daß der Grund dazu hinreichend klar vorliegt, das sei eine Ungeheuerlichkeit, die sich mit der Natur nicht vertrage. Der Papst rückt dann der Lehre der Freimaurerei, vor allem den der Lehre zu Grunde liegenden Prinzipien des Naturalismus und Rationalismus scharf zu Leibe. Ihre Anschauungen über Ehe, Familie, Staat und Freiheit werden kritisch gewürdigt und als Irrtümer dargetan. Der Beitritt zum Bunde wurde den Katholiken verboten. Über alle Mitglieder von Gesellschaften, deren Bestrebungen den Umsturz der kirchlichen oder staatlichen Ordnung bezwecken, wurde die Strafe des Kirchenbannes ausgesprochen. Dieser Strafe verfallen sind nicht nur die Freimaurer, sondern auch die Mitglieder verwandter Gesellschaften (Carbonari, Fenier) oder sonstiger Gesellschaften, die gegen die Kirche oder die rechtmäßige Obrigkeit arbeiten. Besonders genannt werden dabei die Bibelgesellschaften, die Vereinigungen der Staatskatholiken, der Kommunisten, Sozialdemokraten, Nihilisten und Anarchisten. Auch das neue kirchliche Gesetzbuch, der Codex Iuris Canonici vom Jahre 1917 (in Kraft seit Pfingsten 1918) enthält ausführliche Vorschriften über die geheimen Gesellschaften, vor allem über die Freimaurerei. Zunächst werden die Gläubigen allgemein vor geheimen Gesellschaften und vor verurteilten Vereinen gewarnt (can. 684). Mitglieder der secta massonica oder ähnlicher Gesellschaften, welche gegen die Kirche oder gegen die rechtmäßigen bürgerlichen Gewalten wühlen, sind ipso facto der dem Apostolischen Stuhle einfach reservierten Exkommunikation verfallen (can. 2335). Klerikale Mitglieder solcher Vereine sollen außerdem mit Suspension, Entziehung ihrer Benefizien, Ämter, Würden, Versorgungsansprüche oder Dienste, die sie etwa in der Kirche haben, bestraft werden. Ordensleute sollen aller ihrer Ämter und des aktiven und passiven Wahlrechts verlustig erklärt und außerdem mit noch andern Strafen nach Maßgabe der Ordensverfassung belegt werden (can. 2336, § 1). Kleriker und Ordensleute, welche Mitglieder der Freimaurersekte oder anderer ähnlicher Gesellschaften sind, sollen überdies dem Sanctum Officium zur Anzeige gebracht werden (can. 2336, § 2). Mitglieder einer verurteilten Vereinigung können in kirchliche Vereine gültig nicht aufgenommen werden (can. 693, § 1). Ehen zwischen Katholiken und Personen, welche einer von der Kirche verurteilten Gesellschaft angehören, sind verboten (can. 1065, § 1). Das persönliche Patronat kann gültigerweise nicht auf Personen übertragen werden, welche einer von der Kirche verurteilten Gesellschaft angehören (can. 1453, § 1). Wenn das dingliche Patronat auf solche Personen übertragen wird, so ist seine Ausübung suspendiert (can. 1453, § 3). Notorische Mitglieder freimaurerischer oder ähnlicher Vereinigungen sind, wenn sie vor dem Tode nicht irgend ein Zeichen der Reue geben, vom kirchlichen Begräbnis ausgeschlossen (can. 1240, § 1, Nr. 1). Durch diese Vorschriften sind

die früheren kirchlichen Erlasse nicht ohne weiteres gegenstandslos
geworden. Jedenfalls sind die von den früheren Päpsten ausgesprochenen
Verurteilungen einzelner Geheimgesellschaften nicht aufgehoben.

Man mag diese kirchengesetzlichen Bestimmungen für streng halten,
ihre grundsätzliche innere Berechtigung, ihre Klarheit und Folgerichtigkeit wird man nicht ernstlich in Zweifel ziehen können. Wenn man
die geradezu unheimlichen Wirkungen sich vor Augen hält, welche
die nicht nur christentumsfeindlichen, sondern auch staatsfeindlichen
Ideen des Naturalismus und Rationalismus auf die menschliche Gesellschaft und ihre religiösen, sozialen, staatspolitischen und politischen
Auffassungen ausgeübt haben, heute noch ausüben und auch weiterhin auszuüben drohen, dann kann man wahrlich begreifen, daß der
oberste Hüter der Grundsätze der christlichen Weltordnung mit Eifer
und Strenge bemüht ist, Regierungen und Völker zu warnen, und der
weiteren zersetzenden Wirkung der gerügten verderblichen Ideen einen
Damm entgegenzusetzen (vgl. auch Baur-Rieder, Päpstliche Enzykliken
und ihre Stellung zur Politik. Freiburg i. Br. 1923).

7. Freimaurertum und Staat.

Nicht nur die Kirche, sondern auch der Staat hat dem Freimaurerbunde schon frühzeitig seine Aufmerksamkeit zugewendet. Die Geheimniskrämerei machte den Bund verdächtig. Man glaubte, daß hinter
dem strenge gewahrten Geheimnisse der Gesellschaft staatsgefährliche
Ideen verborgen seien. Zu dieser Annahme war man um so mehr
berechtigt, als die offen erklärten und offen vertretenen Grundsätze,
welche die Logen beherrschten, mehr und mehr auch in ihrer staatsgefährlichen Wirkung erkannt wurden. Dazu kamen die Verirrungen
und Entartungen, die um die Mitte des 18. Jahrhunderts im Freimaurerwesen sich breit machten und das Ansehen des Bundes gewaltig herab-
setzten. In Frankreich, wo die Mißstände zuerst hervortraten, stieß
der Bund auch zuerst auf den Widerspruch der Regierung. Auch in
andern Ländern begegnete er einem gesunden Mißtrauen, das sich zum
Teil in dem Erlaß von Verboten ausdrückte. In Spanien wurde sogar
die Inquisition in Bewegung gesetzt. In Frankreich wurden die Logen
von den Jakobinern gesperrt. Die Freimaurer wurden als Aristokraten
verfolgt. Kaiser Franz II. von Österreich verlangte auf dem Reichstage zu Regensburg 1794 die Aufhebung aller Logen. Da er mit
diesem Verlangen nicht durchdrang, verbot er die Freimaurerei wenigstens für sein Land Österreich. Die Verhandlungen auf dem Kongresse
zu Verona im Jahre 1822 führten zur Aufhebung der Logen in einer
Anzahl von Staaten, namentlich auch in Rußland. Die Freimaurer
genossen wegen ihrer Freigeisterei keinen guten Ruf und wurden
überall als verkappte Revolutionäre angesehen und behandelt. Selbst

das freie Amerika trat ihnen zeitweise mit großem Mißtrauen entgegen.   Die ausführlich begründete ablehnende Haltung der Kirche
konnte ihren Eindruck auf die weltlichen Regierungen nicht verfehlen, zumal die kirchlichen Erlasse auch die Gefährlichkeit der freimaurerischen Lehre für die Gesellschaft und den Staat betonten.
Auch das gemeine Recht und das preußische Landrecht nahmen Stellung gegen die geheimen Gesellschaften.   Das preußische Edikt vom
20. Oktober 1798 verbot alle Geheimverbindungen; die preußischen
Großlogen in Berlin wurden aber trotzdem geduldet.   Ein Beschluß
des Deutschen Bundes vom 20. September 1819 dehnte das Verbot auf
alle Studentenverbindungen aus.   Erst die deutschen Grundrechte von
1848 brachten wieder Bestimmungen über die grundsätzliche Anerkennung der Freiheit des Vereins- und Versammlungsrechts.   Nach dem
Reichsvereinsgesetz vom Jahre 1908 haben alle Reichsangehörigen das
Recht, zu Zwecken, die den Strafgesetzen nicht zuwiderlaufen, Vereine
zu bilden und sich zu versammeln.   Dieses Recht ist in der Weimarer
Verfassung von 1919 nicht nur aufrechterhalten, sondern noch dadurch
besonders sichergestellt, daß es durch Vorbeugungsmaßregeln nicht
beschränkt werden darf.   Unter der Herrschaft des derzeit geltenden
deutschen Vereins- und Strafrechts (RStGB. §§ 128—129) werden die
Freimaurerlogen als solche nicht beanstandet.   Auch nach dem Gesetze
zum Schutze der Republik vom 21. Juli 1922 (RGBl. S. 585 ff.) fallen
die Freimaurerlogen nicht als solche unter die mit Strafe bedrohten
und unter polizeilichen Gesichtspunkten zu verbietenden Vereinigungen.
Es bedarf also zur Erfüllung der Tatbestände des Republikschutzgesetzes für die Freimaurerlogen wie für alle übrigen Vereinigungen
von Fall zu Fall des Nachweises, daß sie mit dem Gesetze in Widerspruch getreten sind.   Auch in andern Ländern wird im allgemeinen
der Tätigkeit des Freimaurerbundes kein Hindernis entgegengesetzt.
Die staatlichen Gesetzgebungen stellen sich hierbei grundsätzlich auf
den formalrechtlichen Standpunkt der Vereins- und Versammlungsfreiheit, solange nicht besondere Gründe ein polizeiliches oder straf-
rechtliches Einschreiten als veranlaßt erscheinen lassen.   Auch der
Geheimcharakter des Freimaurerbundes hat den modernen Staat einstweilen zu keiner andern Haltung bestimmen können.   Die kirchliche Gesetzgebung nimmt in dieser Frage hiernach einen wesentlich strengeren
und konsequenteren Standpunkt ein als der Staat.   Diese Verschiedenheit der Stellungnahme ergibt sich aus der Verschiedenheit der Aufgaben des Staates und der Kirche überhaupt.   Der Staat hat die
äußere Ordnung aufrechtzuerhalten, seine Gesetze wenden sich an
das äußere Verhalten der Staatsbürger.   Die Kirche wendet sich an
den innern Menschen und will die Gewissen vor Verwirrung und die
Seelen vor Schaden bewahren.   Zweifellos leistet aber die Kirche durch

ihre Stellungnahme zur Freimaurerfrage auch dem Staate insofern einen wesentlichen Dienst, als sie die Gewissen vieler Staatsbürger schärft, deren Achtung vor der rechtmäßigen weltlichen Obrigkeit erhöht und die Gefahren für den Bestand der Staatsordnung vermindert.

8. Der politische Geheimcharakter des Freimaurerbundes.

Der Freimaurerbund ist ein Geheimbund. Man hat zwar auf freimaurerischer Seite mehrfach versucht, diesen Charakter zu widerlegen und den Bund als eine harmlose, geschlossene Gesellschaft hinzustellen. Dieser Versuch ist mißlungen und wird auch so lange nicht gelingen, als der Freimaurerbund seine Grundsätze, Ziele und Einrichtungen nicht wie jede andere Gesellschaft in vollem Umfange klar und offen darlegt. Es ist Tatsache, daß der Bund bis jetzt einen Teil seiner Einrichtungen, die einen wesentlichen Bestandteil des Freimaurertums ausmachen, mit einem geheimnisvollen Schleier umgibt. Dies wird auch von den Freimaurern selbst nicht geleugnet. Sie erklären zwar, daß alles Wesentliche, was das Freimaurertum ausmacht, in Schriften und Büchern niedergelegt sei, und daß das Geheimnis sich nur auf die symbolischen Einrichtungen und das Ritualwesen beziehe, das man nicht schildern, sondern nur erleben könne. Mit diesem Vorbringen geben aber die Freimaurer den Geheimcharakter ihres Bundes eigentlich zu. Denn sie geben zu, daß das freimaurerische Gebrauchtum zum großen Teile geheim gehalten wird, und wollen nur dartun, daß dieses Gebrauchtum für die profane Welt kein Interesse und keine Bedeutung beanspruchen könne. Dieser Einwand ist nicht stichhaltig. Darüber, ob für Außenstehende etwas bedeutungsvoll ist oder nicht, haben nicht die Eingeweihten allein zu entscheiden. Auch das Urteil der Außenstehenden kommt hierbei in Betracht. Jedenfalls aber wird der der profanen Welt vorenthaltene Bestandteil des Freimaurertums von der Freimaurerei selbst für wesentlich und wichtig angesehen. Es kann doch nicht angenommen werden, daß ein so ernster Bund wie der Freimaurerbund, der selbst gegen Äußerlichkeiten des Gottesdienstes, gegen allen „Formelkram" und gegen äußere Zutaten im Kirchenwesen auftritt, etwa selbst mit solchen seiner Ansicht nach nebensächlichen Dingen sich abgibt. Wäre dies der Fall, dann könnte für die Geheimhaltung ein Grund in der Befürchtung erblickt werden, bei Preisgabe des Geheimnisses des Widerspruchs oder der Lächerlichkeit geziehen zu werden. Da aber bestimmte Anhaltspunkte für eine solche Annahme nicht vorliegen, muß von der Tatsache ausgegangen werden, daß ein wesentlicher Bestandteil der freimaurerischen Einrichtungen der Öffentlichkeit, ja selbst dem Einblick der staatlichen Behörden entzogen wird. Es gibt auch unter den Freimaurern Leute, welche die Geheimnistuerei für falsch

halten und einer vollen Klarlegung aller Verhältnisse das Wort reden.
Einstweilen ist diese Richtung mit ihrer Anschauung nicht durch-
gedrungen. In England und Nordamerika ist der Geheimcharakter des
Bundes weniger ausgeprägt; die Mitglieder des Bundes pflegen dort noch
heute bei öffentlichen Veranstaltungen in maurerischer Kleidung sich zu
zeigen. Auf dem europäischen Festlande ist aber der Geheimcharakter
noch bis zum heutigen Tage strenge gewahrt worden. Es mag sein, daß
gerade das geheimnisvolle Dunkel, das über gewissen Dingen schwebt,
auf viele einen besondern romantischen Reiz und eine starke Anziehungskraft ausübt, und daß die Preisgabe des Geheimnisses den
Bund eines wertvollen Werbemittels berauben würde. Kein ernst
denkender Mensch wird daran glauben, daß eine Vereinigung von ernsten
Männern um eines so äußern Grundes willen sich entschlossen hätte,
dem Bunde den Charakter eines Geheimbundes zu geben und ihn damit auch allen möglichen Verdächtigungen und Anfeindungen schon
aus diesem äußern Grunde auszusetzen.

Daß es sich bei dem Geheimnis nicht um nebensächliche Äußerlichkeiten, sondern um eine wesentliche Seite des Freimaurertums
handelt, geht auch aus der Strenge hervor, mit der das Geheimnis
gewahrt und sichergestellt wird. Bei der Aufnahme und Beförderung
in höhere Grade haben die Kandidaten eidliche Erklärungen abzugeben,
die an Schauerlichkeit und Widerlichkeit nicht mehr übertroffen werden
können. Der Kandidat muß schwören, daß er das Geheimnis treu bewahren wolle, und daß im Falle des Verrats ihm das Haupt abge-
schlagen, Herz und Eingeweide ausgerissen, der Leib verbrannt und
die Asche in alle Winde zerstreut werden solle. Noch viel schauer-
licher sind die Eide, die in der Hochgradmaurerei bei Beförderung in
höhere Grade verlangt werden (vgl. Pachtler, Der stille Krieg S. 130).
Selbst innerhalb der Freimaurerei wird zum Teil gegen das Unwesen
der Eidleistungen Stellung genommen. Der Freimaurer J. G. Findel
(Die Schule der Hierarchie und des Absolutismus in Preußen, Leipzig
1870, S. 48) schreibt selbst: „Das frivole Eidschwören geht bei der
Großen Landesloge von Deutschland durch volle neun Grade hindurch.
Und was für Eide sind das? Könnten wir diese neun Eide hier mit-
teilen, so würde man sich allerwegs entsetzt fragen, wie nur ein gebildeter Mann sich zur Leistung solcher Eide herablassen könne. Einer
derselben ist geradezu unsittlich, weil die Heuchelei fördernd. Das
schwedische System wurde von einem Mitgliede geradezu als ‚wahre
Meineidfabrik‘ gekennzeichnet (vgl. ‚Bauhütte‘, Jahrg. 1878, S. 142).“
Die Geheimnistuerei beschränkt sich übrigens nicht auf das Gebrauchtum, sondern geht weiter. Es ist bekannt, daß Frauen von der Aufnahme in die eigentlichen Freimaurerlogen überhaupt ausgeschlossen
sind. Die für diese Vorschrift angegebenen Gründe scheinen mir nicht

allein maßgebend zu sein. Sicher sind hierbei auch Erwägungen über die Sicherstellung des Geheimnisses mitbestimmend gewesen. Auch das Schrifttum der Loge ist keineswegs so öffentlich zugänglich, wie die Loge vorgibt und wie dies bei andern Vereinigungen der Fall ist. Freimaurerzeitungen, Zeitschriften und selbst Bücher sind oft nur schwer zu erhalten, und selbst in öffentlichen Bibliotheken nur selten zu finden. Die Loge sorgt dafür, daß sie unter einer beschränkten Öffentlichkeit erscheinen. Bei dieser Sachlage muß sich der Freimaurerbund bis auf weiteres gefallen lassen, daß er als Geheimbund betrachtet und behandelt wird. Der Freimaurerbund ist aber nicht nur ein Geheimbund, sondern auch ein politischer Geheimbund, ja noch mehr: er ist der einflußreichste und für das öffentliche Leben bedeutungsvollste politische Geheimbund der Gegenwart. Kein anderer Geheimbund der Welt ist so verbreitet und kein anderer Geheimbund hat durch seine bestechenden, dem leichten Sinne und einer heitern Lebensauffassung schmeichelnden, aber auch den ganzen innern Menschen umstürzenden Ideen eine so große Wirkung auf die gesellschaftlichen, moralischen, rechtlichen und politischen Anschauungen der ganzen Welt ausgeübt wie der Freimaurerbund. Im einzelnen ist hierüber das Notwendige bereits gesagt worden. Dieses Urteil gilt nicht nur für die ausgesprochen politisch eingestellte romanische Freimaurerei, sondern auch für die Freimaurerei in den übrigen Ländern. Denn das Wesen jeder Freimaurerei beruht auf Ideen, die ganz von selbst, ohne daß mit ihnen spezielle politische Zwecke verfolgt werden, im öffentlichen Leben sozial und politisch sich auswirken und sich auswirken müssen, weil der einzelne Mensch als Beamter, als Staatsbürger, als Mitglied der menschlichen Gesellschaft von den Ideen, die sein ganzes inneres Wesen erfaßt und durchdrungen haben, auch in seiner öffentlichen Wirksamkeit weiter beherrscht und geleitet wird. Auch die deutsche Maurerei, die sich als solche im allgemeinen vom politischen Tageskampfe fern hält, trägt durch ihre Mitglieder dazu bei, daß die freimaurerischen Grundsätze im öffentlichen Leben, in der Presse, im Parlamente usw. zur Geltung gebracht werden. Es ist ja ohnedies Taktik des Freimaurertums, die Logen selbst möglichst von den religiösen und politischen Kämpfen fernzuhalten, dafür aber um so mehr die einzelnen Mitglieder zu verpflichten, ihren Grundsätzen auch im öffentlichen Leben treu zu bleiben. Der politische Charakter der romanischen Freimaurerei wird auch von maurerischer Seite gar nicht bestritten. In den romanischen Ländern verstärkt die politische Einstellung und die unter der Oberfläche betriebene politische Tätigkeit der Logen auch ihren Geheimcharakter. Eine der menschlichen Gesellschaft und der Staatsordnung drohende Gefahr wird dadurch stärker und verhängnisvoller, daß sie im Verborgenen heranwächst und die Allgemeinheit wie die verantwortlichen Staatsstellen über die

wirklichen Verhältnisse getäuscht werden. Wenn gerade in den romanischen Ländern die Regierungen dieser Seite des Freimaurerwesens
geringere Beachtung schenken, so erklärt sich dies wohl ausreichend
aus der Tatsache, daß gerade in diesen Ländern nicht selten die leitenden Staatsmänner mit der Loge in Verbindung stehen und deshalb
die Regierungen selbst bereits von freimaurerischem Geiste beseelt
sind. In solchen Fällen haben die Logen von der Regierung so wenig
zu fürchten wie die Regierung von der Loge. Um so größer kann
in solchen Fällen die Gefahr für andere Gemeinschaften, vor allem für
die Kirche werden. Unter allen Umständen ist der nicht zu leug-
nende Geheimcharakter des Freimaurerbundes vom Standpunkte des
wirklichen allgemeinen Interesses aus bedenklich. Ich stimme in dieser
Beziehung vollkommen der Anschauung bei, die der bekannte Förderer
des Genossenschaftswesens und Freimaurer Dr. Schulze-Delitzsch vor
fünfzig Jahren im Deutschen Reichstage vertreten hat, indem er sagte:
„Ein Verein, der die Öffentlichkeit scheut, verdient nicht zu existieren.
Jeder Verein soll Dinge treiben, die jedermann zugänglich sind; er
soll eine Ehre darein setzen, in der vollen Öffentlichkeit zu leben.“
Und wenn Bischof v. Ketteler sagt: „Wenn die Freimaurerei das Tageslicht vertragen kann, so möge man endlich aufhören, sie selbst und
ihre Mitglieder dem Tageslichte zu entziehen“ (v. Ketteler, Freiheit,
Autorität, Kirche, Mainz 1862, S. 219), so wird jeder verständige Mensch
dieser Aufforderung volles Verständnis entgegenbringen. Hieraus folgt
ganz von selbst, daß Vereine und Vereinigungen, die gleichwohl ihre
Tätigkeit im Verborgenen ausüben, das besondere Augenmerk jeder
verantwortungsbewußten Regierung auf sich lenken müssen.

9. Literaturangaben über die Freimaurerei.

Außer den S. 3 bereits genannten Werken sollen aus der ungemein zahlreichen
Literatur folgende Bücher und Schriften hervorgehoben werden:

The constitutions of the Freemasons etc. For the use of the lodges, London 1723. —
Neues Konstitutionenbuch der Alten und Ehrwürdigen Brüderschaft der Freymaurer von
J. Anderson, Frankfurt a. M. 1741, 2. Aufl. 1743, weit vermehrte 3. Aufl. 1744. — Allgemeines Handbuch der Freimaurerei, 2. Aufl. 1863—1879, 3. Aufl. 1900 ff. — Rob. Freke
Gould, History of Freemasonry, London 1883—1887. — Anonym, Der verratene Orden
der Freymaurer und das offenbarte Geheimnis der Mopsgesellschaft, aus dem Französischen, Leipzig 1745. — Kaspar Bluntschli, Zweck, Wesen und Geschichte der Freimaurerei im Umrisse, Kaiserslautern 5865 (1865). — W. E. v. Ketteler, Die Katholiken
im Deutschen Reiche, 2. Aufl., Mainz 1873. — G. M. Pachtler, Der Götze der Humanität,
Freiburg i. B. 1875. Ders., Der stille Krieg gegen Thron und Altar, Amberg 1876. —
Felix Dupanloup, Die Freimaurerei, autorisierte Übersetzung von C. Sickinger, Mainz
1875. — E. J. Beidl, Der Freimaurerbund, Leipzig 1876. — J. Sigl, Die Schule des Verbrechens, die Loge, 3. Aufl., München 1879. — Otto Beuren, Die innere Unwahrheit der
Freimaurerei, Mainz 1884. — Die Papstkirche und die Freimaurerei (anonym), eine freimaurerische Antwort auf die päpstliche Enzyklika, 2. Aufl., Leipzig 1884. — O. Caspari,

Was ist Freimaurerei? Leipzig 1889, 3. Aufl. 1916. — W. Smitt, Katechismus der Freimaurerei, Leipzig 1891. — J. G. Findel, Die Grundsätze der Freimaurerei im Völkerleben, 3. Aufl., Leipzig 1892. Ders., Geist und Form der Freimaurerei, 5. Aufl.,
Leipzig 1893. — O. Henne am Rhyn, Die Freimaurer, deren Ursprung, Geschichte,
Verfassung, Religion und Politik, Leipzig 1894. — H. Gerber, Die Freimaurerei und die
öffentliche Ordnung, Berlin 1893. — Fr. Ewald, Kleines Handbuch der Freimaurerei,
Regensburg 1896. Ders., Freimaurerei und Kirche, München 1896. — J. G. Findel, Der
freimaurerische Gedanke und seine Berechtigung, Leipzig 1898. — H. Gerber, Einigungs-
bestrebungen und innere Kämpfe in der deutschen Freimaurerei seit 1866, Berlin
1898. Ders., Der giftige Kern oder die wahren Bestrebungen der Freimaurerei,
Berlin 1899. — J. G. Findel, Geschichte der Freimaurerei, 7. Aufl., Leipzig 1900. —
H. Gruber: Mazzini, Freimaurerei und Weltrevolution, Regensburg 1901. — O. Neu-
mann, Das Freimaurertum, seine Geschichte und sein Wesen, Berlin 1909. — L. Keller,
Die geistigen Grundlagen der Freimaurerei und das öffentliche Leben (Preisschrift),
Jena 1911. — L. Müffelmann, Die italienische Freimaurerei und ihr Wirken für die
Teilnahme Italiens am Weltkriege. Handschrift nur für Freimaurer, Berlin 1915. —
W. Ohr, Der französische Geist und die Freimaurerei, Leipzig 1916. — H. Brauweiler,
Die .'. Brüder im Weltkrieg, Köln 1916. Ders., Deutsche und romanische Freimaurerei, ebd. 1916. — Deutsche Freimaurerei im Weltkrieg, Sonderheft der Zeitschrift: Der unsichtbare Tempel, München 1917. — H. Gruber, Freimaurerei, Weltkrieg
u. Weltfriede, 2. Aufl., Wien-Leipzig 1917. — A. J. Schilling, Welt- u. Staatsbürgertum
in der deutschen Freimaurerei, Darmstadt 1917. — K. Jünger, Die französische Freimaurerei und der Weltkrieg, Essen 1917. — L. Keller, Die Freimaurerei, 2. Aufl. von
Schuster, Leipzig-Berlin 1918. — B. Bricht, Was ist, was will die Freimaurerei, Wien
1919. — K. Heise, Die Entente-Freimaurerei und der Weltkrieg, Basel 1919. — A. Wolfstieg, Ursprung und Entwicklung der Freimaurerei, 3 Bde., Berlin 1920. — F. Wichtl,
Weltfreimaurerei, Weltrevolution, Weltrepublik 9. Aufl., München 1922.

Wetzer und Weltes Kirchenlexikon 2. Aufl., 4. Bd., Freiburg i. B. 1886, Artikel
„Freimaurer" (von Raich). — Staatslexikon der Görres-Gesellschaft 3. u. 4. Aufl., 2. Bd.,
Freiburg i. B. 1901, Artikel „Geheime Gesellschaften" (von H. Gruber). — Realenzyklo-
pädie für protestantische Theologie und Kirche, begr. von J. J. Herzog, 3. Aufl., Leipzig
1899, Bd. 6, Artikel „Freimaurer" (von P. Tschackert). — Frankfurter Zeitgemäße Bro-
schüren, Neue Folge Bd. 5, 1884, S. 135 (G. Aumiller, Die Mysterien der Loge);
Bd. 6, 1884, S. 221 (G. Aumiller, Die Loge und die Revolutionen Europas); ferner
Die Aufsätze und Abhandlungen von H. Gruber über freimaurerische Fragen in den
„Stimmen der Zeit" (Freiburg, Herder) Jahrg. 1914/15, Bd. 89, S. 524 ff.; Jahrg. 1916/17,
Bd. 93, S. 251 ff.; Jahrg. 1917/18, Bd. 94, S. 29 ff.; Jahrg. 1918/19, Bd. 96, S. 331;
Jahrg. 1918/19, Bd. 97, S. 357 ff. Vgl. ferner die Literaturangaben bei Heckethorn
und Schuster (siehe S. 3), im Staatslexikon der Görres-Gesellschaft, und insbesondere
A. Wolfstieg, Bibliographie der freimaurerischen Literatur 2 Bde. und 1 Reg.-Bd.,
1911—1913 (Selbstverlag des Vereins deutscher Freimaurer), sowie die Zeitschriften:
„Die Bauhütte", Organ der Gesamtinteressen der Freimaurerei (Wochenschrift), Frankfurt a. M. bis 1920, 63 Jahrgänge; „Die Freimaurerzeitung" (Wochenschrift), Leipzig
bis 1916, 70 Jahrgänge; „Latomia", Monatschrift für Freimaurerei, bis 1920 43 Jahrgänge. Für das ältere freimaurerische Schrifttum vgl. noch G. Kloß, Bibliographie
der Freimaurerei und der mit ihr in Verbindung gesetzten geheimen Gesellschaften,
1844, und R. Taute, Maurerische Bücherkunde, 1886.

II. Die Illuminaten.

1. Geschichtliches.

Bei dem „Orden der Illuminaten" handelt es sich um eine dem Freimaurerbunde verwandte, streng geheime Gesellschaft, die, aus dem Geiste der innern Auflehnung gegen die herrschenden religiösen, sittlichen und staatspolitischen Auffassungen geboren, einen starken Einfluß auf die revolutionären Strömungen der Zeit ausübte. Er wurde im Jahre 1776 von Professor A d a m W e i s h a u p t in Ingolstadt gegründet und verrät in allen seinen äußern und innern Merkmalen deutlich das Wesen seines Stifters. Johann Adam Weishaupt ist im Jahre 1748 als der Sohn des Rechtslehrers Joh. Gg. Weishaupt in Ingolstadt geboren, der mit dem Rechtslehrer Joh. Adam Ickstatt in verwandtschaftlichen und freundschaftlichen Beziehungen stand. Der junge Weishaupt genoß seine gymnasiale Ausbildung bei den Jesuiten und bezog schon mit 15 Jahren die Universität, an der er Rechtswissenschaften, Staatswissenschaften, Geschichte und Philosophie gleichzeitig mit großem Eifer studierte. Der noch unreife junge Mann versenkte sich in die französische Aufklärungsphilosophie und warf sich mit Leidenschaft auch auf solche Schriften, die nach den Zensurvorschriften der damaligen Zeit nicht ohne weiteres zugänglich waren. Hierbei wurde er von Ickstatt unterstützt. Diesem hatte er es auch vor allem zu verdanken, daß er schon im Jahre 1772 im Alter von 24 Jahren einen Lehrstuhl für Rechtswissenschaft an der Ingolstädter Universität besteigen konnte. Nach der Aufhebung des Jesuitenordens im Jahre 1773 wurde er auf den Lehrstuhl des kanonischen Rechts berufen. Dieser Wissenszweig war bis dahin seit Jahrzehnten von Vertretern des Jesuitenordens wahrgenommen worden. Weishaupt, ein eitler, empfindlicher, verschlagener Mensch von anmaßendem, herrischem Wesen, geriet alsbald in schwere Konflikte, namentlich auch mit seinem früheren Gönner Ickstatt. Gegen die Jesuiten trug er von seinen Gymnasialjahren her eine starke innere Abneigung in seinem Herzen. Durch die Übernahme der seit langem in den Händen der Jesuiten gelegenen Professur war dieser Gegensatz nicht geringer geworden. Weishaupt sah in den Jesuiten seine heftigsten Gegner, und glaubte bei allen Schwierigkeiten und Hemmnissen, die sich ihm in den Weg stellten, die Hand dieses ihm bis in die Seele verhaßten Ordens zu fühlen. In dieser geistigen und seelischen Verfassung kam der eingebildete, von den Ideen der Aufklärungsphilosophie eingenommene Mann auf den Gedanken zur Verwirklichung und weiteren Verbreitung seiner Welt- und Lebensauffassung eine besondere geheime Gesellschaft zu gründen.

Den äußern Anstoß hierzu hat nach der eigenen Darstellung Weishaupts (vgl. Pythagoras oder Betrachtungen über die geheime Welt-
und Regierungskunst von Ad. Weishaupt, Frankfurt und Leipzig 1790,
S. 652) ein „Herr H., ein Protestant aus H.", gegeben, der gegen
Ende des Jahres 1774 nach Ingolstadt kam. Weishaupt will vor der
Zusammenkunft mit H. von dem Dasein geheimer Gesellschaften nichts
gewußt haben. Er muß aber gleichzeitig zugeben, daß er „durch an-
haltendes Lesen der römischen und griechischen Geschichtsschreiber
seinen Geist vorher gestimmt hatte", und daß er „sehr frühzeitig einen
unwiderstehlichen Haß gegen alle Niederträchtigkeit und Unterdrückung
gefühlt habe" (vgl. Pythagoras S. 652). Der ungenannte Besucher H.,
der von protestantischen Universitäten kam, unterhielt sich mit Weishaupt während seines monatelangen Aufenthalts in Ingolstadt sehr
häufig und sehr eingehend über die Verfassung der Universitäten, über
die Studentenorden und kam dann auch auf die geheimen Gesellschaften,
vor allem auf die Freimaurerei, zu sprechen. Die Schilderungen seines
Gastes, der sich inzwischen als Freimaurer bekannt hatte, machten
auf Weishaupt einen tiefen Eindruck und erweckten in ihm das sehn-
lichste Verlangen, einer freimaurerischen Vereinigung beizutreten. Dieses
Verlangen wurde noch besonders dadurch genährt, daß Weishaupt in
seiner innern Verbitterung einen „Rückenhalt" suchte, und daß er
diese Unterstützung in einer geheimen Gesellschaft, die ihm als „Zu-
fluchtsort der gedrückten Unschuld" erschien, am besten zu finden
hoffte. Dazu kam noch ein weiterer Umstand. Bis zum Jahre 1775
hatte sich Weishaupt fast ausschließlich mit Metaphysik und spekula-
tiver Philosophie befaßt. Sein Amt verpflichtete ihn nunmehr über
Kirchenrecht und über praktische Philosophie Vorlesungen zu halten.
Dadurch wurde Weishaupt, wie er sich selbst ausdrückt, „aus dem
Taumel gerissen und aus der übersinnlichen Welt wieder auf die Erde
unter Menschen versetzt", sowie sein Augenmerk auf das Studium des
Menschen hingelenkt. Einen besonders tiefen Eindruck hinterließ bei
ihm das Studium des Buches von Abt über das „Verdienst". Dort
fand er eine Stelle, die sich mit der unentwegten und uneigennützigen
Förderung der zeitlichen und ewigen Wohlfahrt der Menschen befaßte
und die ihn so begeisterte, daß er den Entschluß faßte, eine eigene
Gesellschaft zu gründen, um seine mit den Abtschen Gedankengängen
völlig zusammentreffenden eigenen Ideen über die Veredlung und Vervollkommnung der Menschen in die Tat umzusetzen. Als einzige Quelle
aller wahren Glückseligkeit glaubte er die Vermehrung der Sittlichkeit, der innern Vollkommenheit des Menschen betrachten zu sollen.
Weishaupt entwarf die Satzungen und gab der Vereinigung zunächst
den Namen „Perfektibilisten", änderte aber dann die Bezeichnung und
nannte sie „Illuminaten", d. h. die Erleuchteten.

Am 1. Mai 1776 wurden die ersten Mitglieder, lauter ältere Studenten, aufgenommen. Weishaupt nahm als Ordensmitglied den Namen Spartakus an. Der Bund breitete sich nach Eichstätt, Freising und München aus. Bei der Aufnahme von Mitgliedern wurde aber nicht sehr wählerisch verfahren. Der Zuwachs bestand fast ausschließlich aus jungen Leuten, die erst für die Zwecke der Gesellschaft erzogen werden mußten. Weishaupt selbst verlor sich vielfach in Phantastereien und geriet durch sein herrisches, despotisches Wesen mit seinen Anhängern immer häufiger und stärker in Konflikt. Das innere Leben des neuen Bundes blieb mit den aufgestellten idealen Bestrebungen nicht im Einklang. Der Stifter selbst huldigte einer laxen Moral, und die Moral seiner Gesinnungsgenossen war naturgemäß nicht besser als die des Meisters. Im Jahre 1777 trat Weishaupt nach längerem Zögern doch noch einer Freimaurerloge in München bei, um an dem Freimaurerbund einen Rückhalt zu gewinnen und ihn als Deckmantel benützen zu können.

Gegen Ende des Jahres 1779 sandte er den Marquis Costanzo nach Frankfurt a. M., um auch in den protestantischen Gegenden Norddeutschlands für den Illuminatenorden werben zu lassen. Dieser traf in Frankfurt a. M. mit dem durch sein Buch „über den Umgang mit Menschen" bekannt gewordenen jungen Freiherrn v. Knigge zusammen, der rasch für den neuen Orden gewonnen war und für seine weitere Entwicklung unter dem Ordensnamen Philo eine reiche, bebedeutungsvolle Arbeit entfaltete. Knigge hat sein Universitätsstudium niemals abgeschlossen; er blieb ein unfertiger, oberflächlicher Mensch, besaß aber einen weiten Blick, gute Umgangsformen und praktisches Verständnis. Er befaßte sich dem Geiste der Zeit entsprechend mit Magie, Alchimie und sonstigen abergläubischen Dingen, und hatte bereits den Plan gefaßt, ein eigenes Ordenssystem auszuarbeiten, als ihn Costanzo darauf hinwies, daß in dem Illuminatenorden das bereits bestehe, was ihm vorschwebe. Knigge trat dem Bunde in dem Glauben bei, es handle sich bei dem Orden um eine vollkommene, fertige und bereits eingeführte Gesellschaft. Er blieb der Sache aber auch treu, als er den wahren Sachverhalt erfuhr, und verdoppelte von da an zur größten Freude Weishaupts seine ohnedies rührige Werbearbeit für den Bund. Seine Werbearbeit war von einem geradezu unheimlichen Erfolge begleitet. Ein schwärmerischer Drang nach Freiheit, der damals die Menschen erfaßt hatte, führte dem Bunde Scharen neuer Mitglieder zu. Männer aus den besten Gesellschaftsschichten, selbst hohe Geistliche, Minister, Fürsten konnten dem Zauber der neuen Ideen nicht widerstehen und schlossen sich dem Bunde an. Als Knigge erfuhr, daß der äußere und innere Aufbau des Ordens noch gar nicht vollzogen sei, sondern daß es sich in der Hauptsache um unfertige

Pläne Weishaupts handle, reiste er im Jahre 1781 nach München, um seinerseits auf die Ausgestaltung des Werkes Einfluß zu nehmen. Er fand schon auf der Reise, daß die Ordenstätigkeit in Bayern im argen liege. In München mußte er heftige Klagen über Weishaupt vernehmen, der von seinen eigenen Gesinnungsgenossen des Despotismus und sogar des Jesuitismus beschuldigt wurde. Knigge stellte das Einvernehmen wieder her und übernahm selbst die weitere Ausarbeitung des Illuminatensystems. Er kehrte nach Frankfurt a. M. zurück und machte sich eifrig ans Werk. Inzwischen wurde auch die Werbearbeit mit wachsendem Erfolge fortgesetzt. Gleichzeitig trat aber immer stärker die innere Schwäche des ganzen Systems und die Uneinigkeit der führenden Köpfe hervor. Knigge und Weishaupt kamen gleichfalls in einen immer schärferen Gegensatz. Ihre Anschauungen über Religion, über die Ordensorganisation und Ordensverwaltung gingen immer weiter auseinander. Weishaupt verlangte namentlich immer wieder die Einsetzung eines Ordensgenerals nach dem Vorbilde des Jesuitengenerals, wobei er naturgemäß sich selbst als befehlenden General im Auge hatte. Er entfernte sich aber auch immer mehr von den damals herrschenden Grundsätzen der Moralphilosophie; er war in seinem Innern bereits zu sehr von den revolutionären Ideen der Freiheit und Gleichheit erfaßt, als daß er — zumal bei seinem ganzen Wesen — bei dem mehr schwärmerisch veranlagten Philo auf innere Zustimmung rechnen konnte. Philo erkannte alsbald, daß er mit seinen Anschauungen bei Weishaupt nicht Gehör finden werde; er fühlte sich durch das Benehmen Weishaupts schwer gekränkt, und zog sich daher ganz von der Sache zurück. Sein Austritt erfolgte auf Grund eines Vergleichs in durchaus einwandfreier, ja vornehmer Weise. In seiner „endlichen Erklärung und Antwort auf verschiedene Anforderungen und Fragen" (Hannover 1788) hat Philo sein Ausscheiden in leidenschaftsloser Weise eingehend dargelegt und begründet. Weishaupt hatte für sich in Anspruch genommen, daß er als Stifter und Chef des Ordens anerkannt werde; Knigge seinerseits war stolz auf seine Verdienste um den Orden, der ohne seine umfassende Werbetätigkeit und ohne seine geistige Mitarbeit zweifellos eine höchst unbedeutende Gründung geblieben wäre. Weishaupt hatte von Knigge völlige Unterwerfung verlangt; Knigge aber blieb auch auf seinem Standpunkte bestehen und lehnte diese Zumutung ab. Obwohl Knigge eine Menge von Briefen in Händen hatte, „deren Bekanntmachung manchen in große Verlegenheit gesetzt haben würde", machte er von seiner Wissenschaft nicht den geringsten Gebrauch zum Schaden seiner vormaligen Gesinnungsgenossen. Er verbrannte vielmehr den größten Teil und schickte den Rest an die Beteiligten zurück. Das Wesen und der Charakter Knigges macht, wenn man von seinen unbegreiflichen Vorurteilen und An-

schauungen über das katholische Bayern absieht, einen durchaus günstigen, vornehmen Eindruck, während man sich von dem Eigensinn, der Anmaßung und der Selbstsucht Weishaupts nur abgestoßen
fühlen kann.

Mit dem Ausscheiden Knigges (1. Juli 1784) hatte der Orden seine
beste Stütze verloren. Die innere Schwäche des ganzen Systems trat
unverkennbar in die Erscheinung. Manche Illuminaten erregten durch
ihre Lebensführung erheblichen Anstoß. Unreife und zügellose junge
Männer gaben den Ton an. Wenn der Ordensgeneral Weishaupt sich
dann zum Sittenrichter über seine jungen Freunde aufwarf, so mußte
dies den Eindruck vollständig verfehlen, da ja auch er zu denen gehörte, denen man gerade keinen einwandfreien Lebenswandel nachrühmen konnte. Das Ansehen des Ordens mußte darunter leiden.
Aber auch die Ziele und Bestrebungen des Bundes selbst erregten bei
dem besseren Teile der Mitglieder nach und nach Anstoß. Dies war
um so mehr der Fall, als der Orden auch in den Verdacht der Förderung landesverräterischer Absichten kam. Männer wie Westenrieder,
Renner, Utzschneider, Grünberger, Zaupser, Cosandey, die sich eine
Zeitlang vom Orden begeistern ließen, kehrten der Sache den Rücken
und traten aus dem Orden aus. Utzschneider war, wie berichtet wird,
namentlich von dem „unteutschen System" des Ordens und von dem
„beständigen Predigen wider Patriotismus" abgestoßen worden. Im
Jahre 1784 unternahm Joseph Marius Babo, ein dem Kreise Westenrieders angehöriger Schriftsteller, in seinem Buche „Gemälde aus dem
Leben der Menschen" den ersten scharfen Angriff gegen den Illuminatenorden. Der Verfasser beschäftigt sich mit der Not und den Bedürfnissen der Zeit und führt im zweiten Teile seines Buches einen Prinzen
ein, dem er seine volksfreundlichen Anschauungen beibringen will.
Dabei wird namentlich darauf hingewiesen, daß der Bauernstand die
festeste Grundlage des Staates bilde und deshalb jederzeit besondere
Beachtung und Förderung verdiene. Der Verfasser läßt nun einen im
Rufe der Gelehrsamkeit stehenden Herrn auftreten, der eine „zahlreiche
Bande" gestiftet hatte und den Prinzen für seine Grundsätze zu gewinnen hofft. Bei der Darlegung seiner Grundsätze nimmt der Gelehrte Stellung gegen die „überspannte Tugend" der Patrioten und
gegen den „hoch angepriesenen Patriotismus", der nichts als „Schall
ohne Sinn" sei. Als aber der Gelehrte die Genuß- und Selbstsucht
preist und sich zu dem Satze bekennt, daß der Zweck die Mittel heiligen müsse, da läßt der Erzähler die Frage einfließen, ob der Prinz
einem Manne mit solchen Grundsätzen eine für das Wohl der Untertanen wichtige Stelle anvertrauen würde. Der Erzähler fügt hinzu,
daß, wenn Leute solcher Art die Umgebung eines Herrschers bilden
würden, der Fürst „nie einen Tag ohne Furcht gewaltsamer Ermordung

hinbringen" könne. Babo empfiehlt dem Prinzen als wirksamstes Mittel gegen eine falsche Philosophie die Förderung der wahren Philosophie.

Wenn auch die auf die Illuminaten anspielenden Bemerkungen im Ausdrucke und in der Form vielleicht nicht ganz glücklich waren, so war doch der Verfasser bei seinem Vorstoße zweifellos von vaterländischen Erwägungen ausgegangen. Damit war der Stein ins Rollen gebracht. Alle Versuche, das über den Orden hereinbrechende Unheil aufzuhalten, waren vergebens. Das Schicksal der Gesellschaft war entschieden. Die Regierung griff ein und erließ unterm 22. Juni 1784 folgende allgemein gehaltene, durchaus maßvolle Verordnung: „Gleichwie alle ohne öffentlicher Authorität und landesherrliche Bestättigung errichtete Communitäten, Gesellschaften und Verbindungen, als eine an sich schon verdächtige, und gefährliche Sache unzulässig und in allen Rechten verbothen sind, so wollen auch Se. kurfürstliche Durchlaucht solche überhaupt, wie sie immer Namen haben, und in ihrer innerlichen Verfassung bestellt seyn mögen, in dero Landen nirgend geduldhen, und befehlen hiemit ernstlich, daß man sich all dergleichen heimlichen Verbind- und Versammlungen um so gewisser entäußere, als nicht nur das Publikum darüber schüttern und aufmerksam wird, sondern auch Höchstdieselbe sowohl in Gnaden als andern Sachen sorgfältigen Bedacht darauf nehmen werden, welches zu jedermanns Abmahn- und Warnung hiemit öffentlich kundgemacht wird." Die Öffentlichkeit war hierdurch mit der Frage der geheimen Gesellschaften ernstlich befaßt. Die Angelegenheit erregte allgemeine Aufmerksamkeit und fand weitgehende Erörterung. Es erschien eine anonyme Schrift mit dem Titel: „Über Freymaurer. Erste Warnung 1784." In dieser Schrift werden die Illuminaten neuerdings auf das schärfste angegriffen und als gefährliche Bande, die einen Staat im Staate bilde, hingestellt. Es wird ihnen beispielsweise, und anscheinend nicht ohne Grund, vorgeworfen, daß sie „wider das Vaterland die gefährlichsten Projekte schmieden, aus den Registraturen, wo ihre Mitglieder angestellt sind, die wichtigsten Papiere stehlen und kopieren und sie in die Hände des Ordens liefern". Die in gereiztem Tone geschriebene Schrift hat ohne Zweifel Babo zum Verfasser. Das kurfürstliche Verbot wurde von den Illuminaten nicht strikte befolgt. Sie richteten sich auf eine eingehende Untersuchung ein und hofften nach Sicherung ihrer Papiere, nach Vernichtung der bedenklichen Dokumente und Vorlage unverfänglicher Vorschriften und Satzungsbestimmungen durchzukommen. Die Babosche Warnungsschrift rief eine Anzahl Gegenschriften hervor. Im Auftrage der aufgehobenen Loge „Theodor vom guten Rathe im Aufgang zu München" erschien eine „Nötige Beylage zur Schrift Über Freymaurer, Erste Warnung", in der die ehemaligen Logenmitglieder in trotzigem Tone den Verfasser zum Beweise seiner Beschuldigungen

aufforderten und mit Beschreitung des Rechtsweges drohten. Babo
schwieg. Dies machte um so weniger einen günstigen Eindruck, als
Utzschneider, Renner, Grünberger und Cosandey von den Illuminaten
der Veröffentlichung der Schrift beschuldigt wurden. Diese erließen
daher ihrerseits eine Gegenerklärung. Der Verdacht landesverräteri-
schen Treibens blieb an den Illuminaten haften; ja er verstärkte sich
sogar. Zu gleicher Zeit wurde von geistlicher Seite Klage gegen die
Tendenzen des Ordens und gegen die moderne Philosophie erhoben.
Weishaupt wurde auch persönlich in die Angelegenheit hereingezogen,
da er mit andern Lehrern der Universität vor allem beschuldigt war,
durch religionsfeindliche Lehren Ärgernis erregt zu haben. Die Folge
war, daß ihm zur Auflage gemacht wurde, vor versammelter Lehrer-
schaft öffentlich das tridentinische Glaubensbekenntnis abzulegen; überdies wurde ihm mit Ablauf des Studienjahres sein Lehramt aberkannt
und ein Gnadengehalt von jährlich 400 Gulden bewilligt, den er aber
weder in Ingolstadt noch in München sollte verzehren dürfen. Weishaupt weigerte sich, dem Auftrage nachzukommen, legte sein Amt
nieder, verzichtete auf den ihm angebotenen Gnadengehalt und verließ
Bayern. Nach einem vorübergehenden Aufenthalte in Regensburg fand
er bei dem Herzog Ernst II. von Gotha, der selbst dem Illuminatenorden angehörte, ein Asyl und starb dortselbst hochbetagt am 18. November 1830.

Am 2. März 1785 erließ die kurfürstliche Regierung ein verschärftes
Verbot gegen die geheimen Gesellschaften, das sich vor allem und ausdrücklich gegen die Freimaurer und Illuminaten richtete. In dem Erlasse wurde betont, daß das frühere Verbot gegen die geheimen Gesellschaften von den Logen der Freimaurer und Illuminaten nicht
entsprechend beachtet werde, und namentlich auch darauf hingewiesen,
daß die genannten Gesellschaften in geistlicher, weltlicher und politischer Beziehung zu sehr erheblichen Bedenken Anlaß geben. Während
der erste Erlaß im Grunde genommen nur eine ernstliche Warnung
vor den geheimen Gesellschaften darstellte, wurden in dem neuen Erlasse
diese Gesellschaften „gänzlich abgeschafft" und „verboten". Zum Vollzuge des Verbots wurden strenge Vollzugsmaßnahmen verfügt. Der
Versuch der Illuminaten, eine gerichtliche Untersuchung herbeizuführen,
blieb erfolglos. Kurfürst Karl Theodor wies den Rechtfertigungsversuch
des mit der Vertretung des Ordens betrauten Freimaurers Grafen Seeau
ohne weiteres zurück. Nun begannen auch die Illuminaten den vollen
Ernst der Situation zu erkennen und deshalb eine weitere Einschränkung
der immer noch in gewissem Umfange fortgesetzten Ordensarbeiten
eintreten zu lassen.

Am 30. März 1785 wurde der Geistliche Cosandey, der dem Orden
eine Zeitlang angehört hatte, von seinem Bischof aufgefordert, alles

darzulegen, was nach seiner Kenntnis der Dinge an dem Illuminatenorden vom Standpunkte der christlichen Religion und Moral aus zu
beanstanden sei. Am 3. April 1785 kam Cosandey dieser Aufforderung
mit einer schriftlichen Erklärung nach. Er beanstandete vor allem
die Hinterlist und die sittenwidrigen Grundsätze der Ordensobern.
Die vorgeschobene Freimaurerei diene nur zur Verschleierung der
wirklichen Absichten des Ordens. Alle Illuminaten seien auch
Freimaurer; aber nicht alle Freimaurer seien Illuminaten.
Der Illuminatenorden gehe daher über die Bestrebungen des Freimaurerbundes noch hinaus. Wer für den Illuminatenorden nicht geeignet sei, werde in der Freimaurerloge zurückgehalten. Verwerflich
sei die systematisch betriebene Aushörung der angehenden Mitglieder,
die sich über ihre eigenen Verhältnisse, aber auch über die guten und
schlimmen Eigenschaften ihrer Bekannten eingehend zu äußern hatten.
Die Mitglieder seien ihren Obern gegenüber zu blindem Gehorsam
verpflichtet; die Obern seien aber den Mitgliedern gar nicht bekannt.
Die höheren und niederen Vorgesetzten seien entweder „Betrüger“ und
„Bösewichter“ oder „Enthusiasten“ und „betrogene Schwärmer“. Es
bestehe der Grundsatz, daß kein Fürst imstande sei, einen Verräter
an der Ordenssache zu schützen. Religion, Vaterlandsliebe und Fürsten-
treue seien nach der Ordensauffassung insofern schädlich, als sie die
Menschen zu sehr für ein einzelnes Staatswesen einnehmen und von
den großzügigen Ideen des Illuminatentums ablenken. Durch ein besonderes Sittenregiment seien sie bestrebt, alle Profanen, d. h. alle
außerhalb des Ordens Stehenden, von den Höfen zu entfernen. Auf
diese Weise sollten die Fürsten vollends in den Bannkreis ihrer Ideen
gezogen und förmlich in ihre Gewalt gebracht werden. Ihre Auffassung komme, zusammengefaßt in einem Spruche, zum Ausdruck,
der in ständiger Übung sei und folgendermaßen laute:

> Tous les rois et tous les prêtres
> Sont des fripons et des traîtres.

Die Darlegungen Cosandeys haben Anspruch auf Glaubwürdigkeit.
Der Zeuge hat sich zur Eidesleistung erboten. Der von seinem Bischof
gleichfalls zum Berichte aufgeforderte Abt Vitus Renner bestätigte
und ergänzte die Angaben Cosandeys. Der Orden der Illuminaten sei
von der Freimaurerei wohl zu unterscheiden. Die Beförderung zum
Grade des „Illuminatus minor“ setze wenigstens den Besitz des ersten
Grades der Maurerei voraus. Die Illuminaten seien bestrebt, nur für
Maurer angesehen zu werden, weil diese Eigenschaft sie unverdächtiger
erscheinen lasse. In der Gesellschaft der Freimaurer befinde sich „nur
der Troß von Leuten“; die eingeweihten führenden Männer wären
demnach in erster Linie bei den Illuminaten zu suchen. Der Grad der

Kleinilluminaten sei dazu bestimmt, zu zeigen, „wie die wahren Spür-
hunde abgerichtet werden". Der Grundsatz, der Zweck heiligt die Mittel,
sei bei den Illuminaten in voller Geltung. Von dem letzten Zwecke
des Ordens sei in Ordenskreisen viel die Rede; worin er eigentlich bestehe, werde nicht gesagt.

Daraufhin wurde die Untersuchung fortgesetzt. Dabei wurde je
nach dem Stande, dem die einzelnen Mitglieder angehörten, nicht immer
mit ganz gleichem Maße gemessen. Es stellte sich heraus, daß der
Adel und die Beamtenschaft ziemlich stark an dem Orden beteiligt
waren. Besonders auffällig ist die Tatsache, daß auch höhere, kirchliche Würdenträger, vor allem Mitglieder der Domkapitel, dem Orden
Gefolgschaft geleistet hatten. Diese Erscheinung erklärt sich wohl
aus dem liberalen Geiste der damaligen Zeit, der auch in die kirchlichen Kreise Eingang gefunden hatte. Der Illuminatismus hatte es
zudem gerade auf die geistlichen Würdenträger besonders abgesehen,
da durch Gewinnung des Klerus die Gesinnung des Volkes am leich-
testen beeinflußt werden konnte. Die Angelegenheit erschien so wichtig,
daß der Bischof von Freising sogar Anlaß nahm, an Papst Pius VII.
Bericht zu erstatten. Der Papst drückte seinen Abscheu über die
gerügten Bestrebungen der geheimen Gesellschaften und billigte das
staatliche Einschreiten zu deren Unterdrückung. Die Illuminaten gaben
trotz aller Maßnahmen ihre Sache nicht für verloren. Sie setzten ihre
Ordensarbeit ebenso geheim als hartnäckig fort. Am 16. August 1785
wurde daher eine abermalige kurfürstliche Verordnung erlassen. Darin
wurden die dem Orden angehörigen Amtsvorstände und Kollegialmit-
glieder aufgefordert, innerhalb acht Tagen jede Beziehung zum Orden
zu lösen und hierüber dienstlichen Bericht zu erstatten. Wer sich
diesem Befehle unterwerfe, habe Nachsicht zu erwarten. Wer die
ergangenen Verbote weiter übertrete, solle kassiert und überdies mit
ergiebiger Geld- oder anderer Strafe belegt werden. Gleichzeitig wurde
über die Illuminaten Zwack, Savioli, Costanzo die Suspension vom
Amte, über Kanonikus Hertel die Benefiziumssperre verfügt. Durch
weitere Vernehmungen wurde der Zusammenhang zwischen der Baader-
schen Loge und dem Orden der Illuminaten noch besonders klargestellt.
Es ergab sich, daß der wesentliche Teil dieser Loge der Illuminatenorden war, der sich nur unter dem Deckmantel der Loge verborgen
hatte. Der jugendliche Hofrat und spätere bayrische Ministerpräsident Max Joseph Montgelas, der unter dem Namen Musaeus gleichfalls dem Orden zugehört hatte, fiel in Ungnade und schied aus dem
bayrischen Staatsdienste aus. Er erhielt eine Verwendung am Zwei-
brücker Hofe. Zwack wurde nach Landshut versetzt. Er nahm die noch
vorhandenen Akten der Illuminaten mit, ohne sie jedoch entsprechend
zu verwahren. Bei einer in seiner Abwesenheit vorgenommenen Haus-

suchung fiel daher das ganze Aktenmaterial der Regierung in die
Hände. Zwack selbst floh; auch er fand später in der Pfalz Verwendung. Das bei ihm gefundene Aktenmaterial wurde nun sorgfältig
gesichtet und amtlich veröffentlicht (vgl. Einige Originalschriften des
Illuminatenordens, welche bei dem gewesenen Regierungsrat Zwack
am 11. und 12. Oktober 1786 vorgefunden wurden. München 1787,
407 Seiten). Damit war ein vernichtender Schlag gegen die Illuminaten geführt. Das Buch gab einwandfreie Aufschlüsse über den Geist
und die Bestrebungen der Illuminaten, die den Argwohn gegen den
Orden als durchaus begründet erscheinen ließen. Kanonikus Hertel
wurde im April 1787 verhaftet und einem bis ins einzelne gehenden,
viele Wochen dauernden Verhör unterzogen. Unterm 16. August 1787
erging eine neue kurfürstliche Verordnung. Darin wurden die früheren
Erlasse erneuert und erheblich verschärft. Wer für den Orden wirbt,
solle am „Leben mit dem Schwerd", der Angeworbene aber mit der
Konfiskation seines Vermögens und der ewigen Relegation aus allen
Churfürstlichen Ländereien gegen geschworene Urfed" bestraft werden.
Die Regierung ließ im Jahre 1787 noch weitere Aktenstücke, die bei
einer Haussuchung auf dem Schlosse des Freiherrn v. Bassus in San-
dersdorf gefunden worden waren, veröffentlichen. Auch aus dieser
Veröffentlichung ergibt sich belastendes Material für den Orden. Vor
allem ist ein an Hertel gerichteter Brief abgedruckt, aus dem sich
die ganze sittliche Haltlosigkeit Weishaupts in erschreckendem Maße
ergibt. Auch seine grundsätzlichen Anschauungen erscheinen in einem
bedenklichen Lichte. Er vergleicht die Völker mit mündigen Kindern,
die der Vormundschaft der Könige und Fürsten entraten können. Die
Nationalitäten seien hemmende Schranken. Der Patriotismus sei ein
Hindernis für die Annäherung der Menschen untereinander. Er hält
sich darüber auf, daß sich einzelne Menschen nach ihrer Staatsange-
hörigkeit Römer oder Griechen oder gar nach ihrer Religion Juden,
Mohammedaner oder Christen nennen. Die allgemeine Aufklärung und
Sicherheit mache die Fürsten und die Staaten entbehrlich. Die Moral
sei die Kunst, „die Fürsten zu entbehren". Der neue Zustand sei jedoch
„nicht durch Rebellion und gewaltige Abschüttelung des Joches, sondern
durch Hilfe der Vernunft" herbeizuführen. In geschmackloser Weise
wird die Geheimlehre der Illuminaten sodann mit der angeblichen Geheimlehre des „großen und unvergeßlichen Meisters Jesus von Naza-
reth" in Vergleich gestellt.

Am 15. November 1790 erging eine weitere kurfürstliche Verordnung. Darin wurde festgestellt, daß trotz der ergangenen strengen
Verbote immer noch geheime Zusammenkünfte von Illuminaten stattfinden, und daß die Ordensmitglieder noch immer dreist fortfahren,
unter falschen Begriffen junge Leute an sich zu locken und zu ver-

führen, wie auch mit auswärtigen Gesellschaften einen unausgesetzten Verkehr zu unterhalten. Die früheren Verbote wurden erneuert und verschärft. Religionsspöttereien oder andere gegen den Staat und die öffentliche Ordnung verstoßende Äußerungen sollen bei Vermeidung schwerster Strafe der Obrigkeit oder dem Kurfürsten selbst zur Anzeige gebracht werden. Das Gleiche solle für die Verbreitung von Büchern und Schriften, sowie für die Abhaltung geheimer Zusammenkünfte gelten. Bei jeder Verpflichtung wurde für die Folge von dem Beamten die eidliche Beteuerung gefordert, daß er weder jemals Mitglied des Illuminatenordens oder einer andern geheimen Gesellschaft gewesen sei noch zur Zeit einer solchen Vereinigung angehöre, und daß er auch in Zukunft keiner solchen beitreten werde.

Am 16. Februar 1799 starb Kurfürst Karl Theodor. Am 20. Februar 1799 traf der neue Landesherr Max Joseph in der Hauptstadt ein. Am darauffolgenden Tage wurde der frühere Illuminat Montgelas zum Leiter der auswärtigen Angelegenheiten des pfalzbayrischen Kurfürstentums ernannt. Die neue Regierung war wie die frühere von der Schädlichkeit geheimer Gesellschaften überzeugt und erließ unterm 4. November 1799 ein allgemeines Verbot geheimer Verbindungen. Gegen die in die Untersuchung gezogenen Illuminaten wurde jedoch eine tolerantere Haltung eingenommen. Die Flüchtlinge durften mit Ausnahme Weishaupts wieder nach Bayern zurückkehren. Die Organisation des Ordens war aber zerschlagen und ging immer mehr zurück. Ganz verschwunden ist aber der Orden nicht. Es wurden wiederholt Versuche gemacht, ihm wieder Leben einzuhauchen. Im Jahre 1896 wurde der Orden mit dem Sitze in Dresden erneuert. Er hat aber seitdem keine größere Bedeutung mehr erlangt.

2. Wesen und Ziele des Ordens.

Der eigentliche Illuminatenorden gehört der Geschichte an und hat deshalb zunächst nur geschichtliche Bedeutung. Er liefert aber einen interessanten Beitrag zur Geschichte der politischen Geheimbünde und dient zum Verständnis insbesondere auch des Freimaurerbundes. Die Ideen, die dem Systeme zu Grunde liegen, sind im wesentlichen Freimaurerideen; die Freimaurerei ist in gewissem Sinne die Mutter des Illuminatismus geworden. Die Mitglieder sind zum Teile entweder schon Freimaurer gewesen oder nach ihrem Eintritte in den Orden auch noch Freimaurer geworden. Einen tiefen Einblick in das Gedankensystem des Illuminatenordens gewinnt man aus der bereits erwähnten Schrift Philos vom Jahre 1788. Er schildert, wie er selbst zum Orden kam und wie und warum er sich von ihm wieder lossagte. Er schreibt z. B. (S. 17): „Von Jugend auf durch einen unruhigen, spät in mäßige, nützliche Grenzen zu ordnenden Tätigkeits-

trieb angespornt, wurde auch ich früh von der Krankheit unseres Zeitalters, von der Begierde nach geheimen Verbindungen und Orden hingerissen. Schon als Kind hörte ich in meines Vaters Hause täglich
mit Enthusiasmus von Freimaurerei und geheimen Wissenschaften
reden; denn damals fing diese Wut an einzureißen, und mein Vater,
der es freilich dahin wohl nicht muß gebracht haben, Gold zu machen,
war doch vielfältig von Leuten umgeben, die vom Steine der Weisen
und dergleichen Sächelchen reden." Und weiter (S. 21) sagt er: „Ich war
ohne bestimmte Geschäfte, voll Tätigkeitstrieb, durstig nach Weisheit,
nicht befriedigt durch die gewöhnlichen philosophischen Systeme ... und
was Religion betrifft, schwebend zwischen Glauben und Unglauben,
nicht zufrieden mit den Kirchensystemen, nicht beruhigt durch die
bloße Vernunftreligion, voll Zweifel über die Wahrheit einiger geoffen-
barter Sätze, voll Sehnsucht nach besserer, übernatürlicher Erleuchtung." In dieser seelischen Stimmung traf Knigge mit Costanzo zusammen; in dieser seelischen Verfassung trat er in den Orden ein.
Er galt, wie er selbst einmal sagt, an einem Orte als Erzfreigeist und
Deist, während man ihn an einem andern Orte für einen religiösen
Schwärmer hielt. Diese Geistes- und Seelenrichtung machte sich auch
bei seiner dem Aufbau des Systems gewidmeten Tätigkeit geltend.
Weishaupt war nach Ansicht Knigges „ein vortrefflicher Kopf, ein
tiefer Denker, und um so mehr aller Achtung und Bewunderung wert,
da er seine ganze Bildung, mitten unter den Hindernissen einer stu-
piden, katholischen Erziehung seinem eigenen Nachdenken und der
Lektüre guter Bücher zu danken hatte". Die Bestrebungen des Ordens
richteten sich vor allem gegen jede Art von Despotismus. Als Despotismus wurde von Weishaupt aber nicht nur die absolute Gewalt des
Fürsten, sondern auch die Herrschaft der Kirche über die Gewissen
der Gläubigen betrachtet. Alle diejenigen, die in dieser Beziehung
nach innerer und äußerer Freiheit strebten, fanden im Illuminatenorden
ihren Hort und ihre Unterstützung. Dabei handelte es sich durchaus
nicht immer um Leute, die von einem ehrlichen Streben nach höherer
geistiger Einsicht geleitet waren; auch zügellose und entartete Naturen
stellten sich ein. Es gab unter uns, sagt Philo, „erklärte Deisten,
Schwärmer, Grübler, Alchimisten, Theosophen, Leute, die Ruhe liebten
und nicht gerne arbeiteten, unruhige Köpfe, solche, die einen Hang
zur Intrige hatten, fleißige und tätige Menschen, Herrschsüchtige, Ehrgeizige, Ahnenstolze, Eigennützige, solche, die Beförderung im bürgerlichen Leben, und andere, die Hilfe und Unterstützung bei gelehrten
Unternehmungen suchten; einige, die an Feierlichkeiten Vergnügen
fanden, und andere, die alles, was Zeremonie hieß, verachteten, Philosophen und Philosophaster — kurz, Leute von allerlei Ständen, Gemüts-
arten, Fähigkeiten und Stimmungen" (vgl. a. a. O. S. 87). Alle aber waren

von einem gewissen Geiste der Schrankenlosigkeit, der innern Auflehnung gegen die geistliche und weltliche Autorität erfüllt, die sich in übertriebener Anmaßung für besser und weiser hielten als ihre profane Umgebung und auf ihre Zeitgenossen mit stolzer Überlegenheit, um nicht zu sagen, mit souveräner Verachtung herabblickten. Das Ziel des Ordens war in der Hauptsache die Vermittlung höherer Weisheit und höherer sittlicher Vollkommenheit, seine Bemühung ging nach eigener Erklärung dahin, den Menschen die Verbesserung ihres moralischen Charakters interessant und notwendig zu machen, menschliche und gesellschaftliche Gesinnungen einzuflößen, boshafte Absichten zu hindern, der bedrängten notleidenden Tugend gegen das Unrecht beizustehen, auf die Beförderung würdiger Personen zu denken und noch meistens verborgene nützliche Kenntnisse allgemeiner zu machen. „Mon but est faire valoir la raison", war der Grundsatz Weishaupts. Dabei sollen die Wissenschaften besonders betrieben werden, die einen Einfluß auf die Glückseligkeit haben. Diese Auffassung mußte dem Orden nach eigener Erklärung Weishaupts vor allem den „Pedantismus, die öffentlichen Schulen, Erziehung, Intoleranz, Theologie und Staatsverfassung" als geeignetes Arbeitsfeld erscheinen lassen. Die Tätigkeit auf solchen Gebieten setzte aber eine bestimmte Erziehung und Schulung der Ordensmitglieder voraus. Diese sollte in bestimmten Ordensklassen vermittelt werden. Nach einer längeren Vorbereitungszeit als Insinuat und Novize wurde der Kandidat in die Klasse der Minervalen, der Jünger der Weisheit, aufgenommen. Es folgte der Grad des Illuminatus minor, dessen Mitglieder in den Grundsätzen der symbolischen Maurerei und in der Führung der Minervalen unterwiesen wurden. Die hervorragenden Mitglieder dieser Stufe wurden mit dem Range eines Illuminatus maior in die schottische Maurerei eingeführt. Als Illuminatus dirigens oder schottischer Ritter trat der Illuminatus maior schließlich in die höhere Maurerei über. Die unteren Grade befaßten sich mit Moral, Geschichte und Menschenkenntnis. Die Mitglieder hatten sich gegenseitig zu beobachten und zu studieren. Dieses System war besonders ausgebildet. Jeden Monat mußten hierüber förmliche Aufzeichnungen an die Ordensobern eingereicht werden. In den höheren Graden befaßte man sich mit dem Studium der Staats- und Religionsbücher. Die Moral ist nach Weishaupt „die Kunst, welche die Menschen lehrt, in ihr männliches Alter zu treten und die Fürsten zu entbehren". Die ursprüngliche Freiheit und Gleichheit aller Menschen bilde den geheimen innern Kern der christlichen Lehre, zu der man wieder zurückkehren müsse. Die Aufnahme in den Orden erfolgte unter geheimnisvollen Feierlichkeiten. Jedes Mitglied erhielt einen bestimmten Ordensnamen, auch Kennzeichen, Griff und Paßwort waren wie in der Freimaurerei eingeführt. Vor allem waren die Mitglieder durch einen sehr

strengen Eid zum strengsten Stillschweigen über alles, was mit dem
Orden zusammenhing, verpflichtet. Den Mitgliedern der unteren Grade
blieben die Ordensobern völlig unbekannt. Das System des Illuminatenordens ist eigentlich nie zu einem fertigen Abschlusse gebracht
worden. Über den Ausbau der höheren Mysterienklassen konnte nie
ein richtiges Einverständnis unter den maßgebenden Ordensführern
erzielt werden.

Auch der Illuminatenorden steht, wie die Freimaurerei, auf dem
Boden einer rein menschlichen Moral, auf dem Boden der Autonomie
des Menschen in allen Fragen der Religion und des Gewissens. Wenn
man den Wert und die Bedeutung eines Systems nach den feststell-
baren äußern Wirkungen auf seine Anhänger bemessen darf, so muß
das Illuminatensystem schon aus diesem äußern Gesichtspunkte als
eine höchst zweifelhafte Schöpfung angesehen werden. Der Lebenswandel und die sittliche Führung einer großen Zahl von Mitgliedern,
ja selbst des Gründers, ließen sehr viel zu wünschen übrig. Weishaupt selbst erging sich häufig in beweglichen Klagen über die moralische Haltung seiner Jünger. In einem Briefe (vgl. Nachtrag von
Originalschriften, München 1787, S. 39) schreibt er: „Von Theben höre
ich ·fatale Nachrichten; sie haben das Skandal der ganzen Stadt, den
liederlichen Schuldenmacher Propertius . . . aufgenommen, der nun das
ganze Personal von Athen, Theben und Erzerum aller Orten aus-
trompetet; auch soll D . . ein schlechter Mensch sein. Sokrates, der
ein Kapitalmann wäre, ist ständig besoffen; Augustus in dem übelsten
Ruf, und Alcibiades setzt sich den ganzen Tag vor die Gastwirtin hin
und seufzt und schmachtet; Tiberius hat in Korinth des Democedes
Schwester notzüchtigen wollen und der Mann kam dazu. Um des
Himmels willen, was sind das für Areopagyten!“ Diese Auslassung
läßt auf einen erheblichen Tiefstand des innern Ordenslebens schließen.
Bedenkt man überdies, welcher Tiefstand der moralischen Einstellung aus
dem Briefe des Stifters an Marius (abgedruckt im Nachtrag von weiteren
Originalschriften, S. 14) hervorgeht, welche Aufmerksamkeit innerhalb
des Ordens allem Anscheine nach geheimnisvollen Mitteln, auch Mitteln
zu Eingriffen in das keimende Leben, und Rezepten für langsam wirkende Gifte entgegengebracht wurde (vgl. Einige Originalschriften usw.,
München 1786, S. 108); nimmt man weiter hinzu, daß die Mitglieder
angewiesen wurden, die Kunst zu erlernen, sich zu verstellen, andere
zu beobachten und auszuforschen (vgl. a. a. O. S. 40), daß in dem Auf-
nahmeformular unter anderem danach gefragt wurde, wie der Kandidat sich verhalten würde, „wenn unanständige, ungerechte Sachen
vorkämen“, und ob er dem Orden „das ius vitae ac necis in omnes
aus was für Gründen oder nicht zugestehe?“ (vgl. a. a. O. S. 96 u. 98),
so kann das Gesamturteil über den Illuminatenorden unmöglich ein

günstiges sein. Man wird durchaus begreifen, daß eine geheime Gesellschaft mit solchen Grundsätzen als eine Gefahr für den Bestand der gesellschaftlichen und staatlichen Ordnung betrachtet und demgemäß behandelt wurde.

Der heutige Illuminatenorden ist von dem Orden des 18. Jahrhunderts durchaus verschieden. Er ist ein Verein, der von Leopold Engel im Jahre 1896 gegründet und die Bildung seiner Mitglieder heben, deren geistiges und gesellschaftliches Leben fördern, und ihren religiösen und moralischen Charakter bessern und vervollkommnen will. Zu diesem Zwecke ist ein Lehrgang in drei Abteilungen eingerichtet. Politische Bestrebungen liegen dem im übrigen von durchaus freigeistigen Ideen beherrschten Vereine anscheinend fern.

Literatur: Gg. Schuster, Die geheimen Gesellschaften, Verbindungen und Orden, 2 Bde., Leipzig 1906, S. 144—176 und das dort verzeichnete Schrifttum, namentlich A. Weishaupt, Pythagoras oder Betrachtungen über die geheime Welt- und Regierungskunst, Frankfurt und Leipzig 1790. Ders., Vollständige Geschichte der Verfolgung der Illuminaten in Bayern, Frankfurt und Leipzig 1786. Beilage hierzu von C. Kandler, Frankfurt und Leipzig 1786. Über Freimaurer, besonders in Bayern. Erste Warnung 1785. Grundsätze, Verfassung und Schicksale des Illuminatenordens in Bayern, vom Verfasser der „Deutschen Zeitung" 1786. Originalschriften des Illuminatenordens (amtlich gedruckt), München 1786; Nachtrag von weiteren Originalschriften, München 1787. Anhang hierzu, Frankfurt und Leipzig 1787. Philos endliche Erklärung und Antwort auf verschiedene Anforderungen und Fragen, die an ihn ergangen, seine Verbindung mit dem Orden der Illuminaten betreffend, Hannover 1788. Die Freimaurerei in Bayern, Bonn 1884 (Abdruck aus der „Deutschen Reichszeitung"). L. Wolfram, Die Illuminaten in Bayern und ihre Verfolgung, 2 Teile, Erlangen 1899/1900. L. Engel, Geschichte des Illuminatenordens, Berlin 1906. J. Bach, Adam Weishaupt, der Gründer des Ordens der Illuminaten als Gegner des Königsberger Philosophen J. Kant, in den Histor.-polit. Blättern Jahrg. 1901, S. 94—114. Zur Geschichte des Illuminatenordens von M. Lingg, in den Histor.-polit. Blättern Jahrg. 1889, S. 926 (mit zwei Mitgliederlisten).

III. Die Rosenkreuzer.

Bei den Rosenkreuzern handelt es sich nicht um einen Geheimbund politischer Art, sondern um eine geheime Vereinigung, die dem Drange der Zeit nach höherer geistiger, religiöser und natürlicher Erkenntnis in phantastischer Weise entgegenkam und durch den poetischen Zauber, mit dem sie sich zu umgeben wußte, lange Zeit weite Kreise des nach höherer Erleuchtung strebenden Volksteils in ihrem Banne festhielt. Da jedoch die Rosenkreuzer eine gewisse Verwandtschaft mit den freimaurerischen Vereinigungen der Zeit aufweisen und schließlich sogar durch bestimmte Mitglieder einen nicht unerheblichen Einfluß auf die Führung der Regierungsgeschäfte in Preußen gewannen, ist es angezeigt, auch ihnen einige Zeilen zu widmen.

Es hat verschiedene Arten von Rosenkreuzern gegeben: die „Gesellschaft vom Rosenkreuz" oder auch die „Brüderschaft der Rosenkreuzer" genannt, die sog. mittleren Rosenkreuzer mit ihren englischen Abzweigungen, und die freimaurerischen Gold- und Rosenkreuzer des 18. Jahrhunderts. Die mittleren Rosenkreuzer, die vor allem in den Niederlanden tätig waren, können hier übergangen werden. Die Bruderschaft der Rosenkreuzer, die im 17. Jahrhundert in Deutschland ein großes Aufsehen erregte, war mehr eine Phantasie als eine Organisation; sie existierte fast nur in Büchern der damaligen Zeit. Ganz Deutschland wimmelte von Astrologen, Alchimisten, Goldmachern, Wahrsagern und Traumdeutern. Alles suchte nach dem Stein der Weisen und erwartete von diesem Funde den Anbruch des goldenen Zeitalters. Im Jahre 1614 erschien das Werk: „Allgemeine und Generalreformation der ganzen weiten Welt. Beneben der Fama fraternitatis oder Bruderschaft des hochlöblichen Ordens des R. C. (Rosenkreuzes) an die Häupter, Stände und Gelehrte Europas, gedruckt zu Cassel, durch Wilhelm Wessel". Die Generalreformation ist nichts als eine scharfe Satire auf die Weltverbesserer der damaligen Zeit. Die Fama fraternitatis ist in Wirklichkeit wohl gleichfalls als eine Satire zu betrachten; sie wurde aber zunächst als eine ernste Quelle geschichtlicher Erkenntnis behandelt. In dieser Schrift wird eine geheimnisvolle Geschichte über einen Deutschen, namens Christian Rosenkreuz, erzählt, der im 14. Jahrhundert im Morgenlande angeblich die geheimen Wissenschaften erlernte und nach seiner Rückkehr in seine deutsche Heimat zur Vermittlung seiner Wissenschaft eine Gesellschaft, die Bruderschaft der Rosenkreuzer, gründete. Die Fraternität, deren Mitglieder dem lutherischen Bekenntnisse angehörten, sollte hundert Jahre lang geheimgehalten werden. Es entstand nun eine förmliche Flut rosenkreuzerischer Schriften. Die Geister wurden von einem förmlichen Wahne erfaßt. Der protestantische Theologe Johann Valentin Andreä versuchte vergebens durch seinen Roman „Chymische Hochzeit Christiani Rosenkreuz", in dem er die Schwärmer geißelte und verspottete, die erregten Gemüter zu beruhigen. Der 1616 gedruckte, aber schon früher geschriebene Roman hat eine auffallende Ähnlichkeit mit der Fama fraternitatis. Das Publikum nahm die Satire für Wahrheit. An manchen Orten entstanden wohl Rosenkreuzerbünde; aber ein stärkerer organisatorischer Ausbau erfolgte

zunächst nicht. Über der Sache schwebte auch weiterhin ein geheimnisvolles Dunkel.

Mehr als hundert Jahre später knüpfte eine neue Bewegung an die
niemals ganz in Vergessenheit geratene Brüderschaft der fabelhaften
Rosenkreuzer an. Die ersten Entdeckungen auf dem Gebiete der
Chemie und Physik hatten die Hoffnungen der Jünger der Mystik aufs
höchste gesteigert. Der Glaube an die geoffenbarten Wahrheiten, an
die Unsterblichkeit der Seele, geriet bedenklich ins Wanken. Mit einer
um so größeren Gier griffen sie nach dem Aberglauben, nach Mitteln,
die ein langes Erdenleben versprachen. Die Rosenkreuzer erwachten
zu neuem Leben und bildeten als Gold- und Rosenkreuzer eine dem
Freimaurerbunde ähnliche Vereinigung. Der neue Bund versprach
alles: Ehre, Reichtum, Gesundheit, Verjüngung der Lebenskräfte, hohes
Alter. Er breitete sich daher rasch aus. Aber auch in diesem Bunde
traten alsbald Schwindler hervor, die den Aberglauben der Menschen
noch bewußt geschäftlich ausnützten. Der Kaffeewirt Johann Georg
Schrepfer aus Nürnberg errichtete in Leipzig eine Loge und trieb
darin den plumpsten Spuk in der Beschwörung der Geister. Der
Herzog Karl von Kurland schickte im Jahre 1774 den Freimaurer
J. R. v. Bischofswerder, einen begeisterten Verehrer Schrepfers, nach
Leipzig, um dort die Geheimnisse des Ordens zu erfahren. Obwohl
Schrepfer, durch seine Schulden und Betrügereien in die Enge getrieben,
Selbstmord verübte, war Bischofswerder von seiner Schwärmerei nicht
geheilt. Er trat dem Orden bei und gewann überdies den protestantischen Geistlichen und Kammerrat Joh. Christ. Woellner für das Rosen-
kreuzertum. Diese Aufnahme gab der Sache des Ordens einen bedeutenden Aufschwung. Woellner trat bald an die Spitze des Ordens
und zog auch den Kronprinzen Friedrich Wilhelm in die Netze des
Bundes. Im Jahre 1782 wurde der Kronprinz als Ormesus magnus in
den Orden aufgenommen. Als Friedrich Wilhelm im Jahre 1786 zur
Regierung gekommen war, wurde Woellner nobilitiert und zwei Jahre
später zum Kultusminister ernannt. Damit waren die Rosenkreuzer
zu einer Macht im Staate geworden. Eine große Zahl von Beamten
traten dem Bunde bei, und wichtige Gebiete der Staatsverwaltung
gerieten vollständig unter ihren Einfluß. Der Schwindel blühte noch
einige Zeit. Erklärte Betrüger wie Cagliostro und Saint Germain nützten
die Konjunktur kräftig zu ihrem Vorteile in geradezu schamloser Weise
aus. Mit dem Tode des Königs fand das Unwesen der Rosenkreuzerei ein
unrühmliches Ende, da ihr der innere und äußere Halt entzogen war.

Vor mehr als vierzig Jahren ist der Versuch gemacht worden, dem
Rosenkreuzerorden zu neuem Leben zu verhelfen. Der Versuch scheint
aber keinen größeren Erfolg erzielt zu haben. Es ist nur wenig hiervon in die Öffentlichkeit gedrungen.

Vgl. Gg. Schuster a. a. O. 2. Bd., S. 115 ff. M. Pianco, Der Rosenkreuzer in seiner Blöße, Amsterdam 1782. Ders., Der im Lichte der
Wahrheit strahlende Rosenkreuzer, Leipzig 1782. O. Beuren, Die
innere Unwahrheit der Freimaurerei, Mainz 1884.

IV. Die Deutsche Union.

Die Deutsche Union ist das mißlungene Werk des frivolen, sittlich
entarteten protestantischen Theologen und Freigeistes Dr. Karl Friedrich Bahrdt (1741—1792). Der Gründer oder richtiger gesagt, der
Macher der Sache wird als ein geistig begabter, aber wüster, unge-
bundener Geselle von niedrigster Gesinnung geschildert. Er bekleidete
vorübergehend das Amt eines Hofpredigers des Grafen v. Leiningen
in Dürkheim (Pfalz), versuchte auch im Dienste der Jugenderziehung
sich eine Lebensexistenz zu schaffen, scheiterte aber überall, wo man
sich mit ihm einließ. Er verlor wegen fortgesetzter Religionsspötterei
seine Stelle, wurde wegen seiner bedenklichen Bestrebungen in Untersuchung gezogen und zu Festungsstrafe verurteilt. Dieser Abenteurer
kam eines Tages auf den Gedanken, dem Brauche der damaligen Zeit
entsprechend, die Menschheit mit der Gründung einer neuen Geheimgesellschaft zu beglücken, und auf diese Weise nicht nur zur Ver-
edelung der Mitmenschen beizutragen, sondern auch seine eigenen,
geradezu trostlosen, wirtschaftlichen Verhältnisse aufzubessern. Denn
in Wirklichkeit handelt es sich bei dem Bahrdtschen Unternehmen um
nicht viel mehr als um eine kaufmännische Spekulation, die in das
bestechende Gewand einer uneigennützigen, menschenfreundlichen Auf-
klärungs- und Bildungsanstalt gekleidet werden sollte. In einem „an
die Freunde der Vernunft, der Wahrheit und der Tugend" gerichteten
Rundschreiben behauptete er, eine Gesellschaft von 22 Persönlichkeiten,
teils Staatsmännern teils öffentlichen Lehrern teils Privatpersonen, habe
sich bereits vor einundeinhalb Jahren mit seinem Plane einverstanden
erklärt, der „ein untrügliches und durch keine menschliche Macht zu
hinderndes Mittel enthalte, die Aufklärung und Bildung der Menschheit zu befördern und alle bisherigen Hindernisse derselben nach und
nach zu zerstören". Als nähere Aufgabe der Gesellschaft wurde angestrebt, „den großen Zweck des erhabenen Stifters des Christentums,
Aufklärung der Menschheit und Dethronisierung des Aberglaubens und
des Fanatismus durch eine stille Verbrüderung aller, die Gottes Werk
lieben, durchzusetzen". Unter Aberglauben und Fanatismus war natürlich das Festhalten an der geoffenbarten christlichen Religion zu verstehen.
Er suchte aufgeklärte Schriftsteller, denen er wirtschaftliche Vorteile
zusicherte, aber auch Angehörige aller andern Stände für die Sache
zu gewinnen. Nur Fürsten und Minister waren ausgeschlossen, wohl

aber waren deren Günstlinge willkommen. Er unterschied zunächst zwei Klassen der Verbrüderten: die Klasse der gemeinen und die der dirigierenden Brüder. Nur die dirigierenden sollen um den eigentlichen Zweck und die Mittel dazu wissen, und die eigentliche Union ausmachen. Die Union sollte als solche gar nicht in die Erscheinung treten, sondern in der Gestalt harmloser, literarischer Gesellschaften, einfacher Lesegesellschaften Einfluß und Macht zu gewinnen suchen. Aufklärende Schriften sollten in großem Stile vertrieben und bis in die Hütten des Volkes verbreitet werden. Um dies möglichst billig zu erreichen und für die Gesellschaft selbst Mittel zu gewinnen, sollte der Buchhandel ausgeschaltet und vollständig in die Hände der Gesellschaft gebracht werden. Besonders sollte sodann im Auge behalten werden, „an allen Orten, Familien, Höfen usw. im stillen zu wirken und auf Besetzungen der Hofmeisterstellen, der Sekretariate, der Pfarreien usw. Einfluß zu bekommen".

Der ursprüngliche Plan wurde bald durch einen „verbesserten Plan" ersetzt, bei dem an erster Stelle die Organisation des Büchereivertriebs unter Ausschaltung des Buchhandels als Mittel zur Erreichung des Gesellschaftszweckes hingestellt war. Im übrigen ging dieser Plan darauf hinaus, die Gesellschaft in eine Freimaurerloge überzuführen. Als Hauptzwecke wurden nun bezeichnet: Vervollkommnung der Wissenschaften, der Künste, des Kommerzes usw., insonderheit der Volksreligion, Verbesserung der Erziehung und Unterstützung guter Erziehungsanstalten, Hervorziehung gemeinnütziger Talente aller Art, Belohnung entschiedener Verdienste, Versorgung verdienstvoller Menschen im Alter und Unglück, Versorgung von Witwen und Waisen von Mitgliedern. Als Mittel hierzu wurden bezeichnet: Gemeinschaftliches Wirken durch Rat, Empfehlung und Hilfe, Unterricht in Schriften, hinlängliche Geldsummen. Die Ordensmitglieder wurden nun in drei Grade eingeteilt. Die Brüder des ersten und zweiten Grades erhielten nur eine allgemeine Unterweisung in moralischen Wahrheiten und hatten untergeordnete Aufgaben zu erfüllen. Sie waren an strenges Stillschweigen gebunden, obwohl sie von dem geheimen Zwecke der Union eigentlich nichts erfuhren. Die Brüder des dritten Grades, der regierenden Klasse, sollten im reinen Lichte ohne Täuschung wandeln. Sie brauchten weder Wort noch Zeichen wie die unteren Brüder; bei ihnen hörte alles Spielwerk auf. „Sie wissen, daß Vernunft alles in allem ist!, daß der letzte Zweck der Union Enthronung des moralischen Despotismus, Entfesselung der Menschheit vom Aberglauben und Erhebung der Vernunft auf den Richterstuhl aller Wahrheit ist."

Die Deutsche Union zeigt zweifellos eine innere Verwandtschaft mit dem Illuminatismus; es sind auch äußere Beziehungen zwischen der Union und den Illuminaten feststellbar. Von mancher Seite wird sogar angenommen, daß Bahrdt nicht der eigentliche Gründer, sondern nur der erste Verbreiter und Werber war, und daß die Entstehung der Union mit der im Orden der Illuminaten herrschenden Zwietracht oder mit der Verfolgung dieses Ordens in Zusammenhang zu bringen sei. Es ist auch nicht ausgeschlossen, daß der aus dem Illuminatenorden ausgeschiedene, unruhige, von Reformgedanken beherrschte Freiherr v. Knigge mit der Gründung in einer engeren Beziehung stand. In einer im Jahre 1789 bei Göschen in Leipzig erschienenen Schrift über die Deutsche Union der Zweiundzwanziger, die dem Schriftsteller Bode zugeschrieben wird, wurde die Gesellschaft scharf angegriffen und als eine gemeine Finanzspekulation gebrandmarkt. Das Unternehmen fiel dann rasch auseinander, zumal Bahrdt wegen Geheimbündelei verurteilt und gefangen gesetzt wurde.

Literatur: L. A. Hoffmann, Aktenmäßige Darstellung der Deutschen Union und ihre Verbindung mit dem Illuminaten-, Freimaurer- und Rosenkranzorden, Wien 1786. Mehr Noten als Text oder die Deutsche Union der Zweiundzwanziger, Leipzig 1789 (Verfasser vermutlich Bode). Neue Aufschlüsse über die Deutsche Union und schottische Maurerei. Ein Blick in den innern Gang geheimer Gesellschaften, Berlin 1789. Gg. Schuster a. a. O. Bd. 2, S. 241.

V. Der Bundschuh und der Arme Konrad.

Gegen Ende des 15. Jahrhunderts war die rechtliche, wirtschaftliche und soziale Not der Bauernschaft zu einem Höhepunkt gestiegen. Die wirtschaftlichen und sozialen Mißstände im Zusammenhange mit den falsch verstandenen Verheißungen des neuen Evangeliums führten zum Ausbruche des furchtbaren Bauernkrieges. In ihrer Not und Verzweiflung waren die Bauern auch auf den Gedanken gekommen, auf dem Wege heimlicher Verschwörung, durch Zusammenfassung der Bauern in geheimen politischen Verbänden auf dem Wege vereinigter Gewalt das drückende Joch abzuschütteln. Um die Wende des 16. Jahrhunderts entstanden im Elsaß der geheime Bund des „Bundschuh", in Oberschwaben eine Bauernvereinigung unter dem Namen der „Arme Konrad", die beide die Befreiung der verarmten Bauernschaft vom Joche ihrer Bedrücker zum Ziele hatten.

Der elsässische Geheimbund nahm den Bundschuh, die Fußbekleidung des armen Volkes, als äußeres Wahrzeichen in sein Banner auf, und bekam hiervon auch seinen Namen. An der Spitze des Bundes stand der leidenschaftliche Hans Ulmann, Bürgermeister von Schlettstadt. Die Mitglieder des Bundes verpflichteten sich zum strengsten Stillschweigen und erkannten sich nur an geheimen Zeichen und Bräuchen. Die Zusammenkünfte fanden nachts unter freiem Himmel statt. Die neu aufzunehmenden Mitglieder mußten einen feierlichen Eid ablegen, in dem sie sich zur Wahrung des Geheimnisses und der Treue zum Bunde verpflichteten. Die Ziele des Bundes waren in erster Linie wirtschaftlich revolutionärer Art: Aufhebung der Schulden, Herabsetzung der Abgaben, Befreiung von der bestehenden Gerichtsbarkeit, Plünderung und Vertreibung der Juden. Auch revolutionäre Bestrebungen religiöser Art liefen mitunter. Der beabsichtigte Aufstand war für die Karwoche 1493 in Aussicht genommen; die Pläne wurden aber verraten und mit Gewalt unterdrückt. Ulmann wurde hingerichtet. Die Bewegung kam aber nicht zur Ruhe. Die Bauern pochten auf ihr „göttliches Recht" und schlossen sich neuerdings zu geheimen Verbänden zusammen. Diesmal bildete ein Dorf in der Nähe von Bruchsal den örtlichen Mittelpunkt des Geheimbundes. In nächtlichen Zusammenkünften im Walde wurden die Satzungen beschlossen und neu zugehende Mitglieder aufgenommen. Die Aufnahme fand unter religiösen Gebräuchen statt. Die Verschworenen wurden durch einen Eid zum Stillschweigen und zur Treue verpflichtet. Die Losung bestand aus der Frage: „Loset, was ist das nun für ein Wesen?" und der Antwort: „Wir mögen vor Pfaffen und Adel nit genesen." Diese Losung wurde strenge geheim gehalten. Der Bund fand starken Zulauf. Auch in diesem Falle wurde der geplante Aufstand verraten und der Bund abermals gesprengt. Der Führer Jost Fritz floh in die Schweiz, eine große Zahl von Bundesmitgliedern wurde hingerichtet. Nach mehreren Jahren kehrte Jost Fritz nach dem Oberelsaß zurück und nahm seine Tätigkeit erneut auf. Nach erfolgreicher Werbearbeit versammelte der Führer seine Anhänger mit Anbruch der Nacht unter freiem Himmel, um ihnen sein Programm und seine Absichten darzulegen. Er fand großen Beifall. Es wurde ein neuer Bundschuh gegründet. Die Mitglieder in den einzelnen Gauen schlossen sich zu Unterverbänden zusammen, die durch die hierzu besonders geschaffene Einrichtung fahrender Leute unter sich die Fühlung aufrechterhielten. Der Bund breitete sich über Baden, Elsaß und Württemberg aus. Es wurde die Beschaffung einer Bundesfahne beschlossen, die, mit symbolischen Bildern versehen, auf die Massen des Volkes eine magische Wirkung ausüben sollte. Die Fahne zeigte auf blauem Grunde den Gekreuzigten, zur Rechten die Mutter Gottes, zur Linken Johannes den Täufer; außerdem war der Papst und der Kaiser, und unter dem Kreuze ein knieender Bauer mit dem Bundschuh zu sehen. Durch die ganze Fahne zogen sich die Worte: „Herr, stehe deiner göttlichen Gerechtigkeit bei." Im Herbste 1513 sollte der Aufstand beginnen. Aber auch diesmal wurde der Plan verraten, Jost Fritz floh abermals nach der Schweiz, zahlreiche Verschwörer büßten ihre Absichten mit dem Leben. Auch jetzt trat keine endgültige Beruhigung ein.

Das Feuer glimmte unter der Asche fort. Überall herrschte Aufruhr-stimmung.

Die revolutionären Bundschuhideen fanden namentlich in Württem-berg unter der Herrschaft des gewalttätigen und verschwenderischen Herzogs Ulrich neue Kraft und neue Nahrung. Es wurde ein Bund mit der Bezeichnung „Armer Konrad" gebildet, der von einem Hauptmann geleitet wurde. Als Mitglieder wurden nicht nur Bauern, sondern auch Arbeiter, Bettler und Landstreicher aufgenommen. Auch der „Arme Konrad" war ein Geheimbund; die Verpflichtung erfolgte durch Handschlag. Als Banner wurde eine blaue Fahne gewählt, die ein Kruzifix, vor dem ein Bauer kniete, und die Inschrift: „Der arme Konrad" zeigte. Der neue Bund entfaltete unter seinem Hauptmann Geispeter eine rührige und erfolgreiche Agitation, die sich mehr und mehr auch an die Öffentlichkeit wagte. Es wurde eine Geschäfts-stelle errichtet; redegewandte Vertreter des Bundes durchzogen das Land und wiegelten das Volk auf. Es fehlte aber eine überlegene Führung. Durch kleine Zugeständnisse und Versprechungen wurde der Bund veranlaßt, sich aufzulösen. Durch Entwaffnung und nach-trägliche Bestrafung von Beteiligten sollte das Wiederaufleben der Be-wegung verhindert werden. Auch in Baden wurde die Bewegung unterdrückt. Dieser Erfolg war jedoch nicht von Dauer; die Unzu-friedenheit blieb bestehen, und der Gedanke einer gewaltsamen Er-hebung beschäftigte fort und fort die Gemüter. Im Jahre 1525 kam es dann auch zum Ausbruche des blutigen Bauernkrieges.

Vgl. H. Schreiber, Der Bundschuh zu Lehen im Breisgau und der Arme Konrad zu Bühl, Freiburg i. Br. 1824; F. A. Deuber, Geschichte der Bauernkriege in Teutschland und der Schweiz, ebd. 1833; R. Zöllner, Zur Vorgeschichte des Bauernkrieges, München 1861; M. Vogt, Die Vorgeschichte des Bauernkrieges, Halle 1886; O. Lorenz und W. Scherer, Geschichte des Elsasses, Berlin 1872.

VI. Der Tugendbund.

Durch die unglückliche Doppelschlacht bei Jena und Auerstädt am 14. Oktober 1806 war die Widerstandskraft Preußens gegen Napoleon endgültig gebrochen und das Schicksal des Landes entschieden. Die Folge dieser Niederlage und vergeblicher weiterer Widerstandsversuche war der Friede von Tilsit (7. Juli 1807). Preußen war von seiner Großmachtstellung in einen Zustand tiefster Erniedrigung herabgestürzt. Sein Gebiet wurde um die Hälfte verkleinert, der Rest seufzte unter den Kriegsleistungen und hatte unter französischer Besetzung Not und Bedrückung zu erdulden. Was der Krieg noch nicht erreicht hatte, sollte der harte Friede herbeiführen, die Vernichtung des preußischen

Staatswesens. Unter dem unerhörten französischen Drucke begannen sich aber bald auch der Geist des innern Widerstandes, die sittliche Erneuerung des Volkes, der Gedanke der Wiederbefreiung des geknechteten Vaterlandes vom Joche des französischen Eroberers zu regen. Was zunächst in den Köpfen einiger führender Männer geboren war, sollte zur Überzeugung, zum Entschlusse, zur Tat des ganzen Volkes heranreifen. Männer wie Stein, Hardenberg, Fichte, E. M. Arndt, Scharnhorst, Gneisenau, Vater Jahn u. a. haben sich um die Reform des preußischen Staatswesens und die Wiedererweckung des vaterländischen Geistes unsterbliche Verdienste nicht nur um Preußen, sondern um die ganze deutsche Nation erworben. Überall wurde der Geist strenger körperlicher Zucht und ernster sittlicher Erziehung mit großem Erfolge gepredigt. Hardenberg legte dem König eine Denkschrift vor, in der er auf die Notwendigkeit von Geheimbünden hinwies und namentlich die Freimaurerlogen „zur Verbreitung guter politischer Grundsätze" empfahl. Diese Empfehlung ist vielleicht daraus zu erklären, daß der Freimaurerbund schon damals der wichtigste politische Geheimbund war und Hardenberg selbst einer Freimaurerloge angehörte. Die Verdienste, die sich Hardenberg um die deutsche Sache zweifellos erwarb, sollen hierdurch nicht verkleinert werden. Es entstanden um diese Zeit eine große Anzahl patriotischer Vereine, die alle das gleiche Ziel verfolgten, dem deutschen Volke immer wieder den einen Gedanken vorzuhalten, den Gedanken an die erlittene tiefe Schmach und an die Notwendigkeit der Vereinigung aller Volkskräfte zur Sprengung der französischen Fesseln. In allen Landen wurde ganz im stillen eine eifrige Werbetätigkeit entfaltet; man kam bei Nacht und Nebel in geschlossenen Räumen oder auch im Freien zusammen, um sich gegenseitig zu ermuntern, Gedanken und Pläne auszutauschen und sich zu dem Kampfe fürs Vaterland zu weihen. Die bekannteste und bedeutendste der damals entstandenen geheimen Gesellschaften war der Tugendbund, an dessen Gründung zahlreiche vaterländisch gesinnte Offiziere, Beamte und sonstige den gebildeten Kreisen angehörige Männer beteiligt waren. Auch Gelehrte, wie der bekannte Rechtshistoriker Karl Friedrich Eichhorn, und Angehörige fürstlicher Geschlechter traten dem Bunde bei. Als leitender Gedanke schwebte den Gründern vor, die Befreiung des Vaterlandes von der französischen Knechtschaft im stillen vorzubereiten und im richtigen Augenblicke durch die Tat zu verwirklichen. Alle guten Staatsbürger sollten sich um ihren König scharen und in unverbrüchlicher Treue zusammenstehen bis zur endgültigen Erreichung des erhabenen Zieles. Auch der Gedanke der Volksbewaffnung wurde eifrig gepflegt und von manchen angesehenen Bundesmitgliedern sogar als der Hauptzweck des Bundes betrachtet. Der Bund gab sich eine Verfassung, in der der eigent-

liche Zweck naturgemäß nicht verzeichnet war. Es waren bestimmte
Erkennungszeichen vereinbart, ähnlich wie bei andern Geheimverbänden
der damaligen Zeit. Der Sitz des Bundes war Königsberg; die dortigen
Mitglieder bildeten den Stammverein. Zur Erfüllung der verschiedenen
Aufgaben wurden Kammern (Abteilungen) gebildet. An allen größeren
Orten sollten Zweigvereinigungen gegründet werden. Schon nach einem
Jahre wurde die ursprüngliche einfache Verfassung durch ein neues,
aber etwas schwerfälliges Grundgesetz ersetzt. Als oberstes Organ
war darin der „hohe Rat“ vorgesehen, dem die Provinzialräte und mit
ihnen die Provinzial- und Nebenkammern unterstellt waren. Jede Pro-
vinzialkammer schuf sich einen Verwaltungsausschuß. Jeden Monat
sollte eine allgemeine Versammlung der Mitglieder einer Kammer ab-
gehalten werden. Die Provinzialkammern unterstanden einem gewählten
Provinzialrate, dessen räumliches Arbeitsgebiet aber nicht mit den
Provinzen zusammenzufallen brauchte. Die Angehörigen der unteren
Bevölkerungsschichten, die Interessen für die Ziele des Bundes zeigten,
aber noch nicht ausreichend geschult waren, um an den eigentlichen
Bundesarbeiten teilzunehmen, wurden in sog. Freivereinen zusammengefaßt, die mit den Kammern in Verbindung standen. Innerhalb des
Bundes herrschte stramme Zucht, zu deren Aufrechthaltung für jede
Kammer das Amt des Zensors und für den ganzen Bund das Amt des
Oberzensors geschaffen war. Dem Oberzensor oblag neben der Wahrung
der innern Zucht des Bundes vor allem auch die Wahrung der Rechte
des Staates. Nach der Bundesverfassung konnten nur solche Männer
aufgenommen werden, „die den Ruf eines unbescholtenen, rechtlichen,
tätigen Lebenswandels und eines treuen Staatsbürgers vor sich hätten“.
Diese Voraussetzungen wurden strenge geprüft. Es wurde namentlich auch die unterschriftliche Bestätigung zweier Mitglieder als Bürgen
hierfür verlangt. War die Aufnahme beschlossen, dann mußte der
Kandidat einen formulierten Revers unterschreiben. Bei der Aufnahme selbst wurde er durch Handschlag auf die Bundesgesetze verpflichtet.

Das Programm des Bundes war außerordentlich weitgehend. Erziehung, Volksbildung, Wissenschaft und Kunst, Volkswohlstand, äußere
und innere Polizei waren als Bundesaufgaben erklärt. Dieser Auf-
gabenkreis ging über das eigentliche Ziel des Bundes weit hinaus;
denn er umfaßte eigentlich so ziemlich alles, was dem Wohle des
einzelnen und der Wohlfahrt des Ganzen dienen konnte. Die Erfolge
auf den genannten Einzelgebieten sind daher auch in bescheidenem
Rahmen geblieben. Selbst auf dem Gebiete der Jugenderziehung und
der Verbreitung der Bundesideen auf dem Wege der Presse ist der
Bund über bescheidene Erfolge nicht hinausgekommen. Der Bund hat
Großes gewollt, und dieses Streben in drangvoller harter Zeit ist

anzuerkennen. Er hat aber nur wenig erreicht, weil er seine Aufgaben zu weit gefaßt hatte.

So sehr sich einzelne Mitglieder von Freimaurerlogen um das Befreiungswerk Deutschlands verdient gemacht haben, so haben doch viele Logen als solche die Gründung des Tugendbundes und seine Tätigkeit mit einem gewissen Mißtrauen begleitet, weil sie in der Gründung eine Konkurrenz erblicken zu sollen glaubten. Andere Umstände verstärkten dieses Mißtrauen. Nach heutigen Begriffen war die zahlenmäßige Stärke des Bundes gering; es wird berichtet, daß er mit rund 700 Mitgliedern seinen Höhepunkt erreicht hatte. Im Frühjahr 1809 erweckte der Bund auch das Mißtrauen der Regierung, weil er zu sehr den Charakter einer geheimen Verbindung annahm und seine Tätigkeit daher nicht mehr genau überblickt werden konnte. Falsche Berichte über staatsfeindliche Bestrebungen des Bundes trugen dazu bei, das Mißtrauen zu steigern. Alle Bemühungen des Oberzensors, die Schuldlosigkeit des Bundes darzutun, waren vergebens. Als schließlich Napoleon entschieden die Auflösung des Verbandes verlangte und sogar aus den Reihen der Mitglieder selbst der Wunsch nach Einstellung der Bundestätigkeit geltend gemacht wurde, wurde am 31. Dezember 1809 tatsächlich die Auflösung verfügt. Die Akten wurden in Verwahrung genommen; die Mitglieder mußten sich verpflichten, über die Angelegenheit nichts zu veröffentlichen.

Vgl. W. T. Krag, Das Wesen und Wirken des Tugendbundes und anderer angeblicher Bünde, Leipzig 1816; J. Voigt, Geschichte des sog. Tugendbundes oder des sittlich-wissenschaftlichen Vereins, Berlin 1850; A. Lehmann, Der Tugendbund, Berlin 1867.

VII. Die Deutschen Gesellschaften.

Durch das siegreiche Vordringen der Franzosen bis in das Herz Deutschlands, und durch die mehrjährige Besetzung deutschen Gebiets geriet auch die nationale deutsche Eigenart in Sprache, Sitte und Denkweise in schwere Gefahr. Der Kampf deutscher Patrioten mußte daher nicht nur dem äußern militärischen Feinde, sondern auch dem bereits tief in das Volk eingedrungenen französischen Geiste und der Herrschaft der französischen Sprache gelten. Als die französische Militärherrschaft durch die Schlacht bei Leipzig niedergeworfen war, wurde auch der Kampf gegen den französischen Geist aufgenommen. Dies geschah durch Gründung sog. „Deutscher Gesellschaften". Kein Geringerer als E. M. Arndt war für diese Idee begeistert eingetreten. In allen größeren Städten sollten solche Gesellschaften entstehen; deutsche Eigenart in Sprache und Sitte, deutsche Volkstümlichkeit sollten gepflegt und der Kampf gegen das Franzosentum eingeschärft

werden. Die Übung im Waffenhandwerk und die Bildung einer über
die Gesetze herrschenden öffentlichen Meinung wurden als weitere Aufgaben und Ziele der Deutschen Gesellschaften erklärt und mit Eifer verbreitet. Um dem deutschen Geiste die Herrschaft zu sichern und alles
Fremde, vor allem alles Französische, möglichst rasch zu verdrängen,
wurden besondere Beamte, sog. Rüger, aufgestellt, die eine Art nationaler Sittenpolizei auszuüben hatten.

Die Idee der Deutschen Gesellschaften fand keinen ungeteilten Beifall. Sie fand begeisterte Anhänger wie leidenschaftliche Gegner. Die
Verwirklichung des Gedankens begegnete großen Schwierigkeiten und
hatte auch nur örtlich beschränkten Erfolg. Trotz der eifrigsten Werbearbeit Wilhelm Snells, dem ein Bund mit drei Klassen vorschwebte,
gelang es nur die „Idsteiner Gesellschaft" mit Tochtergesellschaften in
Wiesbaden, Heidelberg und Gießen, sowie einige kleinere Ableger am
Rheine zur Entstehung zu bringen. Die Idee wurde mehr literarisch
und philosophisch aufgefaßt und vermochte daher auch nur in einem
verhältnismäßig engen Kreise von Personen mit geistigen Interessen
Wurzel zu fassen. Soweit die Gesellschaften darüber hinaus mit politischen Fragen sich beschäftigten oder gar die Bildung bewaffneter Verbände ins Auge faßten, erweckten sie das Mißtrauen der Regierung,
die den im öffentlichen Dienste stehenden Beamten die Teilnahme verbot. So konnte die Bewegung keine richtige praktische Stoßkraft
gewinnen. Man gab daher den ursprünglichen Gedanken der Deutschen
Gesellschaften auf und wandte sich wieder mehr dem eigentlichen politischen Gebiete zu.

Auf dem Wiener Kongresse war der Gegensatz zwischen den einzelnen deutschen Staaten immer stärker hervorgetreten. Der Gedanke
eines neuen Krieges beschäftigte die Gemüter. Für diesen Fall hatte
Preußen nach der in den Gesellschaften herrschenden Meinung besondere nationale Aufgaben zu erfüllen. Preußen sollte die Führung
in Deutschland übernehmen, der Gedanke der Hegemonie Preußens trat
in den Vordergrund. Zur Verwirklichung dieser Idee wurde von Mitgliedern der deutschen Gesellschaften ein besonderer Geheimbund, der
Hoffmannsche Bund geschaffen. Über die näheren Umstände der
Gründung, über ihren Zweck und ihre Wirksamkeit besteht keine volle
Klarheit. Justizrat Karl Hoffmann in Rödelheim bei Frankfurt a. M.,
ein patriotisch gesinnter, aber etwas unruhiger Mann, hat die Satzungen
des neuen Bundes ausgearbeitet. Von ihm hat der Bund auch seinen
Namen. In diesem neuen Verbande tritt die Pflege deutscher Eigenart
in Sprache und Sitte zwar auch noch deutlich hervor, das Schwer-
gewicht wurde aber auf militärische und politische Bestrebungen gelegt. Die Volksbewaffnung, die Schaffung eines richtigen Landsturms,
das Turnwesen, die Schaffung eines Volksheeres, die Vereinigung

Deutschlands unter der Führung Preußens schwebten dem Bunde vor allem als die Aufgaben vor Augen, die man angesichts der immer noch gefahrvollen Lage Deutschlands zu pflegen hatte. Auch dieser Bund erreichte sein Ziel nicht. Es zeigte sich bald, daß die politischen Befürchtungen führender Mitglieder des Bundes übertrieben waren. Damit war die hauptsächlichste Triebfeder zur Verwirklichung der gefaßten Ideen in Wegfall gekommen. Auch waren die Pläne des Bundes nicht mehr ganz geheim geblieben. Am 18. Oktober 1915 wurde in Frankfurt a. M. die Auflösung des Bundes beschlossen.

Vgl. F. Meinecke, Die Deutschen Gesellschaften und der Hoffmann-Bund, Stuttgart 1891; E. M. Arndt, Noch ein Wort über die Franzosen und über uns, Leipzig 1814. Ders., Entwurf einer teutschen Gesellschaft, Frankfurt a. M. 1814; ferner die anonyme Schrift, Über die teutschen Gesellschaften, 1815.

VIII. Die deutsche Burschenschaft.

Die Stürme der Zeit waren an der deutschen Studentenschaft nicht spurlos vorübergegangen. Das nationale Unglück mit allen seinen Folgewirkungen lastete vor allem auf der Seele der gebildeten Schichten des deutschen Volkes. Der Gedanke der Überwindung der nationalen Schmach, der Befreiung Deutschlands vom französischen Joche, der vaterländische Gedanke in seiner ganzen Tiefe und Bedeutung hatte die jugendlichen Gemüter der Studenten mit aller Wucht erfaßt und zu flammender Begeisterung für die Ehre und die Rettung des Vaterlandes hingerissen. Das Befreiungswerk war gelungen; die Studentenschaft hatte ihren ruhmvollen Anteil daran. Die jugendlichen Stürmer kehrten vielfach als ernste, gereifte Männer an die Hochschulen zurück, die an den bis dahin herrschenden Unsitten des Studentenwesens keinen Gefallen mehr finden konnten. Die zurückgekehrten Freiheitskämpfer begannen mit den alten Übelständen aufzuräumen und suchten nach neuen Formen studentischer Betätigung. Männer von zweifellos vaterländischer Gesinnung unterstützten diese Bestrebungen. In Jena wurde 1814 die „Wehrschaft", eine Art Landsturm, gegründet, deren Mitglieder mit Eifer die körperliche und geistige militärische Ausbildung pflegten. Der Reformgedanke ging aber noch weiter. Das ganze studentische Verbindungswesen sollte umgestaltet und auf eine gemeinsame Idee gebracht werden. „Freiheit, Ehre, Vaterland" sollte der Wahlspruch für eine neue Zusammenfassung des Studententums sein. Mit Begeisterung wurde die Idee vor allem von der Jenenser Studentenschaft aufgenommen. Die alten Landsmannschaften, die als die hauptsächlichsten Träger des ausgearteten Studentums galten, traten mehr und mehr zurück und schlossen sich, wenn auch zunächst zögernd, der neuen Bewegung an. Von Jena aus verbreitete sich die Bewegung über ganz Deutschland. Die Farben Schwarz-Rot-Gold wurden als Bundesfarben gewählt.

Bald geriet aber auch die deutsche Burschenschaft in das politische Fahrwasser. Den Anstoß hierzu gab die Jahrhundertfeier der Reformation im Jahre 1817. Das protestantische Deutschland war bei diesem Anlasse von einem starken Hochgefühl ergriffen, das auch die Studentenschaft erfaßte. Auf der Wartburg sollte daher ein großes Verbrüderungsfest der deutschen Studenten stattfinden, das nicht nur dem Reformationsgedanken, sondern auch der Erinnerung an die großen nationalen Taten und Ereignisse gewidmet sein sollte. Die burschenschaftliche Idee konnte hierdurch nach Anschauung der Beteiligten nur gewinnen. Der Gedanke des Wartburgfestes fand allenthalben begeisterte Aufnahme. Als Festtag war der 18. Oktober in Aussicht genommen. Hunderte junger, begeisterter Studenten sammelten sich in Eisenach und zogen in festlichem Zuge zu den Höhen der Wartburg. Am Abend trugen zahlreiche Freudenfeuer auf den anliegenden Höhen die Festesstimmung auch in die dunkle Nacht hinaus. Als die Stimmung bei frohen Liedern den Höhepunkt erreicht hatte, glaubte der der Turnerschaft angehörige Student Maßmann den Augenblick zu einem verhängnisvollen Streiche benützen zu sollen. Nach dem Beispiele Luthers forderte er die Anwesenden auf, gewisse, der Studentenschaft verhaßte Schriften und Bücher in effigie zu verbrennen. Unter dem Gejohle der berauschten Jünger der Wissenschaft wurden schnell herangebrachte Papiermassen (darunter Kotzebues „Preußische Geschichte") dem Feuer übergeben. Das gleiche geschah mit einer Reihe von Gegenständen, die sie als Zeichen der Engherzigkeit, der Rückständigkeit und des knechtischen Sinnes galten. Der an sich harmlose Vorgang erregte in ganz Deutschland größtes Aufsehen. Vor allem glaubten die Regierungen hinter dem Vorgange das äußere Zeichen vorhandener revolutionärer Bestrebungen vermuten zu sollen.

Im Frühjahr 1818 fand in Jena die Gründung der „Allgemeinen deutschen Burschenschaft" statt. In einer von einem Russen geschriebenen Schrift wurden die Universitäten, voran Jena, der Sitz der burschenschaftlichen Bewegung, als die Brutstätten staatsgefährlicher Pläne hingestellt. Die Regierung wurde immer mehr von Mißtrauen gegen die Studenten erfüllt, die Studenten ihrerseits gerieten in eine fieberhafte Aufregung. Diese richtete sich vor allem auch gegen den russischen Staatsrat v. Kotzebue, dessen Schriften den Unwillen der Studentenschaft in besonderem Maße erweckt hatten. Kotzebue, der die Studentenschaft hochverräterischer Umtriebe bezichtigt hatte, wurde am 23. März 1819 von dem schwärmerischen Studenten Sand ermordet. Diese törichte Bluttat galt den ohnedies mißtrauischen Regierungen als eine Bestätigung des gehegten Verdachts staatsfeindlicher Bestrebungen; es begann nunmehr eine Zeit strengster Verfolgung der studentischen Verbände. Männer wie Arndt, Görres, Jahn wurden als Förderer der studentischen Bewegung verhaftet oder zur Flucht gezwungen.

Auf Grund der Karlsbader Beschlüsse wurde schließlich im Spätherbste 1819 die Auflösung der Burschenschaft angeordnet. Diese Verfügung wurde äußerlich befolgt; in Wirklichkeit aber versuchte die Burschenschaft nunmehr in der Form einer geheimen Verbindung ihre Bestrebungen fortzusetzen. An Stelle der aufgelösten alten Verbindungen entstanden neue, geheime Verbindungen an allen bedeutenderen Hochschulen Deutschlands. Das Geheimnis wurde indes nicht gewissenhaft gewahrt. So kam es, daß die Bewegung bald ruchbar und eine Anzahl Studenten mit gerichtlichen Strafen belegt wurde. Die Idee verlor aber ihre Kraft nicht, sie erhielt vielmehr neuen Antrieb und neue Stärke.

Ein äußerer Zufall brachte die Studentenschaft in Berührung mit wirklichen Umstürzlern. Ein Jenenser Student traf im Frühjahr 1821 mit republikanisch gesinnten und auf Umsturz der Verfassung bedachten Männern in der Schweiz zusammen. Diese gewannen den jungen Mann für ihre Ideen und veranlaßten ihn, auf den deutschen Hochschulen einen Geheimbund, den sog. Jünglingsbund, ins Leben zu rufen, der den Gedanken des Umsturzes der Verfassung und die Schaffung eines einzigen Reiches mit einer gewählten Volksvertretung unter der Studentenschaft verbreiten sollte. Der neue Bund fand bei der Studentenschaft, zumal bei den verbitterten Mitgliedern der Burschenschaft, großen Anklang. Die Begeisterung hielt aber nicht lange an. Auch die Bestrebungen dieses Verbandes wurden der Polizei verraten, die nunmehr ihren Eifer in der Verfolgung der Hochschuljugend verdoppelte.

Im August 1824 wurde die Allgemeine deutsche Burschenschaft zufolge eines Bundesversammlungsbeschlusses neuerdings für aufgelöst erklärt. Sie bestand aber gleichwohl unter der Oberfläche fort und konsolidierte sich zwei Jahre später aufs neue zu einem festen geheimen Bunde. Die Mitglieder wurden in zwei Klassen (Grade) eingeteilt, in die „engere Verbindung" und in die „Renoncenschaft". Der erste Grad umfaßte die Vollmitglieder, die sich auf die burschenschaftlichen Grundsätze verpflichteten, der zweite Grad jene Studenten, die der Sache zwar wohlwollend gegenüberstanden, sich aber nicht offen auf die Grundsätze des Bundes festlegten. Ausschlaggebend für die Verwaltung des Bundes waren die Mitglieder des ersten Grades. Die Mitglieder des zweiten Grades hatten weder beratende noch beschließende Stimme. Ähnliche Verbindungen entstanden an andern Hochschulen.

Unter Führung der Jenenser Verbindung entstand eine neue allgemeine deutsche Burschenschaft, der die Herbeiführung der deutschen Einheit als höchstes politisches Ziel vorschwebte. Die Verwirrung der unruhigen jungen Köpfe wurde immer größer.

Innerhalb der Burschenschaft machten sich verschiedene Auffassungen geltend. Die einen huldigten der christlich-germanischen Weltauffassung und waren von etwas unklaren, mystischen Gedanken erfüllt. Die andern waren von den Ideen des Illuminatismus angesteckt und wollten die Burschenschaft in einen Geheimorden mit Graden und Geheimnissen nach dem Muster der Freimaurerlogen umwandeln. Nun entstand eine förmliche Verschwörergemeinschaft radikal eingestellter junger Stürmer, die den burschenschaftlichen Grundsatz der Sittlichkeit verließen und sich auf das politische Gebiet begaben. Diese Grundsätze führten zum Bruch innerhalb des Bundes. Die Anhänger des christlichen Gedankens gründeten in Erlangen die „Arminia", die Gegner die „Germania". Die beiden Korporationen standen in schärfster Opposition. Die Spaltung dehnte sich auch auf andere Hochschulen aus und führte zu einer förmlichen Sprengung der gesamten Burschenschaft. Die Politisierung der Studentenschaft machte sichtliche Fortschritte. Schon dachte man selbst in den germanisch gerichteten Kreisen daran, etwaige Aufstände zur Herbeiführung der ersehnten nationalen Einheit zu unterstützen. Das Bestreben der radikalen Kreise ging aber noch erheblich weiter. Diese waren bereits von den Ideen der französischen Revolution erfüllt und waren nicht abgeneigt, ihre Gedanken auch mit bewaffneter Gewalt in die Tat umzusetzen. Eine vorübergehende Versöhnung der germanischen und der arminischen Richtung im Jahre 1831 war nicht von Bestand. Die „Germanen" gerieten immer tiefer in den Radikalismus hinein. Seit dem Stuttgarter Burschentag (Dezember 1831) begannen sie sogar direkt terroristischen Methoden zu huldigen und die Einheit und Freiheit des Vaterlandes auf dem Wege wirklichen Umsturzes des Bestehenden zu erzwingen. Die nun vollständig zu einem politischen Bunde gewordene Burschenschaft beteiligte sich an der großen politischen Kundgebung auf dem Hambacher Schlosse (1832) und ging bald darauf sogar zur revolutionären Tat über. Es folgte das sog. Frankfurter Attentat (1833), dem mehrere harmlose Soldaten zum Opfer fielen. Eine strenge Untersuchung der Vorgänge führte zu zahlreichen Verhaftungen innerhalb der Studentenschaft. Viele hoffnungsvolle junge Leute hatten ihre ganze Lebenslaufbahn aufs Spiel gesetzt und mußten ihre Torheit mit jahrelangen Freiheitsstrafen büßen.

Die Burschenschaft machte in der Folge noch manche Wandlung durch. An den Ereignissen des Jahres 1848 hatte sie ihren bemessenen Anteil. Für die Pfingstfeiertage war ein neues Wartburgfest in Aussicht genommen. Die Begeisterung der jugendlichen Schwärmer für die

Ehre, Einheit und Freiheit des Vaterlandes kannte keine Grenzen. Da die gegen die Studentenschaft gerichteten Ausnahmegesetze inzwischen weggefallen waren, begannen sich die hochgehenden Wogen der Bewegung nunmehr rasch zu glätten; auch die Entwicklung der Burschenschaft wurde von nun an erfolgreich in ruhigere Bahnen übergeleitet.

Vgl. Haupt, Landsmannschaft und Burschenschaft, Leipzig 1820; Wesselhöft, Deutsche Jugend in weiland Burschenschaften und Turngemeinden, Magdeburg 1828; Rich. und Robert Keil, Geschichte des jenaischen Studentenlebens, Leipzig 1858; Dies., Die Gründung der deutschen Burschenschaft in Jena, Jena 1865; Kieser, Das Wartburgfest am 18. Oktober 1817 in seiner Entstehung, Ausführung und Folgen, Jena 1818; R. Hug, Die demagogischen Umtriebe in den Burschenschaften der deutschen Universitäten, Leipzig 1831.

IX. Deutsche Selbstschutzverbände.

Durch den Verlust des Weltkrieges ist die deutsche Volksseele, die deutsche Staatsautorität, die deutsche Wirtschaft auf das allerschwerste erschüttert worden. Was aus der stolzen Vergangenheit noch in die Gegenwart hereinragte und die Grundlage für eine hoffnungsreiche Selbstbehauptung und Erneuerung hätte bilden können, hat der Wahnsinn einer fluchwürdigen Revolution vollends in einen Trümmerhaufen verwandelt. Die revolutionären Umwälzungen des Jahres 1918 haben nicht nur die seitherigen Verfassungsgrundlagen des Reichs und der Länder zerstört; sie haben auch die Sitte und die Sittlichkeit des Volkes ins Wanken gebracht, die Wirtschaft gefährdet, den staatsbürgerlichen Sinn, den Glauben des Volkes an sich selbst und an seine Zukunft untergraben, alle Bande der Ordnung gelöst und dem krassesten Materialismus und Egoismus Tür und Tor weit geöffnet. Die Verbrechen gegen die Person und das Eigentum nahmen in erschreckendem Maße zu; Wuchertum und Schiebertum schossen noch üppiger ins Kraut. Die Regierungen vermochten dieser Entwicklung mit dem besten Willen keinen entsprechenden Damm entgegenzusetzen, da ihre Machtmittel beschränkt und sie selbst als Geschöpfe der Revolution gerade in den staatstreuesten Kreisen des Volkes nicht das erforderliche Vertrauen genossen. Aus diesen Erwägungen heraus sind allenthalben in Deutschland Notwehrverbände und Selbstschutzvereinigungen gegründet worden, die den ausgesprochenen Zweck verfolgten, Haus und Hof, Person und Eigentum zu schützen und die Staatsregierung in ihrem Bestreben der Aufrechterhaltung von Ruhe und Ordnung, in ihrem Kampfe gegen das Überhandnehmen von Wuchertum und Schiebertum tatkräftig zu unterstützen. Mit Revanchebestrebungen irgend welcher Art hatte diese Bewegung nicht das

mindeste zu tun. In Bayern ist auf diese Weise zunächst die Einwohnerwehr, im übrigen Deutschland die Orgesch (Organisation
Escherich) entstanden.

Die Entstehung der bayrischen Einwohnerwehr reicht bis
in den November 1918 zurück; Ansätze zu einem Selbstschutze, namentlich auf dem Lande, waren sogar schon vor dem Novemberumsturz
1918 zu beobachten. Die Novemberrevolution hatte eine große Menge
von Waffen in die Hände radikal gesinnter Kreise gebracht; die Errichtung der Räterepublik in München nach bolschewistischem Vorbilde zeigte die ungeheure Gefahr, in der Staat und Gesellschaft, Volk
und Wirtschaft zu versinken drohten. Diese Gefahr sollte durch eine
organisierte Selbsthilfe des ordnungsliebenden Teils der Bevölkerung
gebannt werden. Die an vielen Orten gegründeten Einwohnerwehren
waren private Einrichtungen des öffentlichen Wohles. Wie die freiwilligen Feuerwehren aus dem Volke hervorgegangen, beruhten sie
auf völlig freiwilligem Zusammenschluß ihrer Mitglieder. Der Dienst in
den Einwohnerwehren war unentgeltlicher Ehrendienst; die Besetzung
der leitenden Stellen erfolgte auf Grund freier Wahl der Mitglieder
der Organisation. Die Einrichtung war eine unpolitische, überparteiliche und entsprach in ihrem ganzen Aufbau durchaus demokratischen
Grundsätzen. Tatsächlich gehörten den Einwohnerwehren auch Bürger
aller auf dem Boden der Verfassung stehenden Parteien an. Da die
Zerstörer der früheren Ordnung und die auf die völlige Vernichtung
alles historisch Gewordenen bedachten Feinde jeder Ordnung mit Waffen
aller Art, ja selbst mit Maschinengewehren, mit Minenwerfern und mit
Geschützen versehen waren, wie die Aufstände in München, im Ruhr-
gebiet, in Mitteldeutschland nachderhand deutlich zeigten, konnten
die Selbstschutzverbände nur etwas ausrichten, wenn sie gleichfalls
wenigstens mit Schußwaffen versehen waren. Mit Gummiknütteln und
Revolvern gegen Maschinengewehre sich zur Wehr setzen zu wollen,
wäre nicht nur Torheit, sondern verbrecherische Pflichtverletzung gewesen. Die Mitglieder der Einwohnerwehren mußten daher bewaffnet
werden. Trotzdem war die Einwohnerwehr keine militärische Einrichtung. Denn ihr ganzer Aufbau, ihre ganze Verfassung, Ausrüstung
und Führung hätte keineswegs ausgereicht, um auch nur entfernt den
Gedanken an eine militärische Auseinandersetzung mit einem kriegs-
mäßig ausgerüsteten Gegner aufkommen lassen zu können. Die Einrichtung war auch keineswegs geeignet, um als Rahmen für den Aufbau einer wirklichen militärischen Organisation zu dienen. Man dachte
damals tatsächlich an nichts anderes als an die eigene, innere Ordnung, an die innere Kraft, die notwendig war, um den kranken Volks-
körper über die letzte Krisis glücklich hinwegzubringen. Zu diesem
Zwecke galt es vor allem auch, die vielen Einzelwehren zu einem

7*

großen Ganzen zusammenzufassen. Diese Organisationsarbeit ist bis Ende 1920 zum Abschlusse gekommen. Männer wie v. Kahn, Escherich u. a. haben sich große Verdienste um diesen Ausbau erworben. Zusammenhanglose zahlreiche Einzelwehren hätten die große Gefahr gegenseitiger Bekämpfung, ja sogar die Gefahr des Bürgerkrieges in sich getragen.

Auf ähnlicher Grundlage wurde fast gleichzeitig von Forstrat Escherich die Orgesch gegründet. Sie faßte ihre Aufgabe in folgenden Programmpunkten zusammen: Sicherung der Verfassung, Schutz von Person, Arbeit und Eigentum, Erhaltung des Deutschen Reiches und Ablehnung jeglicher Abtrennungsbestrebungen, Aufrechthaltung von Ruhe und Ordnung, Abwehr jedes Rechts- oder Linksputsches. Die Organisation war als eine über das ganze Reichsgebiet ausgebreitete Einrichtung gedacht. Die Orgesch war für das übrige Deutschland das, was für Bayern die Einwohnerwehr war. Auch diese Organisation war unpolitisch, überparteilich, unmilitärisch. Sie stand auf dem Standpunkte, daß die völlige Entwaffnung der Zivilbevölkerung angestrebt werden müsse.

In den so geschaffenen Verbänden wurde Ordnungsgeist, Heimatsinn und Vaterlandsliebe in hervorragendem Maße gepflegt. Die sozialen und politischen Gegensätze fanden in den jede Parteipolitik ausschließenden Zusammenkünften eine gewisse Milderung; die Angehörigen der verschiedenen Berufs- und Gesellschaftsschichten kamen sich auch innerlich näher.

Bald aber erstanden diesen im besten Sinne vaterländischen Verbänden zwei Gegner, ein äußerer und ein innerer. Das etwas geräuschvolle Auftreten, namentlich der bayrischen Einwohnerwehr (Landesschützenfest), lenkte die Aufmerksamkeit der Entente auf sich, die alsbald die Auflösung und Entwaffnung der Einwohnerwehren verlangte. Auf der andern Seite ist die deutsche Sozialdemokratie mehr und mehr auf die Seite der Gegner der Selbstschutzverbände, namentlich der bayrischen Einwohnerwehr, getreten. Die in den Verbänden immer stärker zur Geltung kommende vaterländische Einstellung, deren Stellung zur Staatsumwälzung, zum Friedensvertrag, zur Staatsform u. a., veranlaßten die sozialistisch gerichteten Arbeiter, sich mehr und mehr von der Teilnahme an der Einwohnerwehr zurückzuziehen. Anscheinend hat auch ein gewisses Mißtrauen der Arbeiterführer, ihre Schutzbefohlenen könnten zu sehr in den Bann bürgerlicher, nationaler Ideen geraten, dabei eine nicht unwesentliche Rolle gespielt. Jedenfalls steht fest, daß die Sozialdemokratie die Selbstschutzverbände, vor allem die bayrische Einwohnerwehr, in Wort und Schrift immer stärker bekämpfte und auf diese Weise den Auflösungsbestrebungen der Entente kräftig in die Hände arbeitete. So kam es im Jahre 1921 auf Grund

des Entwaffnungsgesetzes tatsächlich zur Auflösung der Einwohnerwehr und anderer Selbstschutzvereinigungen. Dieses Ereignis war für
die ganze Weiterentwicklung des vaterländischen Vereinswesens, für
die Zersplitterung der vaterländischen Bewegung von wesentlicher,
geradezu verhängnisvoller Bedeutung. Was bisher in großen Gedanken
und großen Gefäßen zusammengehalten war und sich zu erhebender
Kraftäußerung verbunden hatte, zerfiel nunmehr in kleinere und kleinste
Gedankensplitter und mußte, in eine Vielzahl von Gefäßen umgegossen,
an Einheit und Kraft der Gesamtwirkung naturgemäß verlieren. Die
Eitelkeit und der Ehrgeiz von Führern und Führerlein brachte es mit
sich, daß die vaterländischen Selbstschutzverbände in den verschiedensten Formen und unter den merkwürdigsten Namen wie Pilze aus
dem Boden hervorschossen und gar bald ein trostloses Bild vollendeter
innerer Zerrissenheit der vaterländischen Bewegung boten. Einzelne
dieser Verbände gerieten immer stärker in ein parteipolitisches Fahrwasser, und aus diesem Grunde auch unter sich in einen schroffen Gegensatz. Die nationalsozialistische Bewegung riß durch ihre radikale Einstellung auch die vaterländischen Verbände in den Strom politischer
Leidenschaften hinein, und bestimmte schließlich auch für andere Verbände, die mit gewissen Forderungen der Nationalsozialisten zu wett-
eifern begannen, Ziel und Form ihrer Handlungen. So kam es, daß nicht
wenige der Verbände ihre eigentliche und nächste Aufgabe zusehends
aus den Augen verloren und manche von ihnen der Regierung sogar
ihre eigenen staatspolitischen Grundsätze aufzuzwingen versuchten.
Hierdurch entstand eine Unklarheit und Unsicherheit, die wiederholt
eine stärkere Inanspruchnahme der polizeilichen Machtmittel des Staates
erforderte. Die Stellungnahme einzelner Verbände zu besondern Fragen
und Lagen war manchmal recht merkwürdig und rief zuweilen unwillkürlich den Eindruck hervor, als ob neben den satzungsmäßigen Aufgaben noch besondere Ziele beständen, die der Masse der Anhänger
und vor allem der Regierung vorenthalten wurden. Diesem Umstande
ist es wohl zuzuschreiben, daß manche Vereinigungen sich den Augen
der Regierung zu entziehen suchten und in mancher Hinsicht ein mehr
geheimnisvolles Dasein führten. Es ist nur der Wachsamkeit und der
Tatkraft der Regierung zu verdanken, wenn manche unterirdische Bewegung, die gegen die verfassungsmäßige Regierung sich zu richten
drohte, im Keime erstickt und so schweres Unheil abgewehrt werden
konnte. Bei aller Anerkennung der vaterländischen Gesinnung und
Opferwilligkeit des großen Teils der Mitglieder aller vaterländischen
Vereinigungen muß festgestellt werden, daß die verantwortlichen Führer
es nicht nur ihren eigenen Anhängern, sondern vor allem auch der
Regierung gegenüber manchmal an der erforderlichen Aufrichtigkeit und
Offenheit bezüglich ihrer eigentlichen Absichten fehlen ließen. Es hat sich

gezeigt, daß das Problem der vaterländischen Verbände im wesentlichen ein Führerproblem ist, das bisher allerdings noch nicht endgültig gelöst zu sein scheint. Bedauerlich ist vor allem, daß die Gewaltmethoden, die man früher nur bei linksradikalen Vereinigungen beobachten konnte, auch in gewisse vaterländische Organisationen Eingang fanden, und daß diese Methoden nicht nur auf den einzelnen Gegner und die gegnerischen Verbände, sondern, auch auf die Regierung und auf die Ordnung im Staate angewendet, den Bestrebungen mancher Vereinigungen ein geradezu revolutionäres Gepräge geben mußten. Dies gilt namentlich von den Verbänden, die sich in Bayern im Jahre 1923 zu einer Kampfgemeinschaft zusammenschlossen, die sich in bewußten Gegensatz zur Regierung stellte und schließlich im November 1923 auch vor dem ernsten Versuche nicht zurückschreckte, auf dem Wege der Gewalt die verfassungsmäßige Regierung zu beseitigen und eine Diktatur aufzurichten. Dieser Versuch hat zur Evidenz gezeigt, daß gewisse Selbstschutzverbände tatsächlich zu Geheimbünden schlimmster Art sich entwickelt hatten, die ihre eigenen politischen Ziele verfolgten und diese Ziele auch durch ihre Sturmtrupps mit Gewalt durchzusetzen entschlossen waren.

Erfreulicherweise standen solchen Verbänden andere gegenüber, die sich von allen parteipolitischen Bestrebungen fernhielten und ihre Mitglieder ausschließlich auf die Pflege wirklicher vaterländischer Gesinnung, auf die Pflege der Heimatliebe und des Heimatschutzes, sowie auf die Pflege der Erinnerungen an die geschichtliche Größe des deutschen Volkes einzustellen verstanden. Die so geleiteten Verbände haben dem Ganzen einen wirklichen Dienst erwiesen, indem sie den Geist der Kameradschaft und der Zusammengehörigkeit wachhielten und in richtiger Einschätzung der derzeitigen wirklichen Kräfte des deutschen Volkes ihr Augenmerk auf die innere Erstarkung und den Wiederaufbau des Vaterlandes richteten. Eine solche vaterländische Mitarbeit ist wertvoll und kann auch für die Zukunft nur aufs wärmste begrüßt werden.

Die vaterländische Bewegung wird von den republikanisch eingestellten Parteien und ihren Anhängern in Wort und Schrift mit der größten Leidenschaftlichkeit und oft mit recht zweifelhaften Methoden bekämpft. Von linksradikaler und auch von demokratischer Seite hat man sogar versucht, die vaterländische Bewegung für gewisse tiefbedauerliche Einzelereignisse der letzten Jahre verantwortlich zu machen. Man hat den Mord an Erzberger, Rathenau und andere verabscheuungswürdige Verbrechen in einen gewissen Zusammenhang mit der vaterländischen Bewegung als solcher zu bringen versucht. Dies ist nicht gelungen. Wenn auch nicht geleugnet werden kann, daß eine leidenschaftliche politische Treiberei gegen einzelne deutsche Staats-

männer, namentlich auch eine alle sittlichen Begriffe verwirrende Juden-
hetze dazu beigetragen haben mag, in einigen jugendlichen unklaren
Köpfen verruchte Gedanken sogar zu verbrecherischen Wahnsinnstaten
heranreifen zu lassen, so können doch die vaterländischen Verbände
als solche für den Wahnsinn einzelner unmöglich verantwortlich gemacht werden. Selbst die längere Zeit nicht ganz ohne Erfolg in der
breiteren Öffentlichkeit als Mörderzentrale schwer verdächtigte Organisation C (Consul, Deckname für Kapitän Ehrhardt) ist aus dem
gegen sie angestrengten Prozeß in dieser Hinsicht gerechtfertigt hervorgegangen. Die Anklage konnte schließlich nur noch wegen Geheimbündelei aufrechterhalten werden. Aber auch gegen die Verurteilung
wegen Geheimbündelei sind neuerdings Schritte eingeleitet worden.

Die seit dem Novemberumsturze sozialistisch eingestellte oder
wenigstens stark unter sozialistischem Einflusse stehende Reichsregierung hat im Jahre 1922 die Mordtaten an Erzberger und Rathenau
als planmäßige Angriffe auf die Republik erklärt, zu deren Schutz
gegen weitere Angriffe zunächst eine Verordnung erlassen und sodann
den Entwurf eines Republikschutzgesetzes eingebracht. Das
nach schwersten innern Kämpfen vom Reichstag angenommene Gesetz
ging weit über das Ziel hinaus. Man benützte die willkommene
Gelegenheit, um die bereits in den weitesten Kreisen unpopulär gewordene Republik mit einem Drahtverhau zu umgeben und der Ver-
sammlungs- und Pressefreiheit weitgehende Beschränkungen aufzuerlegen. Die Partei, die einst gegen das Sozialistengesetz als Ausnahmegesetz schwer gekämpft hatte, trat nun als eifrigste Befürworterin
eines sozusagen umgekehrten Sozialistengesetzes auf, und die Parteien
des Reichstags wie die Vertretungen der Länder liehen bedauerlicher-
weise, mit wenigen Ausnahmen, den verhängnisvollen Bestrebungen
der Reichsregierung ihre Unterstützung. Die bayrische Regierung
und die Vertretung des bayrischen Volkes führten damals, nur von
wenigen unterstützt, einen hartnäckigen Kampf gegen die Reichsregierung und das Reichsgesetz, der zu einer schweren innern Krise
führte, der aber unter dem frischen und von der Reichsregierung weid-
lich ausgenützten Eindrucke der vorausgegangenen Mordtaten, und angesichts der sozialistischen Einstellung der Mehrzahl der einzelstaatlichen Regierungen weder im Reichsrate noch im Reichstage den
bayrischen Standpunkt zum Siege führen konnte. Das Republikschutzgesetz ist ein Ausnahmegesetz schlimmster Art und richtet sich
vor allem gegen die nichtrepublikanisch gesinnten Volksteile und ihre
Vereinigungen, die der damaligen Regierung als Brutstätten verbrecherischer Pläne gegen die Republik und ihre führenden Männer galten.
Man begnügte sich nicht damit, auf dem Wege des allgemeinen Strafrechts und der bestehenden Gerichtsbarkeit einen Schutz gegen die

vermeintlichen Gefahren zu gewähren, sondern glaubte ein materielles
Ausnahmerecht schaffen und ein Ausnahmegericht, noch dazu ein politisch zusammengesetztes Ausnahmegericht, mit dem Vollzuge der Aus-
nahmevorschriften betrauen zu sollen. Das Republikschutzgesetz, und
vor allem der Staatsgerichtshof, der zur Durchführung dieses verhängnisvollen Gesetzes geschaffen wurde, bilden seitdem fortwährend
einen politischen Zankapfel unter den deutschen Volksgenossen, der
ungemein viel zur Verbitterung gerade der besten Schichten unseres
Volkes beigetragen hat. Die vaterländischen Verbände haben sich mit
der größten Schärfe gegen das Gesetz und seine Anwendung gerichtet,
ohne bis jetzt irgend einen Erfolg verzeichnen zu können. Von bay-
rischer Seite wird mit größtem Nachdrucke immer wieder auf den
schweren Eingriff hingewiesen, den dieses Ausnahmegesetz in die durch
die neue Verfassung ohnedies verminderten Zuständigkeiten der Länder
machte. Die sämtlichen übrigen einzelstaatlichen Regierungen haben
aber bisher in dieser Frage vollständig versagt, obwohl durch das Gesetz
sehr erhebliche Interessen der Länder beeinträchtigt worden sind. Mit
der Aufhebung des Republikschutzgesetzes, die als eine dringende Notwendigkeit angesehen werden muß, würde ein schwerer Stein des An-
stoßes, ein großes Hindernis für die Herbeiführung eines innerpolitischen
Ausgleichs und einer seelischen Beruhigung gerade des ausgesprochen
national gerichteten Teils des deutschen Volkes beseitigt werden.

Die vaterländische Bewegung hat auch eine Gegenbewegung hervorgerufen. Die linksgerichteten Kreise, die in den vaterländischen Vereinigungen, mit Ausnahme etwa der Einwohnerwehr, nie stärker vertreten waren, gingen schon bald dazu über, ihre Gesinnungsgenossen
gleichfalls in geheimen Vereinigungen unter dem Gesichtspunkte des
Selbstschutzes zusammenzuschließen. Dieser Selbstschutz hatte aber
einen ganz andern Zweck als beispielsweise der Selbstschutz der Einwohnerwehr. Er richtete sich nicht gegen allgemeine soziale Schäden,
nicht gegen Raub und Plünderung, nicht gegen die Gefährdung der
bürgerlichen Gesellschaft, sondern gegen die Bestrebungen der bestehenden gegnerischen Verbände, gegen ihre wirklichen oder auch
vermeintlichen Übergriffe in Versammlungen (Saalschutz) oder auch
bei sonstigen Anlässen, und hatte deshalb von vornherein ein ausgesprochenes parteipolitisches Gepräge. Suchten gewisse vaterländische
Verbände durch demonstratives Auftreten ihren Geist und ihre Stärke
öffentlich zur Schau zu tragen, so bemühten sich die proletarischen
Verbände, durch öffentliche Gegenkundgebungen gleichfalls die Augen
der Öffentlichkeit auf sich zu lenken. Diese Übung hat zu vielen
größeren und kleineren Zusammenstößen geführt, bei denen es in der
Regel nicht ganz leicht war, den wirklich schuldigen Urheber festzustellen. Die proletarische Gegenbewegung ist wohl infolge des

starken Gegendruckes von Anfang an eine mehr einheitliche gewesen; eine zu starke Zersplitterung blieb vermieden. Im „Reichsbanner Schwarz-Rot-Gold" sind zur Zeit wohl die große Mehrzahl der proletarischen, nichtkommunistischen Organisationen zusammengefaßt. Seine Stärke ist sicherlich sehr erheblich, wie die Gründungsfeier in Magdeburg deutlich bewiesen hat. Seine Gliederung und seine Führung zeugen von Erfahrung und Geschick. Im allgemeinen sind die proletarischen Verbände bestrebt, ihre Tätigkeit mehr unter der Oberfläche und im stillen auszuüben. Es wäre aber ein großer Irrtum, sie deswegen als weniger kraftvoll, als weniger gefährlich für den Eintritt ernster Ereignisse zu betrachten. Auch die kommunistische Bewegung besitzt ihre eigenen geheimen Verbände. Mit russischer Unterstützung hat der Kommunismus krampfhafte Anstrengungen gemacht, die mißvergnügten Proletarier extremster Richtung an sich zu ziehen und in festen Verbänden zusammenzuschließen. Die „kommunistische Jugend" scheint sich mehr und mehr zu einer festen Organisation zu entwickeln, die sich nicht scheut, in unglaublich anmaßender, alle Gesetze des Rechts und des Anstandes verletzender Weise auch öffentlich aufzutreten. Die wirkliche Kampforganisation der Kommunisten sind die „Proletarischen Hundertschaften", die militärisch organisiert und reichlich mit Waffen versehen sind. Ihre Grundlage bildet der kommunistische Ordnungsdienst, dem der „Rote Frontkämpferbund" und der „Rote Jungsturm" als Kraftquellen zur Verfügung stehen. Die Proletarischen Hundertschaften führen aus naheliegenden Gründen ein streng unterirdisches Dasein. Sie unterhalten einen weitverzweigten Nachrichtendienst und bilden eine ständige schwere Gefahr für den Bestand der staatlichen, sittlichen und gesellschaftlichen Ordnung.

Das Nebeneinanderbestehen einer Anzahl von Verbänden, die parteipolitisch verschieden eingestellt und auf den schärfsten politischen Gewaltkampf eingerichtet sind, birgt naturgemäß die ständige Gefahr von Zusammenstößen in sich, denen gegenüber die Regierungen häufig gezwungen sind, einen wesentlichen Teil ihrer ohnedies durch die Entwaffnung geschwächten, für die Wiederbefestigung der Staatsautorität so notwendigen Machtmittel nutzlos zu verbrauchen. Solange überhaupt noch verschieden eingestellte Organisationen in einem Lande vorhanden sind, die den politischen Kampf nicht als einen Kampf mit geistigen Waffen zu betrachten vermögen, sondern diesen Kampf auf dem Wege gewaltmäßiger Auseinandersetzung zum Austrag zu bringen entschlossen sind, so lange kann von einer wirklichen Gesundung unserer innerstaatlichen Verhältnisse nicht die Rede sein; so lange besteht vielmehr die Gefahr innerer Unruhen und schließlich sogar des Bürgerkrieges fort. Mit Rücksicht hierauf sind auch mehrere Regie-

rungen gegen verschiedene Verbände mit Verbot und Auflösung vorgegangen, wobei allerdings die einzelnen Regierungen je nach ihrer
politischen Einstellung bald in dieser bald in jener Art von Verbänden
die größere Gefahr für den Staat erblickten. So ist die preußische
und die sächsische Regierung schon im Jahre 1920 gegen die Orgesch
eingeschritten. Die preußische Regierung hat im Jahre 1922 auch die
„Nationalsozialistische deutsche Arbeiterpartei", sowie den „Verband
national gesinnter Soldaten" verboten. Auch andere Bundesstaaten sind
mit ähnlichen Verboten hervorgetreten. Bayern und Württemberg
haben sich im Jahre 1923 gegen Einrichtungen (Stoßtrupps, Sicherheitsabteilungen) gewendet, die über einen berechtigten Selbstschutz hinausgehen und auf die Verübung von Gewalttätigkeiten und Ordnungsstörungen berechnet sind. In Preußen verfielen im gleichen Jahre die
Proletarischen Hundertschaften der Auflösung. Bayern sah sich im
Laufe des Jahres 1923 genötigt, im Hinblick auf die Zuspitzung der
innerpolitischen Lage schärfer gegen die Selbstschutzverbände vorzugehen. Ende September 1923 wurden vom Generalstaatskommissar
die Sicherheits- und Selbstschutzverbände der Vereinigten Sozialdemokratischen und der Kommunistischen Partei verboten und aufgelöst.
Unterm 9. November 1923, also unmittelbar nach dem Hitler-Ludendorff-Putsch, schritt der Generalstaatskommissar auch zum Verbot und
zur Auflösung der Nationalsozialistischen deutschen Arbeiterpartei,
sowie der Bünde „Oberland" und „Reichskriegsflagge". Im Laufe des
Jahres 1924 suchten Angehörige des Kampfbundes durch Gründung
des „Frontbanns" einen Ersatzbund zu schaffen. Die Versuche konnten
aber rechtzeitig unterdrückt werden. Inzwischen sind die ergangenen
Verbote mit dem Abbau des Ausnahmezustandes aufgehoben und durch
allgemeine, einschränkende Vorschriften ersetzt worden. Trotz aller
Verbote und Einschränkungen sind aber die dem Staate gefährlich gewordenen Verbände nur rechtlich, nicht tatsächlich beseitigt. Die
Gleichheit der Gesinnung und der verfolgten Ziele hält nach wie vor
die innere Gemeinschaft der Mitglieder der aufgehobenen Verbände
aufrecht, zumal kurzsichtige, verblendete Führer, trotz ihrer politischen
Bloßstellung, immer noch nicht einsehen wollen, daß sie irrige Pfade
beschritten haben, und deshalb immer wieder versuchen, der gegen die
bestehenden, allerdings sehr verbesserungsbedürftigen Verfassungszustände gerichteten Umsturzbewegung neues Leben und neue Schwungkraft zu geben. Durch den Umsturzversuch im November 1923 hat
aber die vaterländische Bewegung in Bayern einen schweren Stoß erlitten, von dem sie sich nicht recht erholen kann.

Im ganzen genommen haben die vaterländischen Organisationen
kraftvoll an der Erweckung des deutschen Nationalbewußtseins mitgewirkt; ihre Mitglieder haben auch durch die Tat viel zur Rettung

des Vaterlandes aus politischer Not (Ruhraufstand, Aufstand in Ober-
schlesien, Thüringen) beigetragen; ihr Ansehen ist aber dadurch, daß
einzelne Verbände die Wege revolutionärer Gewalt beschritten und
sich hierdurch schwer ins Unrecht gesetzt haben, daß andere in
Zeiten der Krisis eine unklare und unsichere Haltung einnahmen und
daß schließlich die vaterländischen Bestrebungen und Kundgebungen
wiederholt mit tiefbedauerlichen kulturkämpferischen Auslassungen
schlimmster Art verbunden wurden, in der letzten Zeit erheblich ge-
sunken. Es ist ihnen jedenfalls bis heute nicht gelungen, die angestrebte und in der Tat notwendige nationale Geschlossenheit des
deutschen Volkes auch nur um einen wesentlichen Schritt der Verwirklichung näher zu bringen.

X. Die Nationalsozialisten.

Die nationalsozialistische Bewegung hat in den letzten Jahren einen
starken Umfang genommen. Namentlich jugendliche Gemüter sind von
der den vaterländischen Gedanken in Tönen höchster Begeisterung
preisenden Bewegung erfaßt und fortgerissen worden. Bei der Organisation dieser Bewegung hat man verschiedene Erscheinungsformen
zu unterscheiden, nämlich die „Nationalsozialistische deutsche Arbeiterpartei", die Sturmtrupps dieser Partei und neuerdings die parlamentarische Vertretung der Grundsätze der Bewegung, den deutsch-völki-
schen Block, die deutsch-völkische Freiheitspartei. Wäre die nationalsozialistische Bewegung lediglich eine politische Bewegung, eine politische Partei wie jede andere politische Vereinigung, so bestände kein
Grund, sie hier einer besondern Betrachtung zu unterstellen. Diese
Bewegung hat aber nach ihrer ganzen Entwicklung, nach ihrer Propaganda, ihrem Auftreten, ihren Bestrebungen und vor allem nach
den Mitteln und Wegen, die sie zur Verwirklichung ihrer Ziele gewählt
hat, soviel mit einem politischen Geheimverbande gemein, daß sie nicht
mit Stillschweigen übergangen werden kann.

Die nationalsozialistische Bewegung geht keineswegs von vollständig
neuen Ideen aus. Ziel und Methode sind aus früheren Zeiten her wohl-
bekannt; sie hat eine Vorläuferin in der vor wenigen Jahrzehnten namentlich in Österreich eifrig betriebenen Los-von-Rom-Bewegung und in den
damaligen Bemühungen zur Schaffung einer von Rom unabhängigen
deutschen Nationalkirche. Adolf Hitler, der Gründer der „Nationalsozialistischen deutschen Arbeiterpartei", ist selbst Österreicher und
stammt aus einer der Los-von-Rom-Bewegung nahestehenden Umgebung.
Die tiefergehenden Probleme der nationalsozialistischen Bewegung, die
auf eine vollständig neue Weltanschauung, auf eine deutsch-völkische
Lebens- und Weltanschauung hinauskommt, sind bei dem ersten Auf-

treten der Bewegung in Bayern und noch längere Zeit danach, sei es absichtlich oder unbewußt, zurückgestellt geblieben. Die Bewegung ging anfänglich im allgemeinen die Wege der vaterländischen Verbände, mit denen sie lange Zeit in der Betonung ihrer rein vaterländischen Ziele wetteiferte. Sie unterschied sich von den vaterländischen Verbänden zunächst nur dadurch, daß sie geräuschvoller und stürmischer auftrat und besonders einem ausgesprochenen Antisemitismus der Hetze huldigte. Je mehr die Bewegung zunahm, desto anmaßender klangen die Reden ihrer wortgewandten Führer, desto herausfordernder und selbstbewußter benahmen sich einzelne Gruppen in Versammlungen und auf der Straße, desto mehr wurde ein ausgesprochener Terror gegen Andersdenkende zur fast täglichen Gewohnheit. Dies machte auf den besonnenen Beurteiler einen um so widerlicheren Eindruck, als die Vollstrecker der neuen Volkserziehungsgrundsätze zum großen Teile noch in einem Alter standen, das von vornherein zu einer solchen Aufgabe wenig berufen erscheinen mußte. Solange indes die vorgekommenen Verstöße gegen die bestehenden Gesetze sich in gewissen Grenzen hielten, konnte die Regierung sich damit begnügen, die einzelnen Übeltäter durch gerichtliche Verfolgung zur Verantwortung zu ziehen. Mit der stetigen Zunahme der Ausschreitungen erwuchs aber der Polizei alsbald die Pflicht, der Bewegung aus grundsätzlichen Erwägungen auch präventiv entgegen zu treten. Die Regierung befand sich dabei in einer um so unangenehmeren Lage, als die Bewegung in den Augen der Öffentlichkeit immer noch als eine rein vaterländische Bewegung galt, und eine nationalgerichtete Regierung sich nicht ohne weiteres dem Vorwurfe aussetzen durfte, daß sie einer vaterländischen Bewegung als solcher unnötige Schwierigkeiten bereiten wolle. Dazu kam, daß weite Kreise der Bevölkerung, die nicht tiefer blicken konnten, die anspruchsvollen, weltstürmenden Reden der skrupellosen Führer für bare Münze nahmen, und deshalb der Bewegung gegenüber nicht nur eine wohlwollende Haltung beobachteten, sondern in Hitler und seiner Gefolgschaft geradezu die Retter des Vaterlandes aus tiefster politischer und sozialer Not erblickten. Adolf Hitler war anfangs zweifellos von guten vaterländischen Absichten beseelt. Mit der Erstarkung seiner Gefolgschaft, mit dem Wachstum seiner äußern Macht wuchs auch sein Selbstbewußtsein bis zum Größenwahn, und mit der Zunahme des einen Teil der Unterführer immer mehr erfassenden Radikalismus wurde auch er selbst immer mehr vom Strudel der politischen Leidenschaft fortgerissen. Er mußte mit den Wölfen heulen und den starken, wilden Mann, vor allem auch den Behörden gegenüber, spielen, um dem radikalen Flügel zu gefallen und seine unbestrittene Führerrolle zu behaupten. Bei der hemmungslosen Art, die Hitler eigen ist, fiel ihm dies nicht schwer. Er mußte aber mit diesem Verhalten in einen immer stärkeren Gegensatz zum Gesetze und den Vollzugsbehörden, vor allem mit den polizeilichen Instanzen geraten. Dies war namentlich dann der Fall, wenn er in maßlos aufreizenden Plakaten zu einer Vielzahl von Massenversammlungen aufrief, wenn er in den Versammlungen in maßloser Weise hetzte und die politischen Leidenschaften wachrief, wenn er durch seine Sturmabteilungen einen unerhörten Versammlungsterror ausübte und nach den Versammlungen nur zu oft die aufgeregten Massen in lärmenden, alle Gesetze der Ordnung mißachtenden Aufzügen durch die Straßen ziehen ließ. Die Auslassungen der nationalsozialistischen Presse waren häufig so radikal, so aufreizend, so anmaßend, ja so revolutionär, daß die Regierung sich wiederholt veranlaßt sah, mit Verboten oder Strafeinschreitung vorzugehen. Mit besonderer Schärfe bekämpften die Nationalisten nicht nur sachlich den Sozialismus oder, wie sie sich auszudrücken pflegten, den Marxismus, sondern vor allem auch die Sozialisten, Marxisten persönlich. Von einer Redefreiheit in den öffentlichen Versammlungen der Nationalsozialisten war keine Rede. Gegner wurden niedergeschrieen oder auch niedergeschlagen. Wer sich unterstand, in den Versammlungen Notizen zu machen, wurde daran gehindert, wenn er nicht sogleich an die Luft gesetzt wurde. Es war dies eine merkwürdige Übung, die verriet, daß die Führer entweder ihrer Sache selbst nicht ganz sicher waren oder daß sie vielleicht selbst das Empfinden hatten, ihre Auslassungen könnten mit den Gesetzen im Widerspruche stehen. Anders läßt sich diese Haltung wohl nicht erklären; denn vernünftigerweise hätten die Führer aus Gründen der erwünschten Weiterverbreitung ihrer nationalsozialistischen Offenbarungen nichts dagegen haben dürfen, daß einzelne Zuhörer Aufzeichnungen machten, um das Vernommene sicherer bewahren und in der Presse weiter erörtern zu können. Das brutale Vorgehen gegen die Juden entsprang den bekannten antisemitischen Erwägungen, die den Juden für landesfremd erklären und für allen sozialen und wirtschaftlichen Schaden verantwortlich machen. Die terroristische Behandlung der Marxisten, und zwar sowohl der Kommunisten wie der Sozialdemokraten, wurde damit begründet, daß die Sozialisten den Terror als Kampfmittel einführten und sich deshalb nach dem Grundsatze der Wiedervergeltung gefallen lassen müßten, mit gleichen Mitteln behandelt zu werden. Mochte man auch in diesem Gedankengang einen gewissen Kern von Berechtigung finden, so mußte man auf der andern Seite doch mit Bedauern feststellen, daß die Brutalität des Vorgehens vielfach keine Grenzen der Menschlichkeit kannte, und daß vor allem nicht bloß im Wege der Verteidigung, sondern oft auch im Wege des frivolen Angriffs vorgegangen wurde.

Es ist klar, daß eine solche Methode zu häufigen Konflikten mit Juden, Sozialisten und vor allem mit der Polizei führen mußte. Die

Sozialisten schufen sich in ihren Sicherheitsabteilungen Kampforgani-
sationen, die sich nicht bloß gegen die Angriffe der Nationalsozialisten
zu wehren suchten, sondern sehr häufig auch ihrerseits aggressiv vorgingen. Je stärker die sozialistischen Sturmabteilungen wurden, desto
angriffslustiger zeigten sie sich, und desto häufiger wurden die Nationalsozialisten tatsächlich in die Verteidigung gedrängt.

Die Nationalsozialisten wandten sich aber nicht nur gegen die
Juden und die Sozialisten, gegen die Wucherer und Schieber, sondern
auch gegen die Staatsregierung und gegen das Parlament, vor allem auch
gegen die Regierung und das Parlament im Reiche. Die Reichsregierung
ließ es nach Auffassung der Nationalsozialisten in der Behandlung der
außenpolitischen Fragen an der Wahrung der nationalen Ehre und Würde
fehlen; sie verlangten die Annullierung des Versailler Gewaltfriedens
und andere radikale Maßnahmen gegen die drückende Fremdherrschaft.
Innenpolitisch wandten sie sich mit größter Schärfe gegen das Republikschutzgesetz und den Staatsgerichtshof, aber auch gegen den sozialistischen Reichspräsidenten und einzelne Reichsminister. Ebenso griffen
sie auch die national gerichtete bayrische Regierung an, die angeblich im Kampfe gegen Berlin versagte und insbesondere der nationalsozialistischen Bewegung nicht ungehemmt die Zügel schießen ließ.
Die Parlamente wurden als „Schwatzbuden", als „parlamentarischer
Sumpf", die Parlamentarier als „Diätenschinder" maßlos bekämpft und
vor dem Volke lächerlich und verächtlich gemacht. Es wurde überdies die Beseitigung der formalen Demokratie und die Errichtung der
nationalen, d. h. nationalsozialistischen Diktatur gefordert. So ent-
wickelte sich die nationalsozialistische Bewegung, die anfänglich nur
das Nationale stärker betont hatte, immer mehr zu einer radikalen
nationalrevolutionären Parteibewegung um, die in einen immer schärferen Gegensatz nicht nur zu den sozialistischen, sondern auch zu den
bürgerlichen, auch zu den ausgesprochen nationalgerichteten Parteien,
und vor allem auch zur nationalen bayrischen Regierung trat. Schon
im August 1922, nach der Beilegung der wegen des Republikschutzgesetzes ausgebrochenen Krisis, war die nationalsozialistische Bewegung
an einer gegen die Regierung gerichteten Aktion beteiligt, die jeden
Augenblick in einen Putsch auszuarten drohte. Alle Versuche, den
Führer der Bewegung zur Besonnenheit zu bringen, waren vergeblich.
Er nahm eine förmliche Vorzugsbehandlung durch die Behörden in
Anspruch, und war höchst indigniert, wenn die allgemeinen Polizei-
gesetze auch gegen ihn und seine Gefolgschaft zur Anwendung gebracht wurden. Bei persönlichen Aussprachen mit den zuständigen
staatlichen Stellen suchte Hitler geraume Zeit das Gesicht zu wahren
und den Eindruck eines loyal gesinnten Mannes zu erwecken. Bei
einer Unterredung mit dem Minister des Innern, der ihn auf die

zwangsläufige Entwicklung der Bewegung und die hieraus drohenden
Gefahren aufmerksam machte, verwahrte er sich feierlichst gegen den
Verdacht, irgend etwas gegen den Staat zu unternehmen. In der
größten Erregung sprang er auf, warf sich in die Brust und erklärte
dem Minister aus freien Stücken: „Herr Minister, ich gebe Ihnen
mein Ehrenwort, ich werde nie in meinem Leben einen
Putsch machen." Diese Erklärung wiederholte Hitler zur feierlichen Bekräftigung unmittelbar darauf nochmals. Der Minister er-
widerte etwa Folgendes: „Ihr Ehrenwort in Ehren! Aber es wird eine
Zeit kommen, in der Sie die Entwicklung nicht mehr in der Hand
haben werden. Die Bewegung wird über Ihren Kopf hinweggehen;
Sie werden eines Tages vor der Alternative stehen, entweder mitzu-
schwimmen oder erledigt zu sein. Und Sie werden schwimmen." Diese
Voraussage hat sich bekanntlich später in gewissem Sinne erfüllt.
Zum ersten größeren Zusammenstoß mit der bayrischen Regierung
kam es im Januar 1923, unmittelbar nach Einleitung des Ruhrkampfes.
Für Ende Januar war die Standartenweihe der „Nationalsozialistischen
deutschen Arbeiterpartei", die aus taktischen Gründen bereits wiederholt verschoben worden war, endgültig in Aussicht genommen. Die
Feier sollte in München unter stärkster Beteiligung auswärtiger Gesinnungsgenossen in größtem Stile vor sich gehen. Eine große Zahl
von Massenversammlungen sollte für die Hebung der Stimmung in den
eigenen Reihen sorgen und zugleich niederdrückend auf die Gegner
wirken. Als die Münchner Polizei Kundgebungen unter freiem Himmel
verbot, kam es zu einem scharfen Konflikt zwischen dem Münchner
Polizeipräsidium und dem Führer der Nationalsozialisten, der zu einer
förmlichen innern Krise führte. Hitler erklärte, seine Fahnenweihe
werde unter allen Umständen an irgend einem freien Platze stattfinden, man könne dazu Militär und Polizei aufbieten, soviel man wolle.
Die Regierung könne schießen; er werde sich an die Spitze stellen
und man könne auch ihn erschießen; aber das sage er, der erste
Schuß löse eine rote Flut aus; was dann komme, das werde man
sehen. Zwei Stunden nach dem ersten Schuß sei die Regierung erledigt. Ähnliche Drohungen wiederholten Vertreter Hitlers am nächsten
Tage dem Minister des Innern gegenüber. Daneben kam namentlich
auch zum Ausdrucke, daß die Nationalsozialisten trotz des eben be-
gonnenen einmütigen Abwehrkampfes aller Parteien an der Ruhr die
Einheitsfront aufs schärfste bekämpften, und daß sie, auf den drohenden
Verlust der bayrischen Pfalz hingewiesen, sich damit trösteten, daß
die Pfalz ja ohnedies verloren sei. Nach diesen Vorgängen beschloß
die Regierung, die in Abwesenheit des Innenministers bereits in der
vorausgegangenen Nacht Ausnahmemaßnahmen in Aussicht genommen
hatte, am 26. Januar 1923 im Einvernehmen mit den maßgebenden

Führern des Parlaments den Ausnahmezustand zu erklären. Der weitere
Verlauf der Sache ist hier nicht zu erörtern. Es genügt, festzustellen,
daß die Standartenfeier zwar nicht ganz im Rahmen der erlassenen
Polizeivorschriften vor sich ging, daß es aber unter dem Eindrucke
des Ausnahmezustandes zu keiner weiteren Störung der öffentlichen
Ordnung kam.

Bemerkenswert war bei diesem Vorfalle das Verhalten der übrigen
vaterländischen Verbände. Es zeigte sich damals, wie vorher und
nachher noch öfter, daß die vaterländischen Verbände in der nationalsozialistischen Bewegung nur eine andere Form der vaterländischen Bewegung überhaupt erblickten, und deshalb trotz der Bedenk-
lichkeit einer Anzahl von Programmpunkten dieser Bewegung, und
trotz des unvaterländischen Verhaltens der Vertreter der Partei im
gegebenen Einzelfalle nicht zu einer bestimmt ablehnenden Haltung
gegenüber der Nationalsozialistischen Partei sich entschließen konnten.
Dies erschwerte wie in diesem Falle so auch bei andern Anlässen der
Regierung ganz außerordentlich ihre Abwehrstellung. Die Erklärung
für dieses Verhalten der vaterländischen Verbände mag vor allem
darin zu suchen sein, daß die vaterländischen Verbände in ihren Reihen
eine große Anzahl von Hitler-Anhängern zählten und jedenfalls in der
nationalsozialistischen Bewegung eine fühlbare Konkurrenz für ihre
Bestrebungen erblickten. Das Verhalten des Präsidenten der vaterländischen Verbände Bayerns in dem Konflikte vom Januar 1923
liefert einen geradezu drastischen Beleg hierfür. Als der Ausnahmezustand wegen der auflehnenden Haltung und der Gewaltandrohungen
Hitlers erklärt war, fand eine Unterredung mit Vertretern vaterländischer Verbände statt. Hierbei legte der Minister des Innern den
Gedanken nahe, die vaterländischen Verbände möchten durch eine
öffentliche Erklärung das Verhalten Hitlers im gegebenen Falle miß-
billigen und so zum Ausdrucke bringen, daß sie — nicht einmal grundsätzlich, wohl aber für diesen Fall — von ihm abrücken. Es bedarf keiner
weiteren Begründung, daß eine solche Erklärung der Regierung ihre
Stellung wesentlich erleichtert hätte. Darauf ging der Präsident der
vaterländischen Verbände zur Überraschung des Ministers nicht ein;
er veröffentlichte vielmehr noch am 2. Februar 1923 mit Namens-
unterschrift folgende vielsagende Feststellung:

    1. Die V.V.V.B. (Vereinigten Vaterländischen Verbände Bayerns)
waren vor die Tatsache des bereits verhängten Ausnahmezustandes
gestellt.

    2. Die V.V.V.B. haben von vornherein der bayrischen Regie-
rung klar zum Ausdrucke gebracht, daß sie die Befürchtung eines
Putsches vonseiten der Nationalsozialisten nicht teilen, und auch keine
Veranlassung hätten, gegen die Nationalsozialisten Stellung zu nehmen.

3. Das freundschaftliche Verhältnis der V.V.V.B. zu der Nationalsozialistischen deutschen Arbeiterpartei bleibt unverändert fortbestehen.

Hieraus ergibt sich ohne weiteres, daß die Stellung der Regierung zur nationalsozialistischen Bewegung eine ungemein schwierige war, da in den weitesten nationalen Kreisen die Bewegung als eine erfreuliche Erscheinung betrachtet wurde. Jedenfalls mußte die Regierung die Hoffnung aufgeben, in den vaterländischen Verbänden Bundesgenossen im Kampfe gegen die nationalsozialistischen Ausschreitungen zu gewinnen.

In der Folgezeit fand die Organisation der Partei als politische Kampfeinrichtung ihre weitere Ausgestaltung. Die Sturmabteilungen wurden vermehrt und auch in Nachtübungen eingeschult. Die immer häufiger werdenden und die Öffentlichkeit aufreizenden Aufzüge gaben zu berechtigter Kritik Anlaß. Die Regierung schritt auch gegen Ausschreitungen nach Maßgabe der bestehenden Vorschriften ein, ohne daß eine wesentliche Besserung erzielt werden konnte.

Am 1. Mai 1923 kam es zu einem weiteren ernsten Konflikte der Nationalsozialisten mit der bayrischen Regierung. Die Gewerkschaften hatten vom Polizeipräsidium in München unter bestimmten Bedingungen die Erlaubnis erhalten, in geschlossenem Zuge zur Theresienwiese zu marschieren. Durch Ministerialerlaß war bereits im vorhinein bestimmt worden, daß alle Kundgebungen zum 1. Mai, an denen Kommunisten beteiligt sind, zu verbieten und zu verhindern seien. Die vaterländischen Verbände, vor allem die Nationalsozialisten, drohten mit Gewalt, den genehmigten Zug zu sprengen. Sie verlangten, daß der Ausnahmezustand erklärt und die vaterländischen Verbände als Notpolizei aufgeboten werden sollen. Beides lehnte der Minister des Innern ab. Die radikal eingestellten Bünde, die bereits weitgehende Vorbereitungen zum selbständigen Eingreifen getroffen hatten, waren anscheinend bemüht, ihrem illegalen Verhalten den Stempel der Legalität zu verschaffen, und sie baten, sie möchten von der Regierung als Hilfspolizei verwendet werden. Die den Gewerkschaften erteilte Genehmigung zur Veranstaltung des Zuges wurde dadurch hinfällig, daß die Kommunisten beschlossen, am Zuge teilzunehmen. Mit Rücksicht hierauf wurde der Zug verboten und nur gestattet, daß sich die Teilnehmer an der Feier in kleinen Gruppen zur Theresienwiese begaben. Auch diese Erlaubnis, die mit den früheren in der Königszeit getroffenen Anordnungen durchaus im Einklange stand, erweckte noch die Entrüstung der Antimarxisten, die unter besonderer Beteiligung der Nationalsozialisten und des Bundes „Oberland" sich in aller Form vor der Stadt versammelten, um mit Gewalt in den Gang der Dinge einzugreifen. Angeblich sollen mehr als 7000 Bewaffnete zusammengekommen sein; in Wirklichkeit standen der Regierung etwa 1200—1500 bewaffnete Nationalsozialisten und „Oberländer" unter Führung Hitlers gegenüber. Die Regierung hatte für Verstärkung ihrer Machtmittel durch auswärtige Reichswehr und Landespolizei gesorgt, und hatte den Befehl zum Angriffe auf die Aufrührer bereits gegeben, als diese es angesichts der Stärke des Gegners vorzogen, unverrichteter Dinge abzuziehen. Mit diesem Vorgehen hatten sich die Nationalsozialisten zweifellos gegen die Vorschriften des Strafgesetzbuches vergangen; der Minister des Innern erklärte im Parlamente, daß seiner Ansicht nach § 127 des RStGB. zweifellos verletzt sei und daß demgemäß die Staatsanwaltschaft und die Gerichte gegen diesen unerhörten Übergriff einschreiten müßten. Die Polizei hat auch im Einvernehmen mit dem Minister des Innern die erforderlichen Schritte getan und das Ergebnis der polizeilichen Erhebungen zur Weiterverfolgung an die Staatsanwaltschaft geleitet. Zu einer gerichtlichen Behandlung der Sache ist es aber unbegreiflicherweise bis zum 8. November 1923 nicht gekommen. Die strafrechtliche Verfolgung der Angelegenheit hat versagt. In dieser Sachbehandlung ist meines Erachtens hauptsächlich der Grund für das weitere gesetzeswidrige Verhalten der Nationalsozialisten zu suchen. Durften sie ungestraft auftreten, um die Absicht selbständigen Eingreifens in die Befugnisse der Staatsregierung zu bekunden, warum sollten sie nicht auch einmal daran gehen, diese Absicht in die Tat umzusetzen? Von dem einen zum andern ist doch nur mehr ein Schritt. Und die Straflosigkeit in einem Falle ließ zum mindesten mildeste Bestrafung, wenn nicht gleichfalls Straflosigkeit, im andern Falle erhoffen. So lag in der strafprozessualen Behandlung der Vorfälle des 1. Mai 1923 eine förmliche Ermutigung zu weiterem kühnen Vorgehen der nationalsozialistischen Draufgänger. Wenn die Zuwiderhandlungen der Nationalsozialisten am 1. Mai 1923 ihre verdiente Sühne gefunden hätten, wäre es aller Voraussicht nach nicht zum Umsturzversuch vom 8. November 1923 gekommen.

Schon Mitte September 1923 mußte man mit planmäßigen Ausschreitungen und Umsturzversuchen der Nationalsozialisten rechnen. Der Abbruch des passiven Widerstandes an der Ruhr schien die Begründung für ein gewaltmäßiges Eingreifen abgeben zu sollen. Die Regierung kam der Verwirklichung der Pläne durch Erklärung des Ausnahmezustandes und Einsetzung eines besondern Generalstaatskommissars zuvor. Wie sehr sich damals die Nationalsozialisten in ihrem Größenwahn bereits als Herren der Lage, als Staat im Staate fühlten, geht daraus hervor, daß ihr Führer Hitler sich förmlich darüber aufhielt, daß die Einsetzung eines Generalstaatskommissars erfolgt sei, ohne daß man ihn gehört habe.

Der Generalstaatskommissar konnte sich trotz wiederholter Anregungen und Aufmunterungen nicht zu einem energischen Schritte gegen die Hitler-Bewegung entschließen. Er war vielmehr bemüht, die ganze vaterländische Bewegung, einschließlich der Nationalsozialisten, hinter sich zu bringen und so in ein gewisses Einvernehmen mit Hitler zu kommen. Dieser Versuch ist mißlungen. Wäre er gelungen, so hätte sich wohl in kürzester Frist gezeigt, daß eine solche Verständigung praktisch nichts anderes als die Verstärkung der Nationalsozialisten durch die vaterländischen Verbände und damit eine Erhöhung der Umsturzgefahr bedeutet hätte.

Am 8. November 1923 gingen die Nationalsozialisten im Bunde mit „Oberland" zur Tat, zur Verwirklichung ihrer nationalrevolutionären Ideen über. Es zeigte sich, daß die nationalsozialistische Bewegung aus einer anfänglichen vaterländischen Bewegung zu einer vollendeten geheimen Umsturzpartei sich entwickelt hatte, und daß Hitler trotz seiner wiederholten Loyalitätsversicherungen auch vor der äußersten Gewalt und selbst vor hochverräterischen Handlungen nicht zurückschreckte, wenn er hierdurch seinen Ehrgeiz zu befriedigen und seine politischen Ziele zu erreichen hoffte. Was kümmern einen Halbgott wie Hitler entgegenstehende klare Gesetzesbestimmungen oder gar feierlichst abgegebene ehrenwörtliche Versicherungen! Das alles gilt ja nur für gewöhnliche Sterbliche! Am 8. November 1923 hat Hitler eine zu vaterländischem Zwecke einberufene Versammlung mit seinen bewaffneten Garden in aller Form hinterlistig überfallen; den Ministerpräsident mit drei andern Ministern, dem Polizeipräsidenten, einen weiteren Polizeibeamten und den Vertreter des bayrischen Kronprinzen verhaftet und in der Nähe Münchens gefangen gehalten. Auch der sozialistische erste Bürgermeister der Stadt München mit einigen Stadträten hatten das gleiche Geschick zu teilen. Zwei Minister wurden bei Nacht und Nebel bis tief in das bayrische Gebirge verschleppt. Für diese an sich nicht verständliche letztere Maßnahme bleibt nur die eine Erklärung übrig, daß die Betroffenen die Seelenqualen eines unsichern Schicksals in besonderem Maße zu fühlen bekommen sollten. Bei der Behandlung der Verhafteten haben sich die beteiligten Nationalsozialisten jedenfalls als vollendete Sadisten erwiesen. Die unterschiedliche Behandlung eines Teiles der Minister war im Grunde genommen wohl nichts anderes als der Ausdruck einer verschiedenartigen Bewertung der einzelnen Minister nach ihrer Einstellung zur nationalsozialistischen Bewegung. Es soll hier nicht weiter erörtert werden, ob und inwieweit etwa die nationalsozialistischen Führer dabei das Richtige getroffen haben. Für jeden treubayrisch Gesinnten war die Verhaftung des Grafen v. Soden, des Vertreters des bayrischen Kronprinzen, von besonderem Interesse. Diese Tatsache beleuchtete blitzartig die wirkliche

staatspolitische Einstellung des Umsturzhelden Hitler und mußte auch
den unverbesserlichen Optimisten schließlich die Augen über die wirklichen politischen Absichten Hitlers öffnen. Jetzt war endgültig klar,
daß die scharfe Kampfstellung der Nationalsozialisten gegen Berlin
durchaus nicht auf eine bayrische Orientierung des Führers zurückzuführen war, wie anscheinend nicht wenige in ihrer Einfalt immer
noch angenommen hatten.

Die weiteren Ereignisse sind zu bekannt, als daß eine eingehende
Schilderung notwendig wäre. Es darf auf die ausführlichen Zeitungs-
berichte verwiesen werden. Als Hitler sah, daß es ihm nicht gelungen
war, v. Kahr, v. Lossow und v. Seißer wirklich auf seine Seite zu bringen,
und demzufolge der Zusammenbruch des ganzen hochverräterischen
Unternehmens drohte, veranstalteten die Aufrührer am 9. November
1923 auf den Rat und unter Beteiligung Ludendorffs einen bewaffneten
Umzug in der Stadt München, der angeblich nur eine harmlose Kundgebung sein sollte, in Wirklichkeit aber dazu bestimmt war, nicht
bloß einen Umschwung der allgemeinen Stimmung herbeizuführen,
sondern vor allem die Reichswehr und Landespolizei für die Sache des
Umsturzes zu gewinnen, und gegebenen Falles auch ein sofortiges Zugreifen mit bewaffneter Macht zu ermöglichen. Dabei ist es zum tiefsten
Schmerze aller guten Staatsbürger zu einem Blutbade gekommen, für
das die Nationalsozialisten ohne jeden triftigen Grund die staatliche
Polizei verantwortlich zu machen suchten. Die Schuld an diesem
Blutbade tragen ausschließlich diejenigen, die die Veranstaltung des Zuges veranlaßten und die an der Miß-
achtung der bestehenden polizeilichen Maßnahmen und
Warnungen beteiligt waren. Die Polizei mußte mit der Waffe
eingreifen, weil sie nur so die Lage meistern konnte. Wäre dem Zuge
der beabsichtigte Durchbruch gelungen, so wären voraussichtlich die
bewaffneten Demonstranten in kürzester Frist ihrerseits zum Angriffe
übergegangen. Dies hat die Polizei pflichtgemäß verhindert. Für
diese harte Pflichterfüllung gebührt ihr nicht der Haß,
sondern der aufrichtige Dank der Regierung und der
ganzen staatstreuen Bevölkerung. Die Polizei war um so
mehr zu ihrem Eingreifen veranlaßt, als sie bei einem andern Verhalten sofort wieder in den Verdacht gekommen wäre, mit den Plänen
der Aufrührer innerlich einverstanden zu sein. Sie behielt glücklicher-
weise die Oberhand, womit der Aufstand endgültig erledigt war.
Hitler konnte wenige Tage später festgenommen und mit den übrigen
Beschuldigten der gerichtlichen Bestrafung zugeführt worden. Wie
schonend die Schuldigen dabei behandelt wurden, wie anmaßend sie
vor den Schranken des Gerichts sich benehmen konnten, und wie gering
die Strafen ausfielen, ist noch allen in lebhafter Erinnerung. Auch

in den noch folgenden Nebenprozessen fanden die Schuldigen eine der
Stimmung des Volkes und den Forderungen der Gerechtigkeit wenig
entsprechende Bestrafung. Es verdient festgestellt zu werden, daß
der Führer des Verhaftungskommandos, der nach eigener Erklärung
vor Gericht die Verschleppung zweier Minister in das Gebirge ohne
Befehl Hitlers auf eigene Verantwortung angeordnet und durchgeführt
hatte, hierwegen vom Gerichte freigesprochen wurde. Der Staatsanwalt hatte eine Gefängnisstrafe von sechs Monaten beantragt; das
Gericht glaubte die feige Freveltat mit der gelinden, wegen Teilnahme
am Hochverratsunternehmen zuerkannten Festungsstrafe genügend ge-
sühnt zu haben, obwohl nach der ganzen Sachlage die den beiden Ministern angetane gewaltmäßige Sonderbehandlung mit der Durchführung
des eigentlichen Umsturzes nichts mehr zu tun hatte.

Mit schmerzlichem Bedauern muß auf die verhängnisvolle Rolle hingewiesen werden, die General Ludendorff in der nationalsozialistischen
Bewegung seit dem Sommer 1923 spielte. Zu einer ernsten unmittelbaren Gefahr für den Staat ist die nationalsozialistische Welle erst geworden, als Ludendorff offen für
die nationalsozialistische Sache eintrat und durch sein
Eintreten der Bewegung ihren letzten und stärksten Antrieb gab. Er ist es auch gewesen, der, als die kulturkämpferischen
Neigungen in der Bewegung sich zu regen begannen und wiederholt
in einer geradezu beschämenden Form zum Ausbruch kamen, statt zur
Besonnenheit und Mäßigung zu mahnen, selbst wiederholt in die gleiche
Kerbe schlug, und durch seine unfreundlichen Auslassungen über die
Katholiken und die katholische Kirche noch Öl in das flammende Feuer
goß. Dies alles vermochte aber an der Tatsache nichts zu ändern,
daß die nationalsozialistische Bewegung einstweilen zusammengebrochen
war und trotz aller Anstrengungen Ludendorffs, oder gerade wegen
seiner unklugen maßlosen Haltung, nicht mehr zur früheren Kraftentfaltung gebracht werden konnte. Die der eigentlichen Führer
für längere Zeit beraubte Bewegung zerfiel in mehrere sich gegenseitig
scharf bekämpfende Splitterbewegungen, die nunmehr auch Vertretung
in den von ihnen bis aufs Messer bekämpften Parlamenten suchten.
Nach vorübergehenden größeren Erfolgen bei den Frühjahrswahlen
1924 zeigte es sich bei den Dezemberwahlen 1924 bereits deutlich,
daß die „völkische Bewegung“, wie sie seit längerer Zeit mit Vorliebe
genannt wird, ihre Anziehungskraft auf große Teile des Volkes bereits
verloren hatte. In den Parlamenten haben ihre Vertreter bis jetzt
keine Erfolge zu verzeichnen. Bei ihrer Stellung zum Parlamentarismus hat ihr Eintritt ins Parlament gleichfalls nicht zur Erhöhung ihres
Ansehens beigetragen. Die nach dem Zusammenbruche des Umsturz-
versuchs, und namentlich während der Strafhaft Hitlers entstandenen

Streitigkeiten und sonstigen Zersetzungserscheinungen brachten die nationalsozialistische und völkische Sache immer mehr in Mißkredit. So ist das deutsche Volk um eine Erfahrung reicher geworden. Die mit so vielen Versprechungen in den Kampf eingetretene und von weiten Schichten der Bevölkerung mit so großen Hoffnungen aufgenommene Bewegung hat schließlich mit einer schweren Enttäuschung, mit einem schmerzlichen Erwachen aus einem kurzen Traume geendet.

Adolf Hitler hat nach seiner Entlassung aus der Festungshaft zunächst eine weitgehende Zurückhaltung geübt. Erst Ende Februar 1925 ist er aus dieser Zurückhaltung herausgetreten, um seine politische Tätigkeit wieder aufzunehmen. In einem Aufruf vom 26. Februar 1925 an die ehemaligen Angehörigen der „Nationalsozialistischen deutschen Arbeiterpartei" kündigte er im Tone größten Selbstbewußtseins die Wiedererneuerung der „großen deutschen Nationalbewegung" an; darin verlangte er von seinen Anhängern, zumal von den Führern, Treue und unbedingten Gehorsam. In den am gleichen Tage veröffentlichten Richtlinien kommt dieses Verlangen noch deutlicher zum Ausdruck. Wie ein souveräner Herrscher tut er darin seinen Getreuen seinen Willen kund und zu wissen. „Bedingungen beim Eintritt in die neue Bewegung werden in keiner Form angenommen, weder von Führern noch von Mitgliedern", das ist der Ton, der die ganze Willenskundgebung durchzieht. Von besonderem Interesse sind die Bestimmungen über die Sturmabteilungen (S.A.). Hierüber ist verfügt: „Die Neubildung der S.A. erfolgt nach den Grundlagen, die bis zum Februar 1923 maßgebend waren. Ihre Organisation hat dem Vereinsgesetze zu entsprechen. Bewaffnete Gruppen oder Verbände sind von der Aufnahme in die S.A. ausgeschlossen. Wer entgegen den Anordnungen der Leitung Waffen trägt oder in Depots aufzubewahren versucht, wird sofort aus der S.A. und der Partei ausgeschlossen. Die Abteilung, die entgegen der Anordnung der Leitung öffentliche Umzüge veranstaltet oder sich an solchen beteiligt, wird sofort aufgelöst. Die Führer werden aus der S.A. sowie aus der Partei ausgeschlossen." Hiernach behält sich die Leitung der Partei vor, ihrerseits über das Tragen von Waffen und die Veranstaltung von Umzügen das Geeignete zu bestimmen. Bewaffnung und Veranstaltung von Umzügen sollen hiernach nicht ausgeschlossen, sondern nur der Verfügung der Leitung vorbehalten sein. Die Vorschriften erwecken den Anschein einer den Anforderungen des Staates Rechnung tragenden Regelung; bei näherem Zusehen enthalten sie in versteckter Weise die Aufrechthaltung der ganzen früheren Organisation, vor allem auch der Sturmabteilungen und sonstiger Einrichtungen der Partei. Alle diese Organe werden nur noch strammer als bisher der zentralen Leitung, dem persönlichen Befehl Hitlers, unterstellt. Nach dem ersten Auftreten in öffentlichen Versammlungen

scheint Hitler, der mit Bewährungsfrist entlassene Führer der Bewegung, die frühere Sprache und die frühere Agitationsmethode wieder
aufnehmen und in der gleichen anmaßenden Weise wie früher den
bestehenden Regierungen und Parteien den Fehdehandschuh hinwerfen
zu wollen. Bereits haben mehrere Massenversammlungen stattgefunden;
eine Steigerung der Versammlungstätigkeit auch durch Abhaltung
mehrerer Versammlungen zu gleicher Zeit ist bereits geplant. All dies
darf bei genauerer Überlegung nicht wundernehmen. Hitler wurde
wegen Hochverrats verurteilt. Dieser Hochverrat ist einer grundsätzlichen Einstellung des Täters zu den gegenwärtigen innenpolitischen
Verhältnissen entsprungen. Die durch die Bewilligung einer Bewährungsfrist angestrebte Besserung des Verurteilten setzt eigentlich eine Umwandlung des ganzen innern Menschen, die Aufgabe einer festgewur-
zelten politischen Überzeugung aufseiten des Begnadigten voraus. Sie
verlangt also von Hitler eine Verleugnung seiner innersten politischen
Überzeugung. Dies ist ein Unding. Hitler hat allerdings durch die
Annahme der ihm bewilligten Bewährungsfrist dieser an sich wider-
sinnigen Annahme eine gewisse Grundlage gegeben. Er hat stillschweigend den Anschein erweckt, als ob er seine Ansichten und Methoden, mindestens aber seine Methoden ändern wolle. Auch das ist
ein Unding, wenn nicht gar eine Charakterschwäche. War Hitler von
Anfang an entschlossen, an seiner politischen Einstellung und an den
Methoden ihrer Verwirklichung festzuhalten, dann hätte er folge-
richtigerweise weder um Bewilligung einer Bewährungsfrist nach-
suchen noch die Entlassung mit Bewährungsfrist annehmen dürfen.
In Wirklichkeit kann Hitler, wenn er seine politische Tätigkeit
fortsetzen will, gar nicht anders handeln, als er allem Anscheine
nach zu handeln entschlossen ist. Er steht vor der Alternative, entweder vom Schauplatz der politischen Bühne abzutreten oder in dem
früheren Texte weiterzufahren. Zur Aufgabe seiner politischen Tätigkeit
konnte er sich vorerst nicht entschließen. Also bleibt ihm nichts anderes
übrig, als mit der gleichen Anmaßung, mit dem gleichen Selbstbewußtsein, mit der gleichen Selbstüberhebung gegen die bestehende Staats-,
Gesellschafts- und Wirtschaftsordnung wie früher aufzutreten, mit den
gleichen Schlagworten und Drohungen wie früher die Reform der bestehenden Zustände in seinem Sinne zu verlangen und mit der gleichen
Leidenschaft wie früher sich als den Retter des Vaterlandes anzu-
preisen. Denn würde er all dies nicht tun, so würde er bei seinen
Anhängern jeden Kredit verlieren und in kurzer Zeit als Schwäch-
ling der Lächerlichkeit verfallen. Aus dieser psychologischen Erwägung
heraus wird er von Versammlung zu Versammlung versuchen, seine
Töne zu steigern, um tastend festzustellen, wieviel er der Staatsregierung zumuten darf, ohne eine Intervention zu erfahren. So wird

die Regierung aller Voraussicht nach von Versammlung zu Versammlung vor eine schwierigere Lage, vor eine stärkere Geduldprobe
gestellt werden. Die Erfahrungen der Vergangenheit mahnen hier
zur größten Vorsicht. Schon hört man lebhafte Stimmen, die ein
starkes, sofortiges Zugreifen der Regierung verlangen, um ein gefähr-
liches, geheimes Anwachsen der Bewegung zu verhindern und die
Gefahr eines erneuten Umsturzes im Keime zu ersticken. Caveant
consules ne quid detrimenti capiat respublica! Inzwischen hat die Regierung ein Redeverbot für Hitler erlassen und damit seiner politischen
Versammlungstätigkeit bis auf weiteres ein Ziel gesetzt.

Mit der Schilderung des äußern Ganges der dargelegten Ereignisse
ist der Nationalsozialismus aber noch keineswegs in seiner vollen Bedeutung erschöpft. In der Bewegung sind Ideen und Kräfte wirksam
geworden, die viel weiter gehen, als der äußere Ablauf der seitherigen
Ereignisse geoffenbart hat.

Die Bezeichnung „Nationalsozialistische Arbeiterpartei" ist so wider-
spruchsvoll wie das ganze Programm der Partei. Man hat die Partei
nicht mit Unrecht „die Partei der innern Widersprüche" genannt. Der
Sozialismus ist international eingestellt. Nationalismus und Sozialismus reimen sich nicht zusammen. Die Verbindung von Nationalismus und Sozialismus kann nicht mit dem Hinweise darauf abgetan
werden, daß unter dem Sozialismus der Nationalsozialistischen Arbeiterpartei etwas besonderes, vom Marxismus seiner Wesenheit nach Ver-
schiedenes zu verstehen sei; denn das wirtschaftliche Programm der
Partei enthält manche Forderungen, die durchaus marxistischen Anstrich haben. Die utopische Forderung der Brechung der Zinsknecht-
schaft sowie die unentgeltliche Enteignung eines gewissen Grundbesitzes
können nicht als spezifische Forderungen der „Nationalsozialistischen
Arbeiterpartei" angesehen werden. Die Bewegung ist auch keine reine
Arbeiterbewegung und will entgegen der Bezeichnung auch keine solche
sein. Der Name wurde anscheinend deshalb gewählt, um auf die Arbeiterschaft eine werbende Wirkung auszuüben und namentlich die
sozialistisch gerichteten Arbeiter für die Bewegung zu gewinnen. Der
Versuch, die Arbeiter vom Joche des Sozialismus zu befreien und
zu nationaler Auffassung zu bekehren, ist gewiß anzuerkennen. Er
ist aber nur in verhältnismäßig bescheidenem Maße gelungen. Mit
entwurzelten Elementen, die zwischen allen möglichen Auffassungen
und Parteibestrebungen hin- und herpendeln, und stets da zu finden
sind, wo es etwas zu gewinnen gilt, ist keiner Bewegung etwas ge-
dient und auch der nationalsozialistischen Bewegung nicht geholfen.
Tatsächlich sind viele Elemente, die in der Rätezeit als Vertreter der
kommunistischen Ideen sich betätigt haben, nunmehr zur Fahne des
Nationalsozialismus übergegangen, ohne daß man die Überzeugung oder

auch nur den Eindruck gewonnen hätte, daß diese Menschen eine
innere Umwandlung ihrer Gesinnung erfahren haben. Die Zahl der
wirklich Bekehrten ist gewiß nicht sehr hoch. Im übrigen ist es angesichts der gemachten Erfahrungen fraglich, ob der Übergang von
linksradikalen Parteien zum Nationalsozialismus unter allen Umständen
als ein wirklicher Gewinn für die Allgemeinheit anzusprechen ist. Ob
der Staat in seinen tiefsten Grundlagen unter der Flagge des Sozialismus oder des Nationalsozialismus erschüttert wird, macht in der Wirkung
kaum einen wesentlichen Unterschied aus. Der Nationalsozialismus
ist wie der Sozialismus eine durchaus zentralistisch eingestellte Bewegung, die für die Selbständigkeit und die Hoheitsrechte der Länder
nichts übrig hat. Beide treiben auch in Bayern durchaus antibayrische
Politik. Und wenn die Nationalsozialisten noch so sehr gegen das
Berliner Regiment zu Felde ziehen, so ist ihr heißestes Bemühen doch
nicht darauf gerichtet, dem Berliner Zentralismus endgültig den Garaus
zu machen, sondern nur darauf abgestellt, an die Stelle des bisherigen
Zentralismus einen andern, nicht weniger zweifelhaften Zentralismus
zu setzen. Die Diktatur bleibt eine dem Volke gefährliche und un-
erträgliche Gewaltherrschaft, ob sie von dieser oder jener Seite auf-
gerichtet wird. Das Vorgehen der nationalsozialistischen Gewalthaber
während der wenigen Stunden ihrer Münchner Herrschaft hat keinen
wesentlichen Unterschied von den Methoden der Rätehelden gezeigt. Die
kulturpolitischen Forderungen endlich sind, so unklar sie auf den ersten
Blick erscheinen, bei näherer Prüfung so radikal, so weitgehend, daß
ihre Verwirklichung eine schwere Gefahr, ja den Untergang unserer
gegenwärtigen christlichen Kultur bedeuten würde.

Die „Nationalsozialistische Arbeiterpartei" behauptet eine christliche
Partei zu sein und ist höchst unangenehm berührt, wenn man diese Behauptung nicht gelten lassen will. Zum Christentum gehört schließlich
auch der Katholizismus. Diese Form des Christentums steht aber bei den
Nationalsozialisten schlecht im Kurse. Der Sturm, der im Herbste 1923
innerhalb der völkisch gerichteten Kreise, unter lebhafter Beteiligung
führender Nationalsozialisten gegen die katholische Kirche, gegen Kar-
dinal v. Faulhaber, gegen den Papst und gegen katholische Anschauungen
und Einrichtungen sich erhob, ist doch wohl kaum ein Ausdruck besonderer Wertschätzung des Katholizismus gewesen. Mit dem alten Taschenspielerkunststück, daß man nicht den religiösen Katholizismus, sondern
nur den politischen Katholizismus, wie er im Papsttum, in gewissen politischen Parteien vertreten sei, treffen wolle, kommt man wirklich nicht
mehr länger durch. Auch das Papsttum ist eine Einrichtung des religiösen Katholizismus; denn der Papst ist das Oberhaupt der katholischen Weltkirche. Trotzdem aber wurden Rom und die katholische
Kirche selbst von nationalsozialistischen und völkischen Schriftstellern,

denen sonst nicht jede Besonnenheit abgesprochen werden kann, als
Feinde, als Widersacher des deutschen Volkes hingestellt. Wenn es
sich um Papsttum, katholische Kirche, Katholizismus handelt, dann
kommt bei gewissen Leuten die sonst so hoch gepriesene gesunde Vernunft, die Besonnenheit des Urteils, der Sinn für Recht und Gerechtigkeit vollständig zum Stillstand. In der im übrigen manche beachtenswerte Ausführungen enthaltenden Schrift von Gustav Sondermann über
den „Sinn der völkischen Sendung" finden sich beispielsweise unter
anderem folgende, geradezu ungeheuerliche Auslassungen: „Die politische Macht Roms hat sich in unserem deutschen Volke aus deutschen
Volksgenossen eine politische Partei geschaffen, welche die Winke dieser
ausländischen Macht für ihre Politik als verbindlich erachtet — auch
wenn diese Winke gegen den Willen des deutschen Volkes und Staates
stehen. Diese an sich schon erschütternde Tatsache wird noch furcht-
barer, wenn man sieht, daß der politische Zwang dieser auswärtigen
Macht auf deutsche Volksgenossen mit Hilfe der Religion ausgeübt
wird, — daß man die unabweisbare Forderung aufstellt: jeder Katholik
habe sich der gemeinsamen katholischen Zentrumsfront anzuschließen.
Das bedeutet auf der einen Seite ein Vorgehen gegen die Gewissensfreiheit des deutschen Menschen, auf der andern Seite aber einen Angriff auf die Selbständigkeit und Freiheit des deutschen Volkes." Weiter
heißt es: „Unsere katholischen Volksgenossen werden in oft ungeheure
Seelennöte hineingeworfen durch die Tatsache, daß ihr religiöses Oberhaupt eben auch eine politische Größe ist, die Anspruch auf politische
Beachtung und Wirksamkeit macht. So unterstehen sie zwei politischen Herren: dem Staate ihres Volkes wie dem Staate ihrer Religion. Man muß sich einmal bewußt werden, welche seelischen Nöte
dadurch heraufbeschworen werden können!" Solche Auslassungen sind
im Interesse der so notwendigen konfessionellen Verständigung auf das
tiefste zu bedauern. In einem Abschnitte, der dem religiösen Frieden
gewidmet ist, werden Ausfälle gegen die katholische Kirche gebracht,
die auf einer vollständigen Verkennung der wirklichen Verhältnisse
beruhen und die von jedem wirklich treugesinnten Katholiken als eine
schwere Beleidigung empfunden werden. Ich stehe durchaus auf dem
Boden der vom Verfasser geforderten Verständigung, gegenseitiger
Achtung der religiösen Überzeugung und vaterländischen Zusammenarbeit der christlichen Konfessionen; ich habe aber noch nie von den
Seelen- und Gewissensnöten und von dem politischen Drucke etwas
gespürt, der angeblich auf jeden Katholiken von Rom aus erfolgt.
Wenn man von der Achtung der religiösen Überzeugung der Mitmenschen und Volksgenossen spricht, so muß man diese Achtung auch
dem katholischen Bekenntnisse entgegenbringen. Diese Achtung verlangt, daß man Anschauungen und Einrichtungen des Katholizismus

so hinnimmt und so gelten läßt, wie sie nach der Lehre der Kirche und der Überzeugung der bekenntnistreuen Katholiken sich darstellen, und daß man ihnen nicht einen Sinn und eine Bedeutung unterlegt, den sie nicht haben, auch wenn noch so oft von Unberufenen das Gegenteil behauptet wird.

Der Verfasser des „Volksbuches vom Hitler" betrachtet in gleicher Weise die „schwarze Internationale" als einen der „Hauptfeinde des deutschen Volkes". Auch hier wird das übliche Taschenspielerkunststück der Unterscheidung zwischen politischem und religiösem Katholizismus vorgeführt. „Das System der nach weltlicher Gewalt strebenden Macht" stellt nach Anschauung des Verfassers „ein weitverzweigtes, bis in feinste Verästelungen sich verteilendes, unterirdisches Wurzelgeflecht dar, von dessen Vorhandensein und unheimlicher Wirkungsweise die Laienwelt im allgemeinen keine Ahnung hat". Als typische Vertreter dieses Systems werden dann das Zentrum und die Bayrische Volkspartei, und als „Hauptvollzugsorgan" der Jesuitenorden bezeichnet. Der Inhalt des dem Führer der Nationalsozialistischen Partei gewidmeten Buches dürfte wohl mit den Anschauungen Hitlers in Übereinstimmung stehen. Auch Hitler, und bei seiner autoritativen Stellung auch die „Nationalsozialistische deutsche Arbeiterpartei" stehen hiernach auf einem Standpunkte, der, soweit der Katholizismus in Betracht kommt, von allen gläubigen und kirchentreuen Katholiken abgelehnt wird. Hieran können auch die beschwichtigenden, aber nichtssagenden Bemerkungen nichts ändern, die Hitler neuerdings über seine Stellung zur Religion, speziell zum Christentum, gemacht hat. Mit Christentum, jedenfalls mit katholischem Christentum, haben solche Anschauungen nichts mehr zu tun.

Das Christentum wird hiernach von dieser Bewegung wirklich zu Unrecht im Munde geführt. Bei näherem Zusehen zeigt sich sofort, daß das Christentum der Nationalsozialisten nichts anderes als die Verwerfung des Judentums, also eine reine Negation ohne jeden positiven christlichen Inhalt ist. Christentum, ist soviel wie Antisemitismus. Und doch ist der Nationalsozialismus nicht nur eine soziale oder politische Bewegung; er will mehr sein und ist auch mehr: er ist eine Weltanschauung. „Die völkische Bewegung steht und fällt mit der Frage, ob der völkische Gedanke Keimkraft genug hat, eine völkische Weltanschauung aus sich zu erzeugen" (H. Meyer a. a. O. S. 14). Wie die Freimaurer eine besondere Weltanschauung, die man ungefähr als Deismus bezeichnen kann, sich zurecht gerichtet haben, so haben auch die Nationalsozialisten ihre besondern weltanschaulichen Forderungen aufgestellt. Der Protestantismus ist nach ihrer Auffasung auf halbem Wege stecken geblieben; sie verlangen eine besondere Nationalreligion, die sie als „germanisiertes Christentum" bezeichnen, die aber mit dem positiven Christentum nichts als den Namen gemein hat. Der völkische Gedanke, das Volk, der Staat, das Vaterland ist ihnen alles. „Vom Christentum zum Deutschtum" ist die Losung. Der deutsche Gedanke wird förmlich zum Gotte erhoben; ihm haben sich alle andern Gesichtspunkte unterzuordnen. Nicht nur über die Zulassung bestimmter Glaubensbekenntnisse, sondern auch über den Glaubensinhalt entscheidet der Staat. Es gibt kein absolutes göttliches Gesetz, kein vom Staate unabhängiges Sittengesetz. Der Staat ist die letzte moralische Instanz; was er für gut erklärt, ist gut und deshalb sittliche Norm. Im übrigen bildet für den einzelnen Menschen das Gewissen die oberste Richtschnur für seine Lebensführung. Man glaubt förmlich freimaurerische Weisen in anderer Tonart zu hören. Im Vaterlande offenbart sich Gott am deutlichsten. Das Vaterland ist das Ursprüngliche, Elementare.

Diese Auffassung ist im Grunde genommen nichts anderes als die faschistische Idee der „Nazione deificata", nichts anderes als ein nationaler Imperialismus der Religion, der mit dem positiven, für alle Nationen bestimmten Christentum in unlöslichem Widerspruche steht. Mit dieser Auffassung und den hieraus sich ergebenden Folgerungen untergräbt der Nationalsozialismus vielleicht im gleichen Maße wie das von ihm bekämpfte Freimaurertum und der einer materialistischen Weltauffassung huldigende Sozialismus die Grundlagen der sittlichen Weltordnung und damit die letzten zuverlässigen Pfeiler einer gefestigten Staatsordnung. Wenn auch der einzelne Nationalsozialist, wenn auch der gegenwärtige Nationalsozialismus im ganzen sich dieser letzten Wirkungen vielleicht nicht ganz bewußt wird, so ändert dies doch nichts an der Tatsache, daß der Nationalsozialismus diese letzten Konsequenzen im Keime in sich birgt und ihre volle Ausreifung und Verwirklichung im Falle eines Sieges dieser Weltauffassung nur eine Frage der Zeit wäre.

Vgl. Rud. Jung, Der nationale Sozialismus, München 1922; W. Vielberth, Der Nationalsozialismus, Heft 5/6 der Politischen Zeitfragen, München 1923; E. Schlund, Neugermanisches Heidentum im heutigen Deutschland, München 1924; Gustav Sondermann, Der Sinn der völkischen Sendung, München 1924; Gg. Schott, Das Volksbuch vom Hitler, München 1924.

XI. Französische Geheimbünde.

Nach dem Sturze Napoleos I. trat in Frankreich eine gewaltige Reaktion ein. In Gesetzgebung und Verwaltung, in Familie und Gesellschaft, in Religion und Sitte suchte man die vorrevolutionären Verhältnisse wiederherzustellen. Die freisinnig gerichteten Teile des Volkes verhielten sich demgegenüber ablehnend und zogen sich zur Verfolgung

ihrer den vorherrschenden Anschauungen widersprechenden Ziele in das
Dunkel geheimer Gesellschaften zurück. In Südfrankreich entstand der
Geheimbund der „Vereinigten Patrioten", der nur kurze Zeit arbeitete, da er der wachsamen Polizei nicht entging und rasch der Auflösung verfiel. Im Jahre 1820 erfolgte die Gründung des Bundes der
„Wahrheitsfreunde" mit dem Sitze in Paris. Er wurde nach freimaurerischem Vorbild eingerichtet und zählte zahlreiche Studenten,
Künstler, Schriftsteller und Kaufleute zu seinen Mitgliedern. Der Zweck
des Bundes war die Erregung der Volksleidenschaften mit dem Ziele
des Sturzes der Dynastie der Bourbonen und der Aufrichtung der Republik. Auch dieser Bund wurde von der Regierung in kurzer Zeit unterdrückt. Die Führer gingen zum Teil flüchtig, zum Teil wurden sie mit
schweren Strafen belegt.

Eine Anzahl weiterer Gesellschaften kam nicht zu größerer Bedeutung. Sie verfolgten aber meist sehr extreme Ziele. Auch ihre Verbindung mit den Freimaurern ist beachtenswert. Die vermutlich im
Jahre 1820 gegründete Gesellschaft der „Neuen Reform Frankreichs" verlangte von dem Novizen in seinem Eide, ein ewiger Feind
der Tyrannen sein zu wollen und sie tödlich zu hassen und bei guter
Gelegenheit umbringen zu wollen. In ihrem Katechismus wird beispielsweise die Frage: „Was willst du tun?" mit der Erklärung beantwortet:
„Throne stürzen und Galgen errichten." Und die Antwort auf die
Frage, auf Grund welchen Rechtes dies geschehe, lautete: „Auf Grund
des natürlichen Rechtes."

Größere Beachtung verdient die „Gesellschaft der Volksfreunde".
Karl X. erließ am 25. Juli 1830 die berüchtigten „Ordonnanzen", durch
die er die Freiheit der Presse neuerdings beschränkte, die neugewählte
Kammer auflöste und die Wahlreform abänderte. Die Ausführung der
Ordonnanzen stieß auf den heftigsten Widerstand der Pariser Bevölkerung.
Adolf Thiers verfaßte eine Protestkundgebung, die in der Presse veröffentlicht wurde und das Volk auf die Barrikaden rief. Die sog. Juli-
revolution war heraufbeschworen. „Die Gesellschaft der Volksfreunde",
die in diesen Tagen neu gegründet wurde, bildete einen gewissen Mittelpunkt für die revolutionären Elemente. Louis-Philipp vermochte nur
eine vorübergehende Beruhigung des aufgeregten Volkes herbeizuführen.
Die Wühlereien gegen das Königtum nahmen ihren Fortgang. In Wort
und Schrift wurde der Gedanke der bürgerlichen und sozialen Freiheit
verkündet und die Republik als die den neuen Zeitverhältnissen allein
angepaßte Staatsform gepriesen. An diesen Bestrebungen waren die
„Volksfreunde" in hervorragendem Maße beteiligt. Die Gesellschaft
verfiel daher der Auflösung. Gegen die republikanische Presse und
gegen die revolutionären Kundgebungen wurden die strengsten Maßnahmen verfügt. Die „Volksfreunde" wandelten sich daher in einen

politischen Geheimbund um, der mit unverminderter Kraft an der Auf-
wühlung des Volkes arbeitete und jede Gelegenheit zu revolutionären
Kundgebungen benützte. Der Sturz, ja die Ermordung Louis-Philipps
wurde offen als Parole ausgegeben. In der Tat wurden auch wiederholte
Anschläge auf das Leben des Königs unternommen. Im Jahre 1832
bereitete der Geheimbund eine allgemeine Volkserhebung vor. Man
plante, die Notre-Damekirche in Brand zu setzen und auf dieses Feuer-
zeichen hin das Volk zur Revolution aufzureizen. Die Kirche wurde
auch tatsächlich durch sechs Mitglieder der Gesellschaft in Brand
gesteckt, konnte aber noch rechtzeitig gerettet werden. Zu einem wirklichen Aufruhr wurde dann die Beisetzung des an der Cholera ver-
storbenen Generals Lamarque am 5. Juni 1832 benützt. Die Aufständischen besetzten öffentliche Gebäude und errichteten Barrikaden. Dem
aufgebotenen Militär gelang es, allerdings in einem furchtbaren Blutbade, den Aufruhr niederzuwerfen. Es wurde der Kriegszustand ver-
hängt. Durch kriegsgerichtliche Urteile wurden mehrere Aufrührer zum
Tode verurteilt; eine große Zahl büßte ihr Verhalten mit der Strafe
der Deportation. Die Geheimbünde stellten aber ihre Tätigkeit nicht
ein. Sie fuhren fort, durch eine die Volksseele vergiftende Schriften-
propaganda die Staatsautorität zu untergraben und den Boden für einen
neuen Umsturzversuch vorzubereiten. Bei dieser neuen Bewegung hatte
vor allem ein anderer Geheimbund, die Gesellschaft der „Vereinigung
der Menschenrechte" die Hand im Spiele. Diese Vereinigung stand
in Verbindung mit der Gesellschaft der Volksfreunde und suchte alle
revolutionären Elemente in ihren Bann zu ziehen. Eine Art militärischer
Organisation gab dem Bunde Sicherheit und Kraft. Ein Komitee von
von 11 Mitgliedern führte die Oberleitung; diesem unterstanden 12 Kommissare und diesen wieder 48 Unterkommissare, die zu striktem mili-
tärischem Gehorsam verpflichtet waren. Über das ganze Land hin
wurden kleinere Abteilungen von höchstens 20 Mitgliedern gebildet,
denen die Aufgabe zukam, die geeigneten Elemente aus dem Volke
an sich zu ziehen und sie in den Geist und in die Arbeit des Bundes
einzuführen. Die Gesellschaft nahm die „Erklärung der Menschenrechte"
zur satzungsmäßigen Grundlage und betrachtete die Errichtung der sozialen Republik als ihr höchstes Ziel. Der Bund hatte im Jahre 1834
bereits so festen Fuß gefaßt, daß man von einer Armee der Menschenrechte sprach. Man glaubte daher zur Tat schreiten zu können und
setzte hierfür den 13. April 1834 fest. Den äußern Anlaß hierzu gab
ein Gesetz, das gegen die geheimen Gesellschaften gerichtet war. Die
Führer glaubten mit Rücksicht auf dieses Gesetz von andern, gleichfalls in ihrem Bestande bedrohten Vereinigungen tatkräftige Unterstützung zu finden. In verschiedenen Städten Frankreichs brach auch
tatsächlich zu gleicher Zeit der Aufstand aus. Die Regierung war

aber auf ihrem Posten; sie verhaftete eine große Zahl von Führern und schlug mit militärischer Gewalt den Aufruhr blutig nieder. So war auch dieser Versuch der Errichtung der sozialen Republik mißlungen und die Vereinigung der Menschenrechte gesprengt. Mehrere Mitglieder dieser Vereinigung gründeten nun die „Gesellschaft der Familien", die an die Lehren von Proudhon und Louis Blanc anknüpften und mehr anarchistische Ziele verfolgten. Die Aufnahme wurde nach dem Vorbilde älterer Geheimbünde mit geheimnisvoller Feierlichkeit vollzogen. Der Bund strebte die Beseitigung des Königtums und die Aufrichtung der sozialen Republik an. Die Gesellschaft war entschlossen, zur Verwirklichung ihrer Ideen zur gegebenen Zeit auch zu den Waffen zu greifen. Die Zentralleitung des Bundes war den Bundesmitgliedern nicht bekannt. Jede „Familie" bestand aus höchstens 12 Mitgliedern und versammelte sich geheim in den Wohnungen der Verschworenen. In diesen Zirkeln wurde die schärfste Aufreizung gegen die bestehende Ordnung gepredigt und sogar die gewaltsame Beseitigung des Königs verlangt. Es wurden auch tatsächlich mehrere Mordanschläge auf das Staatsoberhaupt unternommen, die aber mißlangen. Am 28. Juli 1835 entging der König wie durch ein Wunder den furchtbaren Wirkungen einer auf offener Straße gegen ihn in Tätigkeit gesetzten Höllenmaschine, die von Mitgliedern des Bundes aufgestellt worden war. Das Attentat setzte ganz Europa in Schrecken. Immer mehr verstärkten anarchistische Fanatiker die Reihen des Bundes „der Familien". Es wurde sogar eine Fabrik errichtet, in der der Bund die erforderlichen Pulvervorräte und sonstigen Sprengstoffe herstellte. Schließlich gelang es der Regierung auch diesen Bund aufzudecken, die Führer zu verhaften und sie der Bestrafung zuzuführen.

Nach der Sprengung des Bundes „der Familien" gründeten einige der Verfolgung entgangene Mitglieder dieses Bundes die Gesellschaft der „Jahreszeiten", um die zerstreuten Gruppen „der Familien" zu sammeln und deren Ziele weiter zu verfolgen. Sechs Mitglieder standen unter Führung eines siebten, „Sonntag" genannt, und bildeten eine „Woche"; vier Wochen unter Führung eines „Juli" bildeten einen „Monat"; drei „Monate", auch „Jahreszeiten" genannt, standen unter einem „Frühling", vier „Jahreszeiten" unter dem „revolutionären Agenten", die Agenten waren einem unbekannten Obern unterstellt. Die Mitglieder des Bundes bestanden zum großen Teile aus Arbeitern. Die Mitglieder schworen „allen Königen, Aristokraten und andern Unterdrückern den Tod und erklärten sich bereit, nötigenfalls ihr Leben für die Sache einzusetzen. Aber nicht nur der Tyrannenmord, sondern auch Mord, Raub und Zerstörung überhaupt war die in dem Verbandsorgan verkündete Losung der Gesellschaft. Ein erstmaliger Aufruhrversuch mißlang und endete mit Verurteilung und Deportation der Führer. An

der revolutionären Bewegung des Jahres 1848 war die inzwischen
neuorganisierte Gesellschaft der Jahreszeiten neben andern Geheimverbänden wesentlich beteiligt. Am 24. Februar 1848 war ganz Paris
in den Händen der Aufständischen; Louis-Philipp mußte ins Ausland
fliehen und dankte ab. Es folgte eine kurze Zeit der schlimmsten
anarchischen Zustände, in denen die Vertreter der Menschenrechte wie
Bestien hausten. Ein entsetzlicher viertägiger Straßenkampf machte
dem Chaos ein rasches Ende. Auch nach der Wiederherstellung ge-
ordneter äußerer Verhältnisse wußten die geheimen Gesellschaften trotz
strengster Polizeiaufsicht noch längere Zeit ihr unterirdisches Dasein
zu fristen.

Vgl. A. L. v. Rochau, Geschichte Frankreichs seit dem Sturze Napoleons bis zur Wiederherstellung des Kaisertums, Leipzig 1858;
Viel-Castel, Histoire de la restauration, Paris 1868/1870; K. Hille-
brand, Geschichte Frankreichs von der Thronbesteigung Louis-Philipps
bis zum Fall Napoleons III., Gotha 1877/81; De la Hoddes, Histoire des sociétés secrètes et du parti républicain de 1830 à 1848,
Paris 1850.

XII. Irische Geheimbünde.

Unterdrückung ist der furchtbarste Nährboden für das Gedeihen
des Geheimbundwesens. Dies zeigt sich besonders deutlich bei dem
von den Engländern planmäßig so schwer bedrückten Irland. Nach
der Unterwerfung der Insel durch Cromwell und Wilhelm von Oranien
wurden die Irländer aller politischen Rechte verlustig erklärt. Sie
waren als Pächter und Tagelöhner zu einem geradezu menschenunwür-
digen Dasein verurteilt. Die öffentlichen Ämter waren den Mitgliedern
der anglikanischen Kirche vorbehalten. Die anglikanischen Bischöfe
erhoben auch von dem armen katholischen Volksteil den Zehnten; dazu
hatten aber die Katholiken ihre Geistlichen selbst zu unterhalten. Die
protestantischen Gutsherren übten den schwersten Druck auf das arme
katholische Landvolk aus. Den Erzeugnissen der irischen Industrie
wurde der Zugang zum englischen Markte planmäßig versperrt. Der
verzweifelte Ruf des mißhandelten Volkes nach Recht und Gerechtigkeit, nach Besserung der trostlosen rechtlichen, sozialen und wirtschaftlichen Verhältnisse wurde von den harten Eroberern nicht gehört.
Die Not und die Verzweiflung trieben die Irländer im Laufe der Zeit
zu wiederholten Versuchen, durch Gründung von geheimen Verbänden
die Befreiung vom englischen Joche herbeizuführen oder auch Rache
an ihren Bedrückern zu üben. Die erste Geheimgesellschaft, die „White
Boys" (Weiße Burschen) geht bis auf das Jahr 1761 zurück. Die
Grundherren waren dazu übergegangen, das Recht der freien Weide zu

beschränken und die Gemeindeweiden einzufrieden. Der Geheimbund
setzte sich zur Aufgabe, die angebrachten Zäune wieder niederzu-
reißen, ließ sich aber auch Plünderung und Mord gegenüber den Zwing-
herren zuschulden kommen. Der Name rührt von dem weißen Hemde
her, das die Bundesmitglieder über ihren Kleidern trugen, um nicht
erkannt zu werden. Ähnliche Ziele verfolgten eine Anzahl anderer
Geheimgesellschaften. Es handelte sich meist um die Erleichterung
der drückenden Steuern und Abgaben, namentlich auch der Funktions-
gebühren für die Geistlichkeit.

Nach dem Ausbruche der französischen Revolution erfaßte die Irländer mit neuer Wucht die Sehnsucht nach Befreiung vom englischen
Joche. Es begann im Volke mächtig zu gären. Im Jahre 1791 wurde
der Geheimbund der „Vereinigten Irländer" („United Irishmen")
gegründet, der schon nach Verlauf eines Jahres eine halbe Million Mitglieder aus allen Schichten des Volkes zählte. Der Bund strebte ein
Bündnis mit Frankreich und die Errichtung einer irischen Republik
an. Die Angehörigen des Bundes erkannten sich an geheimen Zeichen
und Worten und waren eidlich zur Beobachtung der Satzungen und
strengsten Geheimhaltung der politischen Ziele verpflichtet. Es dauerte
nicht lange, bis die verbitterten Geheimbündler zu Ausschreitungen über-
gingen und in bewaffneten Banden sengend und plündernd das Land
durchzogen, um Gewalt gegen die Grundherren zu üben und die Ein-
treibung der drückenden Gefälle zu verhindern. Da die englische Regierung der Sache keinen wirksamen Widerstand zu leisten vermochte,
griff die bedrohte protestantische Bevölkerung zur Selbsthilfe und gründete einen Gegenbund, den Geheimbund der „Orange Men" („Orange-
Männer"). Im Jahre 1795 kam es zu blutigen Zusammenstößen zwischen
den beiden Verbänden. Da die Orangisten von der englischen Miliz unterstützt wurden, unterlagen die „Vereinigten Irländer". Die Orangisten
ließen sich an den Besiegten die unglaublichsten Schandtaten und
Grausamkeiten zuschulden kommen. Im Jahre 1798 trafen die geschwächten „Vereinigten Irländer" neuerdings Vorbereitungen zu einem
großzügigen bewaffneten Aufstand. Angesichts der vorausgegangenen
Greueltaten der Orangisten schloß sich auch der Klerus dem Bunde
an. Die Mitglieder des Bundes wurden in aller Stille militärisch ausgebildet. Außerdem trat der Bund in Verhandlungen mit französischen
Militärkreisen, um die Landung einer französischen Armee in Irland
in die Wege zu leiten. Im Vertrauen auf die französische Hilfe schlug
der Bund los, unterlag aber abermals der energisch zugreifenden Macht
der Engländer. Der Führer Lord Edward Fitzerald wurde zum Tode
verurteilt, starb aber noch vor der Vollstreckung des Urteils an den
erlittenen Wunden. Auch jetzt gelang es nicht, den Bund der „Vereinigten Irländer" auszurotten, so unbarmherzig und grausam auch die

Sieger gegen die Bewohner der unglücklichen Insel vorgingen. Der Bund hatte aber doch seine frühere Bedeutung verloren. Er setzte seine geheimpolitische Tätigkeit zunächst unter dem Namen „Ribbon Men" („Bandmänner"), später unter dem Namen „Saint Patrick Boys" („St.-Patricksburschen") bis weit in das 19. Jahrhundert hinein fort. Die Satzungen des Bundes wurden erst im Jahre 1833 durch Verrat bekannt. Bemerkenswert sind die geradezu schauderhaften Eide, durch welche die Mitglieder sich zur Treue gegenüber den Satzungen des Bundes, vor allem aber auch zur Rache an den Orangisten verpflichteten. Für die irischen Verhältnisse sind außer dem bereits erwähnten Orden der Orangisten noch die „Bruderschaft der Fenians" von größerer Bedeutung. Da diese beiden Vereinigungen jedoch weit über Irland hinaus, vor allem auch in den Vereinigten Staaten von Nordamerika Verbreitung gefunden haben, sollen sie unter besonderem Titel behandelt werden. Eine größere Zahl anderer irischer Geheimverbände kann als weniger bedeutend hier übergangen werden.

Vgl. J. Frost, The secret Societies of the European Revolution, London 1876; C. F. Doewsett, Striking Events in Irish History, ebd. 1890.

XIII. Die Orangisten.

Der Orden der „Orange Men" ist als eine Gegenvereinigung gegen die „Vereinigten Irländer" entstanden. Im Jahre 1794 schlossen sich eine Anzahl protestantischer Gutsbesitzer zum Zwecke des Selbstschutzes zu einem nach freimaurerischem Vorbilde eingerichteten Orden zusammen, der den Namen „Orange Men", Orangemänner, Orangisten erhielt. Der Hauptzweck war die Aufrechterhaltung des protestantischen Übergewichts in Irland, dann aber auch die Sicherung der protestantischen Thronfolge und der Schutz des Lebens und des Eigentums der Bundesmitglieder gegen Angriffe der katholischen Iren. Der Gründer des Ordens war ein Freimaurer namens Thomas Wilson. Der Bund breitete sich über die Grenzen Irlands aus und gewann namentlich in dem großen englischen Industriebezirk von Manchester zahlreiche Anhänger. Auch in den Vereinigten Staaten entstanden zahlreiche Logen des Bundes. In Manchester wurde eine Großloge gegründet, die später nach London verlegt wurde. Selbst fürstliche Persönlichkeiten ließen sich in den Bund aufnehmen. Zur Zeit der höchsten Blüte zählte der Orden nahezu 2000 Logen mit rund 300000 Mitgliedern. Die Orangisten trieben auch Parteipolitik und suchten die Wahlen im Sinne einer liberalen Politik zu beeinflussen. Nach der Emanzipation der Katholiken im Jahre 1829 verlor der Bund seinen ursprünglichen Sinn. Seine Bestrebungen gerieten auch mit der Politik der Regierung und der öffentlichen Meinung in Widerspruch. Der Orden wurde daher

1832 aufgehoben. Da er aber unter der Oberfläche weiterbestand und eine gefährliche Macht im Staate zu werden drohte, griff das Parlament ein und verlangte neuerdings seine Auflösung. Im Jahre 1836 wurde wiederholt die Aufhebung angeordnet. Der Bund hat aber trotzdem bis in die neueste Zeit fortbestanden und sich sogar mehrfach mit Veranstaltungen an die Öffentlichkeit gewagt.

In den Vereinigten Staaten von Nordamerika hat sich der Orden bis zum heutigen Tage unter dem Namen „Loyal Orange Institution of the U.S.A." erhalten. Der ursprüngliche politische Zweck des irischen Bundes ist bei dem amerikanischen Ableger aus naheliegenden Gründen nicht mehr zu finden; dagegen ist der protestantische Charakter des Bundes auch in Amerika nicht nur strenge gewahrt geblieben, sondern bis zur Katholikenfeindlichkeit weiterentwickelt worden. Als Vorbedingung für die Aufnahme wird nicht nur die Zugehörigkeit zum protestantischen Glaubensbekenntnis, sondern weiter verlangt, daß die aufzunehmenden Persönlichkeiten ihre Kinder nicht in der katholischen Religion erziehen und auch keine katholischen Schulen, zumal keine Klosterschulen, besuchen lassen. Die Organisation, die in der Union zurzeit etwa 350 Logen mit rund 33000 Mitgliedern zählt, hat auch wiederholt gemeinsam mit andern Verbänden gesetzgeberische Maßnahmen gegen die Katholiken verlangt.

Vgl. Collier, Staats- und Kirchengeschichte Irlands, Berlin 1845. Ritual and Illustrations of Freemasonry, London 1851; Bellesheim, Geschichte der katholischen Kirche in Irland, 3 Bde., Mainz 1890/91; Gilbert, History of the Irish Confederation, 7 Bde., Dublin 1882/91.

XIV. Die Fenier.

Die Bruderschaft der Fenier (Fenian Brotherhood) ist wohl die bekannteste der irischen Zwecken dienenden Geheimgesellschaften. Zwei irische Emigranten, der Oberst John O'Mahoney und Michael Doheny, gründeten in New York im Jahre 1857 zur Unterstützung der irischen Unabhängigkeitsbestrebungen eine geheime Gesellschaft, der sie den Namen „Fenian Brotherhood" beilegten. Der Name wird auf einen sagenhaften irischen Helden „Fionn", der sein Land gegen feindliche Einfälle geschützt haben soll, zurückgeführt. Das Feniertum verbreitete sich rasch in allen Staaten der Union, in Kanada, in den britischen Kolonien und auch in Irland selbst. In England ist der Bund unter dem Namen „Irische republikanische Bruderschaft" (Irish Republican Brotherhood) bekannt. Als Hauptzweck der Gesellschaft wurde die Lostrennung Kanadas und Irlands von England und die Zusammenfassung dieser beiden Länder in einer irischen Republik erklärt. Bei dem Kongresse in Chicago im Jahre 1863 waren 240000 Mitglieder

9*

durch Abgeordnete vertreten. Zur Vorbereitung des Krieges gegen England wurden reiche Geldmittel gesammelt und Waffenlager errichtet.
Auch fanden nächtliche Waffenübungen in ausgedehntem Umfange statt.
Durch Flugschriften und Tagesblätter wurde eine wüste Werbetätigkeit
entfaltet. Im Laufe der Zeit wurden verschiedene Versuche unternommen, in Irland einen Aufstand anzufachen, jedoch ohne Erfolg.
Gegen Ende des amerikanischen Bürgerkrieges fiel ein Freikorps der
Fenier von Buffalo aus sogar in Kanada ein. Auch eine „Flotte“, die
allerdings nur aus einem den Niagara-Fluß auf- und abfahrenden und
ein Geschütz mit sich führenden Schiffe bestand, legte sich der Bund
bei. Die Bestrebungen des Bundes wurden jedoch der englischen Regierung verraten. Auf Grund des gewonnenen Belastungsstoffes griff
die Regierung in Irland und Kanada gleichzeitig ein, verhaftete die
Führer und ließ eine Anzahl derselben hinrichten. Der Bund setzte
seine geheime Wühlarbeit aber trotzdem fort und wurde zu einem förmlichen Verschwörerbunde. Im Jahre 1880 bildeten die radikalsten Elemente der Fenier in Irland die „Landliga“, die sich vor allem zur Aufgabe machte, an solchen Pächtern, die trotz des Verbotes des Bundes
ihren Pachtzins entrichteten, blutige Rache zu nehmen. Die Mitglieder
des Bundes, nach ihrer nächtlichen Arbeit „Mondscheinmänner“ genannt,
übten längere Zeit geradezu eine Schreckensherrschaft aus und waren
von der Bevölkerung sehr gefürchtet. Selbst vor Mordtaten schreckten
sie nicht zurück. Die englische Regierung, die durch Verrat genaueren
Einblick in das Treiben des Bundes erlangt hatte, führte nun ein ge-
richtliches Verfahren durch, wobei sie noch auf eine weitere Geheimgesellschaft, den Verschwörerbund der „Irischen Unüberwindlichen“
stieß, die in den Jahren 1883 und 1884 ganz nach anarchistischem Vorbilde
sogar öffentliche Gebäude in London in die Luft zu sprengen versuchten.
Der lange Zeit verborgen gebliebene Führer dieser anarchistischen Gruppe
wurde schließlich in der Person des P. J. Tynan festgesellt. Noch in
den neunziger Jahren des 19. Jahrhunderts spielten die Fenier in Amerika
eine gewisse Rolle. Es wurde beschlossen, den geheimen Charakter
der Organisation aufzugeben und sich darauf zu beschränken, eine
kleine freiwillige Militärmacht zu Wasser und zu Land zu schaffen, die
den Vereinigten Staaten bei Kriegen mit auswärtigen Mächten, wobei
zunächst an einen Krieg mit England gedacht war, Hilfe leisten sollte.

Vgl. J. Rutherford, The secret History of the Fenian Conspiracy,
London 1877.

XV. Der Ku-Klux-Klan.

Die Gründung dieses in den Vereinigten Staaten von Nordamerika
weitverbreiteten Geheimbundes steht in geschichtlichem Zusammenhange mit dem nordamerikanischen Bürgerkrieg. Die Wirtschaft der

Südstaaten war im wesentlichen auf die Sklavenhaltung eingestellt. Die Niederlage der Südstaaten führte unter anderem auch zur Befreiung der Neger. Die Neger, die seither nur unter dem Drucke der Sklaverei zu arbeiten gewohnt waren, wurden nach ihrer Befreiung zunächst ein Element der Unruhe und Unordnung. Die Nordstaaten waren die Befreier und Beschützer der Neger; die Südstaaten, die durch die Negerbefreiung plötzlich in eine wirtschaftliche Krisis hineingerieten, waren erbittert auf die untätig umherziehenden Negerbanden, die Leben und Eigentum der Weißen bedrohten. Auf der andern Seite verhielten sich die seitherigen Sklavenbesitzer nicht einwandfrei gegen das Gesetz und die nunmehr in Freiheit gesetzten Schwarzen. Die gesetzlichen Vorschriften zu Gunsten der Neger wurden vielfach mißachtet; ja es kam vor, daß die vormaligen Sklaven von ihren vormaligen Herren mißhandelt und sogar umgebracht wurden. In Memphis und New Orleans sollen im Jahre 1866 zahlreiche schwere Greueltaten an den wehrlosen Schwarzen verübt worden sein. Dadurch wurde die Zügellosigkeit und Unbotmäßigkeit der Farbigen nur noch mehr gesteigert. Diese schlossen sich zu bewaffneten Banden zusammen und wurden durch Schandtaten aller Art, die sie an den Weißen verübten, eine schwere Gefahr für die gesetzliche Ordnung im Staate. Die Regierungen waren den eingerissenen trostlosen Zuständen nicht gewachsen. So entstand im Jahre 1867 in Nordkarolina der Geheimbund der Ku-Klux (Knights of the Ku-Klux-Klan) als Abwehrbund gegen die schwarze Gefahr. Alle Gegner des Uniongedankens, alle Gegner der die Schwarzen begünstigenden republikanischen Partei, vor allem alle Gegner der Negerbefreiung, fanden sich in diesem Bunde zur Organisierung einer förmlichen Lynchjustiz gegen die Schwarzen zusammen. Die sprachliche Ableitung des Namens Ku-Klux-Klan ist bis heute noch nicht sicher. Klan (clan) bedeutet soviel als „Stamm", „Sippe" und in weiterem Sinne „Vereinigung", „Bund". Über den Sinn der beiden ersten Worte besteht aber auch heute noch ein geheimnisvolles Dunkel. Auch der Name des Stifters dieses Bundes ist bis jetzt nicht bekannt geworden. Die Mitglieder des Bundes sind bei Todesstrafe zu gegenseitiger Hilfe und zur Wahrung des Bundesgeheimnisses verpflichtet. Sie tragen im Dienste Anzüge aus schwarzen Baumwollstoffen, „Leichentücher" genannt, einen schwarzen Spitzhut und einen schwarzen Gesichtsschleier. Der Bund übte viele Jahre eine förmliche Schreckensherrschaft aus, gegen die auch die Bundesgesetze nichts ausrichteten.

Im Laufe der Zeit fügten sich die Neger in die staatliche Ordnung, so daß Ausnahmemaßnahmen gegen sie nicht mehr begründet waren. Der für die Entstehung des Bundes ins Feld geführte Grund kam daher mehr und mehr in Wegfall. Trotzdem aber bestand die Vereinigung bis zum heutigen Tage als Geheimbund mit etwas veränderten

Grundsätzen fort. Der moderne Ku-Klux-Klan ist ein auf dem strengsten Geheimnis beruhender Bund, der sich selbst gerne „Invisible Empire" („Unsichtbares Reich") nennt, aber nach der Eintragung im amtlichen Register den Namen „Knights of the Ku-Klux-Klan", „Ritter des Ku-Klux-Bundes" führt. Die moderne Neuorganisation des Bundes erfolgte erst im Jahre 1916; bei der Eintragung bezeichnete der Bund vaterländische Betätigung und Ausübung der Wohltätigkeit als seine Aufgabe. In Wirklichkeit ist sein Zweck ein ganz anderer. Er richtet sich gegen die schwarze Rasse, wie überhaupt gegen die Angehörigen fremden Stammes, sodann aber auch gegen den Katholizismus. Er will ein weißes und ein protestantisches Amerika schaffen. Gegen die Farbigen (coloured people), gegen die Juden und gegen alle Völker, die als Repräsentanten des Katholizismus gelten, z. B. gegen die Iren, geht der Bund mit ausgesuchter Brutalität vor. Außer Landes Geborene, Katholiken und Juden, auch wenn sie im Lande geboren sind, bleiben nach der Auffassung des Bundes immer Fremde; sie dürfen nicht in den Bund aufgenommen, nicht „naturalisiert" werden. Der Bund hat sich nach seiner Reorganisation, wohl auch unter dem Einflusse des Weltkrieges, ungemein rasch verbreitet und sich zu einem förmlichen Staat im Staate entwickelt. Die gegenwärtige Zahl der Mitglieder wird von einer Seite mit $1^1/_2$ Millionen, von anderer Seite sogar mit 5 Millionen angegeben. Der Gründer des modernen Ku-Klux-Klan, der ehemalige Methodistenprediger William Joseph Simmons, hat durch seine hinreißende Beredsamkeit und seine wüste Agitation dem Bunde eine rapid wachsende Anhängerschaft zugeführt. In Pennsylvanien sollen zurzeit 250 000, in New York allein 100 000 Klansleute vorhanden sein. Der Bund stellt heute in der Politik, in der Wirtschaft, in der Rechtsprechung, überhaupt im öffentlichen Leben der Vereinigten Staaten eine geradezu unheimliche Großmacht dar. Die führende Zeitschrift „Nation" hat unlängst darauf hingewiesen, daß im Staate Texas der Gouverneur, das Repräsentantenhaus, der Senat, die meisten Richter und Polizeibeamten dem Geheimbunde nahestehen. In Texas speziell scheinen Staatsanwälte, Richter und Geschworene unter dem maßgebenden Einflusse der Klansleute zu sein. Von ernster Seite wird der Geheimbund als amerikanische geheime Feme, als eine furchtbare Mörderorganisation charakterisiert, die sich feige in den Schatten der Nacht und des Geheimnisses verhüllt.

Die Methoden des Bundes sind kurz, bestimmt und wirksam. Bei geringeren Verstößen gegen die Gesetze des Bundes findet der Jude, Katholik oder sonst Verdächtige eines Tages an der Tür seines Hauses einen Zettel angeklebt, der die Aufforderung enthält, „binnen einer Stunde sich aus dem Staube zu machen". Wenn dieser Aufforderung keine Folge geleistet wird, erscheinen in der folgenden Nacht einige

Hundert vermummte Reiter, die das Haus des Verfemten stürmen und den Verurteilten nach schwerster Mißhandlung über die Grenze setzen. Bei schweren Verfehlungen gegen die Klangesetze geht der Bund mit der Todesstrafe vor. Es werden nicht nur einzelne, sondern zahlreiche Fälle gemeldet, in denen Männer oder Frauen in furchtbarster Weise zu Tode geprügelt, in denen Neger vor allem auch bei lebendigem Leibe verbrannt wurden. Aus Alabama wird die furchtbare Tatsache gemeldet, daß dreißig Personen in der Nacht mit Beilen getötet wurden und daß die wenigen mit dem Leben Davongekommenen der Behörde jede Auskunft verweigerten, weil sie fürchten mußten, der Rache der Klansleute zum Opfer zu fallen. Im Sommer 1923 sind die Überfälle und Mißhandlungen besonders zahlreich gewesen. Berichte hierüber liegen aus den Staaten Ohio, Texas, Georgia und Oklahoma vor. Im Staate Oklahoma mußte sogar der Belagerungszustand erklärt werden. In der Nähe von Texascana wurde ein vierzehnjähriges Mädchen brutal durchgepeitscht; in Port Arthur, im Staate Texas wurden zwei Brüder vor der Polizeistation mißhandelt, während bewaffnete Mitglieder des Bundes die Polizei an der Verfolgung hinderten. In Macon, im Staate Georgia, führten vermummte Leute ein Opfer in einem förmlichen Wettrennen mit der nachfolgenden Polizei davon. Es ist auch wiederholt vorgekommen, daß die Klansleute ihren Opfern mit Säuren drei K (die Anfangsbuchstaben des Bundesnamens) auf den blutig gepeitschten Rücken einäzten. In Waco, im Staate Texas, ist ein Schriftsteller von einem Klansmitgliede am hellen Tage auf offener Straße meuchlings niedergeschossen worden. Der Terrorismus, mit dem der Bund bei Nacht und selbst bei Tag auftritt, hat die Angst der Bevölkerung und damit seine Macht ins Ungemessene gesteigert. In der letzten Zeit scheut sich der Bund nicht, sogar große Versammlungen unter freiem Himmel zu veranstalten. An einem einsamen Platze, meist in der Nähe eines Straßenknotenpunktes, wird nachts von mehreren Hunderten, ja selbst Tausenden von Autos ein Viereck gebildet, in dessen Mitte ein großes flammendes Kreuz errichtet wird. Die Lichter und Nummern der Wagen werden mit weißen Tüchern verdeckt. Bei solchen Massenmeetings finden förmliche Massenaufnahmen neuer Mitglieder statt. Die Mitglieder werden durch die fürchterlichsten Eide zur Treue gegen die Bundessatzungen und zum strengsten Stillschweigen verpflichtet. Wehe dem Mitgliede, das seinem Eide untreu wird. „Verdammt zu ewigem Tode, ewig entehrt und geschändet soll sein, wer seinen Eid bricht; seine Strafe sei Tod!": das ist der Fluch, mit dem der Sprecher bei Neuaufnahme von Mitgliedern den abgenommenen Eid seinerseits begleitet und bekräftigt.

Der durch die große Mitgliederzahl und den geübten Terror begründete starke Einfluß des Bundes wird noch gesteigert durch die großen, fast unbeschränkten Geldmittel, die ihm zur Verfügung stehen. Für die Aufnahme sind 10 Dollars zu entrichten, die Beförderung in höhere Grade ist mit erheblichen weiteren Abgaben verbunden. Außerdem werden natürlich auch laufende Beiträge erhoben. Dazu kommen noch gelegentliche große Zuwendungen von finanzkräftigen Mitgliedern, Gönnern oder auch solchen Nichtmitgliedern, die sich die Gunst des Bundes erkaufen wollen. Im Frühjahr 1924 ist der „Herrscher" („Emperor") W. J. Simmons auf Grund vorausgegangener Verhandlungen zurückgetreten. Er erhielt als Abfindung angeblich eine monatliche Rente von 1000 Dollars, eine einmalige Geldabfindung von rund 150000 Dollars und ein prachtvolles Haus in Atlanta im Staate Georgia. Durch diese Abfindung wird die finanzielle Leistungsfähigkeit des Bundes allein schon entsprechend beleuchtet.

Im Jahre 1923 ist auch ein weiblicher Ku-Klux-Klan unter dem Namen „Kamelia" entstanden. Unter den Mitgliedern dieser ausschließlich für Frauen bestimmten Organisation sollen sich fanatische, vor den größten Grausamkeiten nicht zurückschreckende Vertreterinnen der Ku-Klux-Klan-Ideen befinden. Soviel ist sicher, daß die Ku-Klux-Klanbewegung für das öffentliche Leben in den Vereinigen Staaten eine ungeheure, von Tag zu Tag wachsende Gefahr darstellt, die von Kennern der Verhältnisse so hoch eingeschätzt wird, daß sie sogar die Schatten des Bürgerkrieges bereits heraufziehen sehen.

Vgl. A. Preuß, Secret and other Societies, St. Louis u. London 1924, und die dort S. 237 angegebene Literatur.

XVI. Die Comuneros in Spanien.

Napoleon I. hatte im Jahre 1808 auch die spanische Dynastie gestürzt und die spanische Krone seinem Bruder Joseph verliehen. Nach dem unglücklichen russischen Feldzuge und nach der Völkerschlacht bei Leipzig konnte im Frühjahr 1814 der gefangen gehaltene König Ferdinand VII. wieder nach Spanien zurückkehren. Er hob die Verfassung von 1812 wieder auf, verfolgte die Liberalen mit grausamer Härte und griff sogar wieder zur Folter. Innerhalb fünf Jahren sah Spanien nicht weniger als 24 Ministerien. Der bei seiner Rückkehr aus der Gefangenschaft mit größtem Jubel empfangene Monarch verlor rasch seine Popularität wieder und wurde sogar 1820 zur Anerkennung der napoleonischen Verfassung gezwungen, deren er sich allerdings schon nach drei Jahren mit französischer Hilfe wieder entledigte. Die Regierung Ferdinands VII. erregte bald nach seiner Rückkehr die größte Unzufriedenheit und Erbitterung weiter Kreise seines Landes, die in der Gründung geheimer Gesellschaften ihren Ausdruck fand. Geheim-Gesellschaften haben in Spanien schon vor den napoleonischen Kriegen bestanden. Nach der französischen Invasion hatte die Freimaurerei in Spanien ihre Tätigkeit wieder aufnehmen können. Die Organisation der Freimaurer bildete unter der despotischen Herrschaft Ferdinands VII. die Grundlage für die Bildung neuer Geheimbünde. Es wurde eine wüste Hetzpropoganda in den meisten spanischen Städten, vor allem in Granada, Madrid und Barcelona eröffnet und mit der größten politischen Leidenschaftlichkeit der Umsturz gepredigt. Unter den zahllosen, oft nur dem Namen nach bekannt gewordenen Geheimgesellschaften ist die Gesellschaft der Comuneros oder der „Söhne des Padilla" zu besonderer Bedeutung gekommen. In dieser Gesellschaft fanden sich schließlich die revolutionären Elemente der radikalsten Richtung zu vereinigter wirksamer Arbeit zusammen. Der Name Comuneros wurde im Hinblick auf die seinerzeitige gegen Karl V. gerichtete Aufstandsbewegung der in ihren Freiheiten bedrohten Städte Kastiliens gewählt. Nach dem bei diesem Aufstande durch seinen Heldenmut berühmt gewordenen Führer Juan de Padilla nannten sich die Mitglieder des Bundes mit Vorliebe auch „Söhne des Padilla". Die Gesellschaft wurde im Jahre 1821 von einigen radikalgesinnten Republikanern gegründet und setzte sich zur Aufgabe, die Befreiung der Menschheit zu fördern, die Rechte des spanischen Volkes gegen Mißbräuche und Übergriffe des Königtums und des Klerus zu schützen, die Armen zu unterstützen und die revolutionären Ideen in der radikalsten Form zu verwirklichen. Dieses Programm verrät deutlich den freimaurerischen Einfluß. Die Aufnahme in den Bund wurde mit phantastischer Feierlichkeit vorgenommen, wie überhaupt das ganze Gebrauchtum auf einen romantischen, geheimnisvoll wirkenden Zauber eingestellt war. Der Novize wurde in den „Waffensaal" geführt und erhielt dort die erforderliche Aufklärung über die satzungsmäßigen Pflichten. Darauf wurde er mit verbundenen Augen in einen dunklen Raum geleitet, wo er seine Bitte erneuern mußte. Ein als „Schildwache" tätiger Bruder rief ihn nun an: „Lasset ihn vortreten, ich will ihn zum Wachthause des Schlosses begleiten." Auf dem Wege dorthin mußte er eine Zugbrücke passieren. Im Wachtlokal, in dem sich die Ritter versammelt hatten, wurde dem Kandidaten die Binde abgenommen. Die Wände dieses Raumes waren mit Waffen, Kriegstrophäen und Kriegsinschriften bedeckt. Nach einer einige Augenblicke währenden feierlichen Stille trat der Gouverneur, der „Gran Castellano" des Bundes, hervor und redete den Novizen also an: „Du stehst jetzt unter dem Schilde unseres Obersten Padilla. Wiederhole inbrünstig den Eid, den ich dir vorsprechen werde." Darauf leistete der Novize den Eid, indem er schwor, die Rechte und Freiheiten des Menschengeschlechtes, insbesondere des spanischen Volkes, zu verteidigen, an jedem Tyrannen Rache zu nehmen, und jeden zu töten, den die Obern als Verräter bezeichnen sollten. Für den Fall der Verletzung dieses Eides erklärte sich der Schwörende bereit, seinen Hals dem Henker, seinen Leichnam der Flamme, seine Asche den Winden zu überliefern. Der neue Ritter bedeckte sich mit dem Padillaschild, die anwesenden Mitglieder des Ordens zückten ihre Schwerter und richteten diese auf den Neuling, wobei der Vorsteher sprach: „Der Schild unseres Schirmherrn Padilla wird dich vor jeder Gefahr schützen, dir das Leben und die Ehre retten; solltest du aber deinen Eid brechen, so werden wir dir diesen Schild entreißen und diese Schwerter in die Brust bohren." Damit war die Aufnahmezeremonie beendigt.

Der Geist der Gesellschaft und der mit ihr verbundene romantische Zauber übte vor allem auf die heißblütige spanische Jugend eine große Anziehungskraft aus. Die Gesellschaft soll ihren Stand in kurzer Zeit auf 60000 Mitglieder gebracht haben. Die Anhänger gehörten aber zum größten Teile den unteren Schichten des Volkes an. Das wüste lärmende Treiben der Gesellschaft, die revolutionäre Hetze, die vor allem das Hauptorgan „Eco de Padilla" andauernd trieb, stieß die ruhigeren Elemente ab und führte zu einer Spaltung. Die radikalen Elemente bildeten eine eigene Vereinigung, während die gemäßigtere Richtung bei den Freimaurern Anschluß suchte.

Spanien aber kam noch lange nicht zur Ruhe. Den revolutionären Verbänden stellten die Anhänger des Königtums ihre eigenen Vereinigungen entgegen, um die republikanischen Bestrebungen niederzuhalten. Im Jahre 1823 griff Frankreich auf Grund eines Beschlusses des Kongresses von Verona mit bewaffneter Macht ein, um die revolutionären Umtriebe in Spanien zu unterdrücken. Die französischen Truppen wurden von den Gegnern der revolutionären Bestrebungen als Befreier begrüßt. Die Revolution wurde niedergeworfen, jeder Versuch zu neuer Empörung für die Folge mit rücksichtsloser Strenge im Keime erstickt. Nunmehr setzte eine strenge Verfolgung aller Aufrührer ein, bei der auch Übertreibungen mitunterliefen. Es ist aber nicht gelungen, die Geheimverbände vollständig auszurotten. Sie trieben ihr Unwesen, wenn auch mit großer Vorsicht, in strenger Verborgenheit weiter. In dem grausamen Bürgerkriege zwischen den Karlisten und den Christinos haben sie sich wiederholt unangenehm bemerkbar gemacht. Das Geheimbundwesen hat Spanien wiederholt an den Rand des Unterganges gebracht. Die unheilvollen Folgen der durch die Parteileidenschaften hervorgerufenen Zustände haben bis in die neueste Zeit nachgewirkt. Und bis zum heutigen Tage ist Spanien von der verhängnisvollen Macht geheimer Verschwörungen nicht ganz befreit worden.

Vgl. B. v. Schepeler, Geschichte der spanischen Monarchie von 1810 bis 1823, Aachen 1829/30; H. Baumgarten, Geschichte Spaniens vom Ausbruch der französischen Revolution bis auf unsere Tage, 3 Bde., Leipzig 1866/71; Jullian, Précis historique des principaux évènements qui ont amené la révolution d'Espagne, Paris 1821; H. Bruck, Die geheimen Gesellschaften in Spanien und ihre Stellung zu Kirche und Staat von ihrem Eindringen in das Königreich bis zum Tode Ferdinands VII., Mainz 1881.

XVII. Die Carbonari.

Italien hat immer in besonderem Maße als das Land der geheimen Gesellschaften gegolten. Die politischen Geheimbünde Italiens, voran die Carbonari, haben einen besondern Anteil an der Untergrabung, Zersetzung und Zerstörung der geschichtlich gewordenen Ordnung der italienischen Einzelstaaten; auf der andern Seite haben sie vor allem auch an der Schaffung eines einigen Italien wesentlich mitgewirkt.

Die Carbonari (Köhler) verlegen die Entstehung ihres Bundes ähnlich wie die Freimaurer vielfach bis in die ältesten Zeiten zurück. Die verschiedenen Überlieferungen zeigen aber einen so sagenhaften, legendären Charakter, daß sie mit großer Vorsicht aufgenommen werden müssen. Sichere Anhaltspunkte für das Vorhandensein einer geheimen Vereinigung carbonaristischer Art sind erst für die napoleonische Zeit nachweisbar. Die Bezeichnung soll davon herrühren, daß politisch mißvergnügte, auf eine Änderung der bestehenden Verhältnisse bedachte Elemente vor ihren Gegnern sich in die Wälder und Schluchten des Gebirges zurückzogen und dort eine Art Köhlerleben führten. Der Bund fand namentlich in den Kreisen der nach dem Sturze Napoleons entlassenen Offiziere und der mit ihren Verhältnissen unzufriedenen niedern Geistlichkeit zahlreiche Anhänger. Unter dem Schlagworte der „Säuberung des Waldes von Wölfen" breitete sich der Bund rasch über ganz Italien aus. Zur Zeit seiner höchsten Blüte soll der Bund mehrere Hunderttausend Mitglieder gezählt haben.

Die grundlegende Einheit des Bundes war die Hütte (baracca), die den Versammlungsraum und die Vereinigung selbst bezeichnete. Die Gesamtheit der Hütten einer Provinz bildete die „Republik", die von einer „Großhütte" (alta vendita) geleitet war. Die Mitglieder einer Hütte hießen „gute Vettern" (buoni cugini), die Außenstehenden „Heiden" (pagani). Am Eingang zur Hütte standen zwei Holzblöcke, auf denen zwei Aufseher saßen, um Wache zu halten. Im Innern der Hütte befanden sich drei Holzblöcke, auf denen der Vorsitzende, der Redner und der Schreiber Platz nahmen. Die Meister und die Aufseher führten als äußeres Zeichen ihrer Gewalt und Würde ein Beil. Zu den Einrichtungsgegenständen einer Hütte gehörte u. a. ein Kruzifix mit zwei Leuchtern, Gefäße mit Kohlen, Wasser, Salz, Erde usw., ein Zwirnknäuel und ein blau-rotschwarzes Band. An der Wand war ein Bild des hl. Theobald, des Schutzpatrons des Bundes, angebracht. Überdies waren Sinnbilder ver-

schiedener Art zu sehen. Die Meister saßen bedeckten Hauptes an der
rechten Langseite des Raumes auf erhöhten Sitzen; die Lehrlinge nahmen
unbedeckten Hauptes auf der linken Langseite Platz. Alle Mitglieder
waren mit einem Strick umgürtet. Die Aufnahme eines Neulings erfolgte mit umständlicher, an das Gebrauchtum der Freimaurer erinnern-
der Feierlichkeit bei Anwesenheit von mindestens drei Mitgliedern. Auf
die Aufnahme folgte eine allgemeine Erklärung der Symbole; die ge-
nauere Einführung in die Bundesgeheimnisse blieb der Aufnahme in die
höheren Grade vorbehalten. Das ganze Gebrauchtum erhielt durch Verwertung christlicher Begriffe und Vorstellungen äußerlich einen starken
religiösen Anstrich. Der Weltheiland galt als der „gute Vetter aller
Menschen“, „als der gute Vetter Jesus“. Das Leiden Christi spielte
bei der Aufnahme in den Meistergrad eine besondere Rolle. Der Kandidat
wurde an den Händen gefesselt und nach dem Beispiele Christi zu dem
vom Vorsitzenden in rotem Mantel dargestellten Pilatus geführt, während die Aufseher die Rolle des Kaiphas und des Herodes, die übrigen
Versammelten die Rolle des Volkes zu übernehmen hatten. Der Novize
betrat weiter den „Ölgarten“, wurde unter das Kreuz gelegt, dann aber
begnadigt. So wurden die Sinnbilder alle in eine gewisse Beziehung
zur Leidensgeschichte Christi gebracht. Die wahren Geheimnisse und
Ziele der Gesellschaft wurden nur den Mitgliedern des dritten Grades,
den „Großen Auserwählten“, restlos enthüllt. Nur solche „Meister“, die
als ganz zuverlässig galten und auch bereits tatsächliche Beweise ihrer
Zuverlässigkeit erbracht hatten, konnten in diesen engeren Kreis aufgenommen werden.

Der Aufzunehmende mußte mindestens das von Christus bei seinem
Tode erreichte Alter aufweisen. Über die Aufnahme entschieden die
Mitglieder des dritten Grades selbst durch Abgabe ihrer Stimme mittels
einer weißen oder schwarzen Kugel. Drei schwarze Kugeln genügten,
um die Aufnahme eines Kandidaten in den engeren Kreis der „Großen
Auserwählten“ zu verhindern. Die Einführung in den engeren Bund
erfolgte an einem abgelegenen Orte, mit eindrucksvoller, düsterer
Feierlichkeit. Dem Kandidaten wurde eröffnet, daß der Zweck des
Geheimbundes ein politischer sei und auf den Sturz aller Gewalthaber
Italiens abziele. Eine besondere Belehrung fand über das Verhalten
des Auserwählten bei einem Konflikte mit Vertretern der öffentlichen
Gewalt statt. Am Schlusse der Feier knieten alle Versammelten nieder,
setzten einander ihre Degen auf die Brust und gelobten, „ihr ganzes
Leben den Grundsätzen der Freiheit, Gleichheit und des Fortschritts
zu weihen, welche die Seele aller geheimen und öffentlichen Akte des
Carbonarismus sind“. Nunmehr war dem Auserwählten offenbar, daß
das Kreuz nichts anderes als die angestrebte Kreuzigung der Tyrannen,
der Knäuel den Galgenstrick bedeute, mit dem die Tyrannen aufgeknüpft

werden sollen. So fanden alle Symbole ihre besondere, auf die gewaltsame Beseitigung der Gewalthaber hinzielende Erklärung. Mit einer
Verherrlichung des Sieges über Tyrannei und Fremdherrschaft und
der begeisterten Forderung der sozialen Republik wurde die Feierlichkeit beendet.

Außer den erwähnten drei Graden war noch ein vierter Grad, der
Grad eines Großmeisters der Auserwählten, vorgesehen, zu dem nur
ganz wenige, besonders hervorragende Mitglieder emporsteigen konnten.
Mit der weiteren Ausbreitung des Bundes und dem ständigen Wachsen
seines Einflusses entstanden auch besondere Frauenlogen, die den
Namen „Gärten" (giardini) führten. Innerhalb des Bundes hatte jedes
Mitglied seinen besondern Namen; auch bestanden Losungsworte und
Erkennungszeichen. Die Ordensnamen und die echten Namen wurden
in besondere Bücher eingetragen und an verschiedenen Plätzen auf-
bewahrt, um der Polizei gegebenenfalls die Feststellung der Beteiligten
zu erschweren.

Die Carbonari kamen im Laufe der Zeit zu großem politischen
Einfluß. In allen Teilen des Landes hatten sie ihre Zweigverbände,
in allen einflußreichen Kreisen ihre Anhänger. Ihre Tätigkeit ist für
die geschichtliche Entwicklung Italiens im 19. Jahrhundert geradezu
von entscheidender Bedeutung geworden. In Neapel und Piemont
(1820, 1821) erzwangen sie durch Aufstände die Annahme der spanischen Verfassung vom Jahre 1812. Der greise König Ferdinand sah
sich genötigt, mit den schwarz-rot-blauen Farben des Geheimbundes
geschmückt den Eid auf die Verfassung zu leisten. Die Umwälzung
in Neapel rief in Palermo große Begeisterung hervor und führte, da
der König sich angeblich weigerte, die Verfassung auch für Sizilien
anzuerkennen, zu einem förmlichen Aufruhr. Die Carbonari sorgten
dafür, daß die Erregung der Massen auf die Spitze getrieben wurde
und in wüsten Ausschreitungen ihren Ausdruck fand. Demgegenüber
hatten die Carbonari in Neapel die Zucht und Ordnung im allgemeinen
aufrechterhalten. Ja sie traten sogar den sich geltend machenden
anarchistischen Bestrebungen entgegen und wirkten auf die Ausgestaltung der Militär- und Polizeimacht des Landes hin. Im Parlamente
aber suchten die Carbonari, die dort gleichfalls den maßgebenden Einfluß ausübten, ihre eigene Macht planmäßig auf Kosten der Krone zu
erweitern und so den Übergang zur Republik anzubahnen. Auf den
Ruf der Bundesführung zogen Tausende bewaffneter Carbonari nach
Neapel, angeblich um die Kammer zu schützen, in Wirklichkeit um
den demokratischen Bestrebungen des Parlamentes Nachdruck und
Rückhalt zu gewähren. Der Monarchenkongreß zu Laibach (Rußland,
Österreich und Preußen) beschloß indes, die alte Ordnung in Neapel
wiederherzustellen und die Durchführung dieses Beschlusses Öster-

reich zu übertragen. Ein österreichisches Heer führte diesen Beschluß
auch ohne größeren Widerstand durch. Zunächst rief der Beschluß
zwar in Italien große Erregung und leidenschaftliche Begeisterung für
den Kampf um die freiheitliche Entwicklung des Landes hervor. Von
den Logen der Carbonari wurde das Feuer mächtig angeblasen und
geschürt. In hellen Scharen strömten die Söhne des leidenschaftlich
entflammten Volkes zu den Fahnen. Als aber die österreichischen
Truppen anrückten und ernstlich zugriffen, hielt die Begeisterung nicht
stand. Die schlechtbewaffneten, zuchtlosen Milizen liefen auseinander,
die Linientruppen gingen großenteils zu den Österreichern über. Das
Parlament wurde aufgelöst. Der Oberbefehlshaber der aufrührerischen
Streitkräfte flüchtete sich ins Ausland. Damit war die Revolution
erledigt. Die Carbonaria wurde unterdrückt. In Neapel wurde die
frühere Ordnung, d. h. das absolute Königtum, wiederhergestellt.

Auch in Piemont wurde die Revolution rasch niedergeworfen. Dort
war eine große Beunruhigung im Volke entstanden, an deren Steigerung die Carbonari mit allem Nachdruck arbeiteten. Adelige, Offiziere, Studenten ließen sich für die Wiedergeburt Italiens begeistern
und riefen, von den Carbonari unterstützt, sogar das „Reich Italien"
aus. Aber auch dieser Revolutionssturm war nur von kurzer Dauer.
Die Österreicher warfen im Verein mit den piemontesischen Truppen
den Aufruhr rasch nieder und stellten auch hier das absolute Regiment
wieder her.

In den folgenden Jahren kam die revolutionäre Bewegung nicht
mehr zu größerer Stoßkraft. Die Geheimbünde wurden unter starkem
Drucke gehalten; die Führer der Umwälzung wurden gerichtlich verfolgt: viele wurden verbannt oder entzogen sich durch die Flucht ins
Ausland der gerichtlichen Verfolgung. In Frankreich vor allem aber
rüsteten die zahlreichen Flüchtlinge, welche die Beziehung zu den
heimatlichen Geheimorganisationen aufrechthielten, zu neuen Taten.
Die Leitung der großangelegten Verschwörung nahm der in der Wühlarbeit und deren Organisation bewanderte Giuseppe Mazzini in die
Hand. Mazzini gründete im Jahre 1831 eine geheime Gesellschaft
unter dem Namen „Junges Italien", welche die Unabhängigkeit und
Einheit Italiens auf revolutionärem Wege anstrebte und aus den Kreisen
der Carbonari starken Zulauf erhielt. Die in Paris ausgebrochene Juli-
revolution sowie die revolutionären Bewegungen in andern Ländern
brachte in Italien die Bewegung neuerdings in Fluß. Auch diesmal versagten die Aufständischen gegenüber den zu Hilfe gerufenen
Österreichern. Nun griffen die Franzosen ein. Frankreich hatte die
wiederholten Erfolge der Österreicher mit Eifersucht verfolgt. Unter
dem Vorwande, Italien vor Österreich und dem Despotismus zu schützen,
nahmen die Franzosen, im Einvernehmen mit den italienischen Geheim-

bündlern, im Februar 1832 die Festung Ancona durch einen Handstreich weg. Dieses völkerrechtswidrige Vorgehen erregte in ganz Europa das peinlichste Aufsehen. Die Geheimbünde wie alle gegen die bestehende Ordnung gerichteten Mächte fanden in der von den Franzosen in Besitz genommenen Seefestung einen willkommenen Stützpunkt für die Verwirklichung ihrer Bestrebungen. Die Österreicher stellten die Herrschaft des Papstes wieder her.

Pius IX. begann seine Regierung im Jahre 1846 mit liberalen Zugeständnissen. In Neapel und Sardinien kam es Anfang 1848 zur Einführung konstitutioneller Verfassungen. König Karl Albert von Sardinien hegte unter dem Eindrucke der Pariser Februarevolution den Wunsch, sich der österreichischen Fremdherrschaft in Italien zu entledigen. Das ganze italienische Volk war von einem revolutionären Taumel ergriffen, der zur Entladung drängte. Unter dem Drucke der öffentlichen Meinung sah sich der sardinische König genötigt, den Österreichern den Krieg zu erklären. Alles griff begeistert zu den Waffen. Die meisten Fürsten schlossen sich an; nur wenige, darunter Papst Pius IX., weigerten sich, am Kriege gegen Österreich teilzunehmen. Der seither populäre Kirchenfürst wurde nun der bestgehaßte Mann und der Gegenstand der heftigsten Angriffe der radikalen Partei. Der päpstliche Ministerpräsident Rossi wurde ermordet; Papst Pius IX. zur Flucht nach Gaëta gezwungen. Der Kirchenstaat erhielt eine radikale Regierung aufgezwungen. Eine „Constituente Italiana" trat unter Leitung Mazzinis auf dem Kapitol zusammen und verkündete die römische Republik (5. Februar 1848), der auch Toskana einverleibt wurde. Der Krieg Karl Alberts gegen die Österreicher nahm einen unglücklichen Verlauf. Der greise Feldmarschall Radetzky erfocht über die Sardinier am 25. Juli 1848 bei Custozza einen glänzenden Sieg, der alle Hoffnungen der Italiener vernichtete. Alle bisherigen Erfolge der republikanischen Bewegung wurden zerstört. Mazzini und Garibaldi mußten flüchten. Mazzini entkam nach London, Garibaldi nach Genua. Ein nochmaliger Versuch der Sardinier, den Kampf gegen Österreich fortzusetzen, scheiterte gleichfalls (Schlacht bei Novara, 23. März 1849). Karl Albert dankte zu Gunsten seines Sohnes ab. Die römische Republik fand ein rasches Ende. Die auf Österreich eifersüchtigen Franzosen besetzten im Juli 1849 Rom und ermöglichten hierdurch die Rückkehr des Papstes. Der junge König Viktor Emanuel II. schloß Frieden mit Österreich und kam den liberalen Forderungen der radikalen Partei sehr weit entgegen. Man sah ein, daß mit militärischen Waffen gegen die Österreicher Erfolge nicht zu erzielen seien, und glaubte deshalb zur geistigen Waffe greifen zu sollen. Das italienische Volk sollte für die folgenden Jahre noch mehr für die Idee der nationalen Einheit des Landes gewonnen und zum Hasse gegen die Österreicher erzogen werden. Die geheimen Gesellschaften traten wieder voll in Tätigkeit. Mazzini, Cavour, Garibaldi arbeiteten kräftig zusammen und konnten bei ihrer Volkstümlichkeit großen Einfluß auf die Förderung der nationalen Bewegung gewinnen. Das Verhältnis zu Österreich wurde hierdurch wieder gespannter. Der Gegensatz zwischen der konstitutionellen Regierung in Sardinien und der absoluten Herrschaft Österreichs in der Lombardei ließ ohnedies keine lange Friedensdauer erwarten. Es kam auch im Jahre 1859 abermals zum Kriege mit Österreich, das diesmal den vereinigten Franzosen und Sardiniern unterlag (Magenta, Solferino). Im Frieden zu Villafranca trat Österreich die Lombardei bis zum Mincio ab. Die Franzosen behielten Savoyen und Nizza und gaben die Lombardei an Sardinien. Die von ihren Fürsten verlassenen Staaten Toskana, Modena und Parma schlossen sich auf Grund einer Volksabstimmung nunmehr dem Königreiche Sardinien an. Damit war der erste große Schritt zur Einigung Italiens getan. Es fehlten aber noch der Kirchenstaat, Venedig, Neapel und Sizilien. Garibaldi und andere Agitatoren führten die Einheitsbestrebungen auch in Sizilien und Neapel zum Siege. Die sardinischen Truppen rückten schließlich auch im Einverständnis mit den Franzosen in den Kirchenstaat ein und nahmen von ihm Besitz. Nur Rom und das Patrimonium Petri blieben unangetastet. Am 18. Februar 1861 nahm Viktor Emanuel den Titel eines Königs von Italien an. Venetien kam durch den Prager Frieden 1866, Rom durch einen Gewaltakt im Jahre 1870 an Italien. In allen diesen Kämpfen und Entwicklungsgängen war die Mitarbeit der geheimen Gesellschaften, vorab der Carbonari, von hervorragender Bedeutung. Sie stellten das Heer von Agitatoren, die andauernd die italienische Volksseele antrieben und aufpeitschten, und aus deren Reihen vor allem die führenden Männer wie Mazzini, Cavour, Garibaldi u. a. hervorgingen. Die Carbonari waren schon seit langem die geschworenen Gegner der weltlichen Herrschaft des Papstes und konnten den Augenblick kaum erwarten, der ihnen eine günstige Gelegenheit zum Eingreifen gab.

Der Carbonaribund hat seine Tätigkeit nicht auf Italien beschränkt. In Spanien und Frankreich haben längere Zeit gleichfalls Logen der Carbonari bestanden. In Spanien fand der Carbonarismus um das Jahr 1820 Eingang. Italienische Flüchtlinge verpflanzten ihn dorthin. Die Carbonarilogen arbeiteten in Spanien mit den Freimaurern zusammen. Selbst in Deutschland sollen um die Mitte des vorigen Jahrhunderts Logen der Carbonari bestanden haben. Der in Deutschland im Jahre 1849 aufgedeckte „Totenbund", dessen Mitglieder sich verschworen haben sollen, alle Tyrannen durch Mord aus dem Wege zu räumen, soll eine Loge der Carbonari gewesen sein. In der zweiten Hälfte des 19. Jahrhunderts traten die Carbonari in allen Ländern, auch in Italien, immer mehr zurück. Als die Einigung Italiens erreicht war, hatten sie ihre große Anziehungskraft verloren.

Vgl. H. Reuchlin, Geschichte Italiens von der Gründung der regierenden Dynastien bis auf die Gegenwart, 4 Bde., Leipzig 1859/73; Anelli, Storia d'Italia del 1814—1863, 4 Bde., Milano 1864; Bartholdy, Denkschriften über die geheimen Gesellschaften im mittäglichen Italien und insbesondere über die Carbonari, Stuttgart und Tübingen 1822; Alessandro Luzio, Giuseppe Mazzini Carbonaro, Torino 1920.

XVIII. Camorra, Mafia, Mala Vita.

Auch das Verbrechertum hat im Laufe der Geschichte mehrfach der Ausübung seines dunklen Handwerks dadurch größeren Nachdruck und größere Sicherheit zu verleihen versucht, daß es sich in geheimen Verbänden zu einer organisierten Macht zusammenschloß. Neben den indischen Thugs und der spanischen Garduna, die beide geheime Gesellschaften von Verbrechern zur planmäßigen Begehung von Verbrechen aller Art, besonders aber von Plünderung, Raub und Mord, waren, sind die geheimen Verbrecherverbände Italiens am meisten bekannt geworden. Der bedeutendste der Geheimbünde dieser Art ist die Camorra. Die Herkunft des Namens ist unsicher. Manche leiten ihn von dem spanischen Worte camorra, das „Zank", „Streit" bedeutet, ab. Camorrista bezeichnet in der spanischen Sprache einen streitsüchtigen Menschen. Mir scheint die Ableitung der Bezeichnung von dem altneapolitanischen Worte camorra = Bluse mehr Anspruch auf Richtigkeit zu besitzen. Schon der Umstand, daß die Camorra im Gebiete von Neapel entstanden ist und dort ihren Hauptsitz hatte, läßt vermuten, daß auch der Name auf einen dort bodenständigen Begriff zurückgeht. Die Mitglieder der Camorra wären daher als „Blusenmänner" anzusprechen. Die Gesellschaft entstand um das Jahr 1820, und zwar zunächst als eine Vereinigung von Gefangenen in den Strafanstalten zum Schutze gegen Übergriffe der Anstaltsbeamten. Etwa zehn Jahre später gründeten entlassene Sträflinge außerhalb der Strafanstalten eine eigene Gesellschaft zur Begehung von Verbrechen. Die Zeit der Strafverbüßung im Gefängnis galt gewissermaßen als Lehrzeit für die spätere Betätigung als Camorrist. Es gibt verschiedene Arten von Camorristen. Die „eleganten" Camorristen verlegen sich darauf, die Spieler zu brandschatzen, andere haben es auf die Erpressung von Ladenbesitzern abgesehen, wieder andere auf Plünderung, Raub und Mord, wie sich die Gelegenheit bietet. Auch dieser Geheimbund kennt nach dem Vorbilde der übrigen geheimen Gesellschaften verschiedene Klassen oder Grade von Mitgliedern. Wer aufgenommen werden wollte, mußte zuerst eine Probe von Mut und

Entschlossenheit ablegen. Wurde die Probe für genügend erachtet, so
wurde der Kandidat „Picciotto di sgarro". Picciotto bedeutet „Bursche".
Was sgarro bedeuten soll, konnte bis jetzt nicht festgestellt werden.
Das Noviziat dauerte mehrere Jahre. Während dieser Zeit wurde der
Novize einem „Bruder" übergeben, der ihn in allen für einen Gauner
erforderlichen Kenntnissen und Kniffen sowie im Gebrauche des Dolches
zu unterweisen hatte. Während dieses Noviziates hatte der Picciotto
keine Rechte, sondern nur Pflichten. Wo eine schwierige Tat, vor
allem eine solche mit Blutvergießen, auszuführen war, wurde in der
Regel ein Picciotto durch das Los zur Vollführung bestimmt. Je besser
er den Auftrag ausführte, desto rascher wurde er in den höheren Grad
des Camorristen aufgenommen. Die Beförderung zum Camorristen erfolgte mit einer bestimmten Feierlichkeit. Die „Brüder" versammelten
sich an einem verborgenen Orte um einen Tisch, auf dem als Wahrzeichen des Bundes Dolch, Pistole, vergifteter Wein und eine Lanzette
bereit waren. Nun wurde dem Picciotto zuerst eine Ader geöffnet,
damit er seine rechte Hand mit Blut benetzen konnte. Mit der er-
hobenen, blutbefleckten Hand schwor er nun, die Geheimnisse des Bundes
getreu zu bewahren und dessen Gesetze genau zu beobachten. Er ergriff die bereit liegenden Mordwerkzeuge und setzte den Giftbecher an
die Lippen, um damit anzudeuten, daß er auch bereit sei, für den
Bund sein Leben zu opfern. Schließlich kniete der Kandidat vor
dem Meister nieder, der seine Hand über ihn hielt und dabei die Pistole
abfeuerte, das Glas zerschmetterte und den Dolch überreichte. Mit
der gegenseitigen Umarmung der „Brüder" war die Aufnahme beendet.

Der Bund wurde vom „Vicario" geleitet und gliederte sich nach
Bedarf in Abteilungen und Unterabteilungen. Die Arbeit der Bande
erfolgte in der Regel gruppenweise. In den aufgeregten politischen
Zeiten ließ man die Gesellschaft gewähren oder beschäftigte sie gar
mit politischen Aufträgen. Die Camorristen ließen sich auch gegen
Bezahlung zum Schutze von Kaufmannsgütern und ähnlichen Zwecken
anwerben. Ja es kam soweit, daß die Behörden sich des Bundes gegen
das zahlreiche außerhalb des Bundes stehende Gesindel bedienten.

Die Mafia entstand aus einer bewaffneten Schutztruppe, die die
Grundbesitzer Siziliens zum Schutze ihres Eigentums unterhielten. Als
zu Beginn des 19. Jahrhunderts die Vorrechte des Feudalismus beseitigt wurden, wurde diese Schutztruppe als solche aufgelöst. Die
Mitglieder der Truppe setzten aber die Vereinigung im geheimen fort
und gestalteten sie zu einer regelrechten Räuberbande um. Alle Versuche, den Bund zu beseitigen, mißlangen. Die Regierung beschäftigte
die Angehörigen des Bundes merkwürdigerweise sogar im Sicherheits-
dienste, um sie von ihrer verbrecherischen Laufbahn abzubringen. Auch
dies half nichts. Die Bevölkerung fand sich mehr und mehr mit der

Einrichtung ab und betrachtete sie als ein notwendiges Übel. Sie suchte durch Geschenke und Tribut die wüsten Gesellen bei guter Laune zu erhalten und sich selbst vor Gefahr und Schaden zu bewahren. Man beobachtete Stillschweigen über alles, was von dem Geheimbunde bekannt wurde, um nicht seine blutige Rache fühlen zu müssen. So kam der Geheimbund zu immer größerer Macht und Bedeutung. Seine Machtstellung schien in den Augen des Volkes sogar die der Regierung zu überragen. Garibaldi wagte es im Jahre 1860, gegen den Geheimbund vorzugehen, ohne aber etwas auszurichten. Der Bund bekam vielmehr aus den Reihen der Sträflinge, die durch die revolutionären Bewegungen die Freiheit erlangt hatten, neue Verstärkung. Die Mafia hat sich im Laufe der Zeit ein gewisses Ansehen bei den niedern Schichten der sizilianischen Bevölkerung erworben, da sie den ursprünglichen Zweck, die Begehung von Raub und Diebstahl, mehr und mehr aufgab und seitdem ihr Hauptbestreben darin erblickte, den Gesetzen und Behörden gegenüber eine unabhängige Stellung und eine Macht zu behaupten, in der manche Kreise des Volkes im Kampf mit den Behörden eine nicht unwillkommene Unterstützung erblickten. Die Hauptaufgabe des Bundes besteht nunmehr in der Ausübung eines gewissen Schutzdienstes innerhalb der einzelnen Bezirke, wofür ein entsprechendes Entgelt in Form eines Schutzgeldes geleistet werden muß. Die Mafia hat in den Städten wie auf dem Lande zahlreiche Anhänger; in den Städten sind es vorwiegend Handwerker und Arbeiter, auf dem Lande kleine Bauern und Pächter, die dem Bunde Gefolgschaft leisten. Der Großteil dieser kleinen Leute steht zwar nicht auf einer hohen moralischen Stufe; es wäre aber auch nicht zutreffend, sie ohne weiteres als Vertreter eines typischen Verbrechertums zu betrachten. In neuester Zeit ist der Bund als solcher von einem etwas besseren Geiste beseelt. Die Verübung gemeiner Eigentumsverbrechen wird vom Bunde nicht mehr gebilligt. Wenn solche in den Reihen der Mitglieder trotzdem vorkommen, versucht die Gesellschaft, den Täter allerdings der Strafe zu entziehen. Der Bund hat eigene Polizeiorgane und Spione, sogar eigene Gerichtsstellen, durch die er in den eigenen Reihen eine gewisse Ordnung aufrecht hält. Seine Macht ist heute noch eine sehr große. Die besseren sozialen Schichten der Bevölkerung finden sich mit der Tatsache ab, daß der Bund einen unüberwindlichen, alle Verhältnisse beherrschenden Einfluß besitzt, und sind deshalb aus taktischen Gründen bemüht, es mit ihm nicht zu verderben. Sie verstehen sich daher heute noch zu mäßigen Abgaben an den Bund, um sich seines Schutzes gegen Raub und Plünderung zu versichern. Freilich kommen auch heute noch Verbrechen vor, deren Urheber in den Kreisen der Mafia zu suchen sind. Dabei handelt es sich in der Regel nicht mehr um Eigentumsverbrechen, sondern um Gewalttaten, die aus Rache, Feindschaft oder politischer Gegnerschaft hervorgehen und die Angst vor der unheimlichen Gesellschaft mit jedem Falle immer wieder neu begründen und vermehren. Niemand wagt es, gegen einen Mafiusen Zeugnis abzulegen, und selbst die Geschworenengerichte lassen sich in ihren Urteilen von der Furcht vor der Rache des Geheimbundes beeinflussen. Aus diesen Gründen ist es auch bis heute noch nicht gelungen, der geheimnisvollen Macht endgültig das Handwerk zu legen. Der Geheimbund ist durch ausgewanderte Italiener sogar nach den Vereinigten Staaten von Nordamerika verpflanzt worden. Vor etwa dreißig Jahren sind in New Orleans zahlreiche Morde an italienischen Landsleuten und an Polizeibeamten verübt worden, die zweifellos auf die dortige Mafia zurückgingen. Eine große Anzahl der Teilnahme an den Mordtaten verdächtige Mitglieder des Bundes wurden vor Gericht gestellt, von den eingeschüchterten Geschworenen aber freigesprochen. Die erregte Volksmenge übte aber an den Verbrechern Lynchjustiz. Dieser Vorfall rief sogar eine politische Spannung zwischen Italien und den Vereinigten Staaten hervor, hatte aber die gute Wirkung, daß seitdem die Mafia in den Vereinigten Staaten verschwunden ist.

Die „Mala Vita" ist ein süditalienischer Geheimbund, der aus der Camorra hervorgegangen ist und ähnliche Zwecke wie der Mutterbund verfolgt. Die Entstehung reicht kaum weiter als 30—40 Jahre zurück. Der Bund besteht aus drei Klassen: den Giovanotti, Picciotti und den Camorristi. An der Spitze des Bundes steht der „Weise Meister". Der aufzunehmende Kandidat muß mit einem Fuße angekettet, mit dem andern in einem offenen Grabe stehend schwören, alles, was ihm lieb und teuer auf Erden ist, Vater, Mutter, Frau und Kinder, zu verlassen, um sich ganz in den Dienst der Bundessache zu stellen. Wer den Eid bricht, verfällt dem Tode. Das Todesurteil wird von der Versammlung aller Bundesmitglieder gefällt, die Vollstreckung einem durch das Los bestimmten Bundesmitglied übertragen. Der Bund erblickt seine Hauptaufgabe in der Beraubung, Brandschatzung und Erpressung der besitzenden Klassen der Bevölkerung. Die Beute wird zwischen den einzelnen Graden der Gesellschaft nach einem bestimmten Verhältnis geteilt.

Die Tätigkeit der Verbrecherverbände liegt weniger auf politischem als auf gesellschaftlichem Gebiete. Die allgemeine Sicherheit des Landes hat aber unter dem unheimlichen Drucke dieser Geheimbünde nicht selten so schwer gelitten, daß es zu heftigen Zusammenstößen mit der politischen Gewalt des Staates kam. Hierin liegt die allgemein politische Bedeutung dieser Verbände. Es ist aber auch vorgekommen, daß Mitglieder solcher Verbände, sei es auseigenem Antriebe, sei es als Werkzeuge anderer, durch Verbrechen, z. B. Beseitigung politischer Persönlichkeiten, unmittelbar in den politischen Kampf eingegriffen haben.

Vgl. Monnier, La Camorra, Notizie storiche, Florenz 1863; Luigi Monti in der Zeitschrift „Atlantic Monthly", Boston 1876; Umilta, Camorra e Mafia, Neuchâtel 1878; Alongi, La Mafia, Turin 1887; Ders., La Camorra, ebd. 1890.

XIX. Die Faschisten.

In den letzten Jahren hat die faschistische Bewegung in Italien die besondere Aufmerksamkeit der politischen Welt auf sich gelenkt. Ihr Führer Mussolini hat es verstanden, in der kürzesten Zeit eine ganz Italien beherrschende politische Organisation ins Leben zu rufen, die den Staatsorganismus dergestalt umklammerte, daß die verfassungs- mäßigen Instanzen durch einen trockenen Putsch gezwungen werden konnten, die ganze politische Macht an den Führer der Bewegung auszuliefern. Seitdem besteht neben dem loyalen Staatsapparat der illegale Apparat der faschistischen Organisationen; die beiden Apparate stehen dem Diktator Mussolini als verfassungsmäßig berufenen Minister- präsidenten einerseits und als Führer der revolutionärem faschistischen Bewegung anderseits in gleichem Maße zur Verfügung. Das System des Faschismus ist heute in Italien zum Regierungssystem geworden; Mussolini übt trotz Königtum und trotz Parlament eine fast unum- schränkte Alleinherrschaft über ganz Italien aus. Die Machtausübung vollzieht sich in voller Öffentlichkeit. Gleichwohl besteht Veranlassung, auch den Faschismus in Kürze zu erörtern und wenigstens seine Ent- wicklung bis zur Eroberung der Macht im Staate zu verfolgen. Erst mit dieser Eroberung ist der Faschismus im großen und ganzen an die Öffentlichkeit getreten; im ersten Stadium seiner Entwicklung war er aus naheliegenden Gründen gezwungen, seine Absichten, Mittel und Wege möglichst geheimzuhalten; mit dem Wachstum der Organisation und mit der Aufnahme seiner in aller Öffentlichkeit vorsichgehenden terroristischen Tätigkeit trat der Geheimcharakter des Bundes mehr und mehr zurück, ohne jedoch jemals vollständig zu verschwinden.

Der Faschismus ist seinem innersten Wesen nach eine eigentümliche italienische Erscheinung, die aus den besondern wirtschaftlichen und poli- tischen Verhältnissen des Landes sich erklärt und dabei in starkem Maße das persönliche Gepräge ihres Urhebers erkennen läßt. Benito Mussolini ist als Sohn des Dorfschmieds Alessandro Mussolini am 29. Juli 1883 in Predappio in der Romagna geboren. Sein Vater neigte anarchistischen Ideen zu und war ein Verehrer des russischen Anarchisten M. Bakunin. Benito Mussolini war schon in seiner frühesten Jugend ein unruhiger Geist, durchstreifte die ganze Umgebung seines Heimatdorfes und schlug sich mit Vorliebe mit seinen Altersgenossen. Die revolutionären Nei- gungen des Vaters blieben nicht ohne Wirkung auf den heranwachsenden ausgelassenen Sohn. Er wurde Lehrer, fand aber in diesem Berufe keine ausreichende Befriedigung. Sein unruhiges Wesen führte ihn ins Ausland. In der Schweiz brachte er sich kümmerlich als Arbeiter durch, zeigte aber bereits großes Interesse für soziale und politische Fragen. Seine agitatorische politische Tätigkeit erregte die Aufmerksamkeit der Schweizer Behörden und brachte ihn in den Verdacht anarchistischer Umtriebe. Er war kein Anarchist; wohl aber vertrat er innerhalb der sozialistischen Partei die radikale Richtung. Seine zunehmende agitatorische Tätigkeit veranlaßte die Schweizer Behörden, ihn im Jahre 1904 wegen revolutionärer Umtriebe des Landes zu verweisen. Er begab sich nach Trient, wurde dort Journalist und führte einen leidenschaftlichen Kampf gegen Österreich und seine Regierung. „Italien endigt nicht in Ala", war schon damals seine Anschauung. Im Jahre 1911 wurde er nach wiederholten Gefängnisstrafen auch aus Österreich ausgewiesen. Er kehrte nach Italien zurück, gründete eine Zeitung und kämpfte in extremstem Sinne für die Revolutionierung des Proletariats. Im Jahre 1912 übernahm er die Redaktion des Mailänder sozialistischen Parteiblattes „Avanti", dem er zu einem neuen Aufschwung verhalf.

Nach Ausbruch des Krieges trat Mussolini zunächst für die Neutralität Italiens im Weltkriege ein, gab aber diesen Standpunkt später auf und wurde der leidenschaftlichste Verfechter des Eintritts Italiens in den Krieg an der Seite der Ententemächte. Seine Sinnesänderung brachte ihn in Gegensatz zu seinen Parteigenossen; er schied aus der Direktion des „Avanti" aus und gründete den „Popolo d' Italia", in dem er sich mit seinen früheren Gesinnungsgenossen auseinandersetzte und eine leidenschaftliche nationalistische Politik vertrat. Er wollte das Proletariat für den nationalen Gedanken gewinnen, hatte aber damit zunächst nur wenig Erfolg. Er hielt gleichwohl an seiner Interventionspolitik fest und suchte durch Gründung einer den Gewerkschaften nachgebildeten Organisation seiner Politik einen größeren Nachdruck und seiner Zeitung einen größen Leserkreis zu verschaffen. Er faßte Männer der verschiedensten Parteirichtungen zu örtlichen Vereinigungen zusammen, die er „Fasci" nannte. Schon im Frühjahr 1915 waren die Verbände zu einer achtunggebietenden Macht geworden. Mussolini begann mit seiner Organisation eine wüste Propaganda für den Eintritt Italiens in den Krieg; der Kriegsruf fand in allen Schichten des Volkes lauten Widerhall. Die Bewegung schwoll lawinenartig an und kam in vielen Städten mit elementarer Gewalt zum Durchbruch. Die noch zögernde Regierung sah sich unter dem Drucke der öffentlichen Meinung am 23. Mai 1915 gezwungen, an Österreich-Ungarn den Krieg zu erklären. Diese Wendung der Dinge war neben der Agitation der Freimaurer vor allem auch der Kriegshetze Mussolinis und seiner Organisationen zuzuschreiben. Nach der Kriegserklärung mußte auch Mussolini längere Zeit unter

den Fahnen dienen. Sein Blatt trat immer für eine entschiedene Krieg-
führung gegen Österreich-Ungarn und für die Kriegserklärung an Deutschland ein. Seine Deutschfeindlichkeit reichte an die der größten französischen Kriegshetzer heran. Die Friedensbestrebungen des Papstes
fanden an ihm einen erbitterten Gegner. Der über den Papst aus-
gegossene Hohn und Spott erreichte einen solchen Grad, daß den Katholiken das Lesen des „Popolo" von der Kirche verboten werden mußte.
In seinen Kriegszielerörterungen war Mussolini immer zurückhaltender
als die Staatsmänner der Entente. Er forderte aber trotz des von ihm
vertretenen Nationalitätenprinzips entschieden die Vorrückung der italienischen Grenze bis an den Brenner. Dem Versailler Gewaltfrieden stand
er innerlich stark ablehnend gegenüber, da er in ihm kein geeignetes
Werkzeug für den notwendigen Wiederaufbau Europas erblicken konnte.
Mit der Entwicklung der großen Weltereignisse hatte er sich, obwohl
er auch nach seinem Ausscheiden aus der sozialistischen Partei zunächst noch Sozialist geblieben war, mehr und mehr von den Grundsätzen des Sozialismus innerlich freigemacht.

Nach dem Kriege vollzog Mussolini auch äußerlich seine Abkehr von
den sozialistischen Ideen und begann sich gegen die innern Feinde der
Nation, die er in den Giolittianern, Sozialisten und Klerikalen erblickte,
zu wenden. Zu diesem Zwecke nahm er im Jahre 1919 eine Neuorganisation seiner „Fasci" vor, die er nunmehr „Fasci di Combattimento",
d. h. Kampfbünde, nannte. Die wirtschaftliche Lage Italiens war durch
den Krieg schwer erschüttert. Die unzufriedenen Volksmassen wurden
von der auch nach Italien getragenen Seuche des Bolschewismus angesteckt. Im April 1919 brach der Generalstreik aus. Rote Garden
machten das Land unsicher und verübten fast ungehemmt Gewalttaten
aller Art. Da setzte Gabriele d'Annunzio ein, der einen neuen Geist
zur Rettung des Vaterlandes forderte und diesen Geist in der Pflege
der nationalen Würde, der Würde der Arbeit und der freiwilligen Ein-
ordnung in das Ganze erblickte. Mussolini war inzwischen bemüht,
seinen Organisationen in aller Stille neues Leben einzuhauchen und ihnen
neue Ziele vorzuzeichnen. Das Unternehmen Gabriele d'Annunzios gegen
Fiume unterstützte er durch Abordnung einer Anzahl seiner Stoßtruppen.
Im Sommer 1920 kam die soziale Revolution zum Ausbruch. Das revolutionäre Proletariat schritt zur Tat und besetzte die Fabriken. Die
Staatsgewalt versagte. Das war für Mussolini der günstige Augenblick zum selbständigen Eingreifen. Sein Ruf nach „Rache" fand überall
begeisterte Zustimmung. Man war des roten Terrors müde und empfand
die entschlossene Tat Mussolinis als eine Erleichterung. In hellen
Scharen strömten die Tausende heran, um an den Rachezügen teilzunehmen. Nun folgte ein Jahr des größten faschistischen Terrors.
Sozialistische und kommunistische Zeitungsbureau, Druckereien, Gebäude

wurden rücksichtslos in großer Zahl zerstört. Die Versammlungen der
Gegner wurden gesprengt und schließlich ganz unterdrückt. Wiederholt suchten die faschistischen Unterführer, ihren Führer Mussolini zum
letzten großen Schlage, zur Übernahme der politischen Macht, zu veranlassen. Er hielt seine Stunde noch nicht für gekommen. Im Sommer 1921 wurde der Druck seiner Unterführer so stark, daß er sich
nur durch vorübergehende Niederlegung der Oberleitung der Bewegung
zu helfen wußte.

Erst im Herbst 1922 schien ihm die Entwicklung weit genug ge-
diehen zu sein, um an den letzten Schritt denken zu können. Am 20.Sep-
tember 1922 verkündete er bei einer Versammlung in Udine seine Absicht,
indem er erklärte: „Wir wollen Italien regieren.“ Diese Erklärung rief
eine ungeheure Erregung in ganz Italien hervor. Die faschistischen
Kräfte wurden unter den Augen der Regierung planmäßig mobilisiert.
Auf einmal erschien eine faschistische Truppe in Südtirol, um die neu-
erworbenen Gebietsteile unter faschistische Herrschaft zu bringen. Dies
war in wenigen Tagen geschehen. Eine große Begeisterung erfaßte
die ganze italienische Bevölkerung. Die notwendige Stimmung für
die weiteren Schritte war geschaffen. Er ließ erklären, daß die Eroberung Südtirols als die „erste Etappe des Marsches auf Rom“ zu betrachten sei. Mussolini hatte ein geheimes Kollegium von vier Männern
ernannt, das den Plan zur militärischen Einschließung Roms vollziehen sollte. Es bestand aus drei Generälen und dem Generalsekretär
der Partei und nahm seinen Sitz in Perugia. Nun vollzog sich der
Transport der schlecht ausgerüsteten, aber gut verpflegten faschistischen
Truppen mit überraschender Reibungslosigkeit. Etwa 40000 Mann
wurden nach Neapel vorgeschoben, die Hauptmacht von rund 200000
Faschisten blieb nördlich von Rom stehen. So war Rom von zwei Seiten
bedroht. Inzwischen hatte sich Mussolini vertraulich mit der Regierung
in Verbindung gesetzt und die Auflösung des Parlaments, die Reform
des Wahlrechts, sofortige Neuwahlen, Kampf gegen den Sozialismus,
eine energische nationale Politik in Dalmatien und fünf Ministersitze
verlangt. Die Regierung lehnte ab, war aber bereit, ihm einige Minister-
posten ohne Portefeuille zuzugestehen. Am 24. Oktober 1922 hielt
Mussolini in Neapel seine letzte Heerschau und ließ die Versammelten
schwören, das Werk zu Ende zu führen. In der Nacht vom 27. zum
28. Oktober 1922 beschloß der Ministerrat die Verhängung des Be-
lagerungszustandes. Am 28. Oktober erfolgte der Marsch auf Rom.
Gleichzeitig nahmen die Faschisten in Ober- und Mittelitalien die Staatsgewalt an sich. Polizei und Heer gingen zum Teil zu den Faschisten
über oder beobachteten Neutralität. In Rom selbst weigerten sich die
Truppen, gegen die Faschisten zu kämpfen. In dieser Situation nahm
der König, der bei der bekannten republikanischen Einstellung Musso-

linis vor allem den Verlust der Krone befürchtete, schließlich zu einer
Ausrede seine Zuflucht: er erklärte, daß er mit der Verfügung des Be-
lagerungszustandes nicht einverstanden gewesen sei, und nahm die von
der Regierung verfügten Maßnahmen zurück. Der frühere Ministerpräsident Salandra veranlaßte Mussolini, einen Bevollmächtigten zum
König zu entsenden. Dies geschah. Der König erklärte sich bereit,
Salandra und Mussolini gemeinsam die Bildung einer neuen Regierung
zu übertragen. Mussolini lehnte dieses Anerbieten ab, worauf der König
am folgenden Tage mit der Bildung der Regierung durch Mussolini
allein einverstanden war. Damit hatte Mussolini sein Ziel erreicht.
Er war Führer einer illegalen Macht geblieben und gleichzeitig legaler
Ministerpräsident geworden. Das eingeschüchterte Parlament bewilligte
ihm weitgehende Vollmachten. Die durch den Druck einer illegalen
Macht geschaffene Diktatur hatte formell eine rechtliche Grundlage erhalten. Mussolini nützte seinen Staatsstreich mit der größten
Energie weiter aus und zwang dem Parlament jederzeit seinen Willen
auf. Obwohl innerlich Republikaner, ließ er die Monarchie im letzten
Augenblick noch bestehen, da er sich mit den Empfindungen eines
großen Teiles des Volkes nicht zu sehr in Widerspruch setzen wollte.
Es kann und soll nicht bestritten werden, daß Mussolini Italien vor
dem bereits zur unmittelbaren Gefahr gewordenen Bolschewismus gerettet hat. Die Frage ist nur die, ob er dieses Ziel nicht auch hätte
erreichen können, wenn er von vornherein mit der Regierung zusammen-
gearbeitet hätte. Daß Mussolini diesen loyalen Weg nicht beschritten,
ja nicht einmal zu beschreiten versucht hat, legt den Schluß nahe,
daß es ihm doch nicht bloß um die Rettung des Vaterlandes, sondern
auch um persönliche Interessen, um die Anmaßung der obersten Gewalt,
um die Befriedigung seines persönlichen Ehrgeizes und seiner persönlichen Herrschsucht zu tun war. Diese Anschauung findet auch darin
ihre Bestätigung, daß Mussolini in der Folgezeit es jederzeit gut verstanden hat, sich den jeweiligen Verhältnissen anzupassen, um sich in
der Macht zu erhalten, und daß er zu diesem Behufe auch vor Aus-
einandersetzungen mit seinen eigenen Anhängern nicht zurückschreckte.
Wie lange der bedenkliche Dualismus von Legalität und Illegalität
noch fortbestehen kann, wird die weitere Entwicklung lehren.

Der Faschismus ist nach Inhalt und Form, nach Lehre und Methode ein durch und durch revolutionäres System. Mussolini ist in
revolutionären Ideen aufgewachsen und hat diese Ideen auch niemals
vollkommen verleugnet. Seine ursprünglichen Anschauungen sind nicht
einer vollkommen neuen Auffassung gewichen, sondern lediglich durch
den Hinzutritt nationalistischer Gedankengänge und Grundsätze ergänzt,
verändert, modifiziert worden. Durch diese Verbindung verschieden-
artiger Ideen ist das entstanden, was wir heute „Faschismus" nennen.

Der Faschismus trägt manche Züge des Carbonarismus an sich. Die Freischaren der Faschisten mit ihren Schwarzhemden kann man sich ohne die Carbonari, ohne Mazzinis Giovine Italia und ohne Garibaldis Rothemde kaum vorstellen. Der Geist Mussolinis ist Geist vom Geiste Mazzinis, und ein großer Teil von Mussolinis Programm ist eine Fortsetzung von Forderungen und Bestrebungen Mazzinis. Der nationale Gedanke steht bei Mussolini im Vordergrunde; er übertönt den Mazzinischen Freiheitsgedanken. Der Faschismus bekommt aber durch die Person Mussolinis ein stark persönliches Gepräge. Mussolini ist ein revolutionärer Geist, ein skrupelloser Gewaltmensch, der über Leichen schreitet, wenn er seinen Willen, den Willen zur Macht, durchsetzen will. Er ist eine Herrschernatur, eine Gewaltnatur, die keine fremden Götter neben sich duldet, der das Volk, die Nation, die Größe Italiens das Höchste, die eigene Macht aber alles bedeutet. Mussolini ist Republikaner und hat die Monarchie nur aus Zweckmäßigkeitsgründen nicht beseitigt; er ist ein grundsätzlicher Gegner der formalen Demokratie und des Parlamentarismus sowie ein eifriger Verfechter eines starken persönlichen Regimes, ein Imperialist. Das Geheimnis seines Erfolges liegt in der suggestiv wirkenden Art seiner Persönlichkeit, in seiner hinreißenden Beredsamkeit, vor allem aber in seinem organisatorischen Geschick sowie in der Fähigkeit, den richtigen Zeitpunkt für seine Handlung zu bestimmen und das Verfahren sofort den jeweiligen Bedürfnissen anzupassen. Die grundlegende Einheit seiner Organisation ist der Fascio (von fasces, Bündel von Ruten mit Kriegsbeil, das im alten Rom als Symbol der Gewalt über Leben und Tod galt), die Vereinigung der eingeschriebenen Mitglieder einer Gemeinde oder eines größeren ländlichen Bezirks. In großen Städten können Untergruppen eines Fascio bestehen. Der Fascio wird von einem Direktorium geleitet, dem ein geschäftsführender Sekretär zur Seite steht. Die höhere Stufe bildet der Provinzialverband, der einen Provinzialvorstand und einen Provinzialsekretär hat. Die oberste Stufe bildet der „Große Faschistische Rat" (Gran Consiglio Fascista) in Rom. Darüber steht Mussolini als „Duce del Fascismo", als Führer des Faschismus. Der Aufbau lehnt sich also an den Aufbau der Staatsverwaltung an. Entscheidend für die Geschäftsführung und Verwaltung ist letzten Endes ausschließlich der Wille des Führers. Der ganze Verwaltungsapparat steht zu seiner willkürlichen Verfügung. Von wirklichen Befugnissen, Zuständigkeiten der einzelnen Instanzen ist daher keine Rede. Wenn Wahlen für einzelne Ämter und Stellen stattfinden, so ist dies keine bindende Form der Bestellung von einzelnen Würdenträgern; Mussolini behält sich vor, jederzeit auch anders, nach freiem Ermessen zu verfahren. Es herrscht also ein starker zentralistischer Zug. Neben dem erwähnten hierarchischen Stufenaufbau besteht noch der Große Nationalrat, eine Versammlung der führenden

Persönlichkeiten des Faschismus, die nach Bedürfnis berufen wird, und das Komitee der parlamentarischen Majorität. Die nationale faschistische Partei (il Partito Nazionale Fascista) ist keine politische Partei, aber auch kein Verwaltungsapparat der Regierung, sie ist ein eigenartig konstruiertes, auf die Person Mussolinis zugeschnittenes revolutionäres Instrument von höchster Leistungsfähigkeit. Das Bestreben Mussolinis bestand darin, den vorhandenen Staatsverwaltungsapparat durch sein „System der Duplikate" nach und nach zu verdrängen. Er setzte dem staatlich angestellten Beamten, z. B. dem Präfekten, einen faschistischen Kommissar an die Seite, der unmittelbar an ihn zu berichten hatte. Im Jahre 1923 ging er dazu über, diese Kommissare zu beseitigen und Faschisten oder Faschistenfreunde in die Amtsstellen unmittelbar hineinzuschieben. Einen solchen Beamten nannte man „Ras". Der „Rasismo", die Häuptlingswirtschaft, hat viel Ähnlichkeit mit den „Räten", die in Deutschland in der Revolutionszeit bestimmten Behörden beigegeben wurden. Auch der „Ras" ist wie der deutsche „Rat" eine Einrichtung von zweifelhafter Güte geblieben. Das Selbstbewußtsein stand zu der wirklichen Sachkenntnis in der Regel in einem auffallenden Mißverhältnis.

Die eigentlichen Aktionsorgane innerhalb der einzelnen faschistischen Verbände sind die „Zellen" oder „Keime" („nuclei"), die auch in der Organisation der Kommunisten eine große Rolle spielen, sowie die „Stoßtrupps" (Squadri d'azione), die der Kampftechnik des Weltkrieges entnommen wurden. Die „Keime" bestanden aus 2 bis 3 sorgfältig ausgewählten Männern, die einen strengen Kontrolldienst und vor allem einen sorgfältigen geheimen Nachrichtendienst einzurichten hatten. Die „Stoßtrupps" sind die Organe des faschistischen Terrors, die sich über alle Schranken der Gesetze und der Staatsautorität hinwegsetzten und durch blutige Gewalttaten die Herrschaft des Faschismus aufrichteten. Der Faschismus hat geradezu einen Kodex bestimmter Gewaltmethoden entwickelt, die nach dem Zwecke ihrer Anwendung auseinandergehalten werden. Es gibt eine „politische Expedition", eine „Strafexpedition", eine „Repressalie", eine „Einschüchterungsaktion", eine „Geiselnahme", einen „Überwachungsdienst". Die als Terrormittel beliebten „Rizinusölkuren" haben vor allem den Zweck, angesehene Männer zu terrorisieren und gleichzeitig lächerlich zu machen, um keine Märtyrer zu schaffen.

Industrie und Landwirtschaft, die unter den Folgen der kommunistischen Umtriebe am meisten zu leiden hatten, erblickten in den Faschisten ihre Retter und Beschützer und stellten daher auch der Bewegung die erforderlichen nicht unerheblichen Geldmittel zur Verfügung. Außer den „eigentlichen", aus den eingeschriebenen Vollmitgliedern bestehender Faschisten gibt es auch noch „uneigentliche Faschisten", die keinem „fascio", wohl aber einer faschistischen Berufsorganisation angehören. Die „uneigentlichen Faschisten" brauchen sich nicht förmlich zum Faschismus zu bekennen; sie haben aber einer vom Faschismus gesetzten Leitung zu folgen und genießen hierfür den Schutz und die berufliche Förderung der faschistischen Macht. Auf diese Weise hat sich um den Kern des Faschismus, der etwa 600000 Mitglieder zählt, ein weiterer, viel größerer Kreis von vielleicht 3 Millionen Mitgliedern von Berufsverbänden und Genossenschaften gebildet, der eine ungeheure Steigerung des Ansehens und der Kraft des Faschismus bedeutet.

So läßt der Faschismus kein Mittel unversucht, um sich an der Macht zu halten. Wie sehr bei ihm der Grundsatz „der Zweck heiligt die Mittel" Anerkennung findet, ergibt sich am deutlichsten aus dem noch im Herbste 1922 durchgesetzten Wahlgesetz. Danach soll die Deputiertenkammer 535 Sitze haben. Diejenige Partei, welche die relativ höchste Stimmenzahl, mindestens aber 25 Prozent aller Stimmen im Lande aufbringt, soll zwei Drittel aller Sitze, also von vornherein eine priviligierte und qualifizierte Majorität der Stimmen erhalten. Diese priviligierte Partei ist selbstverständlich der Faschismus. Alle übrigen Parteien müssen sich in das letzte Drittel der Sitze nach den Grundsätzen des Verhältniswahlrechts teilen. Ein solches Verfahren ist eine reine Willkür, eine Gewaltmaßnahme, die mit der Feststellung des Volkswillens, mit Demokratie nicht das mindeste mehr gemein hat. Bei allem Draufgängertum, das Mussolini zur rechten Zeit zeigt, hat er nach Übernahme der Regierung doch auch wieder eine gewisse Vorsicht und eine kluge Mäßigung beobachtet. Wie sehr er die monarchistischen Empfindungen des Volkes aus taktischen Gründen zu schonen wußte, ist bereits hervorgehoben worden. Er hat sich aber bis jetzt auch fern gehalten von antisemitischen Bestrebungen und von kulturkämpferischen Neigungen. Er ist auch mehrfach den Freimaurern entgegengetreten, gegen die er sogar ein besonderes Gesetz einbrachte, und hat demonstrativ das Verbot der Anbringung von Symbolen des Christentums in den Schulen aufgehoben. Ob es sich dabei um eine taktischer Erwägungen entsprungene Geste oder um eine ernste Bekundung einer christlichen Einstellung handelt, wird sich noch zeigen müssen. Die Haltung Mussolinis dem Vatikan gegenüber ist zur Zeit noch unklar und undurchsichtig. Seinen innern Neigungen scheint eine Änderung des gegenwärtigen staatsrechtlichen Zustandes nicht ganz zu entsprechen. Wenn Mussolini zur Überzeugung kommen sollte, daß eine Aussöhnung mit dem Papsttum seinem Prestige nicht schädlich und seinem Vaterlande nützlich sein werde, dann wird er auch Mittel und Wege finden, die zu diesem Ziele führen. Der Ehrgeiz, seinen Namen mit einem Ereignisse von solcher weltgeschichtlicher Größe verbunden zu sehen, fehlt ihm nicht.

Vgl. M. Missiroli, Il fascismo e la crisi italiana, Bologna, Rocca Casciano, Trieste 1921; A. Zerboglio, Il fascismo, Bologna 1922; L. Fabbri,

La controrivoluzione preventiva, Bologna, Trieste 1922; F. Güterbock, Mussolini und der Faschismus, München 1923; G. Aquila, Der Faszismus in Italien, Hamburg 1923; L. Voßler, Das heutige Italien, München 1923; L. Bernhard, Das System Mussolini, Berlin 1924; J. W. Mannhardt, Der Faschismus, München 1925.

XX. Die Omladina.

Die Tschechen, Kroaten, Serben und andere Balkanstämme neigen schon seit geraumer Zeit zum Panslawismus. Die panslawistischen Bestrebungen fanden in Rußland bereits unter Katharina II. und Alexander I. Unterstützung. Die anfänglich mehr geistige Bewegung erhielt durch die revolutionäre Bewegung des Jahres 1848 einen ausgesprochen politischen Charakter. Aus der panslawistischen Bewegung heraus entstand ein Geheimbund mit dem Namen Omladina, d. h. Jugend. Der Bund war zunächst ein literarisch-wissenschaftlicher Verein slawischer Studenten mit dem Sitze in Preßburg. Dieser Verein bildete sich im Laufe der sechziger Jahre des vorigen Jahrhunderts zu einem politische Ziele verfolgenden nationalen Verbande um, der nichts Geringeres als die Vereinigung der Südslawen in einem südslawischen Einheitsstaate anstrebte. Die Zentrale des Bundes hatte ihren Sitz in Ungarn. Von dort aus wurde eine über ganz Serbien sich erstreckende geheime Propaganda ausgeübt. Es entstand ein förmliches Netz von Unterorganisationen, die durch Versammlungen, Zeitungen und nationale Volksschriften den nationalen slawischen Gedanken bis in das letzte Dorf zu tragen verstanden. Da die Bewegung mehr und mehr ausartete, wurde der Bund in Ungarn und Serbien verboten. Von da an setzte er seine Tätigkeit als Geheimbund fort und wurde so erst recht zu einer staatsgefährlichen, unkontrollierbaren Macht. In Serbien wurde im Jahre 1868 Fürst Michael, der durch sein despotisches Regiment verhaßt war, unter Mitwirkung der Omladina ermordet. Trotz der infolgedessen ergriffenen scharfen Maßnahmen bestand der Bund fort. Die spätere serbische Regierung verhielt sich den Bestrebungen des Bundes gegenüber durchaus wohlwollend. Der Ministerpräsident Ristić trat offen für die Ideen des Bundes ein. Erst auf energische Vorstellungen Österreichs wurden die Treibereien der Omladina eingeschränkt. Zu einer völligen Einstellung der geheimen Umtriebe ist es indessen nicht gekommen. Der Bund setzte vielmehr seine Wühlarbeit unter der Oberfläche mit zäher Hartnäckigkeit fort und sorgte mit andern geheimen Mächten dafür, daß der Balkan nicht zur Ruhe kam. Die grauenhafte Ermordung des Königs Alexander von Serbien und seiner Gemahlin Draga Maschin im Jahre 1903 wird gleichfalls mit den geheimen Bestrebungen der Omladina in Verbindung gebracht.

Auch bei den Tschechen gewann die panslawistische Bewegung frühzeitig Eingang und Verbreitung. Den tschechischen Panslawisten schwebte vor allem ein Zusammenwirken der slawischen Intelligenz mit der slawischen Arbeiterschaft vor. Zu diesem Zwecke wurde in Prag eine geheime Gesellschaft gebildet, die gleichfalls den Namen „Omladina“ annahm und alsbald in ein anarchistisches Fahrwasser geriet. Die Organisation beruhte auf dem bei den Kommunisten üblichen Zellensystem. Je fünf Mitglieder bildeten eine Gruppe, die mit Rücksicht auf die Fünfzahl „Hand“ genannt wurde. Der Führer war der „Daumen“. Jeder „Daumen“ wählte sich seine vier „Finger“. Jede „Hand“ bestimmte wieder einen „Daumen“, der eine neue „Hand“ zu bilden hatte. Nur die Angehörigen einer Fünfergruppe, einer „Hand“, kannten sich gegenseitig. Der Bund wurde geleitet von einem Direktor, „ersten Daumen“, der mit einem Aufsichtsrate die Geschäfte des Bundes besorgte. Die Mitglieder des Bundes waren eidlich zum Gehorsam und zur Verschwiegenheit verpflichtet. Geheime Namen und Erkennungszeichen dienten dazu, die Geheimhaltung des Bundes und seiner Bestrebungen vor Außenstehenden sicher zu stellen. Die Tätigkeit der tschechischen Omladina war auf verbrecherische Gewalttaten eingestellt. Bei allen terroristischen Gewalttaten, die in Böhmen in den neunziger Jahren des vorigen Jahrhunderts ausgeübt wurden, hatte sie die Hand im Spiele. Aufhetzung der Arbeiterschaft, Widerstand gegen die Staatsgewalt, Verbreitung beunruhigender Nachrichten im ganzen Volke waren vor allem die Mittel, mit denen der Geheimbund arbeitete. Im Jahre 1893 kam man dem geheimen Treiben des Bundes auf die Spur. Siebenundsiebzig Omladinisten, meist junge Leute: Schriftsteller, Handwerker und Beamte, wurden wegen Geheimbündelei und Hochverrats vor Gericht gestellt. Ein Omladinist, der als Verräter verdächtig war, wurde von seinen eigenen Genossen durch Mord beseitigt. Der Prozeß erregte überall berechtigtes Aufsehen. Es gelang der Organisation, die größere Zahl der beteiligten Mitglieder der Verfolgung zu entziehen. Die gefährlichen Umtriebe der Gesellschaft konnten aber im Prozesse trotzdem offengelegt werden, so daß die Angeklagten größtenteils zu schweren Strafen verurteilt wurden.

Um die gleiche Zeit trieb in Prag noch eine andere Geheimgesellschaft, die unter dem Namen „Das unterirdische Prag“ bekannt war, ihr Unwesen. Sie stand wahrscheinlich mit der Omladina in Verbindung und führte ihren Namen von der Art und Weise, mit der sie ihre Tätigkeit ausübte. Sie suchte nämlich unterirdische Gänge unter die Häuser wohlhabender Leute vorzutreiben, um alsdann die Insassen auszurauben.

Vgl. Kallay, Geschichte der Serben, Budapest 1877; Schwicker, Politische Geschichte der Serben in Ungarn, ebd. 1880; L. v. Ranke, Serbien und die Türkei im 19. Jahrhundert, Leipzig 1879.

XXI. Die Hetärie.

Die durch die französische Revolution zur Anerkennung gebrachten Grundsätze der Freiheit und Gleichheit nahmen allmählich ihren Siegeslauf auch nach den entfernteren Teilen Europas. Sie fanden auch im Balkan Eingang und wurden dem Osmanischen Reiche, das bereits deutliche Zeichen der innern Auflösung zeigte, zur unmittelbaren Gefahr. Auch die Griechen waren unter dem Eindruck der Ereignisse im Westen Europas mehr und mehr zur Besinnung und zum Bewußtsein ihrer großen Vergangenheit gekommen, und sehnten sich nach Abschüttelung des türkischen Joches. Im Frühjahr 1821 erschien in Jassy ein Aufruf, der die Hellenen aufforderte, die Waffen zur Befreiung des Vaterlandes zu ergreifen. Dies war die Wirkung einer seit vielen Jahren tätigen politischen Bewegung, die von dem Geheimbunde der Hetärie (= Genossenschaft) geschürt und unterhalten war. Die Neigung zu Geheimbünden war in Griechenland nie ganz erloschen; der Druck der Fremdherrschaft ließ die Geheimbündelei zu neuem Leben erstehen. Die ersten Ansätze der Hetärie sind in den Freundschaftsbündnissen zu erblicken, die unter den Banditen und Räubern der griechischen Gebirge abgeschlossen wurden. Unter dem verbitternden Drucke des fremden Joches und des hieraus entstandenen wirtschaftlichen und sozialen Elends übten die Geheimbünde auf weitere Kreise eine starke Anziehungskraft aus. Die geheimnisvolle, abenteuerliche Romantik, die allen diesen Gesellschaften anhaftete, tat gleichfalls ihre Wirkung. Ursprünglich erblickten die Gesellschaften ihre Aufgabe in dem gegenseitigen Schutze privater Interessen. Gegen Ende des 18. Jahrhunderts entstand nach dem Vorbilde der bis dahin vorhandenen Geheimgesellschaften die Hetärie des Rhigas als erste Gemeinschaft mit nationalen Zielen. Rhigas war ein von der geschichtlichen Größe seines griechischen Vaterlandes innerlich tief erfaßter Lehrer der altgriechischen Sprache, den seine vaterländische Begeisterung auf den Gedanken brachte, durch Gründung eines großen Geheimbundes aller Griechen deren Befreiung vom türkischen Joche herbeizuführen. Er sammelte einen Kreis von Freunden um sich und verstand es, durch seine von leidenschaftlicher Vaterlandsliebe beherrschten Lieder und Gesänge ganz Griechenland aufzurütteln und zu begeistern. Seine in Wien und Triest betriebene politische Agitation erregte aber schließlich das Mißtrauen der österreichischen Regierung, die ihn samt fünf Freunden im Jahre 1798 an die Türken auslieferte. Seine Freunde wurden in Belgrad in der Donau ertränkt; Rhigas selbst setzte sich zur Wehr und wurde erschossen. Damit hatte die Hetärie einen schweren Stoß erlitten. Im Jahre 1812 entstand in Athen unter tätiger Mitwirkung von Nichtgriechen die Hetärie der Philomusen.

Diese Gesellschaft verfolgte nur soziale, wissenschaftliche und kulturelle Zwecke, und bemühte sich, mit friedlichen Mitteln eine Verbesserung der bedrängten Lage des Griechentums herbeizuführen. Ihre Mitglieder trugen als Erkennungszeichen einen ehernen Ring. Durch Vermittlung des Grafen Capo d' Istria wurden Mitglieder der höchsten Kreise, selbst Fürsten und Staatsmänner, für die Vereinigung der Philomusen gewonnen. Kaiser Alexander von Rußland und die Kronprinzen von Bayern und Württemberg traten dem Bunde bei. Die Erkenntnis, daß der harmlose Bund der Philomusen nicht geeignet sei, dem Vaterland durch eine entschlossene Tat beizuspringen, führte nach kurzer Zeit zur Gründung des ausgesprochen politischen Geheimbundes der Philiker („der Befreundeten"), der sofort die große Aufgabe der Befreiung Griechenlands mit der größten Entschiedenheit in Angriff nahm. Der neue Geheimbund wollte mittels Bewaffnung der Christen die Herrschaft der Türken ausrotten. Die Gründer des Bundes waren drei wenig bedeutende griechische Bürger, unter denen sich der Freimaurer E. Xanthos aus Patmos befand. Wohl auf den Einfluß des Letztgenannten ist es zurückzuführen, daß der Geheimbund seine innere Einrichtung, seine Formen und Zeichen dem Freimaurerwesen entnahm und sogar mit Alchimie sich beschäftigte. Es wurden sieben Grade eingeführt: die Lehrlinge, die Bundesbrüder, die Priester, die Hirten, die Oberhirten, die Eingeweihten und die Höchsteingeweihten. Die beiden letzten Grade bezogen sich auf die eigentliche militärische Aufgabe des Bundes, der Befreiung des Vaterlandes. Die Aufnahmen fanden bei Nachtzeit mit geheimnisvoller, ernster Feierlichkeit statt. Der Kandidat mußte niederknieen und vor dem Bilde der Auferstehung den Eid der Treue, Beharrlichkeit, Verschwiegenheit und unbedingter Unterordnung in die Hand eines „Priesters" ablegen. Er wurde sodann darüber belehrt, daß seine Pflicht vor allem darin bestehe, durch Kampf gegen die Feinde des Glaubens die Befreiung des Vaterlandes herbeizuführen. Das eigentliche Oberhaupt des Bundes blieb den Mitgliedern unbekannt. An dieses Geheimnis knüpften sich die wundersamsten Vermutungen. Man glaubte schließlich, daß der russische Zar selbst die oberste geheime Spitze des Bundes darstelle. Dieser Glaube wurde noch besonders dadurch genährt, daß Alexander Ypsilanti, der aus einem alten byzantinischen Geschlechte stammte und die Gunst des Zaren Alexander I. in hohem Maße genoß, mit der Oberleitung des Bundes betraut wurde. Im Jahre 1818 wurde der Sitz des Bundes nach Konstantinopel verlegt. Von dort aus wurde die Ausbreitung und der organisatorische Ausbau der Gesellschaft im großen Stile betrieben. Schon im Jahre 1820 hatte die Hetärie in allen Schichten der griechischen Welt eine zahlreiche Anhängerschaft. Ypsilanti vereinfachte die innere Organisation des Bundes und verstärkte den militärischen Charakter der oberen Grade, deren Mitglieder in aller Form den Ritterschlag empfingen und zum Zeichen ihrer militärischen Berufung mit einem Schwerte umgürtet wurden. Trotz ernstlicher Warnungen schritt Ypsilanti, der der Verfasser des oben erwähnten Aufrufes vom Jahre 1821 war, zur Tat. Er rief die Unabhängigkeit des griechischen Volkes aus und marschierte gegen die Türken. Die schlecht bewaffneten Aufrührer vermochten trotz größten Heldenmutes nicht, den Türken erfolgreichen Widerstand zu leisten. Nach der Niederlage bei Dragatschan am 19. Juni 1821 flüchtete Ypsilanti nach Österreich, woselbst er sieben Jahre lang in Haft behalten wurde und nach seiner Freilassung im Jahre 1828 in Wien alsbald starb. Ein Teil seiner Anhänger führte unter der Leitung des kranken Georgakis den Widerstand gegen die Türken noch einige Zeit fort, wurde aber nach verzweifeltem Widerstande in einem befestigten Kloster zur Übergabe gezwungen. Wer sich nicht durch die Flucht noch retten konnte, wurde niedergemetzelt oder hingerichtet.

Als Ypsilanti im Norden zu den Waffen gegriffen hatte, wollte der Süden, das eigentliche Griechenland, mit den griechischen Inseln, nicht zurückstehen. Es brach ein allgemeiner Aufstand aus, in dessen Verlauf das Kriegsglück wechselte. Soweit die Türken die Oberhand behielten, verfuhren sie mit barbarischer Grausamkeit gegen die Anhänger und Förderer der griechischen Freiheitsbewegung. Der ehrwürdige Patriarch Gregorias in Konstantinopel wurde mit einer Anzahl hoher kirchlicher Würdenträger von dem leidenschaftlich erregten mohammedanischen Pöbel der türkischen Hauptstadt ermordet. Über die Insel Chios brach ein furchtbares Strafgericht herein. Das blühende Eiland wurde zum Entsetzen der ganzen europäischen Kulturwelt mit Feuer und Schwert verwüstet; mehr als 20000 Einwohner, ohne Unterschied des Alters und Geschlechts, wurden von den türkischen Horden grausam niedergemetzelt; nahezu 50000 Einwohner wurden als Sklaven abgeführt. Den heldenmütigen Griechen wandte sich die Bewunderung und die Teilnahme von ganz Europa zu. Der Kampf wurde zu Wasser und zu Lande mit wechselndem Erfolge fortgesetzt. Als die Pforte die Unterstützung des Kalifen Mehemed Ali von Ägypten fand und mit dessen Hilfe Griechenland vollends niederzuringen drohte, griffen die Großmächte England, Frankreich und Rußland zu Gunsten der Griechen vermittelnd ein. Da die Türkei jede Vermittlung schroff ablehnte, entsandten die Großmächte eine Flotte nach dem Kriegsschauplatz, welche die türkisch-ägyptische Seemacht in der Schlacht von Navarin vernichtete. Bei den folgenden Friedensverhandlungen mußten die Türken die Unabhängigkeit Griechenlands anerkennen. Griechenland wurde ein konstitutionelles Königtum. Der bayrische Prinz Otto von Wittelsbach hielt als erster König von Griechenland seinen Einzug in Athen.

162 1. Teil. Ziele, Verfassung u. Geschichte der wichtigsten polit. Geheimverbände.

Auch der begeisterten, hingebenden Arbeit dieses idealgesinnten Monarchen ist es bekanntlich nicht gelungen, das griechische Volk dauernd zu einer gefestigten Ordnung auf moderner Grundlage zu bringen.

Die Hetärie hatte während des Aufstandes immer mehr an praktischer Bedeutung verloren, da der Widerstand in einen förmlichen Krieg übergegangen war. Mit der Beendigung des Kampfes stellte auch der Geheimbund seine Tätigkeit ein. Erst im Jahre 1894 erstand die Häterie aus Anlaß des wegen der Insel Kreta ausgebrochenen Konfliktes zu neuem Leben. Ein junger Offizier suchte damals mit einigen Gesinnungsgenossen auf diesem Wege den Geist des Nationalismus neu anzufachen und die Regierung in Athen, die es in den Augen der Geheimbündler an einer befriedigenden Wahrung der griechischen Interessen fehlen ließ, zu einer energischen Haltung gegenüber der Pforte zu veranlassen. Auch die neue Bewegung erblickte ihr letztes Ziel in der endlichen restlosen Befreiung aller noch unter türkischer Herrschaft schmachtenden griechischen Volksgenossen. Im Jahre 1896 rief der Geheimbund, dem zahlreiche Beamte, Offiziere und Bürger beigetreten waren, in Mazedonien eine Unabhängigkeitsbewegung hervor, während er zugleich bei der Regierung auf eine Reorganisation des Heerwesens hinarbeitete. Als im Jahre 1897 neuerdings der Krieg mit der Türkei ausbrach, trat der Bund offen für die Sache Griechenlands ein und wurde hierbei von dem Ministerpräsidenten Delyannis durch Überlassung von Waffen und Mannschaften unterstützt. Der Krieg nahm aber für die Griechen einen unglücklichen Ausgang. Die Hetärie sah ihren Plan gleichfalls als gescheitert an und löste sich auf.

Vgl. A. v. Prokesch-Osten, Geschichte des Abfalls der Griechen vom türkischen Reich 1821 und der Gründung des hellenischen Königreichs, 6 Bde., Stuttgart 1867; K. Mendelssohn-Bartholdy, Geschichte Griechenlands, Leipzig 1870; Th. Flathe, Das Zeitalter der Restauration und Revolution, Berlin 1883.

XXII. Polnische Geheimverbände.

In der Geschichte Polens spielt das Geheimbundwesen eine hervorragende Rolle. Kaiser Alexander I. hatte den Polen im Jahre 1815 eine eigene Verfassung gegeben. Es wurde der polnische Reichstag wieder hergestellt, eine nationale Armee geschaffen und Justiz und Verwaltung in polnische Hände gelegt. Eine wesentliche Besserung der innerpolitischen Verhältnisse war die Folge. Dennoch hielt die Abneigung gegen die russische Oberherrschaft an. Gegen die erstarkende, russenfeindliche öffentliche Meinung schritt die Regierung mit einer Beschränkung der Presse und Versammlungsfreiheit ein, die die Erbitterung steigerte und die politischen Bestrebungen in die geheimen Gesellschaften abdrängte. Der Gedanke eines selbständigen polnischen Reiches bildete immer noch den Traum polnischer Patrioten; der Gedanke der Befreiung Polens von der russischen Herrschaft war daher populär und beschäftigte namentlich die militärischen Kreise. Im Jahre 1819 gründete der Major Lukasinski den Bund der „Nationalen Freimaurer" zu dem Zwecke, die Wiederherstellung Polens in dem Umfange von 1772 kraftvoll zu unterstützen. Der geheime Bund mit eigenen Graden, Geheimzeichen und Symbolen fand rasch die weiteste Verbreitung. Das Unternehmen wurde aber ruchbar und von der Regierung als staatsgefährlich verboten. Der Bund wurde aufgelöst. Sofort aber wurde eine neue geheime Gesellschaft, die „Nationale Patriotische Gesellschaft" mit den gleichen Zielen gegründet. Das Wahrzeichen des Bundes war ein Kreuz, das aus einer Sense und aus einem Dolche gebildet war und in der Mitte das Bildnis des polnischen Patrioten Kosciusko zeigte. Die Verschwörung, die sich über ganz Polen erstreckte, hatte ihren Hauptsitz in Warschau. Durch eine tatkräftige Werbetätigkeit wurde der Mitgliederstand der Gesellschaft auf rund 5000 eingeweihte, zum großen Teile dem Adel und der Armee angehörige eigentliche Mitglieder und 250000 der Bewegung im Ernstfalle zur Verfügung stehende „Mitwisser" gebracht. Ähnliche Zwecke verfolgte der um dieselbe Zeit von einem Offizier gegründete Bund „Moderner Tempelritter". Die zunehmende Verbreitung der Geheimbünde und die damit Hand in Hand gehende Zunahme der Erregung des Volkes, vor allem der polnischen Jugend, blieben der russischen Regierung nicht unbekannt. Der Zentralvorstand des Bundes wurde ausgehoben; die Beteiligten übten zum Teil Selbstmord, die übrigen verfielen der strengsten Bestrafung. Aber auch dieser Mißerfolg entmutigte die heißblütigen Polen nicht. Es wurde sofort wieder eine geheime Bundesleitung hergestellt; bei der Aufnahme von Mitgliedern wurde aber längere Zeit große Vorsicht und Zurückhaltung geübt. Der Adel und das Militär hatte die Leitung des neuen Geheimbundes. In Polen selbst führte er aber unter der Decke nur ein stilles und schüchternes Dasein. Um so mehr wurde die polnische Nationalpropaganda an gewissen Universitäten (Berlin, Breslau, Krakau) betrieben. In Wilna entstand nach mehreren Organisationsversuchen der Geheimbund der „Philareten", der unter Führung des Studenten Zan stand, aber bald der Auflösung verfiel.

Die „Nationale Patriotische Gesellschaft" hatte inzwischen mit der russischen Militärverschwörung, die im Jahre 1825 zum sog. Dekabristenaufstand führte, eine engere Verbindung angeknüpft. Aber auch diese Beziehungen wurden von der russischen Regierung entdeckt und führten zur Einleitung einer umfassenden Untersuchung. Über 200 Mitglieder

der besten polnischen Gesellschaftskreise wurden vor Gericht gestellt,
aber freigesprochen. Dieser Freispruch gab der Bewegung einen neuen
Auftrieb, wogegen der russische Kaiser Nikolaus, vom tiefsten Mißtrauen erfüllt, versuchte, die von seinem Vorgänger den Polen gewährten
Rechte und Freiheiten zu beschränken und das System des Absolutismus auch in Polen wieder zur Einführung zu bringen. Der als Vizekönig von Polen bestellte Bruder des Zaren führte ein scharfes Regiment und trug durch ein strenges Polizeisystem und durch schlechte
Behandlung der nationalgesinnten Kreise zur Steigerung der Erbitterung bei. Die immer stärker werdende Bewegung griff auch auf die
Fähnrichschule in Warschau über, an der ein besonderer Fähnrich-
bund gegründet wurde. Der Ausbruch der französischen Juli-Revolution
und ein weiteres scharfes Vorgehen der russischen Regierung gegen
die Leiter und Mitglieder geheimer Gesellschaften löste gegen Ende
des Jahres 1830 den polnischen Aufstand aus. Zwanzig bewaffnete
Mitglieder des Fähnrichbundes drangen in den Palast des Vizekönigs
ein und wollten diesen töten. Das Volk griff zu den Waffen, die
Truppen schlossen sich den Revolutionären an. Der Vizekönig Konstantin entging zur Not seinem Schicksal und zog aus Polen ab. Nun
wurde das ganze polnische Volk in einen unbeschreiblichen patriotischen
Taumel versetzt; es fehlte aber an einer zielbewußten, überlegenen
Führung. Die einen verlangten Verfassungsreform und Beseitigung
des autokratischen Regiments; die andern, vor allem die Führer der
Geheimbünde und die militärischen Kreise, begnügten sich nicht mit
einer Reform, sondern verlangten für Polen völlige nationale Selbständigkeit und Unabhängigkeit. Kaiser Nikolaus schickte ein Heer
nach Polen, das die Aufständischen bei Ostrolenka (26. Mai 1831) be-
siegte und damit dem Aufstande ein Ende machte. Nun brach ein
schweres Strafgericht über Polen herein. Das „Organische Statut"
verleibte Polen als russische Provinz dem Zarenreiche ein. Die polnische Armee wurde aufgelöst und das Land vieler Schätze und Einrichtungen beraubt. Auch jetzt sahen die erhitzten Schwärmer die
Aussichtslosigkeit ihrer Bestrebungen noch nicht ein. Die Führer der
Bewegung flüchteten in Scharen ins Ausland und setzten dort ihre
Propaganda fort; sie konnten sich aber auch im Auslande nicht zu
einer einheitlichen Richtung zusammenfinden; auch hier standen die
aristokratischen „Weißen" den demokratischen „Roten" gegenüber.

Im Jahre 1834 entstand in der Schweiz unter Kunarski der kommunistische Geheimbund „Junge Polen", der, in der Schweiz beanstandet, später in London und Paris eine fieberhafte Agitation entfaltete. Der nach Polen zurückgekehrte Kunarski fiel der Polizei in
die Hände und wurde hingerichtet. Er war auch durch die Folter
nicht zur Angabe seiner Mitverschworenen zu bewegen und genoß

durch sein unbeugsames Wesen und seine trotzige Haltung in solchem
Maße die Bewunderung eines Teiles des Volkes, daß seine Kleider
und seine Ketten nach der Hinrichtung als Reliquien förmlich ausgerissen wurden. Die weiteren Versuche, eine Erhebung des polnischen
Volkes von Krakau aus oder über Posen herbeizuführen, waren gleichfalls erfolglos. Sie endeten mit der völligen Niederlage der Anhänger
des Umsturzes. Die preußische Regierung ließ die Führer der in Posen
versuchten Bewegung festnehmen und machte ihnen im Jahre 1847
den Prozeß. An der Berliner März-Revolution waren die polnischen
Emigranten stark beteiligt. Nun trat in Polen vorübergehend eine gewisse Ruhe ein. Erst als nach dem Regierungsantritt Alexanders II.
auch in Polen liberalere Grundsätze zur Anwendung kamen und die
politischen Flüchtlinge in ihr Vaterland zurückkehren konnten, wurde
die Bewegung neuerdings lebendig. Im Krimkriege hatte sich die
Schwäche Rußlands geoffenbart; in andern Ländern, namentlich in
Italien, hatten die revolutionären Bestrebungen unbestreitbare Erfolge
zu verzeichnen. Diese Tatsachen ermutigten die fanatischen Polen
noch einmal, ihre alten Forderungen nach Freiheit und Unabhängigkeit zu erneuern. Es entstand eine geheime Nationalregierung,
die der russischen Regierung systematisch entgegenarbeitete. Diese
Zustände führten im Jahre 1863 neuerdings zu einer Revolution. Die
Nationalpartei sammelte ihre Anhänger und begann gegen die Russen
einen förmlichen Bandenkrieg, der aber nur zu vorübergehenden Teil-
erfolgen führte. Die geheime Nationalregierung griff ein und führte
unter der Oberfläche ein geradezu unheimliches Schreckensregiment.
Sie erließ Gesetze, erhob Steuern und verbot Zahlungen an die russischen Behörden. Zur Aburteilung von Zuwiderhandlungen wurden
eigene Femgerichte eingesetzt. Die unsichtbare Macht der geheimen
Nationalregierung und die Gewalt der geheimen Verbindungen war so
groß, daß sie die Welt in Staunen versetzte. Trotzdem richtete sie
aber auf die Dauer nichts aus. Die Machtmittel der Russen waren doch
noch wirksamer und führten in kurzer Zeit zur völligen Unterdrückung
aller politischen Geheimmächte und revolutionären Bewegungen.

Vgl. R. O. Spazier, Geschichte des Aufstandes des polnischen Volkes
in den Jahren 1830/31, 3 Bde., Altenburg 1832; G. Michalow, Die geheime Werkstätte der polnischen Erhebung von 1830, Amberg-Leipzig
1877; A. Knorr, Die polnischen Aufstände seit 1830, Berlin 1880.

XXIII. Die Dekabristen.

Rußland ist mit der Kultur des westlichen Europas durch die verschiedenen Feldzüge, vor allem auch durch den häufigen Studienaufenthalt
gebildeter und wissensdurstiger Russen an den großen geistigen Mittel-

punkten Europas in immer stärkere Berührung gekommen. Es kann
nicht behauptet werden, daß diese Berührung durchwegs Vorteile für
die ganz anders gearteten russischen Verhältnisse mit sich gebracht
hätte. Die politischen Kämpfe und Veränderungen in Europa, bei denen
die Forderungen nach bürgerlicher Freiheit, nach freiheitlichen Verfassungen im Vordergrunde standen, haben alsbald ihre Wellen auch
nach Rußland hinübergeschlagen, das aber mit seinen wesentlich verschiedenen Zuständen, seiner geschichtlichen Entwicklung, seiner geistigen, wirtschaftlichen und sozialen Verhältnissen eine einfache Übernahme der Ideen des Westens von vornherein nicht ertragen konnte.
Dieser Unterschied in den kulturellen Verhältnissen darf nicht übersehen werden, wenn man die Auswirkung der modernen Ideen in einem
Lande mit halbasiatischer Vergangenheit richtig beurteilen will. Daß
dieser Unterschied nicht immer gebührend berücksichtigt wurde, ist
für Rußland in mancher Beziehung zum Verhängnis geworden.

Nachdem Rußland einmal an der Kultur des Westens genippt hatte,
zeigte sich dort bald ein förmlicher Drang nach wissenschaftlicher
und moralischer Aufklärung, und vor allem auch nach politischem
Fortschritte.

Es entstanden in Rußland eine Anzahl humanitärer und wissenschaftlicher Vereinigungen, denen die politischen Verbindungen unmittelbar folgten. Im Jahre 1816 gründeten drei Gardeoffiziere das
„Bündnis zur Rettung Rußlands" zu dem Zwecke, einer freieren
Staatsform die Wege zu ebnen, die Leibeigenschaft zu beseitigen und
die Mißstände in Justiz und Verwaltung zu bekämpfen. Es sollte vor
allem auch eine Verbesserung der allgemeinen Volksbildung angestrebt
werden. Die Gründung fand eine günstige Aufnahme, geriet aber
unter dem Einflusse des stürmischen Pawel Pestel bald in ein bedenk-
liches Fahrwasser. Die Vereinigung nahm den Charakter eines Geheimbundes an, der unter der damals erregten politischen Stimmung
sich in einen Gegensatz zum zaristischen Regiment hineintreiben ließ.
Verschiedene Ereignisse und Zustände, die in den gebildeten Kreisen
und namentlich in Offizierskreisen als unvaterländisch empfunden wurden,
gaben den Anlaß hierzu. Es kam so weit, daß man ernstlich die Frage
aufwarf, ob es nicht an der Zeit wäre, den Zaren überhaupt zu beseitigen. Da die Meinungen hierüber in dem Bunde geteilt waren,
kam es zu einer Spaltung. Die radikale Richtung schied aus. Der
zurückgebliebene, gemäßigte Teil der Vereinigung schloß sich in dem
nach dem Vorbilde des deutschen Tugendbundes eingerichteten „Bund
der öffentlichen Wohlfahrt" zusammen. Dieser Bund war anfänglich nur ein vaterländisch gerichteter, humanitärer Verein, der in gut-
gemeinter Absicht an der Verbesserung der russischen Verhältnisse
mitarbeiten wollte. Als Aufgaben waren in Betracht gezogen: die

Förderung der Humanität im allgemeinen, die Förderung der Wohltätigkeit, der Erziehung, des Volkswohlstandes, die Verbesserung der Rechtspflege usw. Die zunehmende Empörung über die Willkür der zaristischen Regierung und über die Mißstände im öffentlichen Leben übten aber einen derartig ungünstigen Einfluß auf die ganze Bewegung aus, daß sie zusehends immer stärker in das radikale Fahrwasser geriet und geradezu eine Gefahr für den Staat wurde. Der Bund breitete sich über ganz Rußland aus; die Seele der Bewegung wurde der politisch radikal eingestellte Pestel mit seinem Anhang. Im Jahre 1821 erhielt der Bund eine neue Verfassung, die von Pestel stark beeinflußt war. Der Geheimbundcharakter wurde scharf ausgeprägt. Die Mitglieder zerfielen in drei Klassen: in die Brüder, in die Männer und in die Bojaren. Das Gebrauchtum lehnte sich an freimaurerische Vorbilder an. Auch im Wohlfahrtsbunde kam es infolge der radikalen Treibereien Pestels zu einer Spaltung. Die gemäßigten Elemente gründeten den „Nordbund", während Pestel den radikal gerichteten „Südbund" schuf, der bald durch die „Gesellschaft der vereinigten Slawen" verstärkt wurde. Der Südbund entfaltete eine fieberhafte Agitationsarbeit und wirkte mit allem Nachdrucke auf eine revolutionäre Umwälzung hin. Um der Bewegung eine größere Stoßkraft zu verleihen, trat der Südbund mit dem Nordbund und den polnischen Geheimverbänden in Fühlung und erzielte auch eine Vereinbarung, derzufolge sie sich für den Fall des Ausbruchs einer Revolution zu planmäßiger Zusammenarbeit verpflichteten. Der plötzliche Tod des Kaisers Alexander I. am 1. Dezember 1825 beschleunigte die Verwirklichung des im geheimen längst gefaßten Planes, den Sturz des Zarentums herbeizuführen. Alexander I., der ohne leibliche Erben gestorben war, hinterließ mehrere Brüder, unter denen die Thronfolgefrage zunächst unklar war. Der älteste Bruder Konstantin hatte auf den Thron verzichtet; die Anwärter Nikolaus und Michael konnten sich nicht verständigen. Es entstand daher ein mehr als drei Wochen dauernder Aufschub des Regierungsantritts des neuen Zaren. Am 24. Dezember 1825 verkündete Nikolaus I. seine Thronbesteigung mit rückwirkender Kraft. Die Geheimbündler verbreiteten das Gerücht, der ältere Bruder Konstantin habe keineswegs auf den Thron verzichtet, Nikolaus sei daher als Usurpator zu betrachten, dem man keinen Gehorsam schulde. Tatsächlich hat dann auch ein Teil der Petersburger Garnison dem wegen seiner Strenge wenig volkstümlichen Zaren Nikolaus den Gehorsam, den Eid und die Huldigung verweigert und gemeutert. Das revolutionäre Unternehmen, das der äußern Umstände halber vor seiner vollständigen Ausreifung zur Ausführung kam, entbehrte einer kraftvollen, einheitlichen Leitung. Diesem glücklichen Umstande hatte es Nikolaus I. zu verdanken, daß die gefährliche Lage dem Zarentum nicht zum Verhängnis wurde. Die treugebliebenen Truppen konnten noch rechtzeitig gesammelt und gegen die Aufrührer geführt werden. Es kam zu blutigen Zusammenstößen, die rasch mit der völligen Niederlage der Meuterer endigten. Mit der Niederwerfung des Aufstandes in der Hauptstadt waren auch die Aufstandsversuche in einzelnen Landesteilen zur Erfolglosigkeit verurteilt. Der erste Versuch in Rußland, dem Gedanken eines modernen Staatswesens auf dem Wege der Gewalt zum Durchbruch zu verhelfen, war damit kläglich gescheitert. Die Führer der Bewegung, vor allem der radikale Pestel, büßten ihre Tat mit dem Tode am Galgen. Andere führende Persönlichkeiten wurden in die sibirischen Bergwerke verschickt. Der neue Zar Nikolaus I. hielt alle freiheitlichen Regungen mit rücksichtsloser Strenge nieder.

Vgl. Th. v. Bernhardi, Geschichte Rußlands und der europäischen Politik 1814—1831, 3 Bde., Leipzig 1863—1877; A. v. Rosen, Aus den Memoiren eines russischen Dekabristen, 2. Aufl., Leipzig 1874; Th. Schiemann, Geschichte Rußlands unter Kaiser Nikolaus I., Berlin 1904.

XXIV. Die Nihilisten.

Der Nihilismus ist eine russische Pflanze. Der unumschränkte Absolutismus der russischen Gewalthaber mit allen seinen üblen Begleiterscheinungen, die rücksichtslose Herrschaft der Knute über Geist und Seele eines gutmütigen, gläubigen Volkes, die schroffen sozialen Gegensätze zwischen einem im Überflusse schwelgenden, über den Großteil des russischen Bodens gebietenden Adel und einer Jahrhunderte lang in harter Leibeigenschaft und tiefster Unwissenheit dahinlebenden Bauernschaft, endlich die sittliche Haltlosigkeit eines über die bestehenden Zustände empörten, mit der westlichen Kultur nur oberflächlich in Berührung gekommenen Kreises halbaufgeklärter Russen, die ohne tiefere Kenntnis der Verhältnisse ihres eigenen Landes die gierig eingesogenen Ideen der politischen Freiheit und Gleichheit mit der der russischen Volksseele eigenen Sprunghaftigkeit und Leidenschaftlichkeit auf das eigene Volk übertragen zu müssen glaubten, das sind im wesentlichen die Grundlagen, die den Nährboden für die Entstehung und Ausgestaltung des Nihilismus gebildet haben. Nihilismus bezeichnet seinem Wortbegriffe nach ein System der absoluten Verneinung, also eine Geistesrichtung, die keine göttliche oder menschliche Autorität, keine staatliche oder sittliche Weltordnung, keine Pflicht und kein Gesetz anerkennt, und als unversöhnliche Feindin des Bestehenden, des geschichtlich Gewordenen nur das eine Ziel und Streben kennt, die vorhandene Ordnung rücksichtslos zu zerstören. Dieses letzte Ziel des Nihilismus ist allerdings erst im Laufe der Entwicklung klar zum Ausdrucke gekommen. Anfänglich befaßte sich der Nihilismus mehr mit philosophischen und sozialökonomischen Problemen; er war zunächst eine revolutionäre Bewegung auf geistigem Gebiete, die der rationalistischen und materialistischen Aufklärungsphilosophie des Westens ihren Anstoß verdankte, die aber sehr bald die praktischen Folgerungen aus den theoretischen Grundsätzen einer verfehlten Philosophie und einer entarteten Weltanschauung zu ziehen begann. Auf die russischen Verhältnisse angewendet, mußten diese Grundsätze alsbald zu Forderungen führen, die sich gegen den herrschenden Despotismus richteten und als nächstes Ziel eine Reform des bestehenden Systems, eine den westlichen Ländern Europas nachgebildete, verfassungsmäßig gewährleistete Mitwirkung des Volkes bei der Bestimmung seiner Geschicke im Auge hatte. Von diesen Forderungen zu den letzten Zielen und Mitteln des Nihilismus war dann kein allzu weiter Weg mehr. Der Ausdruck „Nihilismus" und „Nihilist" findet sich zum ersten Mal in dem im Jahre 1861 erschienenen Romane Turgenjews „Väter und Söhne", in dem der berühmte Novellist Wesen und Begriff des Nihilismus entwickelt und in Bazarow den Typus eines Nihilisten schildert. Nach dieser Darstellung ist ein Nihilist ein Mensch, der sich vor keiner Autorität beugt, der ohne Prüfung kein Prinzip annimmt, wenn es auch noch so sehr im Ansehen stünde. Der Typus ist aber älter als der Name; die Bezeichnung „Nihilismus" hat sich im Anschluß an den erwähnten Roman erst nach und nach eingebürgert. Noch im Jahre 1875 ist in der Denkschrift, die Justizminister Graf Pahlen über den Nihilismus und seine Arbeitsweisen ausarbeiten ließ, nur von „Revolutionären" und „Anarchisten", nicht von „Nihilisten" die Rede. Es gibt Schriftsteller, die in den Nihilisten zum Unterschiede von Terroristen und Anarchisten nur harmlose „Aufklärungsphilosophen", Doppelgänger der deutschen Materialisten und Fortschrittler, zu sehen geneigt sind. Ich halte diese Auffassung für viel zu optimistisch. Es soll nicht bestritten werden, daß der Nihilismus als geistige Bewegung mit der Geistesrichtung, wie sie vor der französischen Revolution sich breit machte, viel Ähnlichkeit besitzt. Es ist dies auch naturgemäß, da die Nihilisten ihr theoretisches Rüstzeug gerade aus der Aufklärungsphilosophie des Westens entnommen und ihre Grundsätze aus den freien Lehren der deutschen und französischen Philosophen und Politiker abgeleitet und weiterentwickelt haben. Die Nihilisten haben es aber nicht bei der Theorie oder bei der gesetzmäßigen Verwirklichung ihrer Forderungen bewenden lassen, sondern sind als leidenschaftlich bewegte und folgerichtig handelnde Schüler ihrer mehr bedächtig vorgehenden westlichen Meister sozusagen im Sturmschritt zu den äußersten Konsequenzen, zu den Mitteln des Terrors, übergegangen. Unter diesen Umständen gehen die Begriffe Nihilismus, Sozialismus, Terrorismus und Anarchismus vielfach ineinander über. Einen gewissen Unterschied zwischen Nihilismus und Anarchismus kann man nur dann gelten lassen, wenn man die Nihilisten, die der Propaganda der Tat huldigen und deshalb zur Anwendung des vollendeten Terrors übergegangen sind, nicht mehr als Nihilisten bezeichnen, sondern als Anarchisten und damit als eine aus dem Kreise der Nihilisten ausgeschiedene besondere Gruppe ansehen will. In diesem Falle könnte man sagen, daß der Nihilismus zum terroristischen Anarchismus wie die Theorie zur Praxis, wie das Dogma zum Kult sich verhalte. So betrachtet, wären alle russischen Terroristen durch die Vorschule des Nihilismus gegangen. Im Sprachgebrauche der Russen wird aber von Nihilisten gesprochen, gleichviel, ob es sich um Vertreter mehr theoretischer nihilistischer Grundsätze oder um ausübende Nihilisten der Tat handelt. Das Eigenartige des Nihilismus besteht aber jedenfalls darin, daß man bei seiner Anwendung vorwiegend, wenn nicht ausschließlich, an russische Verhältnisse, an russische Personen und russische Ereignisse denkt.

Die Anfänge des Nihilismus gehen bis in die vierziger Jahre des 19. Jahrhunderts zurück. Auf die Regierung des Kaisers Alexander I. war die Regierung des selbstherrlichen, machtbewußten Kaisers Nikolaus I. gefolgt. Der unbeschränkte Absolutismus war neuerdings zur Herrschaft gekommen. Alexander II. hinwiederum war ernstlich bemüht, neue Wege einzuschlagen und sein Volk durch Hebung der Bildung und der Volkswohlfahrt sozial, geistig, sittlich und wirtschaftlich vorwärts zu bringen. Die Aufhebung der Leibeigenschaft hat ihm sogar den Ehrentitel „Zarbefreier" eingetragen. Der Übergang vom strengsten Absolutismus zu einer milderen, mehr fortschrittlichen Regierungsweise war aber zu unvermittelt, um sofort nachhaltige Wirkungen hervorzubringen. Die eingeleiteten Reformen waren nicht mehr imstande, den im Volke im Laufe der Zeit aufgespeicherten Zündstoff zu beseitigen und das notwendige Vertrauen in die Regierung zu erzeugen. Das Gefühl dumpfer Erbitterung und der Geist innerer Auflehnung hatte manche Kreise bereits zu tief erfaßt, als daß sie den Weg revolutionärer Selbsthilfe wieder zu verlassen geneigt gewesen wären.

Im Jahre 1849, also noch unter der Regierung des despotischen Kaisers Nikolaus I., kam man einer Verschwörung auf die Spur, in der man die ersten Anfänge der nihilistischen Bewegung zu erblicken hat. Ein Beamter des Auswärtigen Amtes, namens Petraschewski, hatte bereits seit Jahr und Tag geheime Zusammenkünfte veranstaltet, bei denen literarische, soziale und politische Fragen rein theoretisch erörtert wurden. Dabei spielten die sozialistischen Schriftsteller wie Louis Blanc, Proudhon, Fournier u. a. eine besondere Rolle. Irgend ein

bestimmter Organisationsplan oder gar ein Aktionsplan bestand nicht.
Die Zusammenkünfte wurden ein ganzes Jahr von einem Spion der
berüchtigten „Dritten Abteilung" überwacht. Am 23. April 1849 wurden
33 Teilnehmer, darunter 8 Beamte und 4 Gardeoffiziere, verhaftet, von
denen 21 zum Tode verurteilt wurden. Nach dem Briefe eines Verurteilten
an seinen Bruder wurden die Verurteilten auf den Semenow-Platz geführt und zu je dreien an Pfähle gebunden. Nachdem das Todesurteil
verlesen, das Kreuz zum Küssen gereicht und der Degen über den
Köpfen der Verurteilten zerbrochen war, gab man bekannt, daß der
Kaiser die dem Tode Verfallenen zu Zwangsarbeit begnadigt habe.
Damit hatte die sog. Petraschewskische Verschwörung ihr Ende.
Die revolutionäre Idee, die einmal Wurzel gefaßt hatte, war aber nicht
ausgetilgt; sie gewann vielmehr neue Nahrung und neues Wachstum.

Am 2. März 1855 starb Nikolaus I. Man hoffte vom neuen Zaren
Alexander II. eine Abkehr von den despotischen Methoden seines Vor-
gängers. Alexander Herzen, der Begründer der zu einer gewissen
Berühmtheit gelangten Wochenschrift „Kolokol" („Glocke"), ein hoch-
gebildeter, von revolutionären Reformideen erfüllter Mann, der als der
„russische Voltaire" gilt, richtete an den neuen Zaren vom Ausland
aus einen denkwürdigen Brief, in dem er Sühne für das von Nikolaus I.
über das Volk gebrachte Unheil, vollständigen Bruch mit dem heil-
losen System der Vergangenheit, Frieden mit den liberalen Ideen der
Zeit und vor allem Aufhebung der Leibeigenschaft als unerläßliche
Vorbedingungen für eine künftige Verständigung zwischen Volk und
Herrscher forderte. Dieser Mahn- und Weckruf war nicht nur den
radikalen Gesinnungsgenossen, sondern auch einem großen Teile durchaus zarentreuer, für die gesunde Fortentwicklung der Nation und des
Staates redlich besorgten Russen aus dem Herzen geschrieben. Der
Verfasser des Briefes wurde mit einem Schlage ein politischer Macht-
faktor. Alexander II. gehörte fortan selbst zu den Lesern der „Glocke",
in der Herzen seine sozialen und politischen Anschauungen darlegte
und begründete. Alexander II. war voll guten Willens. Doch war
nicht daran zu denken, daß das russische Weltreich mit einem Schlage
aus seinem halbasiatischen Barbarentum in einen modernen Rechts-
und Kulturstaat übergeführt werden könnte. Der neue Zar trat in
der ersten Zeit seiner Regierungszeit einer ganzen Reihe weittragender
Reformen näher, während er in der zweiten Hälfte seiner Regie-
rungsperiode, allerdings gezwungen durch die nihilistischen Übergriffe
und Gewaltakte, zu einem strengen Abwehrsystem sich entschloß.
Die eingeleitete ruhige und besonnene Reformpolitik befriedigte die
leidenschaftlich vorwärts drängenden Illusionspolitiker nicht. Die radikale Richtung gewann weiteren Anhang. Eine auf einem unglaublichen
Tiefstande stehende Literatur trug das Jhrige zur Verschlechterung

der Verhältnisse bei. Die materialistisch gerichteten Geisteserzeugnisse des Westens, die moderne sozialistische Literatur des Abendlandes und das von dem ödesten Materialismus beherrschte russische Schrifttum stürmten mit unwiderstehlicher Kraft auf die nicht ausreichend vorbereiteten, die neuen Ideen gierig verschlingenden russischen Leser. Eine allgemeine Verwirrung der Geister war die Folge. Der nackteste Materialismus wurde gepflegt; die Achtung vor dem Gesetze und vor einer höheren sittlichen Weltordnung verblaßte; der Grundsatz der Gleichberechtigung der Menschen fand die übelste Auslegung und in der Forderung der freien Liebe seine freieste Ausprägung. Die im Auslande gedruckte nihilistische Tagespresse blies mit voller Kraft in das um sich greifende Feuer und forderte in brutalster Folgerichtigkeit den Umsturz der bestehenden Ordnung. Es galt, das geschichtlich Gewordene und geschichtlich Überkommene zunächst auf religiösem und philosophischem Gebiete, dann auf gesellschaftlichem, politischem und wirtschaftlichem Gebiete gründlich zu beseitigen. Im Jahre 1861 wurde die Leibeigenschaft aufgehoben. Um die gleiche Zeit machten sich zum ersten Mal revolutionäre Bestrebungen deutlich geltend. Man erkannte unzweideutig, daß geheime Mächte, die mit der Reform unzufrieden waren, sich zur Vertretung weiter gehender Forderungen und zur Herbeiführung größerer Veränderungen verbunden hatten. Die Umsturzbestrebungen reichten bis in die Kreise des Generalstabs hinein. In einer im Generalstabsgebäude in Petersburg eingerichteten Geheimdruckerei wurden Kampfschriften hergestellt und in einer solchen sogar die Einberufung „einer verfassunggebenden Versammlung" verlangt.

Der Radikalismus Herzens hatte sich in der Hauptsache noch mit Reformgedanken begnügt; nunmehr fing man an, direkt sozialistische Forderungen zu erheben, um alsbald den Terror zur Verwirklichung der Ideen zu verlangen. Um diese Zeit griff auch Michael Bakunin (1814—1876), einer der maßlosesten Revolutionäre, der „Genius der Zerstörung", der im Jahre 1861 aus der sibirischen Verbannung über Japan nach England entkommen war, in den Gang der Entwicklung ein. Hierdurch wurde die radikale Entwicklung beschleunigt. Die bereits seit mehreren Jahren bestehenden geheimen Gesellschaften in Petersburg gründeten im Jahre 1863 eine Partei unter dem Namen „Land und Freiheit". Der Name rührt von ihrer ersten Kundgebung her, in der sie die Frage, was für das Volk notwendig sei, mit „Land und Freiheit" beantwortet hatten. Der polnische Aufstand verhinderte es, daß diese Partei zu größerer Kraftentfaltung kam. Auch der Einfluß der „Glocke" ging im patriotischen Taumel, den der polnische Aufstand hervorrief, erheblich zurück. Das Feuer griff aber unter der Decke immer weiter um sich. Die geheimen Verbindungen breiteten sich immer mehr aus und gerieten immer tiefer in den

Radikalismus hinein. Es entstanden die sog. Kruschki, d. h. nihilistische Klubs, an denen sich namentlich auch die Studenten beteiligten, Geheimdruckereien und geheime Bombenwerkstätten. Einer
dieser Klubs in Moskau hatte sich den für seinen Geist und seine
Tätigkeit bezeichnenden Namen „Hölle" beigelegt. Die Bezeichnung
war völlig zutreffend. Denn teuflisch waren die Absichten und Ziele,
die verfolgt wurden, und teuflisch waren die Mittel, die zu ihrer Verwirklichung dienen sollten. Man beschloß, den Umsturzgedanken ins
Volk zu tragen. Das „Gehen ins Volk" wurde längere Zeit mit geradezu schwärmerischer Leidenschaft und apostolischer Hingabe von
männlichen und weiblichen Studenten geübt. Dazu wurden nicht nur
zeitweilige Aufklärungsreisen unternommen; nicht selten siedelten sich
die Propheten des neuen Evangeliums in aller Form als Arbeiter, Ge-
werbetreibende, Lehrer usw. mitten unter dem Volke an, um so die
Verhältnisse eingehend kennen zu lernen und mit um so größerer
Sicherheit Einfluß, Vertrauen und Macht über die unteren Schichten
des Volkes zu gewinnen. Man beschloß aber, auch einen großen Wurf
zu wagen, d. h. die Ermordung des Zaren zu versuchen, um hierdurch
das Volk in Schrecken zu versetzen und die Revolution in Gang zu
bringen. Die Revolutionäre gaben sich der Täuschung hin, das russische Volk sei bereits revolutionsreif und erwarte nur ein weithin
tönendes Signal, um loszuschlagen. Ein Mitglied des Klubs „Hölle",
der Edelmann Wladimir Karakosow, erklärte sich bereit, den Zaren
zu ermorden, und versuchte seinen Entschluß auch im April 1866 auszuführen. Der Versuch mißlang, da der abgegebene Schuß fehlging.
Dieses Attentat hatte nicht die beabsichtigte Wirkung. Der zur Reform
geneigte Zar wurde hierdurch vielmehr geradezu veranlaßt, seine Reformideen aufzugeben und mit drakonischer Strenge gegen die Übeltäter vorzugehen. Eine besondere Kommission wurde beauftragt, die
Untersuchung strengstens durchzuführen und die Schuldigen der gerichtlichen Bestrafung zuzuführen. Dies ist auch geschehen. Aber
auch die strengsten Abwehrmaßnahmen vermochten das Übel nicht zu
unterdrücken. Es entstand vielmehr eine förmliche Revolutionsepidemie,
namentlich in den Kreisen der Studenten. Bakunin forderte die stu-
dierende Jugend vom Ausland aus auf, das „nationale" Räubertum
neu zu organisieren, und rief ihr zu: „Verlaßt die Schulen, Universitäten und Akademien, pfeift auf die Wissenschaft, welche in ihrer der-
maligen Gestalt nur eine offizielle Wissenschaft und nur dazu bestimmt
ist, euch zu fesseln und zu entmannen. Werdet Räuber wie vordem
Stenka Rasin einer gewesen ist. Eignet euch den aus der Tiefe unseres Volkstums hervorgegangenen staatenzerstörenden Geist an." Es
ist klar, daß eine solche Aufforderung unter den bestehenden Verhältnissen ihre Wirkung nicht verfehlte. Die von Karakosow eingeleitete

Politik der Propaganda der Tat wurde fortgesetzt. Revolutionäre und anarchistische Schriften und Bücher, die massenhaft nach Rußland eingeschmuggelt wurden, hielten den Geist der Revolution wach und gossen fortwährend Öl ins Feuer.

Unter diesen verheerenden Schriften nahm eine unter dem Namen „Volkssache" von Bakunin und Elpidin in Genf gemeinsam abgefaßte Flugschrift, sowie der von Lawrow gegründete, weniger terroristisch gehaltene „Vorwärts" den ersten Platz ein. Die „Zerstörung des russischen Reiches und sämtlicher Staaten", die „Vernichtung der gegenwärtigen Kultur", die Schaffung einer „neuen Organisation der Gesellschaft von unten herauf mittels freier Vereinigungen oder Gruppen": das war in schlagwortartiger Kürze ausgedrückt die Richtschnur, die den russischen Gesinnungsgenossen von ihren im Auslande sitzenden Freunden und Führern vorgezeichnet wurde. Auch dieser Mahnruf tat seine Wirkung. Schon fand sich ein verkommener Volksschullehrer namens Sergei Netschajew, der sich anheischig machte, die ausgegebenen Grundsätze auf dem Wege der Gewalt in die Tat umzusetzen. Netschajew kam zu Bakunin nach Genf und log diesem vor, er sei aus der Petersburger Festung entflohen und Rußland sei revolutionsreif. Bakunin fiel auf diese Doppellüge herein und erteilte dem Lügner förmlich apostolische Vollmachten, in Rußland eine Geheimorganisation als „Gruppe der Internationalen" ins Leben zu rufen. Netschajew kehrte im Herbste 1869 nach Rußland zurück und nützte die ihm erteilte Mission in geschickter Weise aus. Er schuf einen Geheimbund, in dem er sich eine angesehene Stellung vor allem durch die Vorspiegelung sicherte, er sei der Delegierte eines geheimnisvollen Generalkomitees, welches in höchster Instanz die universale Revolution leite. Ein Mitglied des neuen Bundes, namens Iwanow, schien dem Stifter des Bundes nicht ganz zu trauen und kam überdies bei Netschajew in den Verdacht des Verrats von Geheimnissen. Iwanow wurde daher als „Feind der heiligen Sache" in echt nihilistischer Weise ermordet. Netschajew konnte nach der Schweiz flüchten, wurde aber als gemeiner Verbrecher an Rußland ausgeliefert.

Nun trat eine kurze Pause in der Entwicklung ein. Die seitherigen Mißerfolge der Propaganda der Tat schienen wenig geeignet, die Beteiligten zu weiteren Taten zu ermuntern. Man steckte daher das Ziel etwas zurück und ging darauf aus, eine politische Umwälzung in Rußland herbeizuführen. Dazu schien aber die Mitwirkung der Massen des Volkes notwendig. Diese sollten durch eine systematische Wühlarbeit, durch das sprichwörtlich gewordene „Gehen ins Volk", gewonnen werden. Das weitere sollten die geheimen Gesellschaften besorgen, deren es in den Großstädten eine größere Zahl gab. Die einen dieser Gesellschaften hatten eine mehr friedliche Erziehung des Volkes im

Auge, die andern, z. B. die „Buntari" (Putscher) in Moskau und die „Tschaikowzen" in Petersburg, arbeiteten auf einen gewaltsamen Umsturz hin. Um das Jahr 1874 war der größere Teil des europäischen Rußlands (37 Gouvernements) mit einem Netz von geheimen Agenten und nihilistischen Klubs versehen. Förmliche Revolutionsschulen wurden gegründet; daneben wurden Werkstätten für bestimmte Handwerke eingerichtet. Nach einer Feststellung der Regierung sollen im Jahre 1875 770 Personen nachweislich an den Umsturzbewegungen beteiligt gewesen sein. Auch der Adel war bei diesen Bestrebungen aktiv vertreten. Der Fürst Peter Krapotkin war einer der leidenschaftlichsten und radikalsten Anhänger des revolutionären Anarchismus. Sogar die Frauenwelt stand nicht abseits; selbst junge Mädchen aus den besten Familien stellten sich in die Reihen der tätigen Nihilisten.

In den Jahren 1876 und 1877 geriet die Bewegung neuerdings ins Stocken. Diese Erscheinung wird mit dem Ausbruche des Balkankrieges in Zusammenhang gebracht. Die Erfahrungen während des Krieges gaben aber der Bewegung nachher einen neuen Antrieb. Der Nihilismus trat in das Endstadium seiner Entwicklung. Mit dem Jahre 1878 beginnt die eigentliche Periode des terroristischen Nihilismus. Ein politischer Gefangener namens Bogoljubow, der sich mit mehreren Mitgefangenen angeblich zuchtlos benahm, wurde auf Befehl des Polizeiministers von Petersburg, des Generals Trepow, bei einer Gefängnisbesichtigung körperlich gezüchtigt. Sechs Monate später, am 24. Januar 1878 erschien ein junges Mädchen bei Trepow mit der Bitte, eine Eingabe überreichen zu dürfen. Während der General sich mit dem Schriftstücke beschäftigte, gab das Mädchen, Wera Sassulitsch mit Namen, auf ihn einen lebensgefährlichen Schuß ab. Die Attentäterin ließ sich ruhig verhaften und erklärte, aus Empörung über das Vorgehen Trepows gegen einen politischen Gefangenen und Verbitterung über die ihr selbst widerfahrene ungesetzliche Behandlung gehandelt zu haben. Das Mädchen wurde von den Geschworenen freigesprochen. Der Fall erregte großes Aufsehen; die ganze öffentliche Meinung stellte sich auf die Seite der Täterin. Der Prozeß förderte aber zugleich die Sache der Nihilisten. „Putscht! mordet! schießt!" das wurde das Losungswort des seiner Sache und des Erfolges immer sicherer werdenden terroristischen Nihilismus. Zunächst wurden mehrere Spione „abgetan", d. h. umgebracht. Der Gendarmerieoberst Baron Heyking wurde in Kiew auf offener Straße erdolcht. Der Chef der verhaßten „Dritten Abteilung", General Mesenzew, Leiter der Geheimpolizei, wurde in Petersburg am hellen Tage auf offener Straße „terrorisiert", d. h. ermordet. Der Mörder entkam. Einige Monate später fiel ein Vetter des Nihilisten Krapotkin, der Gouverneur Fürst Krapotkin von Charkow, dem nihilistischen Terror zum Opfer. Geheime Werkstätten zur

Herstellung von Explosionsstoffen, Handbomben und sonstigen Mordwerkzeugen, falschen Pässen wurden planmäßig, namentlich auch im Süden Rußlands, eingerichtet. Der Sitz des organisierten nihilistischen Terrors wurde nach Odessa verlegt. Der Ingenieur Valerian Ossinsky, Sohn eines Generals, tat sich in Odessa, Charkow und Kiew durch erfolgreiche organisatorische Arbeit besonders hervor. Alle von der Regierung ergriffenen Gegenmaßnahmen konnten weitere Attentate nicht verhindern. Der Geheimbund nahm für jeden Bürger das Recht in Anspruch, einen Tyrannen zu töten, und war allen Ernstes bestrebt, den vollzogenen Morden den Charakter von „Hinrichtungen" zu geben. Im Jahre 1879 wurde der Kaiser durch das geheime Exekutivkomitee in aller Form zum Tode verurteilt. Zwei Nihilisten erklärten sich bereit, die Vollstreckung des Urteils vorzunehmen: der verbummelte Student A. K. Solowjew und der Mörder Krapotkins, der polnische Jude Goldenberg. Die beiden Bewerber stritten sich förmlich um den Vorzug, den Zaren umbringen zu dürfen. Schließlich erklärte Solowjew: „Es ist meine Sache. Der Zar ist mein, ich trete ihn keinem andern ab. Ich muß es tun." Am 2. April 1879 feuerte er auch tatsächlich fünf Revolverschüsse auf den ahnungslos daherkommenden Zaren, ohne zu treffen. Der Attentäter wurde natürlich hingerichtet. Nun ging die Regierung in der Abwehr ihrerseits zu einem Schreckenssystem über. Das Reich wurde in sechs Generalgouvernements geteilt; den Generalgouverneuren wurden diktatorische Vollmachten übertragen. Die schärfsten Polizeimaßregeln wurden ergriffen. Die sämtlichen Wohnhäuser in Petersburg mußten unter Bewachung gestellt werden. Die Generalgouverneure machten von ihren Vollmachten ausgiebigen Gebrauch. Verhaftungen, Ausweisungen, Verbannungen und Hinrichtungen waren an der Tagesordnung. Trotzdem wurde im Sommer 1879 ein förmlicher Feldzugsplan gegen das Leben des Kaisers entworfen. Der Eisenbahnzug, der Alexander II. aus Livadia nach Petersburg zu bringen hatte, sollte in die Luft gesprengt werden. An drei Stellen, bei Odessa, Alexandrowsk und Moskau, wurden Minen gelegt. Auch dieser Plan mißlang. Der Zar wurde wie durch ein Wunder gerettet, da er mit einem andern Zuge als dem vermeintlichen fuhr, und die bei Moskau gelegte Mine gegen den unrichtigen Zug zur Explosion gebracht wurde. Auch dieser Mißerfolg vermochte den Widerstand des festgefügten Bundes nicht zu brechen. Es wurde geplant, den Winterpalast des Kaisers mit samt seinen auf mehrere Tausend angegebenen Insassen in die Luft zu sprengen. Die Ausführung des Attentats wurde dem Bauernsohn Chalturin übertragen. Als geschickter Tischler und Lackierer fand Chalturin unschwer Arbeit im Winterpalast. Er studierte die Örtlichkeit, schmuggelte nach und nach mehrere Pud Dynamit in kleinen Teilmengen in den Palast und versteckte sie unter seinem Kopfkissen.

Selbst eine plötzliche polizeiliche Haussuchung kam nicht auf den verborgenen Sprengstoff. Chalturin wollte den ganzen Palast in die Luft sprengen und riet, zu diesem Zwecke noch mehr Sprengstoff anzusammeln. Scheljaebow, der die Oberleitung über das Attentatsunternehmen hatte, war anderer Meinung und drängte auf die Ausführung. Am 5. Februar 1880 schritt Chalturin zur Tat. Es erfolgte eine beispiellose Explosion. Zehn Mann der Wache wurden getötet und 53 verwundet. Der Kaiser entging auch diesmal durch einen reinen Zufall dem ihm zugedachten Schicksal. Ein fürstlicher Besuch traf später, als angesetzt war, zur Tafel ein. Diesem Zufall hatte Zar Alexander sein Leben zu verdanken. Chalturin entfloh und beteiligte sich an weiteren Attentaten. Er entging aber seinem verdienten Schicksal nicht und endete schließlich am Galgen. Erst nach seiner Hinrichtung (22. März 1882) stellte sich heraus, daß er der Tischler war, der den Winterpalast in die Luft gesprengt hatte. Das Exekutivkomitee bedauerte in einer Kundgebung den Untergang der unglücklichen Wachleute, erklärte aber gleichzeitig, vom hartnäckigsten Vernichtungskampfe so lange nicht abstehen zu wollen, bis die angestrebten Reformen ernstlich durch Berufung einer auf Grund freier Wahl gebildeten Nationalversammlung gesichert wären. Die Beseitigung des Zaren auf dem Wege der Gewalt wurde nach wie vor unentwegt als Ziel im Auge behalten. Der Kaiser setzte nun den Grafen Loris-Melikow zum Vorsitzenden einer „Obersten Verwaltungskommission" ein, die mit fast unbeschränkten Machtvollkommenheiten ausgestattet wurde. Die öffentliche Meinung erwartete von der Klugheit und Besonnenheit dieses Diktators eine maßvolle Politik und die endgültige Überführung Rußlands vom despotischen Absolutismus zur verfassungsmäßigen konstitutionellen Monarchie. Diese Hoffnung wurde um so mehr gehegt, als die Bulgaren kurz vorher mit Einwilligung des Zaren eine Verfassung erhalten hatten. Die Erwartungen wurden aber nicht erfüllt. Der Diktator wußte eine Zeit lang mit einem gewissen Erfolge weitere Attentate zu verhindern; im übrigen aber blieb alles beim alten.

Der Kaiser selbst hatte den guten Willen, Reformen zuzustimmen; er fand aber nicht die Kraft, den Grafen Loris-Melikow, der alle Macht in Händen hatte, zu tatkräftigen Entschlüssen anzuhalten. Das terroristische Exekutivkomitee arbeitete daher unbeirrt an seinem Plane der Ermordung des Zaren weiter. Im Winter 1880/81 wurden zu diesem Zwecke drei Attentate geplant. Eines kam nicht zustande; das zweite, das darauf berechnet war, den Wagen des Zaren bei einer Fahrt durch die Malaia Sadowaja (kleine Gartenstraße) durch eine Mine in die Luft zu sprengen, wurde nach eingehender, raffinierter Vorbereitung aufgegeben, da die Beteiligten Anhaltspunkte zu haben glaubten, daß die Polizei der Sache auf die Spur gekommen sei. Der dritte Plan, den Zaren durch Bombenwurf wegzuräumen, kam zur Ausführung und gelang. Scheljaebow hatte die Leitung dieses Unternehmens übernommen. Auf seinen Ruf erklärten sich nicht weniger als 47 Gesinnungsgenossen zur Ausführung der fürchterlichen Tat bereit. Von den Bewerbern wurden sechs ausgewählt. Unter ihnen befand sich Ryssakow, Grinewizki und die blutgierige Sofia Perowskaja. Die Dynamitbomben waren unter Leitung des sachkundigen Chemikers Kibaltschisch hergestellt und so geformt worden, daß sie versteckt unter der Kleidung auf der Brust getragen werden konnten. Scheljaebow fiel noch vor der Ausführung des Mordplanes in die Hände der Polizei. Dies hielt die Verschworenen jedoch von ihrem Vorhaben nicht ab. Am 12. März 1881 nahm der Kaiser den Bericht des Grafen Loris-Melikow über die Verhaftung Scheljaebows entgegen. Der Bericht ging dahin, daß Scheljaebow jede Auskunft verweigere und sich auf die Erklärung beschränke, daß ein neues Attentat auf den Kaiser unfehlbar zur Ausführung kommen werde. Auf den 13. März war eine Truppenparade angesetzt. Seine Vertrauten rieten ihm im Hinblick auf die Erklärung Scheljaebows dringend von der Teilnahme an der Parade ab. Weder der Rat seines Ministers noch die Bitten seiner Gemahlin, der ihm in morganatischer Ehe angetrauten Fürstin Jurjewsky, vermochten den unerschrockenen Kaiser von seinem Entschlusse, die Parade zu besichtigen, abzubringen. Die besorgte Gemahlin gab dem Zaren noch den dringenden Rat, bestimmte Wege zu vermeiden und die Kanalstraße zur Rückfahrt zu wählen. Tatsächlich hatten aber sechs Bombenwerfer die Kanalstraße in entsprechenden Abständen bereits in den Morgenstunden besetzt. Sofia Perowskaja erwies sich bei der Vorbereitung und Verteilung der Aufgaben als besonders geschäftig und entschlossen. Die Polizei hatte von den getroffenen Vorbereitungen keine Ahnung. Kaum hatte der Kaiser eine Strecke von etwa dreihundert Schritten auf der Kanalstraße zurückgelegt, als Ryssakow auf das von Perowskaja gegebene vereinbarte Zeichen seine Bombe unter das kaiserliche Gefährte schleuderte. Der Kaiser blieb wunderbarerweise unverletzt. Als er sah, daß die Explosion einen harmlosen Knaben niedergestreckt hatte, ließ er anhalten. Der Kaiser erkundigte sich nach dem Hergang der Sache, mischte sich sogar unter die aufgeregte Menge, ließ sich den festgenommenen Attentäter zeigen, und wollte die Stelle der Explosion genauer sehen, ohne zu ahnen, daß eine zweite Bombe zum Wurfe auf ihn in der Brust eines in der Nähe stehenden Mordbuben bereitgehalten wurde. Wenige Augenblicke waren vergangen, als Grinewizki seine Bombe dem auf drei Schritte herangekommenen Zaren vor die Füße schleuderte. Der Zar war tödlich getroffen. Tote und Verwundete bedeckten die Straße. Der Mörder hatte seine Mordwut selbst mit dem Leben gebüßt. Der

Zar wurde in schrecklichem Zustande mit zerschmetterten Gliedern in den Winterpalast gebracht, wo er nach etwa einer Stunde starb. Von den an dem Attentate beteiligten Nihilisten endeten fünf am Galgen. Aber schon neun Tage nach dem furchtbaren Ereignisse hatte sich das Exekutivkomitee wieder ergänzt, um das eingeleitete Werk fortzusetzen. Am 20. März 1881 erließ das Komitee eine Kundgebung an den neuen Zaren, in dem unter anderem bemerkt war: „Es gibt nur zwei Wege aus der gegenwärtigen Situation Rußlands: entweder eine Revolution, welche man durch Todesurteile nicht vermeidet noch verhindert, oder eine freiwillige Berufung des Volkes zur höchsten Macht, zur Regierung." Der neue Zar, Alexander III., gab nicht nach und erließ am 13. Mai 1881 ein Manifest, in dem er seinen Entschluß, die selbstherrschende Gewalt aufrecht zu erhalten, laut und deutlich verkündete. Die Erwartung der Nihilisten, das Attentat werde zum Ausbruch einer Revolution führen, erfüllte sich nicht. Das Verbrechen verstärkte vielmehr nachhaltig das autokratische Regiment und ließ die Hoffnung auf vernünftige Reformen immer mehr schwinden. Das Attentat hatte also das Gegenteil von dem zur Folge, was die Attentäter angestrebt hatten. An die Stelle des Grafen Loris-Melikow wurde der Graf Ignatjew berufen, der mit brutalster Rücksichtslosigkeit gegen die revolutionäre Bewegung vorging. Die Nihilisten hielten aber gleichwohl an der Idee des Kaisermordes fest. Für die erwartete Krönung des Zaren Alexanders III. hatten sie wieder umfassende Mordvorbereitungen getroffen. Im Jahre 1881 fand ein Attentat auf den Ministergehilfen Tscherewin statt, im Jahre 1882 wurde der Militärprokurator Streljnikow in Odessa von dem Nihilisten Schelwakow erschossen. Immerhin hatte die aktive nihilistische Bewegung einstweilen ihren Höhepunkt überschritten. 31 Revolutionäre sind in der Zeit von 1878 bis 1882 hingerichtet worden. Alexander III. starb im Jahre 1894 eines natürlichen Todes.

Weder unter ihm noch unter seinem Nachfolger Nikolaus II., dem letzten Zaren von Rußland, kam es zu wirklich durchgreifenden Reformen. Die Revolution von 1905, die sich an den verlorenen japanischen Krieg anschloß, erzwang zwar eine Verfassung; das Land kam aber gleichwohl nie zu einer richtigen Ruhe. Schließlich trat im weiteren Verlaufe des Weltkrieges ein, was weitschauende Politiker und Historiker schon Jahrzehnte vorher mit prophetischem Blick vorausgesagt hatten. Es macht heute einen tiefen Eindruck, wenn man beispielsweise bei J. Scherr in seinem 1885 erschienenen Buche „Die Nihilisten" am Schlusse seiner Ausführungen die Anschauung vertreten findet, daß der Nihilismus fortfahren werde, in Rußland die Mittel und Wege für einen europäischen Umsturz zu bereiten, und wenn man schließlich auf die Frage, wer die drohende Gefahr beschwören soll, keine sichere Antwort bekommt, sondern mit einer gewissen Wehmut unter anderem vernehmen muß: „Wir treiben dem Kommunismus zu"; „die Posse des Kommunismus wird in Szene gehen, um zu dem furchtbarsten Trauerspiel auszuschlagen, welches die Welt gesehen. Wird dasselbe die Gesellschaft barbarisieren oder wird es sie läutern — wer weiß es? Die gesamte moderne Zivilisation arbeitet aber mit allen Mitteln und Kräften, mit ihrem Dünkel und Größenwahn, mit ihrer skrupellosen Erwerbshast und ihrer zügellosen Genußsucht auf dieses Trauerspiel hin. . . . Das Verhängnis nimmt seinen Lauf, und das Wollen und Tun wissender und redlicher Menschen ist nur Staub auf seiner Bahn. Wer sehende Augen hat und damit sehen will . . ., muß bemerken, daß wir mit raschen Schritten auf die Epoche der Massenherrschaft zueilen." Die Voraussage hat sich erfüllt. Das Verhängnis hat seinen Lauf genommen. Der Bolschewismus hat die Herrschaft im Heiligen Rußland angetreten und dieses reiche Riesenland in ein Meer von Blut und Tränen gestürzt. Die ganze Welt sieht erschüttert diesem Trauerspiel zu und ist erfüllt von der bangen Sorge, ob es gelingen wird, den ausgebrochenen Brand auf seine Grenzen zu beschränken.

Vgl. A. Thun, Geschichte der revolutionären Bewegungen in Rußland, Leipzig 1883; J. Scherr, Die Nihilisten, 3. Aufl., Leipzig 1885; K. Oldenberg, Der russische Nihilismus von seinen Anfängen bis zur Gegenwart, Leipzig 1888; Stepnjak, Russia sotterranea, Mailand 1882.

XXV. Die Anarchisten.

Durch die Aufklärungsphilosophie des 18. Jahrhunderts waren die geistigen Waffen zur Bekämpfung der bestehenden sozialen und staatlichen Ordnung geliefert worden. Die Väter des Grundsatzes von der Freiheit, Gleichheit und Brüderlichkeit, die von durchaus menschenfreundlichen Ideen ausgegangen waren, hatten nicht bedacht, daß die überwiegende Betonung des Rein-Menschlichen in der gesellschaftlichen, rechtlichen und staatlichen Ordnung nicht nur die willkommene Begründung für die Überführung der bis dahin herrschenden Ordnung in einen neuen, besseren Zustand abgeben konnte, sondern darüber hinaus der willkürlichen Bekämpfung jeder gesellschaftlichen und rechtlichen Ordnung Tür und Tor öffnen mußte. Es dauerte nicht lange, so wurde auch dieser Kampf zunächst theoretisch und alsbald auch praktisch eröffnet. Die Gleichheit der Bürger vor dem Gesetze, die staatsrechtliche Gleichheit, wie sie durch die Revolution herbeigeführt wurde, hatte den Traum der Gleichheitsfanatiker nur sehr unvollkommen erfüllt. Den Weltverbesserern schwebte eine viel weitergehende Gleichheit, eine soziale Gleichheit, die Gleichheit im Genusse der irdischen Güter, die Gleichheit des Besitzes vor Augen. Pierre

Proudhon (1809—1865) verkündete daher den Grundsatz „Eigentum ist Diebstahl" und erklärte damit jeglicher Rechtsordnung den Krieg. Für den angestrebten Zustand gebrauchte Proudhon zum ersten Mal die Bezeichnung „Anarchie". Seine Ideen wurden von Max Stirner, Moses Heß u. a. aufgegriffen und weiterverfolgt. Die Lehre verdichtete sich sehr rasch zur Verneinung aller überkommenen Begriffe von Staat, Religion und Gesellschaft. Die theoretischen Folgerungen hieraus haben Männer wie Hertzka, v. Egidy u. a. in ihren romanhaften, verschwommenen Schilderungen eines idealen, zwanglosen, nur auf Freiheit, Gleichheit und Liebe aufgebauten Gemeinwesens gezogen. Man hat diese philosophierenden, weltfremden, jenseits von Gut und Böse stehenden Phantasten nicht mit Unrecht als „Edelanarchisten" angesprochen. Ihnen gegenüber stehen die rücksichtslosen Vertreter der „Propaganda der Tat", die „Blut-Anarchisten", denen es nicht um den Bau von Luftschlössern, sondern um schonungs- und hemmungslose Verwirklichung der anarchistischen Grundsätze auf dem Wege der Gewalt zu tun ist. Als typische Vertreter dieser Richtung sind vor allem die russischen Nihilisten Bakunin und Krapotkin zu nennen. Es liegt in der Natur der Sache, daß Vertreter solcher Anschauungen ihr Handwerk nur in einem geheimen Bunde auszuüben vermochten. Im Jahre 1868 schuf Bakunin in Genf die „Alliance de la democratie socialiste", eine Vereinigung mit rein anarchistischen Zielen. Der Bund fand Verbreitung in der Schweiz, in Frankreich, Belgien, Italien, Spanien und Rußland. Der Anschluß an die Internationale war nur vorübergehend, da der Bund auf seine geheime Organisation nicht verzichten konnte. Im September 1870, nach Verkündung der dritten Republik in Frankreich, versuchte die Alliance in der Schweiz und in Frankreich revolutionäre Aufstände anzuzetteln. Der Versuch mißglückte. Die Schweiz und Südfrankreich blieben aber unter russischem Einfluß bis auf weiteres der Sitz der anarchistischen Bestrebungen.

Nach dem Erlasse des deutschen Sozialistengesetzes bildete sich innerhalb der sozialistischen Partei unter Führung von Most eine radikale Gruppe, die mit Gewaltanwendung einen Umsturz herbeizuführen beabsichtigte. Es wurde eine umfassende geheime Wühlarbeit unter den Arbeitern eingeleitet. Man suchte die Arbeiter nach Möglichkeit zu bewaffnen und durch Ausführung von Attentaten und andern Verbrechen den großen Schlag vorzubereiten. Zur Durchführung dieses Planes wurden kleine Gruppen von höchstens fünf Personen gebildet. Die Agitation blieb jedoch der Regierung nicht verborgen. Most wurde aus Deutschland ausgewiesen und ließ sich in London nieder, woselbst er die Zeitung „Freiheit" gründete, in der er die extremsten anarchistischen Anschauungen und Forderungen vertrat. Er gründete zur Betreibung der revolutionären Agitation einen besondern geheimen „Propagandistenklub", der die Aufgabe hatte, in den verschiedenen Ländern anarchistische Gruppen zu bilden. Die Bewegung gewann rasch an Ausdehnung.

Im Jahre 1881 konnte bereits der erste „International-revolutionäre Kongreß" in London stattfinden, an dem die Vertreter mehrerer hundert Gruppen teilnahmen. Dieser Kongreß beschloß, die Propaganda der Tat als förmlichen Programmpunkt aufzustellen und alle Einrichtungen zu treffen, um diesen Beschluß erfolgreich in die Tat umsetzen zu können. Gekrönte Häupter, Minister, hohe kirchliche Würdenträger, Adelige usw. sollten planmäßig aus der Welt geschafft werden. Most suchte durch Anweisungen und Ratschläge die niedrigsten Instinkte seiner Gesinnungsgenossen wachzurufen und ließ auch sonst kein Mittel unversucht, die Bestie im Menschen zu Mord und Brand aufzureizen. Namentlich machte er auf die wirksamsten Gifte und deren Anwendung aufmerksam. Die Zentralleitung war bei dem aus Vertretern der beteiligten Länder gebildeten Zentralkomitee in London. Neben dem Zentralkomitee wurden als ausführende Organe ein Exekutivkomitee und eine Auskunftsstelle eingesetzt. Die Organisation begann auch sofort mit ihrer furchtbaren Arbeit. Eine Reihe von Attentaten in den verschiedenen Ländern setzte die ordnungsliebende Bevölkerung in Angst und Schrecken. Im Jahre 1882 verlegte Most seine Tätigkeit von England nach den Vereinigten Staaten von Nordamerika, da die „Freiheit" in London verboten wurde. Chicago war von nun an für längere Zeit der Hauptsitz des internationalen Anarchismus. Chicago, Madrid, Barcelona, Straßburg, Frankfurt a. M., Stuttgart, Wien, Prag u. a. Städte wurden der Schauplatz blutiger Attentate. In Prag verurteilte eine geheime Gruppe von Anarchisten den Polizeidirektor zum Tode und bestimmte durch das Los den Handschuhmachergesellen Dreßler zum Vollstrecker des Urteils. Dreßler konnte sich aber nicht zur Ausführung des Mordes entschließen und beging Selbstmord. Zuvor enthüllte er in einem Briefe an seine Eltern das geheime Treiben der Anarchisten, wodurch deren strafrechtliche Verfolgung ermöglicht wurde. Mit dem Tode Mosts, des geistigen Hauptes der Bewegung, und der Aburteilung und Hinrichtung der verwegensten Vertreter der „Tat", kam die anarchistische Bewegung als Gesamtorganisation zu einem gewissen Stillstand. Der Anarchismus verlegte aber seine Haupttätigkeit in die einzelnen kleinen Gruppen, die von der Polizei weniger leicht gefaßt werden können. Die anarchistische Propaganda dauert fort und wird namentlich von London und Paris sowie von der Schweiz aus betrieben. Von dort aus werden auch heute noch durch geheime Zeitungen und Flugschriften die anarchistischen Ideen verbreitet.

Vgl. R. Stamler, Die Theorie des Anarchismus, Berlin 1894; G. Plechanow, Anarchismus und Sozialismus, Berlin 1894; E. v. Zenker, Der

Anarchismus, Kritik und Geschichte der anarchistischen Theorie, Jena
1895; Eltzbacher, Der Anarchismus, Berlin 1900; G. Adler, Der Anarchismus (im Handwörterbuch der Staatswissenschaften, 3. Aufl. Bd. I),
Jena 1909; K. Radek, Die Anarchisten und die Sowjetrepublik, herausgegeben von der Kommunistischen Partei Deutschlands (Spartakusbund),
1920; Ders., Anarchismus und Sowjetregierung, Wien (o. J.); W. Sombart, Sozialismus und soziale Bewegung; 7. Aufl., S. 46 ff., Jena 1919.

XXVI. Die Internationale.

Die Entwicklung der neuzeitlichen Produktionsverhältnisse hat unsere
innerpolitischen, unsere sozialen und wirtschaftlichen Verhältnisse von
Grund aus umgestaltet und die soziale Frage, die Arbeiterfrage, die
Frage der Emanzipation des vierten Standes geschaffen. Kapital und
Arbeit stehen sich wie zwei feindliche Lager in ständiger Kampfes-
stellung gegenüber. Je mehr die Konzentration des Kapitals in den
Händen weniger zunahm und je mehr mit der Ausbreitung und Ver-
größerung der Industrie und mit der allgemeinen Vermehrung der
Bevölkerung auch das Heer der vom Kapital abhängigen Arbeiter
wuchs, desto mehr gewann der Kampf zwischen Kapital und Arbeit an
innerer und äußerer Kraft und an Bedeutung für Staat und Gesellschaft. Die höhere Lebenshaltung und der anscheinend mühelos gewordene höhere Lebensgenuß des Unternehmers, erregte bei dem zu
harter Arbeit, niedrigem Lohn und niederdrückender Entbehrung verurteilten Arbeiter Anstoß und steigende Erbitterung. Unter dem Einflusse der Idee der Freiheit und Gleichheit der Menschen entstand in
dem Arbeiter nicht nur der begreifliche Wunsch nach einer Verbesserung
seiner Lebenslage, sondern das ungestüme Verlangen nach einem sozialen Ausgleich. In unrichtiger Beurteilung des Anteils des Unternehmers und seiner Betriebsmittel an dem Werte der erzeugten Güter,
betrachtete der Arbeiter den erzielten Unternehmergewinn als sein
ausschließliches Verdienst. Die materialistische Lebens- und Weltauffassung, die den Arbeiter immer mehr erfaßte, tat gleichfalls ihre Wirkung und steigerte das in gewissen Grenzen berechtigte Verlangen zu
einem leidenschaftlich vertretenen Anspruch, dessen Verwirklichung
schließlich auch mit selbstgeschaffenen Gewaltmitteln angestrebt werden
müsse. Da der einzelne Arbeiter in diesem Kampfe dem überlegenen
Unternehmer machtlos gegenüberstand, schlossen sich die Arbeiter
zu Arbeitervereinigungen zusammen, die unter sich Fühlung suchten
und so nach und nach zu einer eindrucksvollen Macht innerhalb eines
Landes heranwuchsen. Die Entwicklung blieb aber dabei nicht stehen.
Die Macht der Arbeiter sollte noch vermehrt, noch weiter gesteigert
werden. Man sah, daß das Verhältnis zwischen Kapital und Arbeit

in allen Ländern das gleiche sei und daß die hieraus erwachsenen sozialen Schäden für die Arbeiterschaft aller Länder das gleiche Los der Abhängigkeit, der Entbehrung und der sozialen Not zur Folge haben, das man nur mit vereinter Kraft zum Bessern wenden könne. „Proletarier aller Länder, vereinigt euch!" das war der Ruf, der die Arbeiterschaft aller Länder aufrütteln und zu kraftvollem Zusammenwirken im Kampfe um das gemeinsame Ziel zusammenführen sollte.

Der erste Versuch zur Gründung einer internationalen Arbeitervereinigung geht bis in das Jahr 1839 zurück. Einige vertriebene deutsche Arbeiter, die sich nach London geflüchtet hatten, gaben den Anstoß hierzu. Die hieraus entstandene „Gesellschaft der brüderlichen Demokraten" hatte aber keinen langen Bestand. Sie ging in den Wirren der Februarrevolution 1848 unter. Einige Jahre später wurden die Gründungsversuche wieder aufgenommen. Im Jahre 1864 wurde auf besonderes Betreiben von Karl Marx bei einer Tagung in London die Gründung eines internationalen Arbeiterbundes in Aussicht genommen. Im Jahre 1866 fand dieser Beschluß seine Verwirklichung in der „Internationalen Arbeitervereinigung", die auch kurz „Internationale" genannt wurde. Sie fußte auf dem Gedanken, daß das Proletariat vor allem die politische Macht erobern müsse, bevor es ernstlich daran gehen könne, die Macht des Kapitals zu zerstören und die Fesseln der wirtschaftlichen Knechtschaft zu sprengen. Als oberste Instanz wurde der Kongreß der Abgeordneten der Vereine in Aussicht genommen, der alljährlich stattfinden sollte. Der Kongreß hatte die grundsätzlichen Beschlüsse zu fassen und die Mitglieder des Generalrates, des Vollzugsorganes des Bundes, zu bestimmen. Der Bund hatte seinen Sitz in London. Er hielt seine Organisation, seine Grundsätze und Ziele, die sich gegen Bestand der staatlichen Ordnung richteten, strenge geheim und entfaltete unter der Oberfläche eine umfassende radikale Wühlarbeit. Der Organisation fehlte es aber an einer klaren Zielsetzung und Geschlossenheit der gemeinsamen Arbeit, da sich in ihr die Vertreter der verschiedensten Richtungen zusammenfanden: deutsche Sozialdemokraten, englische Gewerkschaftsvertreter, französische Utopisten, aber auch Anarchisten und Kathedersozialisten bildeten die Mitglieder dieser bunt zusammengesetzten Gesellschaft.

Als die Internationale bei dem Aufstand der Pariser Kommune im Jahre 1871 für die soziale Revolution Partei ergriff, zogen sich die weniger radikal eingestellten englischen Vertreter zurück und leiteten damit die Auflösung des Bundes ein. In Frankreich wurde im Jahre 1872 die Teilnahme an jeder internationalen Vereinigung gegen das Eigentum gesetzlich verboten und unter Strafe gestellt. In andern Ländern gerieten die angeschlossenen Verbände unter den Einfluß des russischen Anarchismus. Mit dem von Karl Marx betriebenen Ausschluß Bakunins

und dem Austritte weiterer Unterverbände brach die Organisation innerlich zusammen. Im Jahre 1876 wurde schließlich auch die formelle Auflösung des Bundes beschlossen.

Die Internationale huldigte einem entarteten Radikalismus und richtete sich gegen die bestehende staatliche und gesellschaftliche Ordnung.
Der Religion, dem Christentum, der Kirche, der Monarchie, dem Eigentum, dem Erbrecht, kurz, allen rechtlichen und moralischen Grundlagen
der bestehenden Staats- und Gesellschaftsordnung wurde der gemeinsame
Kampf des Proletariats angesagt. Wenn dieser Kampf auch nur in Schrift
und Rede geführt und der eigentliche Zweck des Bundes nicht erreicht
wurde, so war dieser erste Versuch der Zusammenfassung aller revolutionären Kräfte des Proletariats doch für die Weiterentwicklung der
Idee der sozialen Revolution von der größten Bedeutung. Der Gedanke
der sozialen Revolution war in die Arbeitermassen geschleudert; er
hatte gezündet, lebte fort und verschwand nicht mehr von der Tagesordnung der radikal eingestellten Arbeiterkongresse.

Erst im Jahre 1889 kam es wieder zu einer internationalen Vereinigung der sozialistischen Parteien der einzelnen Länder, zur sog. „Zweiten
Internationale". Sie wurde auf dem Pariser Sozialistenkongresse
gegründet, stellte aber keinen äußern, körperschaftlichen Zusammenschluß, sondern nur eine lose Arbeitsgemeinschaft zum Zwecke der
Abhaltung von Kongressen und der Schaffung sonstiger gemeinsamer
Einrichtungen dar. Kongresse fanden in der Folge statt: 1891 in Brüssel,
1893 in Zürich, 1896 in London, 1900 in Paris, 1904 in Amsterdam,
1907 in Stuttgart, 1910 in Kopenhagen, 1912 in Basel. Der die Internationale beherrschende gemeinsame Gedanke war die Erringung der
politischen Macht zum Zwecke der Sozialisierung der Produktionsmittel.
Auf dem Brüsseler Kongresse wurden die Anarchisten ausgeschlossen.
Zum Pariser Kongresse erging die Einladung nur noch an solche
Gruppen, die „die Umwandlung der kapitalistischen Eigentums- und
Produktionsordnung anstreben und die Teilnahme an der Gesetzgebung,
die parlamentarische Tätigkeit als ein notwendiges Mittel zur Erreichung dieses Zweckes ansehen" oder an solche Organisationen, die,
ohne sich am politischen Kampfe selbst zu beteiligen, wenigstens „die
Notwendigkeit politischer und parlamentarischer Tätigkeit anerkennen".
Die Zweite Internationale hat durch Schaffung des „Internationalen Sozialistischen Bureaus" in Brüssel wesentlich dazu beigetragen, daß die Fühlung
der Sozialisten der einzelnen Länder aufrechterhalten blieb, daß Berichte
und sonstige Drucksachen ausgetauscht und verarbeitet wurden und so
ein gemeinsamer ideeller Stützpunkt für die gemeinsamen Bestrebungen
entstand. Ihren eigentlichen Zweck hat die Zweite Internationale aber
gleichwohl nicht erreicht. Sie scheiterte innerlich an der Gegensätz-
lichkeit der verschiedenen sozialistischen Richtungen und brach äußer-

lich mit Beginn des Weltkrieges zusammen. Die Arbeiterschaft aller krieg-
führenden Länder machte sich schließlich angesichts der geschichtlichen
Ereignisse von internationalen Erwägungen vorübergehend frei, stellte
sich mit ihren übrigen Volksgenossen auf den nationalen Standpunkt
und verteidigte ihr Vaterland wie alle andern Volkskreise mit der Waffe
in der Hand.

Während des Krieges wurden in der Schweiz zwei internationale
sozialistische Konferenzen (1915 in Zimmerwalde, 1916 in Kiental) veranstaltet; sie kamen aber nicht zu größerer Bedeutung, da die deutschen
und die französischen Sozialdemokraten sich fernhielten. Die Absicht, eine
Zusammenkunft der sozialistischen Vertreter aller Länder im Jahre 1917
in Stockholm zu veranstalten, kam nicht zur Ausführung. Nach dem
Kriege wurden die internationalen Beziehungen zwischen einzelnen sozialistischen Gruppen wieder aufgenommen. Im Jahre 1919 fanden internationale Konferenzen in Bern und Luzern statt. Die Gegensätze
innerhalb des Sozialismus, namentlich auch innerhalb der deutschen
Sozialdemokratie, haben sich wesentlich verschärft. Die Unabhängige
Sozialdemokratie sprach sich gegen eine gemeinsame Internationale mit
den Mehrheitssozialisten aus. Auf dem Kongreß zu Genf im Jahre 1920
zeigte sich die Zerfahrenheit und Zerrissenheit der sozialistischen Parteien der verschiedenen Länder in unzweideutiger Weise. Der Weltkrieg und seine Beendigung durch den Gewaltfrieden von Versailles
bildeten den Hauptgegenstand der Erörterung, wobei dem deutschen
Standpunkte in keiner Weise Rechnung getragen wurde. Die gefaßten
Resolutionen lassen deutlich den Versuch eines gemeinsamen konzen-
trischen Ansturms internationaler sozialistischer Kräfte auf den deutschen
Standpunkt und die deutsche Politik erkennen. Von einem wirklichen
Wiederaufleben der Zweiten Internationale konnte keine Rede sein.

Dagegen hat der durch die russische Revolution zur Herrschaft gekommene Bolschewismus sich nicht damit begnügt, in Rußland einen
Umsturz im Sinne seiner Bestrebungen herbeigeführt zu haben; er
faßte seine Aufgabe von vornherein als eine Weltmission auf, betrachtete
sich als den einzigen Vertreter des wahren Marxismus und war eifrig
bemüht, eine festgefügte internationale Organisation behufs Vorbereitung und Durchführung der bolschewistischen Weltrevolution zu schaffen.
Die russischen bolschewistischen Machthaber suchten mit größter Energie
die Beziehungen zum ausländischen revolutionären Sozialismus aufrecht
zu erhalten und den Gedanken der Weltrevolution bei den Proletariern
aller Länder populär und wirksam zu machen. Sie schwelgten im Bewußtsein des Sieges ihrer Ideen, verschlossen sich aber gleichzeitig nicht der
Erkenntnis, daß der Bolschewismus in einem isolierten Rußland niemals
zur vollen Auswirkung gelangen könne. Man war sich in bolschewistischen Kreisen darüber klar, daß der Bolschewismus seine Herr-

schaft über den Erdkreis antreten müsse, wollte er nicht von vornherein dazu verurteilt sein, in sich selbst zu verkümmern und langsam abzusterben. Man entschied sich selbstverständlich für die erste Alternative und ging daran, eine großzügige geheime, bolschewistische Propaganda in fast ganz Europa einzurichten. Rußland, speziell Moskau, wurde der Ausgangs- und Mittelpunkt für jene mit dem Aufgebote größter Geldmittel ins Werk gesetzte unterirdische Wühlarbeit, für jene geheime Organisationsarbeit, deren Wirkung man auch in Deutschland fast bis ins letzte Dorf hinein zu spüren bekam. In geradezu verschwenderischer Weise wurden revolutionäre Schriften, Bücher, Plakate usw. in Massen zu verbreiten gesucht. Durch geheime Boten wurde innerhalb der einzelnen Gebiete und zwischen den Organisationen der verschiedenen Länder unter sich der Verkehr aufrecht erhalten. Radek (früher Sobelsohn) ist bei dieser Arbeit vor allem ebensosehr als rücksichtsloser, brutaler Vertreter extremster kommunistischer Anschauungen wie als geschickter Organisator geheimer Verbindungen hervorgetreten. Die deutsche Regierung scheint ihm sein Handwerk allerdings nicht besonders schwer gemacht zu haben.

Im Jahre 1919 empfanden die bolschewistischen Gewalthaber das Bedürfnis, die angeknüpften internationalen Beziehungen in eine festere Form zu bringen. Zu diesem Zwecke wurde im März 1919 der erste internationale kommunistische Kongreß nach Moskau einberufen, der zur Gründung der „Dritten Internationale", auch „Moskauer Internationale" genannt, führte. Dieser Kongreß stand vollkommen im Zeichen des Kampfes des Proletariats um die Eroberung der politischen Macht. Die Diktatur des Proletariats und die Niederkämpfung aller nicht zu den letzten Konsequenzen bereiten sozialistischen Gruppen war die Losung dieser internationalen kommunistischen Heerschau. Die kommunistischen Ideen sollten besonders auf dem Wege der sog. Zellenbildung in den industriellen Betrieben, in den Gewerkschaften und in den gegnerischen Parteien wirksam verbreitet werden. Unter „Zellen" verstand man ganz kleine „Kerne" von wenigen Personen, die sich in Betriebe oder gegnerische Organisationen einschleichen und das Vertrauen der Mitarbeiter gewinnen sollten, um zunächst einen kleinen Kreis von überzeugten, wenn möglich geistig überlegenen Anhängern des Kommunismus zu bilden, der als Grundlage, als Herd für die Weiterverbreitung der kommunistischen Idee innerhalb eines größeren Betriebs oder einer größeren Organisation dienen sollte. Ein besonderes Augenmerk sollte bei der Propaganda der ständigen Schürung der Unzufriedenheit und der Förderung der Streiklust der Arbeiter zugewendet werden.

Auf dem zweiten internationalen kommunistischen Kongreß in Moskau vom Jahre 1920 wurde die „Dritte Internationale" in eine feste organisatorische Form gebracht. Es wurden ausführliche Satzungsbestimmungen und Leitsätze beschlossen, in denen die Vorherrschaft der russischen Führung eindeutig festgelegt ist.

Die „Dritte Internationale" ist hiernach keine lose Arbeitsgemeinschaft, sondern eine festgefügte, zentralistisch geleitete, extrem kommunistisch eingestellte Partei, welche dergestalt unter dem Einflusse des russischen Bolschewismus steht, daß die angeschlossenen Organisationen der einzelnen Länder ihre Selbständigkeit vollständig aufgeben und als bloße Sektionen in der Moskauer Zentralorganisation aufgehen mußten. Die russischen Gewalthaber führen in dieser Organisation das große Wort und dulden keinen, auch nur die geringste Schwäche oder Inkonsequenz verratenden Widerspruch. Mit größter Rücksichtslosigkeit sind einzelne Gruppen, die nicht radikal genug waren, gezwungen worden, aus der „Internationale" auszuscheiden, andere Gruppen haben sich bestimmen lassen, sich dem Moskauer Diktat zu unterwerfen, um den Zusammenhang mit der allmächtigen Zentralgewalt nicht zu verlieren. Innerhalb der „Dritten Internationale" besteht gleichfalls eine Art Terror, eine Diktatur der Moskauer Parteigewaltigen über den ganzen Weltapparat der kommunistischen Organisationen. Rußland ist das Vorbild für die kommunistische Organisation. Es ist der übrigen Welt mit der Tat vorangegangen. Seitdem sind die russischen Bolschewisten ein Gegenstand der Bewunderung und des erhabenen Beispiels für die Kommunisten der übrigen Länder. Moskau ist geschichtlich der Mittelpunkt der kommunistischen Weltbewegung geworden und ist heute die Hochschule aller kommunistischen Weisheit. Diese geistige Führung hat sich Moskau auch in den Satzungen der „Dritten Internationale" gesichert.

Das Exekutivkomitee besteht aus fünf Vertretern der russischen Abteilung und zehn Vertretern der bedeutendsten Parteien der übrigen Länder. Andere Organisationen und Parteien haben nur Vertreter mit beratender Stimme. Das Exekutivkomitee hat weitreichende Befugnisse. Ihm kommt namentlich auch die Befugnis zu, den Ausschluß von Gruppen und Personen zu verlangen, welche die internationale Disziplin verletzen oder gegen die Beschlüsse des Weltkongresses verstoßen. Die kommunistische Internationale will das revolutionäre Proletariat aller Länder und aller Rassen zusammenfassen und zu einem schlagkräftigen, mächtigen Weltrevolutionsinstrument machen. Sie betrachtet sich als die erste wirkliche Vollstreckerin der marxistischen Grundsätze. Ihre leitenden Ideen sind der Sturz des Kapitalismus, Errichtung der Diktatur des Proletariats, Aufrichtung einer internationalen Sowjetrepublik nach russischem Muster zur Beseitigung der Klassen und Verwirklichung des Sozialismus als der ersten Stufe der kommunistischen Gesellschaft. Der schärfste Kampf wird nicht nur der Bourgeoisie angesagt, sondern auch allen weniger radikalen sozialistischen Parteien und Organisationen. Wie im heutigen Rußland soll auch in den andern Ländern das Bürgertum, das Beamtentum, die intellektuelle Oberschicht dem Kommunismus dienstbar gemacht oder buchstäblich mit Stumpf und Stiel ausgerottet werden. Zur Vorbereitung der Weltrevolution sollen in allen Ländern nicht bloß legale, sondern auch unter der Oberfläche arbeitende illegale Geheimorganisationen ins Leben gerufen werden. Über deren Tätigkeit hat das Exekutivkomitee zu wachen. Vor allem sollen in allen Arten von Arbeiterorganisationen offene oder geheime kommunistische Zellen geschaffen werden. Bei der Wahl von Vertrauensmännern ist nach den Grundsätzen einer strengen Auslese zu verfahren. Die unzuverlässigen Elemente müssen mit rücksichtsloser Strenge ausgeschieden werden. Zu diesem Zwecke sollen regelmäßig wiederkehrende Säuberungen vorgenommen werden. Dies gilt namentlich auch für die Mitglieder der Parlamente, die sich vorbehaltlos der Parteileitung zu unterwerfen und auf deren Verlangen ihr Mandat zur Verfügung zu stellen haben. Die Abgeordneten haben sich hiernach nicht so fast als Vertreter ihrer Wähler, sondern vielmehr als Vertreter der „Dritten Internationale" zu betrachten. Eine systematische Agitation soll insbesondere auch im Heere und in der Landbevölkerung getrieben werden. Wenn die Kommunisten als Gegner in die Parlamente eintreten, so geschieht dies nur, um die Tribüne des Parlamentes zur kommunistischen Propaganda und zur Untergrabung der bestehenden Staatsautorität zu mißbrauchen und das Parlament von innen heraus zu vernichten. Der kommunistische Abgeordnete will nicht Gesetzgeber, sondern ausschließlich ein Parteiagitator sein, der ins feindliche Lager entsandt ist, um dort seine Parteibeschlüsse zu vollziehen. Die „Dritte Internationale" ist somit eine ausgesprochene revolutionäre Kampforganisation, bei der der Wille der russischen Zentrale entscheidet und die einzelnen Landesorganisationen als bloße Teile der Gesamtorganisation nichts zu tun haben, als blind den Befehlen ihrer Parteiobersten zu gehorchen. Die alljährlich stattfindenden Kongresse haben den Zweck, den Zusammenhang der Gesamtorganisation lebendig zu erhalten, und namentlich auch die Einheitlichkeit der Führung, die gleichbedeutend mit der russischen Hegemonie ist, dauernd sicher zu stellen. Die Bedeutung der Kongresse liegt in der Hauptsache darin, daß die radikalsten Sozialisten aus aller Herren Länder periodisch zusammen kommen und immer wieder neu mit dem Moskauer Geist angefüllt werden. So gliedert sich die „Dritte Internationale" voll und ganz in das Gefüge des russischen Bolschewismus ein und dient in hervorragendem Maße auch den besondern russischen Zwecken und Bestrebungen.

Die Arbeit der „Dritten Internationale" in den einzelnen Ländern vollzieht sich mit geringen, durch die Landesverhältnisse geforderten

Abweichungen ganz nach den einheitlichen Moskauer Grundsätzen. Um diese kennen zu lernen, genügt es daher, die Taktik und das Verfahren der Kommunistischen Partei Deutschlands etwas in Kürze zu betrachten. Die **Kommunistische Partei Deutschlands** ist nichts anderes als ein Glied, eine Sektion der „Dritten Internationale". Ihre Tätigkeit ist daher das Spiegelbild der Bestrebungen und des taktischen Vorgehens der russischen Gewalthaber. Die russischen Agitatoren, vor allem russische Juden, hatten bereits im Jahre 1918 bei der deutschen Revolution die Hand im Spiele. Es ist heute tief beschämend, feststellen zu müssen, daß die deutsche Revolution wesentlich von russischen Ideen beeinflußt und geleitet wurde, und daß der deutsche Arbeiter vielfach nichts anderes war als der mißbrauchte Handlanger für russische, bolschewistische Ideen und Bestrebungen. Kurt Eisner, selbst ostjüdischer Herkunft, ist bei den russischen Bolschewisten in die Schule gegangen. Seine Neuerungen verraten deutlich die russische Quelle. Die Soldaten-, Arbeiter- und Bauernräte waren russische Kinder; sie wurden in Rußland die Träger der Revolution und die Grundlage des russischen Staatsaufbaues, der Sowjetrepubliken. Der Rätegedanke wurde nach Deutschland verpflanzt und hat in Deutschland, speziell in Bayern, zum Teil geradezu verheerende Wirkungen angerichtet. Es ist unerhört, was Eisner damals an russischen Ideen dem bayrischen Volke vorzusetzen wagen durfte. Seine Richtlinien für die Arbeiterräte sind ein trauriges Beispiel hierfür. Die Arbeiterräte sollen nach Eisnerscher Auffassung die Massen des Proletariats unmittelbar zur politischen Mitarbeit heranziehen. Sie sollen nicht nach dem Muster des bürgerlichen Parlamentarismus Pflanzschulen persönlicher Eitelkeit, Streberei und Geschäftsmacherei sein, auch nicht dem Redebedürfnis des einzelnen dienen, sondern zum schaffenden Dienst an der Gesamtheit erziehen. Sie sollen der Ort sein, wo alle Wünsche und Beschwerden der proletarischen Massen ständig zum Ausdrucke kommen. Die Arbeiterräte bilden nach Eisner die revolutionäre Grundlage des neuen Regierungssystems bis zur endgültigen Regelung durch die Nationalversammlung. Ihnen sollte das Kontrollrecht über alle Einrichtungen und Angelegenheiten des Bezirkes zustehen. Die Staats- und Gemeindeorgane sollten sich nicht weigern dürfen, den Arbeiterräten alle gewünschten Auskünfte zu erteilen. Falls örtliche Arbeiterräte durch Staats- oder Gemeindeorgane in ihrer Tätigkeit gehemmt werden, sollen sie Anträge auf Absetzung von Beamten und Einsetzung neuer Beamten an die Zentralregierung der Revolution richten, die dann gemeinsam mit den Arbeiterräten endgültig entscheidet. Sie sollen die Aufsichts- und Beschwerdeinstanz für die Arbeitsverhältnisse des Bezirks bilden und bei Erklärung des Revolutionszustandes durch die Zentralregierung mit den Soldaten- und Bauernräten sofort alle notwendigen Maßnahmen ergreifen, die zur Erhaltung und Sicherung der revolutionären Regierung erforderlich sind.

Es hat schwere Mühe gekostet, diese beabsichtigte förmliche Organisation des russischen Terrors einigermaßen zu mildern und auf ein halbwegs erträgliches Maß zurückzuführen. Die darauf ergangenen Verordnungen über die Soldaten-, Arbeiter- und Bauernräte sind aber noch schlimm genug ausgefallen. Mit Schrecken denkt die Münchner Bevölkerung heute noch an die Auswirkungen des russischen Bolschewismus in den ersten Monaten des Jahres 1919, an die damaligen Rätewirren, an die Sozialisierungsbestrebungen, an die Belagerung und Entsetzung Münchens, an den grauenhaften Geiselmord, welchen Bestien in Menschengestalt nach russischen Methoden an wehrlosen Bürgern vollführten. Ähnliche Erfahrungen und Beobachtungen konnte man bei dem Ruhraufstand und bei den mitteldeutschen Aufstandsbewegungen machen. Überall begegnete man schon damals dem verderblichen Einfluß verbrecherischer russischer Sendlinge oder im russischen Solde tätiger Agitatoren, die allenthalben die verzweifelte Bevölkerung aufhetzten, die revolutionäre Gesinnung schürten, und wenn es für sie selbst gefährlich zu werden begann, sich feige zurückzogen, um von der Bildfläche zu verschwinden. Und wenn man die Tätigkeit der deutschen Kommunisten in den folgenden Jahren etwas genauer betrachtet, so kann man die verhängnisvolle Wirkung des Bundes der „Dritten Internationale", deren Grundsätze die deutschen Kommunisten in blindem, sklavischem Gehorsam gegen einen halbasiatischen, verbrecherischen Despotismus wie Schulknaben auszuführen sich bemühen, auf Schritt und Tritt beobachten.

Da die offene kommunistische Tätigkeit in Wort und Schrift mit der wachsenden Erkenntnis der bolschewistischen Gefahr immer mehr durch Verbote und Beschränkungen gehemmt wurde, wird seit längerer Zeit die Hauptkraft auf die geheime Wühlarbeit verlegt. Unter allen Umständen suchte man die Verbindung mit den proletarischen Massen aufrecht zu erhalten. Im Laufe des Jahres 1923 wurde deshalb von der Zentralleitung die Schaffung besonderer Betriebszeitungen empfohlen. Solche Zeitungen schienen der Leitung schon deshalb notwendig, weil die proletarischen Massen bei dem häufigen Verbot kommunistischer Zeitungen sonst zu sehr Gefahr laufen, aus gegnerischen Blättern ihre Informationen zu beziehen. Die Betriebszeitungen sollten wenigstens ein paar Mal in der Woche in den Betrieben angeschlagen werden. Auch auf die erstarkende „faschistische Bewegung" wurde hingewiesen. Ihr sollte ein besonderes Augenmerk zugewendet werden. Man sah in ihr die willkommene Gelegenheit, zur Bildung von Abwehrformationen aufzufordern, die dann selbstverständlich allgemein in den Dienst des proletarischen Klassenkampfes gestellt werden sollten. Als innerhalb der kommunistischen Bewegung Deutschlands gewisse Widerstände sich zeigten, die eine Schwächung ihrer Stoßkraft oder gar eine Zersplitterung befürchten ließen, da war die russische Zentralleitung rasch wieder bei der Hand, um die Wogen zu glätten und der Moskauer Richtung die unbestrittene Oberhand zu sichern. Die Frühjahrswahlen zum deutschen Reichstage haben denn auch mit einem starken Erfolge der Kommunisten geendet.

Die drei wichtigsten Sektionen der „Komintern“, die russische, die deutsche und die französische, hatten bis um die Mitte des Jahres 1924 bedeutende Erfolge zu verzeichnen. Im Vordergrunde des Interesses stehen seitdem die Verhinderung der Durchführung des Dawesgutachtens, die Bekämpfung des Versailler Vertrags, der vom Standpunkte der kommunistischen Zentrale als eine Stabilisierung und Stärkung des Ententekapitalismus erscheint, die Mobilisierung der Massen gegen die Isolierung und Einkreisung Rußlands, vor allem aber immer wieder die großzügige Organisierung der proletarischen Revolution in den hierfür geeigneten Ländern Europas. Als wichtigstes Arbeitsgebiet kommt Deutschland in Betracht. Hier wird nach genau geregelten, bewährten Methoden gearbeitet. Bei der Organisationsarbeit und bei dem taktischen Vorgehen gegen die feindlichen Mächte sollen die Erfahrungen der Vergangenheit beachtet werden. Die bei den Parteimitgliedern im Hinblick auf den geringen Erfolg und die persönlichen Folgen für die Teilnehmer nicht sehr beliebten kleineren Teilkämpfe sollen eine Einschränkung erfahren. Faschistische Kundgebungen sollen deshalb nur durch bewaffnete Stoßtruppen, die auch über Handgranaten verfügen, angegriffen werden. Dagegen sollen kommunistische Gegenkundgebungen in Form von „Roten Tagen“ und „Kommunistischen Fahnenweihen“ veranstaltet werden. Die strengste Schweigepflicht bezüglich der Parteieinrichtungen und Parteibefehle wurde neuerdings eingeschärft. Auch bei behördlichen Vernehmungen soll die Auskunft hierüber verweigert werden. Es sei die wichtigste Aufgabe der K.P.D, ein paar Millionen Proletarier zur bewaffneten Auseinandersetzung mit der Bourgeoisie zu erziehen und bald zur Aktion zu bringen. Zu diesem Zwecke müsse, wie bei einem wirklichen Kriege, zunächst für eine Kriegsstimmung, für eine Kriegspsychose gesorgt werden. Die Massen sollen aufgefordert werden, sich auf jede Weise Waffen zu beschaffen, Handgranaten anzufertigen, kurz, alle Gewaltmittel zur Durchführung des bewaffneten Aufstandes bereitzuhalten. Jede Lohn- und Streikbewegung solle unterstützt, jeder gewaltmäßige Eingriff in die Eigentumsordnung gefördert und politisch ausgenützt werden. Dabei werden die Erwerbslosen als besonders wertvolle Mitkämpfer empfohlen. Mit allen legalen und illegalen Mitteln solle die Idee des bewaffneten Aufruhrs und des organisierten Terrors gegen den Kapitalismus und den bürgerlichen Klassenstaat lebendig erhalten, und wirksam weiter verbreitet werden. Bei der illegalen Tätigkeit, also bei der eigentlichen geheimen Minierarbeit, soll die straffste Disziplin beobachtet werden. Alle gefährdeten Parteifunktionäre sollen neben ihrer ordentlichen Wohnung außerordentliche geheime Unterkunftsmöglichkeiten besitzen. Für ihr Verhalten im einzelnen bestehen genaue Verhaltungsmaßregeln. Die Unterbringung der Geschäftsstellen soll nach bestimmten Anweisungen der Zentrale erfolgen. Der Kurierdienst ist genau geregelt. Die Treffpunkte, die Kennworte, Abzeichen und sonstige geheime Erkennungszeichen für die Vertrauensleute sind sorgfältig festgelegt. Selbst für das Verhalten in den Versammlungsräumen, den Verkehr mit fremden Leuten, die Kleidung und das gesellschaftliche Auftreten bestehen Richtlinien. Die Zusammenkunftsräume müssen bestimmten Anforderungen entsprechen. Speisen und Getränke sollen jeweils sofort bezahlt werden, damit im Falle der Gefahr sofort das Feld geräumt werden kann. Die Teilnehmer an geheimen Besprechungen sollen kein geheimes Material und auch keine Waffe bei sich tragen. Wer aber gleichwohl eine Waffe bei sich führt, hat von ihr gegebenen Falles auch Gebrauch zu machen. Politisches Material soll in den legalen Geschäftsräumen nicht aufliegen.

Den wichtigsten Bestandteil der kommunistischen Geheimorganisation bilden die militärisch organisierten kommunistischen Kampfverbände, die man gewöhnlich als die „Roten Hundertschaften" bezeichnet. Ihre Grundlage bildet der kommunistische Ordnungsdienst. Diesem militärischen Bestandteil des Kommunismus wird daher auch die größte Aufmerksamkeit zugewendet. Mit den „Roten Hundertschaften" steht und fällt das ganze Gebäude des politischen Kommunismus, steht und fällt die Hoffnung der proletarischen Massen auf den Enderfolg. Der kommunistische Ordnungsdienst ist entweder Parteiordnungsdienst oder Jugendordnungsdienst. Dem Jugendordnungsdienst obliegt die Aufgabe der militärischen Ausbildung der waffenfähigen Mitglieder der kommunistischen Jugend schon vom 16. Lebensjahre ab. Der „Rote Frontkämpferbund" und der „Rote Jungsturm" scheinen die wichtigsten Bestandteile des Ordnungsdienstes zu sein. Das Ziel der militärischen Ausbildung ist die Ertüchtigung der Jugend in allen ·Teilen des Waffenhandwerks für die Durchführung des Bürgerkriegs. Selbst Mädchen werden durch Ausbildung im Erkundungs- und Nachrichtendienst zur Unterstützung militärischer Aufgaben herangezogen. Die militärische Organisation der Partei umfaßt die Bildung der Partei- und Betriebshundertschaften, die Schaffung der Cadres für die großen militärischen Formationen, die Bildung von Sonderabteilungen für Sonderaufgaben zur Verwirklichung der Bewaffnung des Proletariats, die ihrerseits als die unerläßlichste Voraussetzung des Sieges der Arbeiterklasse, der Diktatur des Proletariats, erscheint.

Besondern Wert wird auf die Vervollkommnung des Nachrichten-
dienstes gelegt. Da die Propaganda mit gedruckten Schriften und
Blättern immer schwieriger sich gestaltet, wird auf die Anwendung
neuer Formen und Methoden, auf die Herstellung und Verwendung
handschriftlicher Plakate, auf die Kreide- und Farbenpropaganda u. a.
hingewiesen. Besonders wirksam und für die derzeitigen gesellschaftlichen Auffassungen und Einrichtungen verderblich ist die Organisation der kommunistischen Jugend. Die Wanderungen und Ausflüge
der kommunistischen Jugend dienen nicht nur kommunistisch-militäri-
schen Zwecken, sondern vor allem auch der Erziehung der heranwachsenden Knaben und Mädchen zu revolutionärer kommunistischer
Gesinnung. Was bei diesen Gelegenheiten an kommunistischer „Aufklärung“, an Hetze gegen Sitte, Religion, Kirche, Familie, Gesellschaft, Staat und Vaterland geleistet wird, ist haarsträubend. Selbst
die Kinder sind vor der kommunistischen Agitation nicht sicher. In
den Schulen sollen kommunistische „Zellen“ organisiert werden, die auf
die Gründung von kommunistischen Schulvereinen hinzuwirken haben.
Schließlich wird auch die Wohltätigkeit in den Dienst der kommuni-
schen Propaganda gestellt. Die „Rote Hilfe“ und die „Internationale
Arbeiterhilfe“ stellten sich als von Moskau unterstützte Wohltätigkeits-
einrichtungen heraus, in denen ausgesprochene kommunistische Propaganda getrieben wurde. In einzelnen Großstädten, so namentlich in
Berlin, hat die kommunistische Internationale besondere Propaganda-
einrichtungen für den Bolschewismus getroffen. In Berlin besteht seit
kurzem die „Gesellschaft der Freunde des neuen Rußland in Deutschland“, die nichts anderes ist als eine bolschewistische Propagandastelle,
die mit der kommunistischen Internationale in Verbindung steht und
die herrschenden Vorurteile gegen Sowjetrußland bekämpfen soll. Selbst
die in Rußland so gefürchtete und berüchtigte Einrichtung der „Tscheka“
ist nach Deutschland übertragen worden. Der Attentatsplan gegen
General v. Seeckt, wie er vor kurzem in einem Gerichtsverfahren auf-
gedeckt wurde, liefert einen traurigen Beweis für diese Tatsache. Es
sind Anhaltspunkte dafür vorhanden, daß die K. P. D. sich alle Mühe
gibt, in den Besitz von Lichtbildern gegnerischer politischer Persönlichkeiten zu gelangen, und daß der kommunistische Nachrichtendienst
mit bestimmten terroristischen Gruppen in Verbindung steht. Taktik
und Methode der kommunistischen Zentrale sind so radikal, daß selbst
in kommunistischen Kreisen Deutschlands eine gewisse Abneigung dagegen hervortritt. Die parlamentarische Radautaktik wird auch von
kommunistischen Wählern, die eine sachliche Vertretung der Interessen
des Proletariats verlangen, nicht immer gebilligt. Die Organisation
der Betriebszellen wird in weiten kommunistischen Kreisen kritisiert,
da sie die Gefahr der Entlassung beteiligter Parteigenossen mit sich

bringe. Die Militarisierung der Partei wird von manchen kommunistischen Kreisen nicht ernst genommen. Trotz alledem kann aber die Größe der kommunistischen Gefahr nicht hoch genug veranschlagt werden. Die Reichsregierung hat der bolschewistischen Propaganda in Deutschland, zumal in Berlin, wo sie selbst von offiziellen Vertretern Rußlands planmäßig betrieben wurde, anscheinend viel zu viel Freiheit gelassen. Die planmäßige unterirdische Arbeit der kommunistischen Internationale, die sich immer kecker hervorwagt, muß auch planmäßig mit allen polizeilichen, politischen, wirtschaftlichen und kulturellen Mitteln bekämpft werden. Denn der Bolschewismus ist die einzige wirkliche, jedenfalls die größte Gefahr für den Fortbestand der Kultur des Abendlandes.

Außer den angeführten drei internationalen Organisationen, die unter den Namen Erste, Zweite, Dritte Internationale bekannt geworden sind, ist noch eine weitere internationale Vereinigung zu erwähnen, der man scherzhaft die Bezeichnung „Internationale $2^1/_2$" beigelegt hat. Sie wurde im Jahre 1920 in Wien unter besonderer Mitwirkung von Fritz Adler gegründet und erstreckt sich auf die deutschen und die österreichischen Sozialdemokraten, die französische sozialistische Partei, die englische Independent Labour Party, die schweizerische und die deutschtschechische Sozialdemokratie. Sie nimmt eine Mittelstellung zwischen „opportunistischem Reformismus und der Moskauer Zwangsherrschaft" ein. Ihre Bestrebungen, weitere an der Zweiten Internationale beteiligte Kreise zu gemeinsamer Arbeit heranzuziehen, sind bisher ohne Erfolg geblieben.

Vgl. Eichhoff, Die internationale Arbeiter-Assoziation, Berlin 1868; O. Testut, Die Internationale, ihr Wesen und ihre Bestrebungen, Leipzig 1872; M. Busch, Zur Geschichte der Internationale, ebd. 1872; V. Adler, Die Erneuerung der Internationale, Wien 1918; L. Trotzki, Der Krieg und die Internationale, Berlin 1919; H. Stoecker, Die proletarische Internationale, ebd. 1919; K. Radek, Leitsätze und Statuten der kommunistischen Internationale, 1920; Ders., Der Weg der kommunistischen Internationale, Hamburg 1920; G. Sinowjew, Die Taktik der kommunistischen Internationale, ebd. 1921.

XXVII. Die Bolschewisten.

Der Bolschewismus ist zunächst eine Theorie, der Kommunismus russischer Prägung, die soziale und wirtschaftliche Heilslehre der gegenwärtigen kommunistischen Machthaber Rußlands. Der Bolschewismus ist aber nicht Programm geblieben, er ist Wirklichkeit, blutige Wirklichkeit geworden. Der Inhalt hat Form gewonnen. Die russische Sowjetrepublik stellt die Erscheinungsform, die Verfassung, das äußere

Gewand dar, in dem der Bolschewismus einherschreitet und seine furchtbaren Methoden zur Anwendung bringt. So hat man beim Bolschewismus dreierlei zu unterscheiden: die Lehre, die Verfassung, die Methode. All das ist in Rußland nunmehr längst aus einem geheimnisvollen unterirdischen Streben offene Politik, offene Anwendung geworden. Es bestände daher keine zwingende Veranlassung, an diesem Orte auf den Bolschewismus noch weiter einzugehen, und zwar um so weniger, als in dem Kapitel von der Dritten Internationale mit der Schilderung der kommunistischen Grundsätze und Methoden auch der in der Dritten Internationale lebende und wirkende russische Kommunismus, d. h. der Bolschewismus, bereits gekennzeichnet wurde. Bei dieser Schilderung ist aber die grundsätzliche und die verfassungsmäßige Seite des russischen Bolschewismus sowie das Verfahren seiner Durchführung doch etwas zu kurz gekommen. Um nicht den Eindruck zu erwecken, als ob der Bolschewismus gerade nach der schrecklichsten Seite seiner Wirklichkeit den Lesern vorenthalten werden solle, mögen hier noch einige kurze Ausführungen über die Theorie und Praxis des Bolschewismus Platz finden, die in der fortlaufenden Schilderung der Bestrebungen und Entwicklungsgänge des internationalen Zusammenschlusses des klassenbewußten Proletariats nicht gut unterzubringen waren, ohne den laufenden Zusammenhang zu stören.

Der Wortbegriff B o l s c h e w i s m u s hat zunächst nur eine geschichtliche, keine sachliche Bedeutung. Nachdem Plechanow im Jahre 1883 unter den russischen Emigranten die sozialistische Partei auf der Grundlage der marxistischen Lehre nach deutschem Muster eingeführt und in den folgenden Jahren in dieser Form auch erfolgreich auf russischen Boden verpflanzt hatte, trat auf dem Londoner Kongresse 1903 eine Spaltung der russischen Sozialdemokratie hervor, die sich nicht auf die Lehre und das Ziel, sondern ausschließlich auf die Organisation und die Taktik bezog. Die eine Gruppe, unter Führung von Lenin, trat für straffe, zentralistische Zusammenfassung und für eine terroristische Kampfesweise ein, die andere Gruppe unter Martow redete einem föderalistischen Aufbau der Parteiorganisation, einer gewissen Selbständigkeit der provinziellen Unterverbände das Wort und lehnte die Anwendung des Terrors ab. Lenin mit seiner Gruppe blieb in der Mehrheit. Der Kampfkommunismus trat von diesem Augenblick an seine Vorherrschaft in Rußland an. Seit dieser Abstimmung wurden die Anhänger Lenins „Bolschewiki", die Anhänger Martows „Menschewiki" genannt (von den russischen Stämmen bolsche = mehr und mensche = weniger hergeleitet). Bolschewiki bedeutet daher soviel wie Mehrheitsanhänger, Mehrheitler, Menschewiki soviel wie Minderheitsanhänger, Minderheitler. Mit einem weitergehenden oder enger begrenzten sachlichen Programm, mit einem Maximal- und Minimalprogramm, haben die Bezeichnungen nicht das mindeste zu tun. Bolschewisten sind nun die Anhänger der

von den russischen Bolschewiki vertretenen Richtung innerhalb des
Sozialismus, die nunmehr nicht bloß in Rußland, sondern in allen Ländern zu finden sind. Der Bolschewismus erhebt den Anspruch, der
alleinige wahre Hüter der marxistischen Lehre zu sein. Die gemäßigten
Sozialisten, vor allem auch die deutschen Sozialdemokraten, haben nach
seiner Ansicht die marxistischen Grundsätze verfälscht. Nur der Bolschewismus ist im Besitze des reinen unverfälschten marxistischen Evangeliums. Er trägt aber ein durchaus national-russisches Gepräge. Der
russische Nihilismus und Anarchismus ist nicht ohne Einfluß auf den Bolschewismus geblieben. Auch der Bolschewismus ist in erster Linie und
vorwiegend ein System der Negation, die Verneinung des bestehenden
Staates, der Demokratie, des Parlamentarismus. Er verneint aber auch die
Religion, den Glauben an Gott und ist daher nicht nur kirchenfeindlich,
sondern gott- und religionsfeindlich eingestellt. Während der Anarchismus den Staat überhaupt dauernd beseitigt, vernichtet, ausgerottet
wissen will, zeigt der Bolschewismus das Bestreben, auf dem Wege der
Diktatur, also des schärfsten Zentralismus, alle Machtmittel in den
Händen des Proletariats zu vereinigen und mit Hilfe des Proletariats
die bestehende Staats- und Gesellschaftsordnung zu zerschlagen, um
den alten Staat langsam absterben und den kommunistischen Staat erstehen zu lassen. Der Bolschewismus ist aber wie der Anarchismus
aus einer oppositionellen, revolutionären Gesinnung, aus dem Widerspruche gegen den russischen Absolutismus hervorgegangen und teilt
mit dem Anarchismus durchaus die unterirdische, verschwörermäßige
Art und Methode der Verwirklichung seiner Grundsätze auf dem Wege
hinterlistiger, verbrecherischer Gewalt. Für den russischen Bolschewismus war vor allem auch die Gliederung der russischen Gesellschaft, der
Stand der sozialen und wirtschaftlichen Verhältnisse des Landes mitbestimmend. Rußland war und ist heute noch ein ausgesprochenes Agrarland,
dessen Grundbesitzverteilung vor allem die Unzufriedenheit der eigentlichen bäuerlichen Kreise seit langem erweckt hatte. Die Arbeiterschaft machte nur einen kleinen Bruchteil der Bevölkerung aus. Der
Bauer war aber schwerfällig, unbeweglich, stumpfsinnig und konnte
sich von sich aus nicht zu hartnäckigem, organisiertem Widerstande,
noch weniger zu einem planmäßigen Angriff auf die ihn bedrückende
Ordnung der Dinge entschließen; hieran hinderte ihn schon seine religiöse Einstellung, die in dem Zaren nicht nur den von Gott gesetzten
Träger der staatlichen Ordnung, sondern auch den obersten Hüter der
Religion und der göttlichen Gesetze erblickte. Die industrielle Arbeiterschaft war ganz anders geartet. Ihre Lage war drückender, ihre Sehnsucht nach einer Änderung der Verhältnisse größer, ihr religiöser
Glauben durch freigeistige Aufklärung im Sinne der westlichen Philosophie erschüttert, ihr Widerspruch gegen den Zarismus stärker und

jederzeit bereit, in offene Auflehnung auszuarten. Die an wenigen Punkten des Landes konzentrierte Arbeiterschaft wurde durch ihre Führer belehrt, daß nicht einer Mehrheit, sondern einer aktiven Minderheit die Aufgabe zufalle, die schwerfällige Masse der Mehrheit aufzurütteln und zur Tat fortzureißen.

Im Jahre 1905 ist das Proletariat in Rußland zum ersten Mal dieser Lehre gefolgt. Die Revolution von 1905, die mit der berühmten Petition der Petersburger Arbeiter unter Führung des Popen Gapon eingeleitet wurde, in dem sog. Blutsonntag (22. Januar 1905) ihren ersten furchtbaren Ausdruck fand und in Massenkundgebungen, Generalstreiks, Aufständen, Barrikaden, Gewalttaten aller Art in ganz Rußland, vor allem aber in Petersburg fortgesetzt wurde, blieb auf halbem Wege stecken. In den Zeiten des Höhepunktes der revolutionären Bewegung (Oktober bis Dezember 1905) stützte sich das Proletariat vor allem auf den Arbeiter-Delegiertenrat, der eine Repräsentation der Arbeiterschaft der großen industriellen Betriebe darstellte und als der Vorläufer des später zu so großer Ausgestaltung gebrachten Rätesystems zu gelten hat. Den Revolutionären gelang es auch, die Bauernschaft in die Bewegung hineinzureißen. Namentlich in Südrußland, vor allem im Gouvernement Saratow ist es zu sehr erheblichen Ausschreitungen der Bauernschaft, zur Niederbrennung einer großen Zahl von Gutshöfen und zu andern Gewalttaten gekommen. Die Regierung behielt aber schließlich doch die Oberhand. Die Revolution wurde niedergeschlagen, der Petersburger Arbeiter-Delegiertenrat ausgehoben und verhaftet. Das positive Ergebnis der Revolution bestand in dem Erlasse eines Wahlgesetzes, in der Schaffung der Duma und in der Bewilligung einer Agrarreform. Die Reformen waren aber nicht durchgreifend genug. Bereits bei der Revolution vom Jahre 1905 hat Trotzki, der nachmalige Volksbeauftragte für das bolschewistische Heerwesen, eine Rolle gespielt. Auch damals traten die Bolschewiki insofern in einen stärkeren Gegensatz zu den Menschewiki, als sie den Übergang zur sozialen Revolution verlangten, während die Menschewiki sich vorerst mit politischen Zugeständnissen begnügen wollten. Es kam aber zu keiner reinlichen Scheidung zwischen den beiden Richtungen; die Bolschewiki bildeten keine eigene Partei, sondern blieben der linke Flügel der russischen Sozialdemokratie.

Bei Ausbruch des Krieges nahmen die Bolschewisten einen pazifistischen Standpunkt ein. Lenin begab sich in die Schweiz und vertrat von dort aus die pazifistische Auffassung, während auch in Rußland selbst eine immer stärkere pazifistische Propaganda sich geltend machte. Mit der Rückkehr Lenins gewann diese Propaganda an Ausdehnung und Wirkung. Lenin forderte sofortigen Friedensschluß, Landaufteilung und Nationalisierung der Fabrikbetriebe. Die Menschewiki und die Sozialrevolutionäre wollten den Krieg fortführen und die von den Bolschewiki geforderten Reformen bis nach dem Friedensschlusse vertagen. Das radikale Programm siegte. Die Bolschewiki erlangten die Mehrheit im Petersburger Arbeiter- und Soldatenrat und führten am 8. November 1917 den Umsturz durch. Damit kam der Bolschewismus in Rußland auch formell zur Herrschaft.

Der Bolschewismus erstrebt die Aufrichtung und Befestigung der Diktatur des Proletariats in politischer, wirtschaftlicher und kultureller Beziehung. Der Staat ist nach marxistischer Lehre eine Einrichtung der Gewalt, ein Instrument, mit dem die bürgerliche Klasse die Arbeiterklasse gewaltmäßig niederhält. Auch der proletarische Staat will nichts anderes sein; auch er ist nach der Lehre des Bolschewismus eine Organisation der herrschenden Klasse und eine Organisation der Gewalt; nur sind im proletarischen Staate nicht die Bourgeois, sondern die Proletarier die Herrscher. In dieser Auffassung tritt die materialistisch-egoistische Einstellung des Bolschewismus in geradezu zynischer Form hervor. Der Sozialismus ist also in Wirklichkeit nicht auf das Interesse der Allgemeinheit, des Ganzen, sondern nur auf die Vorherrschaft, auf den Vorteil einer Klasse gerichtet. Er folgt damit den gleichen Grundsätzen, die er dem bürgerlichen Staate fälschlich zuschreibt und an ihm so strenge tadelt. Soll das Proletariat zur Herrschaft kommen, so gilt es vor allem, den bügerlichen Staat zu zerschlagen. Bezüglich des bürgerlichen Staates kennt der Bolschewismus nur die eine Pflicht, „ihn in die Luft zu sprengen, diesen räuberischen Verband zu zerstören". Zu diesem Behufe muß das bürgerliche Heer entwaffnet, das Proletariat bewaffnet, das Beamtentum zum unterwürfigen Werkzeug des bewaffneten Proletariats herabgedrückt werden. Nur auf diese Weise kann dem Bürgertum, kann dem Kapitalismus das Rückgrat endgültig gebrochen werden. Dem Bürgertum dürfen keinerlei Rechte, keinerlei Freiheiten eingeräumt werden, alle Rechte liegen ausschließlich bei dem organisierten Proletariat. Jeder Versuch, den proletarischen Staat zu bekämpfen oder gar zu stürzen, muß mit brutalster Gewalt im Keime erstickt werden. Mit eiserner Disziplin muß aber auch die äußere Organisation des Bolschewismus zusammengehalten werden. Auch hier gilt Diktatur, der Befehl der obersten Gewalthaber, dem alle Organe blind zu gehorchen haben. Wer widerspricht oder gar entgegenarbeitet, hat die Furchtbarkeit der kommunistischen Disziplin zu fühlen. Nur mit brutalster Gewaltherrschaft, auch den eigenen Gesinnungsgenossen gegenüber, kann sich der Bolschewismus, wie seine Vertreter genau wissen, an der Macht erhalten.

Nach diesen Grundsätzen hat der Bolschewismus jederzeit auch konsequent gehandelt. „Die Revolution diskutiert nicht mit ihren Feinden, sie zerschmettert sie." Auf diese Weise hat der Bolschewismus in wenigen Jahren Rußland, das weltumspannende, von der Natur zum großen Teile geradezu verschwenderisch ausgestattete Heilige Rußland in ein Meer von Blut und Tränen, in ein Tal des Jammers und des Hungers, in einen Friedhof, eine Wüste verwandelt. Die Wut der Bolschewisten richtete sich vor allem gegen die bürgerliche Oberschicht, weniger gegen die Bauern. Die ländliche Bevölkerung sollte gewonnen werden nicht aus fürsorglicher Liebe, sondern aus der nüchternen und eigennützigen Erwägung, daß im Kampfe gegen die Hauptmasse des Volkes, gegen die bäuerliche Bevölkerung, der auf eine kleine Minderheit sich stützende Bolschewismus nichts zu seinem eigenen Vorteile ausrichten könne.

Mit geradezu infernalischem Hasse und mit ausgesuchter Frivolität und Roheit wendet sich der Bolschewismus gegen alles, was an Gott, an Religion, an Glauben, an Kirche, an Priester erinnert. Selbst die Schrecken der Inquisition verblassen vor dem Fanatismus des Bolschewismus und seiner diabolischen Auswirkung. Die Inquisition in den grausamsten Formen war noch „eine Unduldsamkeit im Namen eines positiven religiösen Ideals". Der Bolschewismus kann „keinerlei Rechtfertigung des Glaubens" für sich anführen. Er ist „Inquisition ohne Glauben, religiöse Gleichgültigkeit ohne Duldsamkeit und Güte". P. Struve (Die Erstürmung des Himmels, Berlin 1924) bezeichnet den Bolschewismus als eine „Religion, die völlig frei von Glauben ist, und als einen Unglauben, getragen von denkbar größtem Fanatismus und durchtränkt von größter Unduldsamkeit". Der kommunistische Atheismus läßt sich weder mit dem Heidentum und dessen Bekämpfung des Christentums noch mit einer andern Ablehnung des Christentums oder der Religion überhaupt vergleichen. Er steht in dieser Beziehung einzigartig in der ganzen Weltgeschichte da. „Die antireligiöse Arbeit der Sowjetregierung ist ein prinzipieller und konsequenter Kampf gegen Gott und den Glauben im Namen einer bis zum Zynismus durchgeführten Vergötterung des Menschen" (vgl. P. Struve a. a. O. S. 9). Der Bolschewismus erblickt in der Religion ein Haupthindernis für die Ausbreitung seiner Lehre und seiner Methoden und macht daher alle Anstrengungen, die Gegenmacht der Religion mit allen Mitteln der Lüge, Verleumdung und Gewalt mit Stumpf und Stiel auszurotten. „Auch dem Blinden wird es klar, bis zu welchem Grade ein entschlossener Kampf gegen die Pfaffen notwendig ist, ob er sich auch Pastor oder Abbé, Rabbiner oder Patriarch, Mullah oder Papst nennt. Und ebenso unvermeidlich muß in einem gewissen Stadium dieser Kampf sich in einen Kampf gegen Gott entfalten, ob er nun Jehova, Jesu, Buddha oder Allah heißt" (vgl. J. Stepanow, Die Aufgaben und Methoden der antireligiösen Propaganda, Moskau 1923). Der Glaube an Gott ist nach bolschewistischer Anschauung nichts als „die Reflexion widerlicher irdischer Beziehungen", der Glaube an die

Sklaverei". Die Losung des Bolschewismus lautet: „Fort mit dem Unkraut der Religion, die Opium für das Volk bedeutet." „Gott und die Priester sind dem Werktätigen ebenso notwendig wie die Ketten einem freigewordenen Sklaven." Die Kirche ist dem Bolschewisten nichts anderes als ein Instrument der Herrschaft der obern Schichten über das Proletariat. „Das Proletariat ist der geborene Atheist. Das genügt aber nicht. Nicht zu glauben, ist zu wenig. Gegen jedes Übel muß man kämpfen, und jeder Arbeiter muß ein Agitator und Propagandist gegen die kirchliche Vergewaltigung der Bourgeoisie sein" (vgl. P. Struve a. a. O. S. 15). Hieraus wird gefolgert, daß der Bolschewismus seine Aufgabe nicht darin erblicken kann, die Kirche zu erneuern, sondern jede Kirche und jede Religion überhaupt zu vernichten. Die Religion ist die „letzte Schutzwehr der Bourgeoisie, die um jeden Preis zerstört werden muß.... Alle Religionen, alle Götter sind das gleiche Gift, das trunken macht und den Verstand und das Bewußtsein einschläfert — ihnen allen schonungslosen Kampf.... Der Altar und der Polizeiraum sind zwei Abteilungen eines und desselben Departements zur Bändigung der Werktätigen und Unterdrückten." Diese Grundsätze haben die Bolschewisten skrupellos auch in die Tat umzusetzen versucht. Was bei der Nationalisierung des Kirchengutes und bei der Verfolgung der russischen Geistlichkeit an Frivolität, Gotteslästerung und sittlicher Verkommenheit von den Bolschewisten geleistet wurde, übersteigt alle Begriffe. Die Kirchen wurden nicht nur aus Geldgier beraubt und geplündert, sie wurden in zahlreichen Fällen auch entweiht und in der gemeinsten Weise besudelt. Es ist vorgekommen, daß Bolschewisten bedeckten Hauptes mit Dirnen durch die Kirche zogen, dabei furchtbare Lästerungen aussprachen, den Altar umwarfen und das Bild des Gekreuzigten mit einem Bajonett durchstießen. Dem Bilde des Erlösers wurden die Augen ausgestochen, an Stelle der Heiligenbilder wurden die Namen bolschewistischer Größen angebracht. In priesterlichen Gewändern feierten Bolschewisten zur Verhöhnung der Kirche „Gottesdienste". Im Dongebiet (Mikulinskaja) veranstalteten Bolschewisten in der Kirche die „Trauung eines Priesters mit einer Stute". Nach der Zeremonie wurde der „neuvermählte Priester" zur Hinrichtung abgeführt. Nach Mitteilung des Flüchtlings Dr. Bostunitsch ist es vorgekommen, daß der Vorsteher eines russischen Klosters lebendig in einem Kessel gesotten wurde, daß die Mönche diesem Verfahren beiwohnen mußten und schließlich mit vorgehaltenem Revolver von bolschewistischen Menschen gezwungen wurden, von der gekochten „Suppe" zu essen. Zahlreiche Kirchen wurden geschlossen, viele wurden in Teehäuser, Kasernen, Kinos verwandelt. Viele niedere und höhere Geistliche wurden auf haltlose Denunziationen hin eingesperrt, verbannt, hingerichtet. Den Geistlichen wurden die öffentlichen Rechte aberkannt; sie wurden ihres Einkommens verlustig erklärt und außerdem zu öffentlichen Zwangsarbeiten und zum Dienste in der Roten Armee herangezogen.

Wie die Bolschewisten gegen die höchsten kirchlichen Würdenträger vorgegangen sind, ist aus der Tagespresse noch lebhaft in aller Erinnerung. Der russische Patriarch Tichon, der katholische Erzbischof Cieplak sowie der katholische Prälat Butkewicz wurden unter ganz haltlosen Vorwänden als Gegenrevolutionäre verhaftet. Patriarch Tichon wurde monatelang einer peinlichen Untersuchung unterzogen, obwohl allgemein bekannt war, daß er ängstlich vermied, sich in politische Angelegenheiten einzumischen. Der kommunistische Staatsanwalt Krylenko erklärte während des Verfahrens, daß Tichon als Vertreter der Bedrücker des russischen Volkes nicht geschont werden dürfe. Die Sowjetregierung habe den Kampf gegen die religiösen Vorurteile und den blinden Fanatismus aufgenommen und der Religion, allen Glaubensbekenntnissen ohne Ausnahme, den Krieg erklärt. Das russische Volk müsse von diesem letzten Joche befreit werden. Es wurde eine wüste Agitation unter dem Mob der Bevölkerung eingeleitet und in Versammlungen die Gefahr der kirchlichen „Konterrevolution" in den düstersten Farben geschildert, um Stimmung für die Verurteilung des Patriarchen zu machen und auf die Richter Einfluß zu üben. Ganz Westeuropa nahm an dem Schicksal des unglücklichen Oberhauptes der russischen Kirche Anteil. Es konnte sich aber keine Regierung zu einer offiziellen Intervention entschließen, da man glaubte, eine solche würde eher schaden als nützen. Der Prozeß wurde angesichts der Aufregung der öffentlichen Meinung in der ganzen gesitteten Welt immer weiter hinausgeschoben. Man rechnete trotzdem noch mit einer Aburteilung. In der kommunistischen Presse wurde höhnend bemerkt: „Die Gebete des Patriarchen Tichon sind nicht bis zu Gott dem Herrn gedrungen. Sie wurden von der Staatlichen Politischen Verwaltung abgefangen." Im Juni 1923, nach einer mehr als einjährigen Freiheitsberaubung, wurde der Patriarch plötzlich freigegeben. Dieser Schritt war nicht der Ausdruck der bessern Einsicht in die Unschuld des Angeschuldigten, nicht die Folge von Gewissensbedenken, sondern lediglich politische Taktik, die Angst vor der Macht der öffentlichen Meinung, die Sorge um die Selbsterhaltung. Erzbischof Cieplak und Prälat Butkewicz wurden zum Tode verurteilt. Cieplak wurde zu 10 Jahren strengster Einzelhaft begnadigt, Butkewicz am Karsamstag des Jahres 1923 nachts hingerichtet, d. h. in einem Keller der berüchtigten Tscheka ermordet. Eine amtliche Vorstellung der britischen Regierung zu Gunsten des Prälaten wurde von der Sowjetregierung mit der lakonischen Mitteilung beantwortet, daß das Urteil bereits vollstreckt worden sei. Die Warnung der polnischen Regierung vor Vollstreckung des Urteils wurde von der Sowjetregierung in der schroffsten Form zurückgewiesen.

Der Vernichtungsfanatismus der kommunistischen Blutmenschen wendete sich selbstverständlich in besonderem Maße auch gegen die katholische Kirche und ihre Einrichtungen. Im offiziellen Organ der kommunistischen Partei Rußlands, in der Moskauer „Prawda" vom 31. März 1923, wurde in aller Form die gerichtliche Aburteilung des Papstes gefordert. In einem Artikel der Zeitung heißt es: „Der Gerichtsprozeß gegen Cieplak hat erwiesen, daß der Hauptschuldige des organisierten Widerstandes, den die gegenrevolutionären katholischen Pfaffen gegen die Fortnahme der kirchlichen Wertgegenstände geleistet haben, der römische Papst ist. Er muß dem Gericht des Revolutionstribunals übergeben werden." Und in der Tat haben daraufhin kommunistische Agitatoren in aller Form eine Gerichtssitzung veranstaltet, in welcher der Papst abgeurteilt wurde. Die Anklage wurde von einem Rotarmisten namens Jepifanow vertreten. Das Bedenken, daß der Papst nicht in den Grenzen Rußlands wohne und daß daher ein Urteil gegen ihn nicht vollstreckt werden könne, wurde mit dem Hinweise darauf abgetan, daß Italien früher oder später doch zu einem Sowjetitalien werde, und dann werde sich „Seine Heiligkeit der Papst in einer annähernd ebenso unangenehmen und unbequemen Lage befinden wie sein Kollege Tichon, und der Papst werde natürlich ebenso gegenrevolutionär handeln". Aber selbst das Gericht über den Papst ist in Rußland noch überboten worden. Man ist in Rußland nicht nur gegen den Papst, den Stellvertreter Christi auf Erden, sondern auch gegen unsern Herrgott selbst gerichtlich vorgegangen. Im Klub der Moskauer Garnison hat in Gegenwart von Trotzki und Lunatscharski eine große Versammlung stattgefunden, die den Charakter eines Gerichtshofes trug. Angeklagt war diesmal kein Sozialrevolutionär, sondern ein richtiger Monarch, der liebe Gott selber. Man hielt ihm verschiedene Schandtaten vor, die er begangen habe, und verurteilte ihn, da er kühn genug war, der Ladung vor Gericht keine Folge zu leisten, in contumaciam zum Tode. Rußland ist seitdem offiziell buchstäblich gottlos (vgl. P. Struve a. a. O. S. 157; Berliner Tagblatt Nr. 203 v. 1. Mai 1923). In Rußland findet, wie man sieht, jede Schandtat, jede Frivolität und jede Gemeinheit nicht nur den Beifall eines tausendköpfigen Publikums, sondern auch die freundliche Billigung offizieller Persönlichkeiten.

Wie groß die Zahl der durch die Revolution und die bolschewistische Schreckensherrschaft, durch Mord, Aufstände, Hunger usw. ums Leben gekommenen Personen ist, läßt sich nur annähend schätzen. Im englischen Oberhause hat die Regierung auf eine Anfrage mitgeteilt, daß während der ersten Jahre der bolschewistischen Herrschaft 1223 Geistliche der griechisch-orthodoxen Kirche ermordet worden seien und daß in Rußland durch Hunger, epidemische Krankheiten und durch die praktische Verwirklichung der marxistischen Lehre rund 20 Millionen

Menschen das Leben verloren haben. Der russische Flüchtling Dr. Gregor Bostunitsch hat in einem am 2. März 1925 in München gehaltenen Vortrag mitgeteilt, daß die Sowjetregierung, die sich zwar „Arbeiter- und Bauernregierung" nenne, rund zwei Millionen Menschen habe zu Tode foltern lassen, während der in der Geschichte, namentlich von den Sozialisten, gerne als „Bluthund" gekennzeichnete Zar Nikolaus I. ganze fünf Menschen habe hinrichten lassen. Die bolschewistischen Zeitungen bringen laufende Mitteilungen über die vollzogenen Hinrichtungen; die Sowjetregierung führt eine förmliche Folter- und Mordstatistik. Wie Dr. Bostunitsch mitteilte, haben die bolschewistischen Machthaber bisher nach ihrer eigenen Statistik 28 Bischöfe, 1215 Priester, 6000 Mönche, 55000 aktive Offiziere, 55000 Polizeioffiziere, 350000 Soldaten und Schutzmannschaften, 350000 akademisch gebildete Leute und 500000 Arbeiter und Bauern hingerichtet oder besser gesagt, abgeschlachtet. Jedenfalls steht so viel fest, daß heute die Intelligenz, die bürgerliche Oberschicht in Rußland vernichtet, ausgetilgt ist. Soweit sie sich durch die Flucht retten konnte, lebt sie unter den größten Entbehrungen im Auslande; im Lande selbst ist sie verschwunden. Die außerordentliche Kommission zur Bekämpfung der Gegenrevolution („Tscheka") hat furchtbarste gründliche Arbeit geleistet. Es wirkt geradezu herzzerreißend, wenn man die Schilderungen über die russischen Gefängnisse, über die Mißhandlung und Abschlachtung der unglücklichen politischen Gefangenen liest. Von einem Rechtsverfahren findet man keine Spur; ein paar ungebildete, vertierte jugendliche Verbrecher, die kaum lesen und schreiben können, Menschen ohne Gewissen, ohne Moral, Bestien in Menschengestalt, entscheiden nach Laune und Willkür über Leben und Tod von Tausenden, ja Hunderttausenden von Menschen, von Menschen, die nach Bildung, Lebensauffassung und innerem Wert turmhoch über der tierischen Horde stehen, die sich anmaßt, Rußland einer glücklichen Zukunft entgegenzuführen. So wie in Rußland verfahren wurde und zum großen Teile heute noch verfahren wird, können nur Menschen verfahren, denen jeder göttliche Funke in ihrer Seele erstorben ist, die mit dem Menschen nichts mehr als die äußern Umrisse gemein haben und nur von den niedrigsten tierischen Instinkten geleitet werden. Der Bolschewist kennt keine Gerechtigkeit, kein Gefühl für andere, keinen Sinn für höheres Streben; was er schafft, schafft er nur für sich, für seine Macht und seinen Genuß; Macht und Genuß sind die Ideen, die ihn beseelen, brutale Macht und rohester Genuß sind die einzigen Götter, die er anbetet.

Um das Bürgertum zu entrechten, wirtschaftlich und politisch zu vernichten, muß man ihm alle Grundlagen seiner Macht entziehen. Man muß die Kapitalisten berauben, plündern, ihren Besitz enteignen, „nationalisieren". Denn die Vergesellschaftung der Produktionsmittel ist das

letzte Ziel des Menschen, sie soll dem Kommunisten ein Leben ohne
Mühe und Arbeit, ein Leben der Freude und des Genusses gewährleisten.
In der kommunistischen Gesellschaft wird jeder leben nicht nach seinen
Mitteln, sondern ausschließlich nach seinen Bedürfnissen. Nur die werk-
tätige Bevölkerung soll politische Rechte haben. Das Ehrenrecht, Waffen
zu tragen und mit der Waffe in der Hand den bolschewistischen Staat
zu schützen, steht gleichfalls nur der arbeitenden Klasse zu. Da das
russische Proletariat aber viel zu ungebildet ist, um die ihm zukom-
mende Herrschaft ausüben zu können, soll nicht das Proletariat als
solches, sondern nur eine auserlesene Gruppe, die als „Vortrupp des
Proletariats" bezeichnet wird, die Macht für das Proletariat gebrauchen.
Diese auserlesene Schar, die selbst wieder auf die Unterstützung des
alten Beamtentums und erfahrener bürgerlicher Sozialisten angewiesen ist,
ist in der kommunistischen Partei zusammengefaßt. Diese Art der Macht-
verteilung läuft auf eine vollendete Irreführung des Proletariats hinaus.
Wenn das Proletariat nicht fähig ist, selbst die Macht zu gebrauchen,
woher nimmt eine einzelne Gruppe das Recht, für das Proletariat vor-
mundschaftliche Rechte auszuüben? In Wirklichkeit herrscht daher in
Rußland nicht das organisierte Proletariat, sondern nur eine unter der
Führung russischer Juden stehende Proletarierclique, nicht die Arbeiterklasse, sondern die Partei der Kommunisten. Die Partei zählt heute
nur 400000 eingeschriebene Mitglieder. Was darüber hinausgeht, ist
das große Heer der Mitläufer und Streber, die sich aus Gründen des
Fortkommens oder sonstigen Erwägungen dem Bolschewismus ver-
schrieben haben. Dies gilt namentlich auch von der Roten Armee,
die sehr viele zaristische Elemente in sich vereinigt, schon weil der
Bolschewismus nicht imstande war, die ausreichende Zahl von führenden Köpfen zu stellen. Auch hieraus ist ersichtlich, daß der ganze
bolschewistische Gesamtapparat, der viele geheime Gegenmächte
umschließt, nur durch den brutalsten Terror auch im eigenen Lager
zusammengehalten werden kann. So ist es auch erklärlich, daß kaum
ein halb Prozent der Gesamtbevölkerung Rußlands, noch dazu der geistig
und sittlich am tiefsten stehende Volksteil, tatsächlich seit Jahren auf
das ganze Land mit nahezu 100 Millionen Einwohnern einen viel schlim-
meren Despotismus ausüben konnte, als ihn je der zaristische Absolutismus ausgeübt hat. Die Diktatur des Proletariats ist daher nichts
weniger als die Herrschaft des Proletariats, der Arbeiterklasse; sie
ist nichts anderes als ein Taschenspielerkunststück, eine Täuschung,
die in der Masse den Eindruck erwecken soll, als herrsche die Arbeiterklasse, die aber in Wirklichkeit nur einen gewaltigen Apparat zur
Ausübung der Herrschaft über das Proletariat darstellt. Wie wenig
das russische Proletariat mit dem Kreise der kommunistischen Gewalthaber zusammenfällt, geht auch daraus hervor, daß an Stelle der mit

beispielloser Grausamkeit vernichteten bürgerlichen Oberschicht, eine neue Oberschicht, die Oberschicht der führenden Bolschewisten getreten ist, die sich nach ihren ganzen Lebensgewohnheiten deutlich erkennbar von dem eigentlichen Proletariat abhebt und daher bereits in einen gewissen Gegensatz zur Masse des werktätigen Volkes gerät.

Die äußere Organisationsform, in der die sog. Herrschaft des Proletariats hervortritt, ist die Sowjetverfassung, das Rätesystem. Die Trennung zwischen Gesetzgebung und Verwaltung ist bei diesem System vollständig beseitigt. Nur die Massen des werktätigen Volkes haben an der Staatsverwaltung durch die Wahl von Vertretern zu den einzelnen Räten Anteil. Die Keimzelle des Staates bildet der Betrieb, also nicht ein regionaler Begriff, sondern eine Wirtschaftseinheit. Das städtische Proletariat wird von dem ländlichen Proletariat stark bevorzugt. Das Industrieproletariat gilt als der mehr aufgeklärte und kampftüchtige Teil des werktätigen Volkes; ihm wird daher ein Mehrstimmrecht gewährt, das ihm das Übergewicht in den Räten sichert. Auch hierin ist wieder nichts anderes zu sehen als ein plumper Trick, der die Hauptmasse des russischen Volkes, die Bauernschaft, die schwerfällige und weniger zur Revolution neigende Bauernschaft, von der Mitherrschaft möglichst ausschalten soll. Nach der Verfassung ist die letzte entscheidende Instanz der „Allrussische Rätekongreß", der aus den Vertretern der örtlichen Räte gebildet wird und eine Körperschaft von mehreren Tausend Personen darstellt. Die Tagung findet nur einmal im Jahre statt und dauert ein bis zwei Wochen. In der Zwischenzeit werden die Geschäfte des Kongresses vom Allrussischen Zentral-Exekutiv-Ausschuß, kurz „Wzik" genannt, geführt. Auch der Wzik umfaßt noch einige hundert Menschen, ist also in Wirklichkeit eine Art Parlament, das sich aber alle zwei Monate versammelt. Da auch dieses Organ noch recht schwerfällig arbeitet, hat man daneben den „Rat für Arbeit und Verteidigung" geschaffen, der kein Ausschuß der Wzik, sondern eine selbständige Körperschaft ist, die eine gewisse Kontrolle der Verwaltung auszuüben hat. Das eigentliche Zentralverwaltungsorgan ist der „Rat der Volkskommissare", der mit dem Gesamtministerium im westeuropäischen Sinne verglichen werden kann. Es bestehen im ganzen 18 Volkskommissariate, die ihrerseits wieder von einem Rate unter dem Vorsitze des Volkskommissars geleitet werden. In diesem Rate sind nur waschechte Kommunisten vertreten. Die Beamten der einzelnen Abteilungen, die als sachverständige Berater, als „Spezi", nicht entbehrt werden können und deshalb klugerweise unter bestimmten Voraussetzungen in ihren Stellen belassen wurden, haben eine beratende Stimme. Bei jedem Volkskommissariate besteht außer dem Rate noch eine besondere Vertretung der kommunistischen Partei. Es ist klar, daß diese Art des Behördenaufbaus

eine außerordentliche Schwerfälligkeit der Geschäftsbehandlung zur
Folge hat, die gegenüber der früheren bureaukratischen Sachbehandlung keine Verbesserung, sondern eine erhebliche Verschlechterung bedeutet. An der Spitze des ganzen Staatsverwaltungsapparates steht
der Vorsitzende des Wzik, der auch im Allrussischen Kongreß den
Vorsitz führt. Er repräsentiert das oberste Haupt des ganzen Reiches
und ist deshalb dem Präsidenten einer Republik vergleichbar. Die
Grundsätze der bolschewistischen Politik werden auf dem Parteikongreß
der Kommunisten festgelegt. Dort wird auch beschlossen, wie die
Mitglieder des Rätekongresses zu stimmen haben. Die Verhandlungen
des Rätekongresses haben daher nur eine mehr formale Bedeutung.
Der Schwerpunkt der politischen Gewalt über das ganze Reich liegt
in dem „Politischen Bureau“ und in dem „Organisationsbureau“. Dabei
handelt es sich um zwei Kommissionen des Vorstandes der kommunistischen Partei, die aus einer geringen Zahl führender Kommunisten
gebildet werden. Das Politische Bureau und damit die ganze kommunistische Partei und der Sowjetstaat zugleich wurde von Lenin bis
zu seinem Tode (Januar 1924) geführt. Vom Politischen Bureau wird
die Politik festgelegt und die Diktatur des Proletariats eigentlich in
die Tat umgesetzt. Trotz des Vorhandenseins einer Vielzahl von vielköpfigen Parlamenten, Räten und Ausschüssen wäre es falsch, zu
glauben, daß es sich bei dem Rätesystem um demokratische, parlamentarische Einrichtungen von ausschlaggebender Bedeutung handelt. Ausschlaggebend war in Rußland nie das Volk, nie die Volksvertretung,
sondern immer das persönliche Regiment, der Absolutismus, der Despotismus des Zaren. Im Rätestaate Rußland ist es nicht anders; auch
hier entscheidet in Wirklichkeit der Wille, die Willkür, der Despotismus eines einzelnen oder höchstens einiger weniger. Früher hieß dieser
einzelne der Zar Nikolaus, und bis vor kurzem war es der rote Zar
Lenin. Der Kampf um die persönliche Macht wird sichtlich in einem
kleinen Kreise von führenden Kommunisten ausgetragen; bis jetzt ist
es immer noch gelungen, widerstrebende Elemente kleinzukriegen und
einen obersten Willen durchzusetzen, ohne daß die Machtmittel des
Staates in verschiedene Hände zu fallen drohten. Die Diktatur des
Proletariates hat bisher auch einflußreichen, gewalttätigen Genossen
gegenüber gewirkt, und die Verbannung nach Sibirien ist mit der Beseitigung des Zarismus nicht verschwunden; sie ist in ihrer ganzen
Furchtbarkeit auch in das kommunistische Zeitalter übergegangen.
Was aber entstehen wird, wenn es einmal an einem alles bestimmenden,
überragenden einheitlichen Machtwillen fehlt, wenn namentlich einmal
die „Rote Armee“ nicht mehr ein zuverlässiges Instrument zur Vollstreckung dieses einen Willens sein sollte, wird die künftige Entwicklung lehren.

In wirtschaftlicher und sozialer Beziehung hat die Verwirklichung der kommunistischen Grundsätze geradezu verheerend gewirkt. Die Bauern waren zunächst bis zu einem gewissen Grade befriedigt, da große Strecken Landes zur Verteilung kamen. Als sie aber von den kommunistischen Gewalthabern gezwungen wurden, die Mehrproduktion einfach an die hungernden Großstädte abzuliefern, trat eine große Unzufriedenheit ein. Es entstand ein großer Mangel an landwirtschaftlichen Maschinen, an Düngestoffen, an Geräten aller Art, der die Produktion gewaltig beeinträchtigte. Das fruchtbare Rußland, das früher durch seine Überschüsse in landwirtschaftlichen Erzeugnissen zur Ernährung von halb Europa beitragen konnte, war nicht mehr imstande, seine eigene Bevölkerung zu ernähren. Es entstanden furchtbare Hungersnöte, zu deren Milderung die Mithilfe der internationalen Caritas in Anspruch genommen werden mußte. Die größeren Industriebetriebe wurden enteignet, nationalisiert, in die kommunistische Gemeinschaft überführt. Aber bald zeigten sich die Folgen dieser Mißwirtschaft. Die nationalisierten Betriebe arbeiteten durch die Bank mit einem größeren oder geringeren Defizit. Die Produktion ging gewaltig zurück; denn der Arbeiter hatte nur das eine Bestreben, für den ihm zugesicherten festen Lohn möglichst wenig zu leisten; und der frühere Eigentümer des Betriebs, der als Direktor die Führung beibehielt, oder der den flüchtig gegangenen Eigentümer vertretende frühere technische Leiter hatten das Bestreben, von der geringen Produktion möglichst wenig Erzeugnisse abzuliefern und möglichst viele zu verstecken, in der Hoffnung, daß die Betriebe nach absehbarer Zeit wieder an ihren früheren Herrn zurückfallen werden. Die kommunistische Wirtschaftspolitik erlitt ein gewaltiges Fiasko. Die bolschewistischen Gewalthaber wußten keinen andern Ausweg, als von ihren strengen kommunistischen Grundsätzen abzugehen und verschämt dem Kapitalismus in einem ziemlich erheblichen Umfange die Tore zu öffnen. Um die Arbeitsleistung zu steigern, haben die Feinde des Kapitalismus es schließlich auch nicht verschmäht, sogar zu den bewährten Hilfsmitteln der kapitalistischen Wirtschaft, zur Akkordlöhnung, zur Prämienzahlung und zum Taylorsystem zurückzukehren. Diese Tatsache ist ein schlagender Beweis für die Unhaltbarkeit und Undurchführbarkeit der kommunistischen Grundsätze, eine Bankrotterklärung des so anspruchsvoll aufgetretenen kommunistischen Systems. Trotz alledem sitzt der Kommunismus in Rußland noch fest im Sattel. Nicht der Segen seiner wirtschaftlichen, sozialen und politischen Einrichtungen, sondern nur der blutige Terror, der die russische Bevölkerung in Angst und Schrecken versetzt und allmählich seelisch zermürbt hat, hält den Bolschewismus einstweilen noch an der Macht. In der Erkenntnis, daß seine Herrschaft nur durch weitere Ausbreitung der bolschewistischen Ideen erhalten werden kann, legt er den größten Wert auf eine internationale bolschewistische Propaganda und auf die Organisierung und Durchführung der Weltrevolution. In der „Dritten Internationale" hat er sich ein gefügiges Werkzeug zur Verwirklichung dieses Zieles geschaffen. Das Proletariat der Mehrzahl der europäischen Länder hat sich in seinem radikalen Teile in geradezu unwürdiger Weise zum Sklaven, zum Büttel russischer Gewalthaber hergegeben, die nicht daran denken, bei weiterer Ausdehnung ihrer Machtsphäre ihre charakterlosen Helfershelfer an ihrer Gewalt teilnehmen zu lassen.

So tritt uns der Bolschewismus als ein Ungeheuer entgegen, das seine Krallen nach ganz Europa, ja nach der Weltherrschaft ausstreckt und unsere ganze Kultur zu verschlingen droht. Der Kreis der bolschewistischen Beherrscher Rußlands ist keine lose Gemeinschaft, sondern eine festgefügte Organisation zielbewußter Gewaltmenschen, die ihr ganzes Sinnen und Trachten auf die Idee der Weltrevolution gerichtet haben und organisatorisch mehr die Merkmale eines zwar nicht dem Himmel, wohl aber dem Satan dienenden Ordens als die einer politischen Partei an sich trägt. Rücksichtslos und schonungslos steuern die Feinde aller Kultur auf ihr Ziel los, das nur Vernichtung, Zerstörung bedeutet; alle offenen und geheimen Mächte, die ihnen zur Verfügung stehen, werden in den Dienst dieses Strebens gestellt. Das gefährlichste äußere Machtinstrument des Bolschewismus ist die gut ausgerüstete und gut disziplinierte „Rote Armee", die zur Zeit die größte Militärmacht der Welt darstellt. Die wirksamste Geheimorganisation zur Stärkung, Verbreitung und Verwirklichung der bolschewistischen Ideen ist die „Dritte Internationale". Diese unheimliche, in ihrer Gefährlichkeit nicht allenthalben durchschaute Organisation stellt eine Macht dar, die in allen Kulturstaaten, die auch in unserem Vaterlande unterirdisch, unsichtbar zu wirken, zu herrschen begonnen hat, und die Europa in Schutt und Asche zu legen, Staat und Kirche zu vernichten und die blutige Herrschaft des Terrors über die Menschheit aufzurichten droht. Diese Gefahr wird dadurch nicht vermindert, daß der Bolschewismus neuerdings sein Gesicht anscheinend mehr nach Osten gekehrt hat. Denn wenn es ihm gelingen würde, in Transkaukasien, in China, in Indien Boden zu gewinnen, so würde dadurch seine Macht und damit die Gefahr für Europa um ein erhebliches wachsen. Wäre es unter diesen Umständen nicht ein verdienstvolleres Werk, die Kräfte der zivilisierten Welt zu vereinigen, um die Menschheit von der Geißel des russischen Bolschewismus zu befreien, den russischen Augiasstall zu säubern und Millionen Menschen sowie Millionen Quadratmeilen besten Bodens der Freiheit, der aufbauenden Kultur und dem Dienste der Menschheit überhaupt zurückzugeben, als diese Kräfte in einer Politik des Mißtrauens und der Übervorteilung zu erschöpfen?

Ein neuer Krieg in Europa würde dem russischen Bolschewismus die Rolle des lachenden Dritten verschaffen; er würde dem Bolschewismus, dem Geiste der Verneinung und Zerstörung, der Herrschaft des blutigen Terrors, die Bahn bereiten und vielleicht den Untergang Europas bedeuten. Möge die Vorsehung das schwer heimgesuchte Europa vor einem solchen Schicksal bewahren!

Vgl. W. Sombart, Sozialismus und soziale Bewegung, 7. Aufl., Jena 1919; K. Radek, Die Entwicklung des Sozialismus von der Wissenschaft zur Tat, Berlin 1919; B. Duhr, Die Wurzeln des Bolschewismus, Freiburg i. B. 1920; F. Cleinow, Rettet Europa, Berlin 1920; H. Herkner, Die Arbeiterfrage, 2 Bde, 7. Aufl., Berlin-Leipzig 1921; Friedrich M. Mink, Räte-Rußlands Not, Berlin-Fichtenau 1921; L. Trotzki, Die russische Revolution 1905, Berlin 1923; K. Wiedenfeld, Lenin und sein Werk, München 1923; P. Struve, Die Erstürmung des Himmels, Berlin 1924; Polit. Handwörterbuch, herausgegeben von P. Herre, Bd. I, Leipzig 1923, S. 258 und die dort verzeichnete weitere Literatur.

ZWEITER TEIL

KRITISCHE WÜRDIGUNG DES GEHEIMBUNDWESENS

I

Der erste Teil dieser Darstellung setzte sich zur Aufgabe, Ursprung und Zweck, Verfasung und Wirksamkeit einer größeren Zahl von Geheimverbänden zu schildern, die unmittelbar oder mittelbar erhebliche politische Bedeutung gewonnen haben. Dabei war es nicht auf eine vollständig erschöpfende Behandlung der Verhältnisse, sondern nur auf eine allgemeine Orientierung abgesehen. Mit dieser Darstellung ist der Zweck dieses Buches noch nicht ganz erreicht. Soviel Interesse man vielleicht dem Werdegang und der Tätigkeit dieses oder jenes Geheimbundes entgegenbringen mag, so wird doch die bloße Kenntnis der geschichtlichen Tatsachen allein gar manchen Leser unbefriedigt lassen. Unwillkürlich entsteht die durchaus berechtigte Frage, welche Folgerungen aus den geschichtlichen Erfahrungstatsachen gezogen werden müssen. Die Geschichte ist allgemein als die beste Lehrmeisterin anerkannt. Welche Lehren vermag uns die Geschichte der politischen Geheimverbände zu vermitteln? Sind die vielen im Laufe der Zeit entstandenen Verbände als Kinder des Zufalls, als Geschöpfe der Laune und Willkür einzelner Menschen, oder sind sie als die Wirkungen äußerer, in den politischen, wirtschaftlichen, sozialen und kulturellen Verhältnissen gewisser Zeiten gelegener Ursachen anzusehen? Sind sie im einzelnen die Auswirkung vorausgegangener politischer oder wirtschaftlicher Umwälzungen, oder wollten sie eine solche Umwälzung selbst erst herbeiführen? Inwieweit haben neue Ideen auf dem Wege über geheime Verbände nach Verwirklichung gestrebt? Welches sind diese Ideen? Wo sind sie entstanden? Wie sind diese Ideen zu bewerten? Stehen die einzelnen Verbände unabhängig nebeneinander oder sind bestimmte Zusammenhänge zwischen einzelnen Bewegungen und Organisationen festzustellen? Weisen etwa bestimmte Verbände, ohne in einem historischen Zusammenhange zu stehen, gemeinsame Merkmale auf? Welches sind diese Merkmale? Was haben die einzelnen Verbände erreicht? Sind sie ein Segen oder ein Fluch für die Mitmenschen und die Menschheit geworden? In welchen Verhältnissen haben sich die Verbände zum Staate befunden? Haben sie ihm genützt

14*

oder geschadet? Welche Stellung soll der Staat zu dem Geheimbundwesen nach den geschichtlichen Erfahrungen einnehmen?

Diese und ähnliche Fragen drängen sich wohl jedem Leser von
selbst auf, und sie erheischen eine Antwort. Aus der geschichtlichen
Darstellung, namentlich aus den geschichtlichen Folgen des Eingreifens
bestimmter Verbände ergibt sich die Beantwortung mancher Fragen
ganz von selbst. Andere Fragen werden nach der persönlichen Einstellung zu den großen weltanschaulichen und politischen Problemen
von verschiedenen Beurteilern verschieden beantwortet werden. Es
läge daher vielleicht nahe, dem einzelnen Leser die Beantwortung der
auftauchenden Fragen selbst zu überlassen.

Ein solches Verfahren hätte manches für sich. Es wäre vor allem für
den Verfasser des ersten Teiles recht bequem. Ich trage jedoch Bedenken,
diesen bequemen Weg zu gehen. Der historische Teil des Buches sollte
die Grundlagen für eine allgemeine, grundsätzliche Beurteilung der
politischen Geheimbünde schaffen. Das Urteil kann nur durch Schlußfolgerung aus den gegebenen historischen Prämissen geschöpft werden.
Man würde es dem Verfasser meines Erachtens mit Recht verübeln,
wenn er es unterließe, selbst bestimmte Schlußfolgerungen zu ziehen
und seine eigene, auf eine eingehendere Kenntnis der Tatsachen gestützte Auffassung dem Leser zu offenbaren. Ob die gezogenen Folgerungen das Richtige treffen, ist dabei nicht einmal entscheidend.
Unter allen Umständen wird ein begründetes Urteil des Verfassers
dem Leser die Urteilsbildung erleichtern, sei es, daß es ohne weiteres
seinen Beifall findet oder aber seinen Widerspruch und damit ein neues
selbständiges Urteil herausfordert. In beiden Fällen dürfte der Sache
selbst ein Dienst erwiesen sein. Es liegt mir durchaus ferne, dem
Leser in den oft die letzten Probleme des menschlichen Daseins be-
rührenden Fragen meine eigene Anschauung aufdrängen zu wollen.
Ich glaube aber immerhin, für diese Anschauung beachtenswerte Gründe
zu haben, die auch von Menschen mit abweichender Lebens- und Weltanschauung nicht ohne weiteres beiseite geschoben werden können. Die
Kritik ist nirgends um der Kritik wegen erfolgt. Ich habe mich bei
allen Darlegungen nur von einer ehrlichen innern Überzeugung und
von dem wohlverstandenen Interesse für die heiligsten Güter unseres
Volkes und Vaterlandes leiten lassen. Ich hatte selbst mehrere Jahre
beruflich mit Fragen mich zu befassen, die viele und innige Berüh-
rungspunkte mit den zur Erörterung stehenden Problemen aufzeigen
und kann daher in mancher Hinsicht auch eine eigene Erfahrung, eine
eigene bittere Erfahrung mit in die Wagschale werfen. Trotzdem weiß
ich mich von jedem Vorurteile frei, wie ich auch während meiner ganzen
Amtszeit stets mit voller Offenheit und Ehrlichkeit ohne Voreingenommenheit zu den hier in Betracht kommenden Tagesfragen Stel-

lung genommen habe, ohne mich durch Beifall oder Widerspruch in meiner Auffassung und in meiner Haltung irre machen zu lassen.

Die Geschichte der geheimen Gesellschaften, zumal der Geheimverbände von politischer Bedeutung, ist die Geschichte geistiger, sozialer und politischer Strömungen, die Gleichgesinnte zu enger Schicksalsgemeinschaft verbunden und die oft verhängnisvoll in das Rad der Geschichte eingegriffen haben oder einzugreifen versuchten. Wir finden in den Geheimbünden vielfach die eifrigsten und entschlossensten Verfechter einer Idee vereinigt, die in leidenschaftlicher Begeisterung, noch häufiger aber in leidenschaftlicher Empörung über bestimmte Verhältnisse ihre ganze Persönlichkeit, ja ihr Leben für eine Sache einzusetzen bereit waren.

Die Geheimverbände der hier in Betracht kommenden Art sind in der Regel auf dem Boden der Unzufriedenheit, der Verbitterung erwachsen, und die Unzufriedenheit hatte ihren Grund ebenso regelmäßig in einem lästigen äußern, wirklichen oder vermeintlichen Druck. Der Druck war entweder ein geistiger oder ein seelischer, ein sozialer oder ein politischer Druck. In Zeiten geistiger, seelischer oder politischer Not, vor allem in Zeiten drückender Fremdherrschaft, sind zu allen Zeiten geheime Verbindungen entstanden, die in der besten Absicht eine Wendung der politischen Lage, eine Abschüttelung des fremden Joches herbeizuführen bestrebt waren. In Zeiten großer geistiger Bewegungen hat sich der Kampf zwischen dem Alten und dem Neuen gleichfalls nicht selten in geheimen Vereinigungen abgespielt; vor allem ist es aber der Geist der Negation gewesen, der sich in das Dunkel der geheimen Verbindungen zurückgezogen hat.

Schon nach den erwähnten Entstehungsgründen lassen sich verschiedene Arten von Geheimverbänden unterscheiden. Einmal solche, die unter einem starken außenpolitischen oder innenpolitischen Drucke entstanden sind und deshalb in besonderem Maße als politische Verbände angesprochen werden. Dazu gehören beispielsweise der Tugendbund, die Deutschen Gesellschaften, die Burschenschaft, die Dekabristen, die Irischen Gesellschaften, die Hetärie, auch ein großer Teil der vaterländischen Verbände der Gegenwart.

Andere Gesellschaften sind weniger aus den politischen Verhältnissen als aus der Einstellung zu den höchsten Fragen des Seins, aus geistigen, humanitären, sozialen Bestrebungen und Bewegungen entstanden und stellen sich zur Aufgabe, dem Menschen ein neues Lebens- und Weltanschauungsideal aufzuzeigen. Hierher zählen vor allem die Freimaurer und alle dem Freimaurerbunde ähnliche Vereinigungen. Der Freimaurerbund ist an sich nach seinen Grundsätzen zunächst eine Vereinigung zur Pflege der Humanität und Toleranz, zur Förderung und Veredlung des Menschentums. Diese Grundsätze würden den Bund an sich noch zu keinem politischen Geheimbunde stempeln. Die Auswirkung und Anwendung der freimaurerischen Grundsätze lassen aber keinen Zweifel darüber zu, daß es sich um einen zu den politischen Geheimbünden zählenden Bund handelt. Bliebe der Bund überall in den Grenzen der deutschen Maurerei, so könnte man allenfalls an seiner politischen Bedeutung noch zweifeln, obwohl die Grundsätze des Freimaurertums auch an sich und ohne weitere besondere politische Betätigung zwangsläufig zu bestimmten Folgerungen im öffentlichen politischen Leben führen müssen und auch überall geführt haben. Angesichts des Verhaltens der Freimaurerei in den romanischen Ländern, die aber im Grunde genommen keine andern Grundsätze verfolgt als die mehr zurückhaltende deutsche Maurerei, kann indes an dem politischen Charakter des von einem starken innern Bande umschlungenen Weltfreimaurertums wohl kein ernster Zweifel mehr bestehen. Im einzelnen ist hierüber das Notwendige bereits ausgeführt worden. Wer doch noch Zweifel hat, der möge darauf hingewiesen werden, daß eine größere Zahl rein politischer Verbände in freimaurerischem Gewande aufgetreten sind und mit freimaurerischen Formen, Einrichtungen und Methoden ihre ausgesprochen politischen Ziele verfolgten. Hierher sind beispielsweise die französischen Verbände, die spanischen Comuneros, die italienischen Carbonari, aber auch ein Teil der polnischen und englischen Verbände zu rechnen. Als mehr oder minder reine Freimaurerverbände sind meines Erachtens die Illuminaten, die Rosenkreuzer und die Deutsche Union anzusprechen.

Zu diesen beiden Gruppen treten als dritte Gruppe die nicht bloß gegen ein politisches System im Staate, sondern gegen die Gesellschaft und den Staat an sich gerichteten revolutionären Gewaltverbände der Nihilisten, Anarchisten, Kommunisten und der Internationale hinzu.

Eine besondere Gruppe bilden die sog. „Verbrecherverbände" in Italien, denen sich in besondern Stadien ihrer Entwicklung andere Verbände manchmal stark genähert haben.

Einige Verbände lassen sich etwas schwer unter eine der genannten Gruppen bringen, so vor allem die Bauernverschwörungen, deren Auftreten mit sozialrevolutionären, zum Teil aber auch mit politischen und religiösen Strömungen der Reformationszeit zusammenhängen. Als einen besondern Kreis von Geheimbünden könnte man noch die national-aktivistischen Verbände der Gegenwart, die Faschisten, Nationalsozialisten und die Ku-Klux-Klan-Leute betrachten.

Die Gruppierung der einzelnen Verbände ist manchmal recht schwierig, weil die Bestrebungen der verschiedenen Verbände vielfach ineinander übergehen und in den einzelnen Ländern nicht selten ein besonderes Landesgepräge angenommen haben. Die Grenzlinien lassen sich daher nicht immer scharf ziehen. Manche Verbände weisen nicht nur eine innere

Verwandtschaft, sondern auch einen historischen Zusammenhang auf. Dies ist namentlich bei den mit dem Freimaurerbunde verwandten Vereinigungen der Fall. Andere, z. B. die erwähnten national-aktivistischen Verbände, zeigen ohne einen solchen historischen Zusammenhang eine innere Verwandtschaft und Ähnlichkeit der Ideen und Bestrebungen.

Die Geheimverbände zielen regelmäßig auf eine Änderung jeweils bestehender Verhältnisse ab. In den seltensten Fällen hat das Bestreben nach Aufrechterhaltung bestehender Verhältnisse zur Gründung geheimer Organisationen geführt. Es liegt dies auch in der Natur der Sache. Wer das Bestehende schützen und verteidigen will, hat in der Regel keinen Grund, im Geheimen zu wirken; nur der Feind des Bestehenden sieht sich unter Umständen veranlaßt, seine Macht im Verborgenen zu bilden oder dadurch zu verstärken, daß er sie im Geheimen wachsen und wirken läßt. Im übrigen haben die Geheimverbände bald Neuerungen angestrebt und politische Umwälzungen hervorzurufen versucht, bald vorhergegangene Umwälzungen bekämpft und durch Zurückführung der alten Zustände oder Veränderung der bestehenden neuen Verhältnisse eine Besserung im Sinne ihrer Ideale herbeizuführen versucht.

Eine wichtige Feststellung muß bezüglich des Freimaurerbundes gemacht werden. Beim Studium der Geschichte der geheimen Bewegungen stößt man jeden Augenblick auf den Freimaurerbund und seine Grundsätze und Bestrebungen. Das Freimaurertum steht im Mittelpunkte des politischen Geheimbundwesens und hat eine große Zahl anderer Verbände stark beeinflußt. Ja noch mehr; die freimaurerische Weltanschauung hat in vielen Fällen die geistige und sittliche Grundlage für die extremsten radikalen Bewegungen abgegeben. Alle revolutionären Ideen und Bestrebungen, die in den Geheimverbänden so eifrige und energische Vertreter gefunden haben, gehen in ihrer theoretischen Begründung auf eine Wurzel zurück, die in die freigeistigen Ideen des Freimaurertums eingebettet ist. Der Gedanke der Humanität und der Toleranz, wie er im Freimaurertum seine Ausprägung gefunden hat, ist im letzten Grunde nichts als Indifferentismus, und Indifferentismus ist seinem innersten Wesen nach Negation und damit die Brücke zu den extremsten Formen des geistigen, politischen und sittlichen Nihilismus. Diese Feststellung wird mancher, dem die Humanität und die Toleranz über alles geht, nicht gelten lassen wollen. Im Interesse der geschichtlichen Wahrheit kann aber auf diese Feststellung nicht verzichtet werden. Mit gutem Grunde werden Humanität und Toleranz als hohe Ziele menschlichen Strebens bezeichnet. Ich selbst bin der letzte, der dem Gedanken der Humanität und der Toleranz an sich irgendwie entgegentreten möchte. Der Toleranz- und Humanitätsgedanke aber, wie er im Freimaurertum seine Pflege und Begründung gefunden hat, ist schief und einseitig und hat in der Welt schon großes

Unheil angerichtet. Das Freimaurertum hat in diesen Ideen nur das Negative herausgestellt und als Inhalt seiner Lehre verkündet und hat es unterlassen, seiner Weltauffassung einen positiven Inhalt zu geben. Wenn das Freimaurertum unter Berufung auf das Toleranz- und Humanitätsprinzip das Gemeinsame aller Religionen herausschälen und zum religiösen Prinzip erheben will, wenn es also glaubt, mit einer Religion aller Religionen die letzten Fragen des Lebens gelöst zu haben, so befindet es sich in einem gewaltigen Irrtum. Je mehr Religionssysteme es gibt und je mehr sich diese Systeme voneinander wesentlich unterscheiden, desto geringer ist der gemeinsame Inhalt aller Systeme, desto mehr muß daher eine auf das Gemeinsame aller Religionen gestützte Weltauffassung verflachen. Wenn nur ein System vorhanden ist, das ein überweltliches Prinzip leugnet, muß das Freimaurertum nach seinen eigenen Grundsätzen schließlich beim Nichts ankommen. Friedrich dem Großen wird ja auch ein Ausspruch zugeschrieben, der die Freimaurerei als das „grand Rien" bezeichnet. Die französische Maurerei ist bekanntlich bereits bei diesem Nichts angekommen; sie hat sogar die Anerkennung des Daseins Gottes aus den Mindestforderungen ihrer weltanschaulichen Einstellung gestrichen. Die Toleranz als Prinzip des reinen Indifferentismus ohne positiven Inhalt ist der erste Schritt zum geistigen und sittlichen Nihilismus, und von diesem ist nur noch ein entschlossener weiterer Schritt erforderlich, um beim revolutionären Nihilismus der Tat, dem Anarchismus, anzukommen. Die Befreiung des Menschen von der göttlichen Autorität, die Erklärung des menschlichen Willens als letzte rechtliche und sittliche Instanz, wie sie vom Freimaurertum aller Länder ausdrücklich oder stillschweigend vorgenommen wird, hat den Versuch der Befreiung des Menschen von jeder, auch der weltlichen Autorität zur Folge. Viele Freimaurer sind sich dieser Schlüssigkeit nicht bewußt und denken nicht entfernt an solche Folgerungen; die Folgerichtigkeit dieser Anschauung besteht aber trotzdem zu Recht. Radikale Denker und Politiker in und außerhalb des Freimaurerbundes haben diese Folgerungen aus dem Toleranz- und Humanitätsgedanken, aus dem Grundsatze der Freiheit, Gleichheit und Brüderlichkeit gezogen. Jede soziale Revolution hat ihre theoretische Begründung aus diesen Grundsätzen hergeleitet. Die Geschichte der revolutionären Umwälzungen, vor allem auch die Geschichte der politischen Geheimverbände, hat unumstößliche Beweise für diese Tatsache geliefert.

Die blendenden Grundsätze der Freiheit, Gleichheit und Brüderlichkeit sind in ihrer Auswirkung der Menschheit wiederholt zum Verhängnis geworden; wiederholt haben sie die größte Verwirrung der Geister, die größte Störung der gesellschaftlichen und staatlichen Ordnung heraufbeschworen und einen verheerenden Kampf aller gegen alle hervorgerufen. Sie sind der Menschheit selten zum Segen, wieder-

holt aber zum Fluche geworden. Man wende nicht ein, daß die be-
mängelten Grundsätze nicht bloß in den Freimaurerlogen, sondern mehr
oder weniger in allen freigerichteten Kreisen ihre Anhänger gefunden
haben. Diese Tatsache ist an sich richtig. Sie vermag aber das Freimaurertum von seiner Verantwortung kaum erheblicher zu entlasten.
Soweit gleiche oder ähnliche Anschauungen außerhalb der Logen zu
finden sind, wäre zu prüfen, ob nicht auch hier der Einfluß des Freimaurertums bereits seine Wirkung ausgeübt hat. Unter allen Umständen steht aber fest, daß die Weltanschauungsgrundsätze, die hier
in Betracht kommen, durch das Freimaurertum zu einem förmlichen
System erhoben wurden und ihre besondere Förderung und planmäßige
Verbreitung durch die Loge gefunden haben. Hieraus ergibt sich von
selbst, daß das Freimaurertum auch die Verantwortung für die verhängnisvollen Folgen in der Hauptsache zu tragen hat.

Was haben die politischen Geheimverbände im Laufe der Zeit überhaupt erreicht? Soweit man von Erfolgen überhaupt sprechen kann,
sind sie im allgemeinen recht bescheiden gewesen. Die Mehrzahl der
Versuche, auf dem Wege geheimer Gesellschaften, dunkler Verschwörungen eine Wendung der politischen Lage zum Bessern herbeizuführen,
ist kläglich gescheitert. Statt der erstrebten Freiheit ist nicht selten
noch größere Unfreiheit, noch größere Bedrückung die Folge gewesen.
Auch die Erfolge der deutschen Freiheitsbewegung des beginnenden
19. Jahrhunderts sind nur zum geringen Teile durch die vaterländische
Arbeit der damals ins Leben gerufenen vaterländischen Verbände erzielt worden. In den allermeisten Fällen hat sich der außenpolitische
Gegner, hat sich der eigene Staat als der stärkere erwiesen, und wenn
einmal ein geheimer Bund wirklich die Oberhand gewann, so war dies
durchaus nicht immer ein Sieg des Guten, sondern häufig genug der
Sieg schädlicher revolutionärer Ideen oder die Vergewaltigung einer politischen Bewegung durch die andere, die lange dauernde Unruhe, fort-
dauernde innere Kämpfe und Ausbrüche politischer Leidenschaften zur
Folge hatte. Der Sieg der Ideen der Dritten Internationale in
Rußland hat dieses Land, hat ganz Europa ins tiefste Unglück gestürzt.
Dieser Sieg brachte eine ständige, bis zum heutigen Tage unverändert
fortbestehende Gefahr für die ganze europäische Kultur mit sich, deren
Größe und Furchtbarkeit unserem Volke nicht immer gegenwärtig ist.

Die Bewegung der Carbonari in Italien hat viel zur Einigung Italiens
beigetragen. Wie schwer und wie lange dauernd aber die innern Kämpfe
in Italien gewesen sind, ist auf jedem Blatte der neuesten italienischen
Geschichte zu lesen. Die Bewegung ist mit der größten Rücksichtslosigkeit über geschichtlich gewordene Rechte, über Autoritäten hinweg-
gegangen und hat auf dem Wege des schärfsten Kampfes gegen die
Einzelstaaten unter ständigen Rechtsbrüchen eine neue Autorität auf-

gerichtet. Ob die Einigung Italiens nicht auch auf einem andern Wege als durch gewaltsamen Sturz der bestehenden staatlichen Ordnung möglich gewesen wäre, ob insbesondere nicht auch eine Einigung auf dem Wege eines föderativen Zusammenschlusses hätte ins Auge gefaßt werden können, kann hier nicht entschieden werden. Der Gedanke an eine solche Lösung der Frage, der den freimaurerischen Grundsätzen anscheinend freilich weniger entsprochen hätte, soll hier nur angedeutet werden. Der Einigung Italiens haftet jedenfalls manche Unvollkommenheit, ja mancher Makel an, der viele rechtlich denkenden Menschen des Erfolges nicht recht froh werden läßt; namentlich muß die feindliche aggressive Haltung der Einigkeitsbewegung gegen die höchste kirchliche Autorität der katholischen Christenheit tief beklagt werden.

Neuerdings ist der Faschismus gleichfalls auf dem Wege der Usurpation zur Herrschaft gekommen. Er hat sich auf dem Wege des wüstesten Terrors durchgesetzt und durch die Art seiner Methoden manche bessere Seite seiner Wirksamkeit verdunkelt.

Von wenigen Fällen abgesehen, ist aber fast jede politische Geheimbewegung im Endergebnis gescheitert; die wenigen positiven Erfolge, die zu verzeichnen sind, sind durch die Skrupellosigkeit der angewandten Mittel und Methoden stark herabgesetzt, wenn nicht in ihr Gegenteil verkehrt worden. Auch rein politische Geheimbewegungen, getragen von geheimen Gesellschaften, sind daher in der Hauptsache nicht zum Vorteil, sondern zum Nachteil der beteiligten Völker und Bevölkerungskreise ausgeschlagen.

Das Gleiche muß leider auch von manchen deutschen Verbänden der Gegenwart gesagt werden. Die Entwicklung des Geheimbundwesens in Deutschland hat die in der Geschichte so oft beobachtete Tatsache neu bestätigt, daß die bestgemeinte Bewegung leicht über die gesetzlichen Schranken hinausgeht, und daß, wenn sie einmal den Boden strenger Gesetzlichkeit verlassen hat, immer weiter vom richtigen Wege abtreibt. Eine Bewegung, die sich mehr oder minder in das Dunkel des Geheimnisses verliert, unterliegt dieser Gefahr in erhöhtem Maße. Als nach der Revolution des Jahres 1918 und nach der Niederwerfung des Räteskandals in Bayern der vaterländische Gedanke wieder neue Kraft zu gewinnen begann, als sich vaterländische Vereinigungen bildeten, die die Heimat, das Vaterland, die Heldentaten unserer Heere, den früheren Glanz und die stolze Größe des Reiches und der in ihm vereinigten Einzelstaaten priesen, die Pflichten gegen das Vaterland laut verkündeten und sich mit der ganzen Glut nationaler Begeisterung in den Dienst des Schutzes der Heimat und der sittlichen Erneuerung unseres Volkes stellen zu wollen erklärten, da mußte jeder wirkliche Vaterlandsfreund die neue Bewegung mit aufrichtiger Freude und innerer Genugtuung begrüßen. Mancher, dessen Vertrauen in die

Zukunft unseres Volkes zu sinken begann, schöpfte neue Hoffnung, neuen Mut und blickte mit Stolz auf unsere Jugend als der Trägerin des Schicksals eines neuen glücklichen Deutschland. Die durch den Ausgang des Krieges und die folgende Revolution zerrissenen Volkskreise begannen sich wieder zu verstehen; es bildete sich ein vielversprechender, durch den nationalen Gedanken fest zusammengehaltener Kern nationalgesinnter deutscher Männer, das zur Besinnung gekommene deutsche Volk schien sich anzuschicken, den Weg zur Einigkeit und Geschlossenheit, den Weg zur Nation zu beschreiten. Und was ist im Laufe der Jahre aus dieser herrlichen Bewegung geworden? Was haben ehrgeizige, von dämonischer Machtgier erfaßte Führer aus dieser gesunden Bewegung gemacht? Jedem Vaterlandsfreunde muß das Herz bluten, wenn er jetzt die Trümmer seiner damals so stolzen Hoffnungen vor sich sieht. Die anfänglich geschlossene, überparteiliche, nur auf die Ehre und Freiheit der Nation eingestellte Bewegung ist in viele Gruppen und Grüppchen zerfallen, die nur zu oft parteipolitisch orientiert sind und sich gegenseitig bekämpfen. In dem gleichen Augenblicke, in dem die Bewegung auf parteipolitische Forderungen sich einließ, als Parteimänner sich der Sache bemächtigten, in dem gleichen Augenblicke verließ die Bewegung den gesunden, eine glückliche Entwicklung versprechenden Boden, im gleichen Augenblicke war es um die Zukunft der Bewegung geschehen. Nur mit tiefstem Bedauern muß man heute feststellen, daß manche Führer der Bewegung den ehrlich gemeinten Warnungsrufen weitblickender, erfahrener Männer keine genügende Beachtung geschenkt haben. Im Sturme der Begeisterung ist die Besonnenheit nur zu oft mit dem Herzen davongegangen. Die verantwortlichen Führer können sich im allgemeinen nicht darauf berufen, daß die in der Bewegung zusammengeschlossenen Massen die Entwicklung in falsche Bahnen gedrängt hätten. Zur Ehre der vielen Tausende vaterländisch gesinnten Männer, die sich einer guten Sache zur Verfügung gestellt haben und die zum größten Teile von parteipolitischen Bestrebungen nichts wissen wollen, muß festgestellt werden, daß das Problem der vaterländischen Bewegung in der Hauptsache ein Führerproblem war und ist, und daß die große Masse der Anhänger der Bewegung einer besonnenen, ein bestimmtes Maß und bestimmte Grenzen beobachtenden Führung zweifellos willige Gefolgschaft geleistet hätte. Der Aufbau der Verbände mag formell bescheidenen demokratischen Grundsätzen genügt haben; in Wirklichkeit aber war der Einfluß von unten auf die Führung sehr gering; die weitgehende, zum Teil unbedingte Gehorsamspflicht, die in den Verbänden bestand, gab der Führung eine so unumschränkte Machtvollkommenheit, daß tatsächlich die Haltung zu bestimmten Fragen und Maßnahmen von dem Ermessen weniger Köpfe abhängig war. Die Absichten und Ziele der Leitung

blieben anscheinend den Unterverbänden, zumal den einzelnen Verbands-
mitgliedern, häufig verborgen. Dies war hauptsächlich dann der Fall,
wenn die Haltung den Absichten der Regierung nicht ganz entsprach
oder gar mit den Absichten der Regierung in offenen Widerspruch trat.
Je mehr die Bewegung ihre eigenen, oft verschleierten Wege ging, je
mehr sie also eine Geheimbewegung wurde, desto mehr wurde sie für
die Allgemeinheit, für das Ganze, für Volk und Staat zu einer unver-
kennbaren Gefahr. Die Gefahr wurde so groß, daß ehrgeizige Führer
in ihrem „Größenwahn" sich dazu berufen fühlten, eine eigene Politik
zu treiben, einen förmlichen Staat im Staate zu bilden und schließlich
zu versuchen, auf dem Wege des Hochverrats, durch revolutionäre
Gewalt die Reichsregierung und die Regierung eines Landes zu stürzen.
So hat die vaterländische Bewegung, die mit soviel Hoffnungen begonnen hatte, mit einem kläglichen Fiasko geendet. Solange sie in
den Grenzen der Gesetze verlief und offen und ehrlich wirklich vaterländischen Zielen nachstrebte, war sie für jede national gerichtete Regierung eine willkommene moralische Stütze, ein wirksamer Rückhalt
für eine von nationalen Ideen beherrschte öffentliche Meinung. Als sie
aber ihre eigenen Wege zu gehen begann, als sie der Regierung immer
mehr Verlegenheiten und Schwierigkeiten bereitete und schließlich in
offene Auflehnung ausartete, da schlug die segensvolle Mitarbeit am
Wiederaufbau des Vaterlandes mehr und mehr in eine bedauerliche Er-
schwerung und Hemmung der verantwortungsvollen Arbeit der Regierungen und der wirklich vaterländisch denkenden und vaterländisch
wirkenden Kreise um. Welchen Schaden der auf die Spitze getriebene
Wahnwitz verantwortungsloser Phantasten schließlich dem Vaterlande,
dem Staate, der vaterländischen Bewegung selbst zufügte, läßt sich
nicht in Zahlen ausdrücken. Denn der Schaden war nicht nur ein
materieller, sondern vielmehr und vor allem auch ein ideeller, moralischer. Das Ansehen Bayerns im In- und Auslande, die Staatsautorität,
die Kreditfähigkeit des Landes, das Rechtsgefühl des Volkes haben
einen schweren Stoß erlitten; die vaterländische Bewegung selbst wurde
mehr oder minder lahmgelegt und die verdienstvolle Arbeit der ihren
ursprünglichen Grundsätzen treugebliebenen Verbände wurde gestört und
erschwert. Wer weiß, ob sie sich von diesem Schlage jemals wieder ganz
erholen wird? All das hat jener Zweig der Bewegung zu verantworten,
der sich von dem Boden offener, ehrlicher, vaterländischer Arbeit in das
Zwielicht und Dunkel geheimer Sonderbestrebungen und unterirdischer
Gewaltpläne zurückgezogen hat. Niemand wird ernstlich behaupten
können, daß diese Tätigkeit dem Vaterlande zum Segen geworden ist.

So bleibt denn, wenn man aus der Geschichte der geheimen politischen Vereinigungen das Endergebnis zieht, sehr wenig Positives
übrig. Der Gesamteindruck ist ein niederdrückender. Man mag den

jeweils hervorgetretenen Bestrebungen mancher geheimer Bünde vollstes Verständnis entgegenzubringen versuchen, man mag sich noch so sehr in die Verhältnisse und den Geist der Zeit und in die Absichten der führenden Personen hineindenken, man mag noch so vorurteilsfrei, ja wohlwollend an die Würdigung der Gedankengänge und Beweggründe herantreten, die für die Gründung, für die Ziele und die Tätigkeit der geschichtlich hervorgetretenen Verbände maßgebend gewesen sind, so muß man doch angesichts der geschichtlichen Erfahrungen auch bei den bestgeleiteten und von den edelsten Erwägungen beseelten Gemeinschaften dieser Art noch so viele Mängel, noch so viele Schattenseiten und Bedenken feststellen, daß man unmöglich zu einem günstigen Gesamturteil über die politischen Geheimverbände gelangen kann.

II

Nach den getroffenen Feststellungen kann nunmehr auch der Beantwortung der letzten Frage näher getreten werden, der Frage nämlich, wie sich der Staat zu den politischen Geheimverbänden stellen soll. Die Geschichte hat gezeigt, daß Staat und Kirche wiederholt Veranlassung genommen haben, dem Geheimbundwesen entgegenzutreten. Die Kirche hat, soweit die Geheimbünde auf dem Gebiete der Lehre und der Moral sich in Widerspruch mit den Grundsätzen des Christentums gestellt haben, mit aller Feierlichkeit, Klarheit und Schärfe ihre warnende Stimme erhoben und Zuwiderhandlungen mit entsprechenden kirchlichen Strafen bedroht. Der Staat hat gleichfalls wiederholt gegen bestimmte politische Geheimverbände sowie gegen die Geheimgesellschaften überhaupt sich gewendet. Er ist solchen Verbänden da und dort aus dynastischen, staatserhaltenden, politischen Gründen mit seiner ganzen Kraft entgegengetreten. Er hat auch mehrfach solche Verbände bekämpft, die dem Staate zwar nicht durch Gewaltanwendung, wohl aber durch Verbreitung staatsgefährlicher Ideen gefährlich zu werden drohten. Der Staat hat in solchen Fällen mit Verboten, Verhaftung, strafrechtlicher Verfolgung, polizeilichen Präventiv- und Repressivmaßregeln usw. eingegriffen, und er war hierzu aus Gründen der Selbsterhaltung und der Sicherheit seiner Bürger nicht nur berechtigt, sondern auch verpflichtet. Auch der Staat der Gegenwart ist grundsätzlich ebenso verfahren. Nichtsdestoweniger hat die Haltung einzelner Regierungen gegen gewisse Verbände in der Presse, im Parlament, überhaupt in der öffentlichen Kritik eine recht verschiedene Beurteilung gefunden. Die Verschiedenheit des Urteils ist so weit gegangen, daß selbst innerhalb einer und derselben Partei, innerhalb einer und derselben Regierung stärkere Gegensätze zwischen sonst gleichgerichteten Politikern hervorgetreten sind. Woher kommt diese Verschiedenheit der Beurteilung? Wie soll der moderne Staat sich grundsätzlich dem Geheimbundwesen gegenüber verhalten? Die Beantwortung dieser Fragen erfordert ein etwas tieferes Eindringen in das Wesen und die Bedeutung eines Geheimbundes.

Der Geheimbund läßt, wie schon früher dargelegt wurde, die Öffentlichkeit über gewisse Dinge im unklaren. Soweit es sich dabei um rein private Angelegenheiten oder untergeordnete Dinge handelt, ist diese Geheimhaltung bedeutungslos. Die Sachlage erfordert aber eine wesentlich andere Beurteilung, wenn es sich um die Geheimhaltung von Dingen handelt, die für die Öffentlichkeit, für die Allgemeinheit, den Staat von Erheblichkeit sind, wenn es sich also um die Behandlung politischer oder sonstiger Fragen handelt, die tiefer in das gesellschaftliche und staatliche Leben eingreifen. In solchen Fällen bedeutet Geheimhaltung gefährlichen Mangel an Offenheit, Ehrlichkeit, bedenklichen Mangel an Vertrauen zur öffentlichen Meinung, zur Regierung, vielleicht auch eigenes schlechtes Gewissen. In manchen Fällen läuft sie auf eine bewußte Täuschung, auf eine Art Betrug hinaus. Es ist klar, daß ein solches Verhalten Unsicherheit, Argwohn, Verdacht bei allen denen hervorrufen muß, die an der Tätigkeit solcher Gemeinschaften irgendwie interessiert sind. Derjenige, dem etwas verheimlicht wird, wird nicht ganz ohne Grund den Verdacht hegen, daß das Geheimnis sich gegen ihn richtet. Jedenfalls liegt der Schluß nahe, daß die verborgenen Dinge das Licht der Öffentlichkeit nicht vertragen. An solchen Erscheinungen kann kein geordnetes Staatswesen achtlos vorübergehen. Die Sicherheit des Staates, der Staatsbürger, die Aufrechthaltung der Staatsordnung erfordern Klarheit, Gewißheit, Überblick. Heimlichkeit ist gleichbedeutend mit Unklarheit, Unsicherheit, Unzuverlässigkeit. Das Merkmal der Heimlichkeit steht daher schon grundsätzlich mit dem Staatsgedanken in einem gewissen Widerspruch; es macht jeden Geheimbund, auch wenn er sich nicht mit an sich politischen Dingen befaßt, notwendig zu einem Gegenstande der staatlichen Aufmerksamkeit und Wachsamkeit, des polizeilichen Interesses und verleiht daher der Vereinigung von vornherein eine gewisse politische Bedeutung. Der Staat hat jedenfalls allen Grund, den Geheimbünden aller Art, vor allem aber den politischen Geheimbünden, mit Mißtrauen zu begegnen und ihnen seine volle Aufmerksamkeit zuzuwenden.

Der Staat hat aber nicht nur die Pflicht zur Wachsamkeit, er hat auch das Recht und die Pflicht, da, wo Unklarheit herrscht, Klarheit zu schaffen, die Nebel zu zerstreuen und in die Tiefen des Dunkels hineinzuleuchten. Im modernen Staate herrscht für alle Angelegenheiten von öffentlicher Bedeutung das Prinzip der Publizität; auf dieses Prinzip kann weder der Staat noch die Bevölkerung verzichten. Wer gegen dieses Prinzip planmäßig verstößt, versündigt sich an dem Wohle

und den Interessen des Ganzen. Der Staat hat unter diesen Umständen das volle Recht, aber auch die volle Pflicht, schon die Geheimbündelei als solche unter Strafe zu stellen. Die bestehenden Bestrebungen, die Geheimbündelei als solche straflos zu lassen, entbehren
meines Erachtens der innern Begründung und müssen daher abgewiesen
werden.

Es kommt aber noch ein weiterer, in seiner vollen Tragweite nicht
immer gewürdigter Gesichtspunkt hinzu. Das Geheimbundwesen von
politischer Bedeutung ist unter allen Umständen ein Feind der Staatsautorität. Der Geheimbund entzieht für die Allgemeinheit bedeutende Fragen und Angelegenheiten der Würdigung der zuständigen
Stellen, nimmt diese Angelegenheiten zum Teil oder ausschließlich für
sich in Anspruch und sucht daher in die Zuständigkeit des Staates einzugreifen. Damit ist bereits das Streben gewisser Verbände angedeutet,
eine selbständige Macht im Staate zu bilden, ein Staat im Staate zu
werden und die Macht an die Stelle des Rechts zu setzen. Es liegt auf
der Hand, daß aus solchen Gedankengängen eine unmittelbare Gefahr für
das Staatsganze zu entstehen droht. Kein Verband kann sich darauf
berufen, daß er im Sinne des Staatswohles auch neben dem Staate zu
arbeiten vermöge, daß seine geheime Tätigkeit nur auf das Beste des
Staates eingestellt sei und darum für den Staat keinen Nachteil bedeuten
könne. Eine solche Argumentation wäre unhaltbar und bedenklich. Über
das, was das Wohl des Staates erfordert, haben nur die verantwortlichen Stellen des Staates, nicht ein unverantwortlicher Verband, zu entscheiden. Jede freie Vereinigung kann Vorschläge machen, Ratschläge
erteilen; sie kann aber keine Entscheidungen treffen und keine selbständigen Maßnahmen durchführen. Tut sie es gleichwohl, so begibt
sie sich bereits auf den ungesetzlichen Weg der Usurpation. Was
wirklich im Interesse des Staates liegt, braucht das Tageslicht nicht
zu scheuen. Selbst wenn ein Verband einmal vielleicht nicht ohne
Grund Bedenken haben sollte, mit seinen Bestrebungen an die volle
Öffentlichkeit zu treten, eine Stelle gibt es, vor der die Geheimhaltung unter keinen Umständen standhalten kann,
das ist die verantwortliche, zuständige Behörde des
eigenen Staates. Wer diesen Satz nicht mehr anerkennt, wer über
der verfassungsmäßigen Regierung zu stehen beansprucht, wer für Regierung und Parlament, wer für jede Art von Autorität statt Anerkennung
und Gehorsam nur Hohn und Spott, nur Anmaßung, nur Anwendung von
Gewalt kraft eigenen Rechts übrig hat, der befindet sich nicht mehr
auf dem richtigen Wege, nicht mehr auf dem Boden des Rechts; er
untergräbt in strafwürdiger Weise die Ehrfurcht vor der Heiligkeit
des Rechts, er untergräbt die Staatsautorität und die Staatsordnung.
Ein gewaltmäßiges Vorgehen gegen die bestehenden verfassungsmäßigen

Zustände und gegen die auf Grund der neuen Verfassungen eingesetzten Regierungen läßt sich auch nicht mit dem Hinweise darauf rechtfertigen, daß diese Verfassungen und Regierungen im letzten Grunde ihre Entstehung einem revolutionären Umsturze zu verdanken haben. Gewiß, die Revolution des Jahres 1918 war Felonie, war Hochverrat. Dieses Verbrechen erscheint nicht weniger schwer und verwerflich, weil es in der verzweiflungsvollen Lage des deutschen Volkes eine gewisse Unterlage und Vorbedingung fand; im Gegenteil, die fluchwürdige Tat steht in der Geschichte nur um so verdammungswürdiger da, weil gewissenlose Volksgenossen die seelische, politische und wirtschaftliche Not des eigenen Volkes zur Verwirklichung ihrer selbstsüchtigen, teuflischen Ziele mißbrauchten. Das von der einen Seite begangene Verbrechen kann aber keinesfalls ein gleiches Verbrechen von anderer Seite rechtfertigen. Wer eine neue, auf allgemeiner Anerkennung rechnende Staatsautorität aufrichten will, darf schon deshalb nicht den Weg des Umsturzes beschreiten, weil die so aufgerichtete Autorität an demselben Mangel leiden würde, wie die angeblich mit dem Makel der Revolution behaftete alte Ordnung der Dinge. Es fällt aber noch etwas Weiteres entscheidend ins Gewicht. Die neuen verfassungsmäßigen Zustände sind gar nicht durch den revolutionären Umsturz geschaffen worden. Die Revolution hat die bisherige Staatsordnung zerschlagen und hierdurch allerdings eine Neuordnung der Dinge notwendig gemacht. Die Neuordnung der Verhältnisse selbst ist durch die Vertretung des ganzen deutschen Volkes, in den Ländern durch die Vertretung aller berufenen Volkskreise herbeigeführt worden. Ob dabei das Richtige getroffen wurde, ist für die Beurteilung der Rechtsverbindlichkeit der beschlossenen Gesetze gleichgültig. Jede gewaltmäßige Änderung der bestehenden Verhältnisse ist ein Verbrechen. Eine solche Änderung verteidigen, verlangen oder gar herbeiführen, hieße die Revolution in Permanenz erklären. Auch die besten vaterländischen Absichten können über diese grundsätzlichen, rechtlichen und moralischen Bedenken nicht hinweghelfen. Wenn eine Gemeinschaft der Anwendung von Gewalt huldigt und die Macht an die Stelle des Rechts zu setzen bestrebt ist, dann hat sie nicht mehr Anspruch, als eine von gesunden vaterländischen Erwägungen beseelte Vereinigung angesehen und behandelt zu werden, auch wenn ihre Führer und Mitglieder im übrigen von noch so guten vaterländischen Erwägungen geleitet werden. Eine solche Gemeinschaft beginnt um so mehr eine Gefahr für den Staat zu werden, je mehr sie im Verborgenen arbeitet, je mehr sie ihre wirklichen Ziele und Bestrebungen verschleiert und je mehr die verantwortungslosen Führer nicht nur der Masse ihrer wenig unterrichteten Anhänger, sondern auch der Regierung und dem übrigen Teile der Bevölkerung ihren Willen aufzuzwingen sich bemühen.

Wer will es leugnen, daß in den letzten Jahren eine recht ansehn-
liche Zahl von geheimen Organisationen zu einer solchen Gefahr für
den Bestand des Staates geworden sind? Die kommunistische Gefahr,
die größte Feindin jeder segensreichen Ordnung, hat immer hartnäckiger
ihr Haupt erhoben. Diese Gefahr ist heute größer als je geworden.
In der Notwendigkeit der Abwehr dieser Gefahr sind Regierung und
staatserhaltende Parteien stets einig gewesen. Hier hat es keine Verschiedenheit der Meinungen über die Taktik der Abwehr gegeben;
man war und ist sich einig, daß der brutalen Gewalt, dem Terror der
Jünger Moskaus gegenüber, nur ein Mittel und nur ein Weg der Abwehr verbleibt, der Weg der rücksichtslosesten Anwendung der ver-
fügbaren Machtmittel des Staates.

Als es aber galt, einer andern dunklen Gefahr ins Gesicht zu sehen,
als die Methode der Gewaltanwendung von einer andern Seite drohte,
da auf einmal versagte die Geschlossenheit der Meinungen in der Art
und der Stärke der Verteidigung der staatlichen Ordnung. Statt der
rücksichtslosesten Anwendung der staatlichen Abwehrmittel wurde von
mancher Seite die Politik der vorsichtigen Zurückhaltung, die Politik
des Streichelns, die Politik der „Wiedergewinnung der wertvollen
Kräfte" vertreten. Diese Politik hat sich nach dem Gang der Ereignisse als verhängnisvoll erwiesen. Es hat sich gezeigt, daß die Politik
der Wiedergewinnung der wertvollen Kräfte zu einer Schädigung der
Staatsautorität geführt hat. In dem an sich löblichen Bestreben, wertvolle Teile einer mit der Regierung in Konflikt geratenen Bewegung
zur Vernunft zu bringen, hat man wichtige Erfordernisse der Staatsautorität übersehen. In der Art, wie die Politik der Wiedergewinnung
der wertvollen Kräfte betrieben wurde, lag keine selbstbewußte Kraft,
sondern eine der Staatsautorität abträgliche Schwäche, die von ihren
Nutznießern kräftig ausgebeutet wurde. Man übersah vor allem, daß
die Wiedergewinnung der wertvollen Kräfte keine polizeiliche Aufgabe sein konnte, und daß die Aufrechterhaltung der
Staatsautorität allen andern Rücksichten voranzugehen hatte.
„Salus publica suprema lex esto!" Ein Staat, der sich in der Wahrung
seiner Autorität etwas vergibt, ist gar nicht mehr in der Lage, eine
anziehende, eine gewinnende Wirkung auf abseitsstehende Volksgenossen
auszuüben. Wenn die Ehrfurcht vor der Staatsautorität fehlt, dann muß
der Staat die Ehrfurcht durch die Furcht zu ersetzen versuchen. Für
diese Binsenwahrheiten haben durchaus nicht alle nationalgerichteten
Politiker das richtige Maß von Verständnis gezeigt. Man war nur zu
rasch bei der Hand, in der pflichtmäßigen, kräftigen Anwendung der
polizeilichen Machtmittel einen Mangel der Taktik, wenn nicht gar des
Taktes, zu erblicken, ohne zu bedenken, daß der Gegner jede schwäch-
liche Zurückhaltung des Staates mit einem um so plumperen und

rücksichtsloseren Gegenangriff zu erwidern geneigt ist. Den größten Stoß aber hat die Staatsautorität durch die Art der Liquidation der verschiedenen Unbotmäßigkeiten und Gesetzesverletzungen gewisser Organisationen erlitten. Die wichtigste Säule der Staatsautorität, das Vertrauen in die Rechtspflege, das Rechtsgefühl im Volke, ist in einem Maße erschüttert worden, daß es wohl sehr langer Zeit bedürfen wird, diese Wunde zur Heilung zu bringen. Der hierdurch dem Lande und Volke erwachsene moralische Schaden übersteigt alle andern nicht geringen Schäden ganz erheblich. Die Staatsautorität ist ein unschätzbares heiliges Gut, das sorgfältig gehütet und gepflegt werden muß und insbesondere keine inkonsequente Haltung vonseiten der Hüter dieses Kleinods verträgt. Nichts schadet der Staatsautorität mehr als Inkonsequenz; denn Inkonsequenz ist Unklarheit, Widerspruch, und Widerspruch ist Schwäche. Staatsautorität aber erfordert Stärke, Entschlossenheit, moralische Kraft und zielbewußtes Festhalten eines als richtig erkannten staatspolitischen Zieles, verbunden mit dem unerschütterlichen Willen, die Machtmittel des Staates und vor allem das Recht gegen jeden Verächter der Ordnung in gleicher Weise zur Anwendung zu bringen, ohne auf den Beifall oder den Widerspruch einzelner Volkskreise zu achten und ohne sog. taktischen Erwägungen einen weiteren Spielraum zu eröffnen. Man würde sich einem verhängnisvollen Irrtum hingeben, wenn man glauben wollte, die große Masse des Volkes bringe solchen Erwägungen kein allzu großes Verständnis entgegen. Im Gegenteil. Das Volk hat ein ausgeprägtes, feines Empfinden für alle diese Imponderabilien. Wie der Schüler an seinem Lehrer, vermag das Volk an seiner Regierung, an seinen Staatsmännern und Parlamentariern mit bewunderungswürdiger Sicherheit sofort jeden Mangel, jede Schwäche, jeden Widerspruch zu entdecken und in seiner Art auszuwerten. In besonderem Maße gilt dies für das in der tiefsten Tiefe der Volksseele wurzelnde Rechtsgefühl, für das Verständnis des Volkes für Recht und Gerechtigkeit. Wer möchte behaupten, daß diesen Gedanken und Erwägungen in den letzten Jahren, auch in den letzten Monaten, allenthalben in Deutschland in vollem Maße Rechnung getragen wurde? Ohne Recht und Gerechtigkeit kann keine Familie, keine Gemeinde, kein Staat, auch keine Partei, überhaupt keine Gemeinschaft, keine Ordnung auf die Dauer bestehen. Jedes Jahrhundert der Geschichte, vor allem jedes Blatt der Geschichte der sozialen Bewegungen, bietet uns hierfür unwiderlegliche Beweise.

Die innerpolitische Entwicklung der letzten Vergangenheit in Deutschland und speziell in Bayern hat uns nicht nur neue, wertvolle Beiträge zur Beurteilung des Wesens und der Bedeutung der Geheimverbände geliefert, sondern auch die Wichtigkeit und Richtigkeit der vertretenen staatspolitischen Anschauungen deutlich gezeigt. Sie hat von neuem die Tatsache bestätigt, daß die geheimnisvolle, in der Stille heranwachsende Macht, auch wenn sie mit den besten Vorsätzen verbunden ist, leicht ausartet, daß mit dem Wachstum der Kraft einer geheimen Bewegung auch deren Neigung zunimmt, sich über die Schranken des Gesetzes hinwegzusetzen und zur Selbsthilfe zu greifen, und daß die schließliche Verwirklichung der im Verborgenen zur Reife gebrachten Pläne in der Regel nicht zur Höhe, sondern in die Tiefe des Abgrundes führt. Aus dieser bittern Erkenntnis müssen sich erhebliche Bedenken gegen das Geheimbundwesen überhaupt ergeben.

Bischof Freiherr v. Ketteler, der sich gleichfalls mit dem Geheimbundwesen befaßte, kommt in seinem Endurteile zu einer scharfen allgemeinen Ablehnung der geheimen Verbindungen. Er schreibt: „Geheime Verbindungen sind überhaupt ungesunde Entwicklungen im Völkerleben, Symptome vorhandener Krankheitsstoffe. Diese Bedeutung haftet der Geheimtuerei untrennbar an. Geheime Verbindungen lassen sich daher bei geordneten öffentlichen Verhältnissen absolut nicht rechtfertigen. Es wird nie gelingen, einen hinreichenden, einen wahrhaft vernünftigen und sittlichen Grund für ihre Existenz aufzufinden" (vgl. Freiherr v. Ketteler, Die Katholiken im Deutschen Reiche, Mainz 1873, S. 95). Wer möchte diesem sachkundigen Urteile seine Zustimmung versagen? Ich muß bekennen, daß auch ich zu keinem andern Endurteile gelangen kann. Die Geschichte der Mehrzahl der geheimen Verbände steht diesem Urteile mit kraftvoller Unterstützung zur Seite. Freiherr v. Ketteler hat seinem Urteile eine wohlüberlegte Einschränkung hinzugefügt, wenn er sagt, daß „bei geordneten öffentlichen Verhältnissen" Geheimverbände sich unter keinen Umständen rechtfertigen lassen. Auch diese Einschränkung findet meine volle Billigung. Es ist aber eine Erläuterung hierzu notwendig. Die Einschränkung bedarf als Ausnahme einer strengen Auslegung. Es kann nicht im Belieben irgend eines mit den bestehenden Verhältnissen unzufriedenen Kreises verantwortungsloser Personen liegen, zu erklären, daß geordnete Verhältnisse nicht mehr vorliegen und deshalb die bestehende Ordnung der Dinge durch eine andere, ihren Wünschen mehr zusagende Ordnung zu ersetzen sei. Hierüber wird bei allen vernünftigen Menschen Übereinstimmung der Anschauung bestehen. Auch Bischof v. Ketteler war zweifellos von keiner andern Auffassung beseelt. Eine andere Auffassung würde der Willkür, der Selbsthilfe Tür und Tor öffnen und zu den bedenklichsten Folgeerscheinungen führen. Die Verhältnisse der deutschen Staaten innerhalb der letzten Jahre gaben, man mochte an ihnen noch soviel auszusetzen haben, keinem Verbande das Recht, auf dem Wege gewaltmäßiger Selbsthilfe einzuschreiten und den nach den Ereignissen der Vergangenheit begreiflicherweise schwachen Staat noch mehr zu schwächen oder gar an den Rand des Verderbens zu bringen.

Wenn es wahr ist — und es ist wahr —, daß geheime Verbindungen „ungesunde Entwicklungen im Völkerleben, Symptome vorhandener Krankeitsstoffe" sind, dann lassen die Gesundheitsverhältnisse des deutschen Volkskörpers noch vieles zu wünschen übrig. Da und dort bestehen noch geheime Vereinigungen und Verbände, die durch ihre organisierte Selbsthilfe die Zuständigkeit des Staates stören, die das Ansehen des Staates schwer beeinträchtigen und den innenpolitischen Verhältnissen den Stempel der Unsicherheit und der Unklarheit aufdrücken. Die Kommunisten arbeiten beständig unter der Decke an dem Sturze der bestehenden verfassungsmäßigen Ordnung, die sozialistischen Geheimverbände versuchen gegen die kommunistischen Umsturzkräfte und gegen den Druck der rechtsgerichteten Verbände einen Damm aufzurichten und die sozialistische Partei und die Republik vor Überraschungen zu schützen; die rechtsgerichteten Verbände stehen mit berechtigter Erbitterung den kommunistischen Umtrieben gegenüber, verfolgen die sozialistischen Geheimverbände mit Mißtrauen und suchen einen ständigen Druck auf die Regierung auszuüben. Je mehr die eine Richtung an Macht und Kraft gewinnt, desto mehr fühlt sich die andere Richtung bedroht und von ihrem Standpunkte aus verpflichtet, einen weiteren Ausbau ihrer Organisation und eine Verstärkung ihrer Machtmittel ins Auge zu fassen. Die rasche Erstarkung der vaterländischen Kampfverbände in den letzten zwei Jahren hat zweifellos auch zu einer Verstärkung der linksgerichteten Verbände geführt.

So stehen sich die gegnerischen Verbände wie feindliche Lager im eigenen Lande gegenüber. Niemand wird behaupten wollen, daß dies gesunde Zustände sind. Alle Machtmittel im Staate müssen in der Hand des Staates vereinigt sein. Solange dies nicht der Fall ist, steht ein Volk näher dem Bürgerkrieg als wirklich gesunden Verhältnissen. Es darf und kann nur eine Staatsgewalt geben, es darf kein Staat im Staate geduldet werden, es darf keine Teilung der Machtmittel zwischen dem Staate und rein privaten Vereinigungen stattfinden. Diese Forderung verlangt nicht nur nach theoretischer Anerkennung, sondern auch nach praktischer Verwirklichung. Von der praktischen Durchführung dieser Forderung hängt die Wiedergesundung unserer staatlichen Verhältnisse, die Wiedererstarkung der Staatsautorität, die Zukunft unseres deutschen Volkes ab.

Aber nicht bloß durch Vermehrung der äußern Machtmittel, sondern vor allem auch durch die Wiederherstellung des moralischen Ansehens, durch Wiedererweckung der alten Bürgertugenden des Gehorsams, der Treue, der Pflichterfüllung, der Pflege von Zucht und Ordnung, muß der Staat wieder in den Vollbesitz seiner früheren Kraft und

Macht zurückversetzt werden. Hier eröffnet sich ein weites Arbeitsfeld für eine verdienstvolle Mitarbeit nationaler Vereinigungen an dem
Wiederaufbau des Vaterlandes. Es ist das unbestreitbare Verdienst
der vaterländischen Bewegung, den vaterländischen Geist neu geweckt,
genährt und gepflegt zu haben. Die Pflege der körperlichen Ertüchtigung der Jugend, die Pflege des Wehrgedankens, die Pflege des Sinnes
für die Ehre, Würde und Freiheit der Nation gehören zum unentbehr-
lichen, moralischen und nationalen Rüstzeug eines jeden selbstbewußten
Volkes. Deutschland hat in seiner gegenwärtigen Lage die Pflege dieser
höchsten Güter notwendiger als jede andere Nation. Die Erziehung
des Volkes, vor allem der Jugend, zu wirklicher Staatsgesinnung, zum
Gedanken der Volksgemeinschaft, zur Heimat- und Vaterlandsliebe,
zum Nationalbewußtsein und zur opferfreudigen Hingabe an das Ganze
ist die vordringlichste und wichtigste Aufgabe unserer Zeit. Die ernste
Erfüllung dieser höchsten Aufgabe setzt aber gegenseitiges Vertrauen
und gegenseitiges Solidaritätsbewußtsein bei allen Volkskreisen und
Berufsschichten voraus. Vertrauen, innere Seelenverbunden-
heit und äußere Geschlossenheit können nur in der Offenheit und Ehrlichkeit, im Lichte der Wahrheit und in der
Atmosphäre der Uneigennützigkeit, nicht im Dunkel der
einseitigen Voreingenommenheit, ehrgeiziger Sonderbestrebungen und geheimer Pläne gedeihen. Darum fort
mit dem Geiste der Geheimbündelei, fort mit den dunklen
Mächten der geheimen Verbände und auf zu offener, ehrlicher, gemeinsamer Arbeit aller gutgesinnten Volksgenossen im Dienste des gemeinsamen Vaterlandes!

SE VERUS
Verlag

Ebenfalls im SEVERUS Verlag erhältlich:

Heinrich Boos
Geschichte der Freimaurerei
SEVERUS 2011 / 444 S. / 49,50 Euro
ISBN 978-3-86347-078-4

Die Geschichte der Freimaurerei ist selbst heute noch vielen unbekannt, die geheimnisumwitterte Bruderschaft umgibt stets ein Dunstkreis aus Mystifizierung und Spekulation.

Heinrich Boos macht in seiner GESCHICHTE DER FREIMAUREREI schon 1894 Schluss mit Vorurteilen und falschen Behauptungen, wobei er erkennen muss: „Leider spielt in der Geschichte der Freimaurerei die Lüge und die absichtliche Fälschung eine allzu große Rolle." Das Werk wurde in Historikerkreisen mit viel Beifall aufgenommen.

Im selben Jahr erschien außerdem Boos´ HANDBUCH DER FREIMAUREREI. Seine Bearbeitung der freimaurerischen Historie bis 1906 tat sich besonders hervor, da er als „Eingeweihter" galt und selbst einer Loge angehörte.

Diese 1906 neu aufgelegte zweite Fassung des Buches beleuchtet besonders die mittelalterlichen Ursprünge der Freimaurerei in England und Deutschland sowie ihren großen Einfluss auf die Literatur des 18. Jahrhunderts und der Aufklärung. So stellt Boos fest: „Die ganze Literatur des ausgehenden 18. Jahrhunderts ist von freimaurerischen Ideen durchtränkt…".

www.severus-verlag.de

Ebenfalls im SEVERUS Verlag erhältlich:

Otto Henne am Rhyn
Aus Loge und Welt
SEVERUS 2011 / 216 S. / 29,50 Euro
ISBN 978-3-86347-075-3

„Aus Loge und Welt" versammelt Aufsätze und Vorträge von Otto Henne am Rhyn, Kulturhistoriker und Redakteur der „Freimaurerzeitung" in Leipzig.

Henne am Rhyn, selbst langjähriges Mitglied der Freimaurer, spricht zunächst von seinem ganz persönlichen Bezug zu den Freimaurern und seiner Laufbahn als Schriftsteller und Redakteur. Seine Sammlung wird eröffnet durch die Fragen: Wo stehen die Freimaurer in ihrer Entwicklung und wie ist ihre Beziehung zur Außenwelt? Wie und wodurch unterscheiden sie sich von Jesuitentum, Aberglauben und Teufelsdienst?

Im zweiten Teil der Sammlung rollt Henne am Rhyn leidenschaftlich und engagiert unterschiedlichste Themen auf; u. a. Geschichte und Entwicklung der Religionen, Kultur und Indexikalisierung, sozialpolitische Wünsche und Wahrheiten, Gesellschafts- und Geschlechterproblematik, Krieg und Frieden, Alkoholgenuß und Bestattungskultur. Die Abhandlungen sind gespickt von zeitgenössischer Kritik und fortschrittlicher Reflexion, stets aufschlußreich und in ihrer Vielfalt überaus unterhaltsam.

SEVERUS Verlag

Bisher im SEVERUS Verlag erschienen:

Achelis. Th. Die Entwicklung der Ehe * Die Religionen der Naturvölker im Umriß, Reihe ReligioSus Band V * **Andreas-Salomé, Lou** Rainer Maria Rilke * **Arenz, Karl** Die Entdeckungsreisen in Nord- und Mittelafrika von Richardson, Overweg, Barth und Vogel * **Aretz, Gertrude (Hrsg)** Napoleon I - Briefe an Frauen * **Ashburn, P.M** The ranks of death. A Medical History of the Conquest of America * **Avenarius, Richard** Kritik der reinen Erfahrung * Kritik der reinen Erfahrung, Zweiter Teil * **Beneke, Otto** Von unehrlichen Leuten: Kulturhistorische Studien und Geschichten aus vergangenen Tagen deutscher Gewerbe und Dienste * **Berneker, Erich** Graf Leo Tolstoi * **Bernstorff, Graf Johann Heinrich** Erinnerungen und Briefe * **Bie, Oscar** Franz Schubert - Sein Leben und sein Werk * **Binder, Julius** Grundlegung zur Rechtsphilosophie. Mit einem Extratext zur Rechtsphilosophie Hegels * **Bliedner, Arno** Schiller. Eine pädagogische Studie * **Birt, Theodor** Frauen der Antike * **Blümner, Hugo** Fahrendes Volk im Altertum * **Boos, Heinrich** Geschichte der Freimaurerei. Ein Beitrag zur Kultur- und Literatur-Geschichte des 18. Jahrhunderts * **Brahm, Otto** Das deutsche Ritterdrama des achtzehnten Jahrhunderts: Studien über Joseph August von Törring, seine Vorgänger und Nachfolger * **Brandes, Georg** Moderne Geister: Literarische Bildnisse aus dem 19. Jahrhundert. * **Braun, Lily** Lebenssucher * **Braun, Ferdinand** Drahtlose Telegraphie durch Wasser und Luft * **Brunnemann, Karl** Maximilian Robespierre - Ein Lebensbild nach zum Teil noch unbenutzten Quellen * **Büdinger, Max** Don Carlos Haft und Tod insbesondere nach den Auffassungen seiner Familie * **Burkamp, Wilhelm** Wirklichkeit und Sinn. Die objektive Gewordenheit des Sinns in der sinnfreien Wirklichkeit * **Caemmerer, Rudolf Karl Fritz Die** Entwicklung der strategischen Wissenschaft im 19. Jahrhundert * **Casper, Johann Ludwig** Handbuch der gerichtlich-medizinischen Leichen-Diagnostik: Thanatologischer Teil, Bd. 1 * Bd. 2 * **Cronau, Rudolf** Drei Jahrhunderte deutschen Lebens in Amerika. Eine Geschichte der Deutschen in den Vereinigten Staaten * **Cunow, Heinrich** Geschichte und Kultur des Inkareiches * **Cushing, Harvey** The life of Sir William Osler, Volume 1 * The life of Sir William Osler, Volume 2 * **Dahlke, Paul** Buddhismus als Religion und Moral, Reihe ReligioSus Band IV * **Dühren, Eugen** Der Marquis de Sade und seine Zeit. in Beitrag zur Kultur- und Sittengeschichte des 18. Jahrhunderts. Mit besonderer Beziehung auf die Lehre von der Psychopathia Sexualis * **Eckstein, Friedrich** Alte, unnennbare Tage. Erinnerungen aus siebzig Lehr- und Wanderjahren * Erinnerungen an Anton Bruckner * **Eiselsberg, Anton Freiherr von** Lebensweg eines Chirurgen * **Eloesser, Arthur** Thomas Mann - sein Leben und Werk * **Elsenhans, Theodor** Fries und Kant. Ein Beitrag zur Geschichte und zur systematischen Grundlegung der Erkenntnistheorie. * **Engel, Eduard** Shakespeare * Lord Byron. Eine Autobiographie nach Tagebüchern und Briefen. * **Ewald, Oscar** Nietzsches Lehre in ihren Grundbegriffen * Die französische Aufklärungsphilosophie * **Ferenczi, Sandor** Hysterie und Pathoneurosen * **Fichte, Immanuel Hermann** Die Idee der Persönlichkeit und der individuellen Fortdauer * **Fourier, Jean Baptiste Joseph Baron** Die Auflösung der bestimmten Gleichungen * **Frazer, James George** Totemism and Exogamy. A Treatise on Certain Early Forms of Superstition and Society * **Frey, Adolf** Albrecht von Haller und seine Bedeutung für die deutsche Literatur * **Frimmel, Theodor von** Beethoven Studien I. Beethovens äußere Erscheinung * Beethoven Studien II. Bausteine zu einer Lebensgeschichte des Meisters * **Fülleborn, Friedrich** Über eine medizinische Studienreise nach Panama, Westindien und den Vereinigten Staaten * **Gmelin, Johann Georg** Quousque? Beiträge zur soziologischen Rechtfindung * **Goette, Alexander** Holbeins Totentanz und seine Vorbilder * **Goldstein, Eugen** Canalstrahlen * **Graebner, Fritz** Das Weltbild der Primitiven: Eine Untersuchung der Urformen weltanschaulichen Denkens bei Naturvölkern * **Griesinger, Wilhelm** Handbuch der speciellen Pathologie und Therapie: Infectionskrankheiten * **Griesser, Luitpold** Nietzsche und Wagner - neue Beiträge zur Geschichte und Psychologie ihrer Freundschaft * **Hanstein, Adalbert von** Die Frauen in der Geschichte des Deutschen Geisteslebens des 18. und 19. Jahrhunderts * **Hartmann, Franz** Die Medizin des Theophrastus Paracelsus von Hohenheim * **Heller, August** Geschichte der Physik von Aristoteles bis auf die neueste Zeit. Bd. 1: Von Aristoteles bis Galilei * **Helmholtz, Hermann von** Reden und Vorträge, Bd. 1 * Reden und Vorträge, Bd. 2 * **Henker, Otto** Einführung in die Brillenlehre * **Henne am Rhyn, Otto** Aus Loge und Welt: Freimaurerische und kulturgeschichtliche Aufsätze * **Jahn, Ulrich** Die deutschen Opfergebräuche bei Ackerbau und Viehzucht. Ein Beitrag zur Deutschen Mythologie und Altertumskunde * **Kalkoff, Paul** Ulrich von Hutten und die Reformation. Eine kritische Geschichte seiner wichtigsten Lebenszeit und der Entscheidungsjahre der Reformation (1517 - 1523), Reihe ReligioSus Band I * **Kaufmann, Max** Heines Liebesleben * **Kautsky, Karl** Terrorismus und Kommunismus: Ein Beitrag zur Naturgeschichte der Revolution * **Kerschensteiner, Georg** Theorie der Bildung * **Kotelmann, Ludwig** Gesundheitspflege im Mittelalter. Kulturgeschichtliche Studien nach Predigten des 13., 14. und 15. Jahrhunderts * **Klein, Wilhelm** Geschichte der Griechischen Kunst - Erster Band: Die Griechische Kunst bis Myron * **Krömeke, Franz** Friedrich Wilhelm Sertürner - Entdecker des Morphiums * **Külz, Ludwig** Tropenarzt im afrikanischen Busch * **Leimbach, Karl Alexander** Untersuchungen über die verschiedenen Moralsysteme * **Liliencron, Rochus von / Müllenhoff, Karl** Zur Runenlehre. Zwei Abhandlungen * **Mach, Ernst** Die Principien der Wärmelehre * **Mackenzie, William Leslie** Health and Disease * **Maurer, Konrad** Island von seiner ersten Entdeckung bis zum Untergange des Freistaats * **Mausbach, Joseph** Die Ethik des heiligen Augustinus. Erster Band: Die sittliche Ordnung und ihre Grundlagen * **Mauthner, Fritz** Die drei Bilder der Welt - ein sprachkritischer Versuch * **Meissner, Franz Hermann** Arnold Böcklin * Meyer, Elard Hugo Indogermanische Mythen, Bd. 1: Gandharven-Kentauren * **Müller, Adam** Versuche einer neuen Theorie des Geldes * **Müller, Conrad** Alexander von Humboldt und das Preußische Königshaus. Briefe aus den Jahren 1835-1857 * **Naumann, Friedrich** Freiheitskämpfe * **Oettingen, Arthur von** Die Schule der Physik * **Ossipow, Nikolai** Tolstois Kindheitserinnerungen. Ein Beitrag zu Freuds Libidotheorie * **Ostwald, Wilhelm** Erfinder und Entdecker * **Peters, Carl** Die deutsche Emin-Pascha-Expedition * **Poetter, Friedrich Christoph** Logik * **Popken, Minna** Im Kampf um die Welt des Lichts. Lebenserinnerungen und Bekenntnisse einer Ärztin * **Prutz, Hans** Neue Studien zur Geschichte der Jungfrau von Orléans * **Rank, Otto** Psychoanalytische Beiträge zur Mythenforschung. Gesammelte Studien aus den Jahren 1912 bis 1914. * **Ree, Paul Johannes** Peter Candid * **Rohr, Moritz von** Joseph Fraunhofers Leben, Leistungen und Wirksamkeit * **Rubinstein, Susanna** Ein individualistischer Pessimist: Beitrag zur Würdigung Philipp Mainländers * Eine Trias von Willensmetaphysikern: Populär-philosophische Essays * **Sachs, Eva** Die fünf platonischen Körper: Zur Geschichte der Mathematik und der Elementenlehre Platons und der Pythagoreer * **Scheidemann, Philipp** Memoiren eines Sozialdemokraten, Erster Band * Memoiren eines Sozialdemokraten, Zweiter Band * **Schleich, Carl Ludwig** Erinnerungen an Strindberg nebst Nachrufen für Ehrlich und von Bergmann * Das Ich und die Dämonien * **Schlösser, Rudolf** Rameaus Neffe - Studien und Untersuchungen zur Einführung in Goethes Übersetzung des Diderotschen Dialogs * **Schweitzer, Christoph** Reise nach Java und Ceylon (1675-1682). Reisebeschreibungen von deutschen Beamten und Kriegsleuten im Dienst der niederländischen West- und Ostindischen Kompagnien 1602 - 1797. * **Schweitzer, Philipp** Island - Land und Leute * **Sommerlad, Theo** Die soziale Wirksamkeit der Hohenzollern * **Stein, Heinrich von** Giordano Bruno. Gedanken über seine Lehre und sein Leben * **Strache, Hans** Der Eklektizismus des Antiochus von Askalon * **Sulger-Gebing, Emil** Goethe und Dante * **Thiersch, Hermann** Ludwig I von Bayern und die Georgia Augusta * Pro Samothrake * **Tyndall, John** Die Wärme betrachtet als eine Art der Bewegung, Bd. 1 * Die Wärme betrachtet als eine Art der Bewegung, Bd. 2 * **Virchow, Rudolf** Vier Reden über Leben und Kranksein * **Vollmann, Franz** Über das Verhältnis der späteren Stoa zur Sklaverei im römischen Reiche * **Volkmer, Franz** Das Verhältnis von Geist und Körper im Menschen (Seele und Leib) nach Cartesius * **Wachsmuth, Curt** Das alte Griechenland im neuen * **Weber, Paul** Beiträge zu Dürers Weltanschauung * **Wecklein, Nikolaus** Textkritische Studien zu den griechischen Tragikern * **Weinhold, Karl** Die heidnische Totenbestattung in Deutschland * **Wellhausen, Julius** Israelitische und Jüdische Geschichte, Reihe ReligioSus Band VI ***Wellmann, Max** Die pneumatische Schule bis auf Archigenes - in ihrer Entwickelung dargestellt * **Wernher, Adolf** Die Bestattung der Toten in Bezug auf Hygiene, geschichtliche Entwicklung und gesetzliche Bestimmungen * **Weygandt, Wilhelm** Abnorme Charaktere in der dramatischen Literatur. Shakespeare - Goethe - Ibsen - Gerhart Hauptmann * **Wlassak, Moriz** Zum römischen Provinzialprozeß * **Wulffen, Erich** Kriminalpädagogik: Ein Erziehungsbuch * **Wundt, Wilhelm** Reden und Aufsätze * **Zallinger, Otto** Die Ringgaben bei der Heirat und das Zusammengeben im mittelalterlich-deutschem Recht * **Zoozmann, Richard** Hans Sachs und die Reformation - In Gedichten und Prosastücken, Reihe ReligioSus Band III